随感录第三辑

法治具有目的性

王利明 著

北京大学出版社
PEKING UNIVERSITY PRESS

序 言

在理论层面上，我们完全可以把法治讲成一种宏大叙事；在价值层面上，法治梦想的实现的确也需要宏观的制度设计。但就我作为一个法律人的四十年的教学科研经验来看，法治在我心中并不完全等同于宏大叙事和宏观制度，它同时还是由诸多微观事件组成的社会实践，只要我们能耐下心加以细致的观察，就像滴滴朝露能折射七彩阳光一样，见微知著，这些微观事件也能细致地反映出宏大和宏观。其实，不少法学先哲在探讨法治时，都不是从抽象的蓝图出发的，而是着眼于社会践行法治的细节，从具体细微着手，阐述振聋发聩的道理，这一点在卢梭、托克维尔等人的伟大作品中均可见一斑。

法治随笔可以讲出生活中的法治故事。在我国的社会背景下，法治更是多维度的。新中国成立以来的法治实践表明，法治是一种理想的社会治理方式，它贯穿着人类治理社会的理念和价值，包括平等、自由、民主等社会主义核心价值。对这些理念和价值的理解，当然可以从人类社会发展的理想的价值取向和未来的理想追求等大道理入手，但历史已告诉我们，细节更有力量。无论是对无锡冷冻胚胎案的思考，还是对随意乱停车现象的拷问，或者是对几位教师因 AA 制聚餐受罚的讨论，都揭示出具体事件对人们内心的冲击力，以及对法治进步的推动力。我个人通过教学观察，发现生活中细微的具体事件蕴含着大道理，它们本身就是中国故事,把它们讲好了,对广大学子和普通民众更有吸引力,更能让人感受到鲜活的法治实践。

法治随笔可以成为法治日记。近些年来,我在写理论文章和著作之余,也写了一些法治随笔。采用这种写作形式,完全出于个人的习惯。现在想来,写法治随笔,首先就像写日记,既记录下不同时期社会中发生的典型案件和事件,同时又记录下我的思考心得,算是雪泥鸿爪。但这又与写日记不同,日记纯属私人每日工作和生活记录,主要记载个人的生活琐事,属于个人隐私的范畴。而写随笔,主要还是想从看似生活琐事的细节中挖掘出一些法治道理,从生活琐事中感悟法治的道理,借此与读者进行聊天式的交流和沟通,以求为我国法治事业的进步提供助力。

法治随笔可以包容宽泛的法治主题。由于随笔的形式比较灵活,借此能讲题材不同的内容,除了社会中发生的具体事件,还可以探讨当前的改革热点,如对当前推行的立案登记制、法官员额制等制度的思考,就纳入这部随笔集中;不仅如此,除了现实事件,历史经验也能在同一主题下被拉进来,比如,我对我国传统法制审视已久,在这部随笔集中,我分析了古代法家思想对现代法治建设的借鉴作用。当然,这部随笔中也记载了一些我对日常生活点滴的法治思考,如从遛狗行为、公园钓鱼及游泳等现象中思考规矩的法律塑造问题等。法治随笔还有一项重要功能,就是通过法治的点滴实践,来思考法治体系性建设的问题。虽然上述内容看上去比较庞杂,但它们都围绕着法治及其在我国的发展而展开,故而,随笔集虽然不像教科书那样有严谨的体系性,但也不是碎片化的观点集合,正像文中所讨论的"法治是一项系统工程"一样,各种法治实践及其建设都有其内在的逻辑关联,都是法治系统工程建设的具体展开。

　　苏力说过，法学研究对社会共识的形成犹如一场场春雨，对法治建设共识的形成具有一种"随风潜入夜，润物细无声"的作用。法治建设不完全是国家层面的宏伟目标，也是一种植根于社会生活的文化，生活中的小事，往往隐藏着法治的影子。就像花木需要精心培育一样，法治也需要培育基础，夯实根基，法治思维、法治素养、法治文化都需要积少成多、聚沙成塔，而要做到这一点，就需要有形式多样的法治培育方式。与其他法学作品一样，法治随笔也可以起到法治培育的作用。作为法律人，我们都深刻体味到，普法是一项社会责任，这一点对从事教学工作的法律人更是如此。借助随笔的灵活形式，通过对生活细节的观察和考究，管中窥豹，可以提醒人们从生活的点滴了解法治理想，进行法治观念的沟通。

　　近几年来，法律随笔的书出了不少，我写随笔似乎是在赶潮流、追时尚，实则不然。我一直在思考中国的法治问题，从未懈怠，也收获了一些心得，日积月累，随感而发，随性而聊，此情此景无关风与月。而且，我认为，法治本身需要从生活、习惯中汲取营养，法治本身就是一种生活方式，我希望能从细微处去观察法治、体验法治，从生活中思考法治。正是在思考和写作过程中，我不断发现生活习惯中所蕴含的法治营养，而对每一个生活细节的深度检视，反过来也有助于我认清法治现状，同时也对法治的未来产生了不少憧憬和期盼。

　　苏洵曾道出他写作的冲动："时既久，胸中之言日益多，不能自制，试出而书之，一而再三读之，浑浑忽觉其来之易也。"（《上欧阳内翰第一书》）我对此深有同感。这部随笔集不过是我茶余饭后的点滴思索，是读报上网的灵光一现,是闲庭信步的随感心得,很难说是一种严谨的、系统性的思考,写出来也不是为了成为网络大V,而只是为了向读者展示自己法治思索的心路历程。"嘤其鸣矣,求其友声",愿这部随笔集能和大家产生思想的交流和共鸣。

目 录

第一编　法治的一般理论

法治具有目的性	3
亲历法治四十载	12
我的法治梦	16
法治具有实践性	22
瞄准全面推进依法治国的着力点	28
法家思想对现代法治建设的借鉴意义	31
依法治国与国家治理体系现代化	38
完善法治化的营商环境	43
法乃公平正义之术	48
法治：强国之本	54
法治是一项系统工程	60
谈谈宪法宣誓制度	66
《自由大宪章》是现代宪法之祖	70
五四运动为什么没有以"法治"为口号	75
形式法治和实质法治	80
民本与民权	86
社会法的兴起与矛盾的调和	91

第二编　立法制度

法贵简约　101

法为人而立　107

人工智能的发展对民法的挑战　115

期待一部互联网时代的中国民法典　120

亟待编纂一部21世纪的民法典　124

21世纪法律遇到的最严峻挑战是什么？　132

制定民法总则　完善法律体系　137

民法总则的制定应体现民商合一体制　140

民法总则应全面确认与保障私权　143

我的人格权情结与思索
　　——纪念《民法通则》颁布三十周年　148

个人信息保护亟须完善立法　154

尊重隐私是做人的美德　159

要重视发挥网络行业自治功能　165

保障公民财产权是最大的民生　169

医师自由执业与专家责任　173

环评不该沦为"聋子的耳朵"　178

破产法是治理僵尸企业的一剂良药　186

第三编　法治的实践

产权保护是市场经济的基石　193

安全感：法治的重要标尺　199

中国为什么缺少百年老店？　206

铸造全面从严治党的金规铁律 211

从违章停车谈行政执法 215

公权不可越界 221

私权越发达　公权越规范 226

法定职责必须为 233

从村民依习俗摆酒席谈起 238

正义女神为什么手持天平与宝剑？ 243

人格尊严优先于意思自治 248

从无锡冷冻胚胎谈起 254

再谈规矩意识的法律塑造 258

遛狗中的规矩意识 266

企业走出去要树立合规意识 271

树立资源社会性的理念 275

努力打造国际仲裁中心 283

民有私约如律令 289

AA制聚餐与法不禁止皆可为的精神 297

第四编　司法制度

法治社会应少些"李雪莲" 305

裁判文书上网意义重大 308

鞭刑的启示 312

推行立案登记制应明确立案标准 317

正确应对员额制改革中的四类问题 323

让正义从司法裁判中发声 327

从滚动播放"老赖"照片说起	331
法律人应该有职业荣誉感	335
韩国大法官遴选的启示	341
神与法官不可交友	346

第五编　法学教育

民法本质上是人法	351
青年当树人文精神	357
构建中国民法学理论体系	360
应当重视领域法的研究	366
法学教育的使命	373
法学教材的功能	383
中国特色哲学社会科学繁荣之路	388

第六编　人生感悟

仰望那遥远的星空	393
弘扬坚忍不拔的民族品格	399
淡泊以明志	405
君子慎独	411
守拙是一种美德	417
天行健人自强	422
做事与做官	427
我的读书札记	434

语来江色暮　独自下寒烟
　　——忆佟柔老师　　　　　　　　　447
读书人的家国情怀　　　　　　　　　456
故乡夏天的月光　　　　　　　　　　462
故乡，我美丽的莲花池　　　　　　　465

后　记　　　　　　　　　　　　　　469

法治具有目的性

第一编
法治的一般理论

法治具有目的性[1]

法治,即法的统治,它是治国理政的基本方式,在形式上要求具备"依法办事"的制度安排及相关的运行机制,在实现途径上要求"有法可依、有法必依、执法必严、违法必究"。但法治还有另外一层含义,即法治是一种依法治理的良好社会治理状态。因此,法治本身就是目的,而不仅仅是手段。

法治是依照法律进行治理的社会状态,是人类社会所追求的良好稳定的社会秩序。在我国,"法治"一词最早出现在《礼记·乐记》中,"然则先王之为乐也,以法治也"。在中国几千年的文明史中,无论是法家传统还是儒家传统,都将法律视为实现特定目标的手段和工具,只不过法家强调法律具有的富国强兵的作用,而儒家则强调"礼法合一",更加注重法律维护伦理秩序的功能。近代以来,尤其是自"五四"运动以来,"德先生"(民主)"赛先生"(科学)成为至高无上的目标,但法治并没有成为知识分子和社会大众所共同认同的理想和目标。就当时的情形而言,人们尽管都能接受法治的理念,但大多将其作为改变国家积贫积弱面

---

[1] 原载《学习时报》2016 年 5 月 27 日。

貌，实现民主、富强、自由、平等等目标的工具，在强调民主正当性的观念之下，人民意志被赋予最高权威，而"正当性"普遍被"科学性"所替代，法律至上的观念难以确立，法治话语始终微弱。

新中国建立以来，我国的法制建设取得了巨大的成就，但也经历了艰难曲折的历程。十年"文革"几乎将共和国法制的基础摧毁殆尽，无数的所谓"群众组织"可以随意抓人、抄家、审讯、拷打，人民蒙受了巨大的苦难。"冤狱遍于全国，屠夫弹冠相庆"。改革开放以来，法制建设迎来新的发展契机。基于对"文革"惨痛教训的反思，党的十一届三中全会拨乱反正，提出为了保障人民民主，必须加强法治，使民主制度化、法律化。党的十五大把依法治国确定为党领导人民治理国家的基本方略，并取得了伟大的历史性成就。1999年《宪法》修改时，明确规定"中华人民共和国实行依法治国，建立社会主义法治国家"，这实际上是将依法治国提升到了宪法原则和治国方略的高度。这种观念上的改变，表明"法治国家"已经被确立为国家建设的目标，而不只是将法治作为一种工具。

从十四大报告提出"建设小康社会"到十八大提出"全面建成小康社会"这一变化过程，本身就表明了我国对民主法治建设的认识的深化。如果我们将"小康社会"仅仅理解为一种社会经济维度上的现代化，那么，"全面建成小康社会"就已经不再局限于经济层面的现代化，而是一种超越经济维度的多元化现代化建设，包括社会文化建设、民主法治建设等各类有利于增进人民幸福和福祉的目标。应当指出，小康社会天然包含了社会稳定、秩序井然的内涵。"康，安也"，"是故谋闭而不兴，盗窃乱贼而不作，故外户而不闭，是谓大同"。而"全面建成小康社会"的"全面"二字，充分说明了小康社会超越经济维度的内涵。

"小康"不仅仅是指物质上的丰富、经济上的富裕,而且包含了社会治理井然有序、社会环境安定和睦、权利自由得到保障、社会正义充分实现等内涵,而这种目标显然是法治的目标。也就是说,法治并不只是建设小康社会的手段,其本身就是全面建成小康社会这一伟大目标的题中应有之义。

我们说法治是目的,就是要孜孜不倦地追求法治所包含的良好社会治理结果。"法治"(rule of law)一词强调依法治理的社会状态,以及法在社会治理中的核心地位。"法治"(rule of law)不同于"依法而治"(rule by law),后者指的是用法治理、以法治理,其只是将法作为一种社会治理工具,而前者则是将实现法治作为社会治理的目标。德文中"法治国"(Rechtsstaat)以及法语中的"法治国"(État de droit),都强调国家依法治理的一种有序状态。西方语言中的法治都将法作为国家治理的核心,它既是社会治理的手段,又是社会治理的目的,最终目的是实现一种依法治理的理想社会状态。在汉语中,"治"与"乱"是相对应的概念,所谓"天下大治",实际上也是将"治"作为一种良好的社会治理状态。韩非子说"治民无常,唯法为治"(《韩非子·心度》),表达的也是此种意思。荀子更加明确地指出,"法者,治之端也"(《荀子·君道》),这就是说,法律是实现社会良好治理的开端。可见,在汉语中,"法治"也包含了实现天下大治的内涵,尤其是通过法治实现社会和谐有序、人民幸福安康的社会治理目标。可见,稳定良好的秩序是人类社会所共同追求的目标。

我们说法治是目的,是因为法治内在包含着国家和社会的和谐稳定、治理有序和长治久安。对国家而言,法治建设在制度安排方面具有基础性意义,它体现了广大人民群众共同的意志,凝聚了广大人民群众的共识。历史经验表明,制度更具有根本性、全局性、稳定性和长期性,只有厉行法治,国家和社会才能长治久安,人民才能幸福安康。人治社会虽然也有一定的秩序,但这种秩序不具有长久的稳定性,难以长期维系。从我国历史来看,朝代的更替是非常频繁的,大多数朝代的历史都在100年左右,超过200年的很少,强大的秦王朝也不过二世便亡。但相比之下,英国从1689年君主立宪到2016年已经327年了,美国从1776年建国到现在,因为实行法治,也已经延续了240年的历史。社会治理完全依靠人治就会导致"人存政举,人亡政息"的结果。人类历史经验表明,依法治国是人类社会进入现代文明的重要标志,也是国家治理体系和治理能力现代化的基本特征。苏联、东欧社会主义国家的失败教训警示我们,不实行法治,就很容易出现特权横行、个人崇拜现象,最终将使社会主义事业遭受重大挫折。没有法治就不可能有成功的社会主义,社会主义只有与法治结合,才能实现国家长治久安和人民生活幸福。市场经济本质上是法治经济,应当通过法治激发市场活力,营造安全、有序的营商环境,保障市场主体的合理预期,这也是市场经济健康发展的前提和基础。法治保障公权力有序运行,私人生活行止有序,人人敬畏法律、心有戒尺,社会和谐有序。

我们说法治是目的,是因为法治内在包含着"规范公权,保障私权"的价值目标。一方面,法治要规范公权。一个成熟的法治社会,不仅要通过法律约束老百姓,更要约束官员,要求政府官员严格依法办事,因为政府所享有的公权特别是行政权不仅与人民群众的利益密切关联,而且也具有强制性、单方性、主动性、扩张性等特点,一旦失去约束,将会威胁甚至严重损害公民的合法权益,影响社会的和谐稳定。因此,习近平同志提出,要"把权力关进制度的笼子里"。一旦法治的堤坝被冲破，权力的滥用就会像洪水一样泛滥成灾。只有保证公权力行使具有可预期性，人民的人身财产权益才能得到应有保障，人民才能享有充分的法治保障下的自由。另一方面，现代法治的另一项核心内容是保障私权。法律应当平等保护每个人的权利，保障个人的自由，维护个人的人格尊严。只有使个人获得充分的安全感，才能极大地激发个人的创新精神。保障私权不仅需要通过民法典等一系列法律规范全面确认个人所享有的各项人身权益和财产权益，而且应当系统规定私权的救济机制，全面保障私权。同时，保障私权还意味着要尊重个人的"私法自治"，其本质上是尊重个人的自由和自主，即充分发挥个人在现代社会治理中的作用，与公权力"法无明文规定不可为"相反，私权的行使是"法无禁止即可为"，即只要是法律没有明文规定禁止个人进入的领域，按照私法自治原则，个人均有权进入。这既有利于节约国家治理成本，也有利于增加社会活力，激发主体的创造力。

我们说法治是目的，是因为法治包含了人类追求公平正义的诉求，法治是实现公平正义的重要途径。古罗马法谚云："法乃公平正义之术。"这一古老格言在现在仍有强大的生命力，而且有更进一步的升华。事实上，缺乏法治的保障，公平正义是无法实现的。公平正义与法治具有内在的一致性，因此，对公平正义的追求必然指向对法治的追求。但在法律工具主义者看来，法律不过是服务于多种目的的手段。而事实上，只有致力于实现正义目标，才能实现法治应有的目的。如果服务于非正义的目的，就从根本上背离了法治的内涵。因此，法律工具主义实际上是忽略了法治的目的性。正义是一种特殊的价值追求，既不完全是物质的，也不完全是精神的，它是一种社会的价值理念和理想状态。追求公平正义，就要通过依法治理，使个人的权利义务得到合理分配，各得其所，对公权予以规范和监督，对弱者予以特殊关爱，对个人的人身和财产权利进行充分保障，对遭受侵害的权利给予充分救济，使一切涉诉纠纷都能够通过公正、高效的法律程序得到解决。法治真正的精髓在于追求正义的实现。因此，要建立一个正义的社会，法治就是当然的追求目标。

我们说法治是目的，是因为市场经济本质上是法治经济，法治和市场是水乳交融、密不可分的。经过改革开放三十多年的发展，我国已经成为世界第二大经济强国，这对我国的法治建设提出了更高的要求，依靠人治，不可能驾驭这样一个庞大经济体，也难以保障经济健康、持续、稳定的发展。市场经济对资源的配置是通过竞争机制实现的，这就必须依循一套完善的市场经济法律规则，从而将"看不见的手"对经济的调控规范化。保护交易主体的人身和财产安全是市场经济有序发展的"稳定器"和"安全阀"。只有有效保护个人的人身和财产权益，才能增强人们的投资信心、置产愿望和创业动力。在广大人民群众物质生活条件得到极大改善、个人财产不断增加的情况下，对财产安全的保护显得更为重要。保护财产就是保护人们诚实、勤奋的劳动，保护人们对美好生活的期待和向往。缺乏健全的法制，必将导致人才、智力的外流与财富的流失。在全球化的时代，资本就像一只最容易受到惊吓的小鸟，对法治具有很强的依赖性，一旦制度出现缺陷，资本就像小鸟受到惊吓会四处逃散一样，也会纷纷外流。

我们说法治是目的，是因为法治的根本目的是实现人类的福祉，它关系到广大人民群众的根本利益，不应当简单地视其为实现其他目的的工具，而应当将其作为一种生活方式。改革开放以来，在短短三十多年内，我们已使6.7亿人脱贫。据联合国《千年发展目标2015年报告》，全球极端贫困人口从1990年的19亿已经降至2015年的8.36亿,其中中国做出了超过70%的贡献。虽然我国人民的物质生活水平已经得到了极大的提高,但幸福的生活来源于很多方面。在人们基本的衣食需求得到满足之后,还需要形成安定、有序、公正的社会生活秩序。幸福与安康是联系在一起的,物质上的丰富并不等同于人民生活的安康。一方面,幸福安康的生活需要人人都有安全感,人们文明有礼,安居乐业,遵纪守法,秩序井然。人们生活在安全的环境中,呼吸自由的空气,享受安宁的生活,免于一切非法的强制和恐惧。无论是投资还是创业,无论是创新还是积累,社会成员的人身和财产都受到法律保护。公权依法行使,私权得到保障,这些都是幸福生活的来源。另一方面,幸福安康的生活需要人人都有尊严感、公正感。在法治社会,人人住有所居,老有所养,弱者得到关爱,法律面前人人平等,个人人格都能得到他人的充分尊重,个人的正当诉求均能得到有效表达,个人的正当权利均能得到法律保护,个人的价值都能得到社会认可,人人活得有尊严。还要看到,在法治社会中,人人享有法律保障的自由。改革开放的成就表明,自由既意味着机会,也意味着创造,还意味着社会主体潜能的发挥。正是人民群众的自由空间不断扩展,我国的社会经济才能不断发展,中国社会的每一次进步,其实都表现为人民自由的扩大。因此,为了更好地发挥个人的创新能力,释放个人的创造活力,就必须更好地保障社会公众的自由。

我们说法治是目的,是因为只有目标确定,才能有行动的指南和方向,也才能够为了这个目标而努力前行。建设法治国家,推进法治昌明,是党和政府的奋斗目标,是亿万人民的美好期盼,是实现中华民族伟大复兴"中国梦"的必然选择。如果只是简单地把法治作为一种实现其他目的的工具和手段，则法治将如茫茫大海中航行的船只，只是漫无目的的漂流，整个社会发展也会迷失前进的方向。事实上，在全面推进依法治国的国家战略中，有的地方党政官员一方面认识到法治的重要性，特别是法治在保障社会经济发展过程中的重要性，但另一方面却将法治简单地等同于一种普通的社会治理工具，将其视为实现社会经济发展的一种手段，对经济发展只是起到一种保驾护航的作用。在他们看来，如果不利于当地的发展，法治就要靠边站。需要的时候，就把法治高捧在手；而不需要的时候，就把法治搁在一边，甚至抛之脑后。这种做法显然只是把法治作为一种社会治理的手段和工具，而没有深刻认识到法治本身是社会发展的目标和价值追求。实践中的野蛮拆迁、暴力执法、环境污染、生态破坏等问题，都反映了只要为了GDP，可以不顾法治，漠视规则，遇到问题时，就随意"撕政策口子""闯法律红灯"，或者"见着红灯绕着走"。一些人对法律采取机会主义态度，有利就遵守，无利就漠视。在这种认识下，法治只是一种工具和口号，其真正目标也会与我们渐行渐远。

我们说法治是目的，是因为法治是我们的理想和追求。美国法学家哈罗德·伯尔曼曾说过一句非常著名的话："法律必须被信仰，否则它将形同虚设。"[①] 法治的实现依赖于民众内心对法治的信仰，此处所说的信仰是指民众从内心深处对法治的认同和自觉自愿的依归。这要求人民从心底崇拜法律而不是崇拜权力，以守法为荣，以违法为耻，自觉维护宪法和法律的权威。法治也是我们的理想和追求，如果把法治简单地视为一种实现其他社会发展目标的工具，很可能使我们失去未来奋斗的方向。世界上有些国家虽然一度实现快速发展，但并没有顺利迈进现代

[①]〔美〕哈罗德·J. 伯尔曼：《法律与宗教》，梁治平译，中国政法大学出版社2003年版，第3页。

化国家行列，而是落入了"中等收入陷阱"（Middle Income Trap），这在很大程度上与其法治不彰有密切关联。"不谋万世者不足谋一时"，在我国，2020年实现小康社会的目标和2049年实现"中国梦"的目标距离我们都并不十分遥远。在达到这些目标之后，我们仍然需要继续前进。在《人类简史》一书中，尤瓦尔·赫拉利对人类社会的发展做出了如下总结：人类社会从来没有终点，是一场永远的革命，总是在不停地变动和发展。① 因此，我们总能不断地发现和追求新的目标，改变人类的社会生活。即便到了后小康时代，我们还需要深刻地认识到，还有很多美好的社会生活目标等着我们去不断地发掘和追求。追求法治就是要不懈地追求社会公平正义，维护个人的基本权益，进一步提升人格、尊严和幸福。人类对安全、正义、自由的追求是永恒的，法治也将永远是人类社会不懈追求的目标。

应当说，法治的最终目的是实现人民的福祉，实现个人的幸福安宁。"人民的福祉是最高的法律"，在此意义上，法治也有其工具性的一面。按照康德的说法，人是目的而不是手段，而法治当然具有保障人的目的性的工具作用。但是服从于人民的福祉这一终极目的，法治也应被视为人类社会追求的目的，因为没有法治，就不可能实现人民的福祉，人民的福祉这一终极目的也就当然包含了法治的目标。党的十八届四中全会提出了全面依法治国的战略方针，将建设法治体系和法治国家作为法治建设的总目标，并设计了实现这一目标的路线图。这实际上是从根本上否定了法律工具主义，从国家建设的角度重申了法治的目的性。我们应当树立法治具有目的性的观念，坚持社会主义法治的基本原则，为全面推进依法治国、全面建设社会主义法治国家不懈努力。

---

① 参见〔以色列〕尤瓦尔·赫拉利：《人类简史：从动物到上帝》，林俊宏译，中信出版社2014年版，第18章。

亲历法治四十载

从 1977 年,我刚刚进入大学的那一年开始,到现在已经整整过去了四十年的时间。四十年对个人来说是漫长的,而在国家和社会的发展面前却是短暂的。回首过往,"逝者如斯夫"的哲人感慨于我确有共鸣,但这种共鸣不是消极的悲天悯人,而是看到我国法治事业飞速发展的欣慰感慨。

正是在这漫长而又短暂的四十年里,我们这一代人亲历和见证了中国改革开放的全过程,并充分利用了自己所学的知识投入我国法治事业的建设之中。作为我国法治事业发展的亲历者、建设者和思考者,四十年来未敢有一日懈怠,与法治同行、推动我国法治事业的进步,始终是我心中怀揣的理想和孜孜不倦的追求。

我们是新中国法治发展的亲历者。回想"文革"刚结束时,我国的法律数量屈指可数,公、检、法也已被"砸烂",法律院校寥寥无几。放眼望去,中国法治一片废墟。以我自身的经历来讲,我在大学学习法律,但实际上根本无法律课程可学,我们的课程安排基本都是学习政策。在图书馆,基本上见不到法律书籍,所能见到的就是 20 世纪 50 年代苏联专家关于国家和法理论的一些著述。那个时候,我们的梦想是,能够体验到真实的法律。毕业之后,面对百废待兴的中国法治建设，我们这些法学学子，怀抱着满腔热忱投入国家的法治建设之中。经过四十年的艰苦奋斗，我国的法治建设已取得了巨大成就，在立法方面已基本形成社会主义法律体系，用短短几十年的时间走过了西方几百年所走过的法治建设道路。与此同时，司法体系已基本齐备，司法作为解决纠纷、维护社会正义最后一道防线的功能也日益凸显，依法行政和法治政府建设也有长足进步。法学教育欣欣向荣，蓬勃发展，法学院从最初寥寥几所发展到今天的640多所，在校法学学生已逾30万。

我们是新中国法治建设的参与者。新中国成立伊始，党和政府就开始着手进行法治建设，但因为各种主客观因素，法治建设的进程极其缓慢，甚至曾因为"文革"等各种运动而中断。改革开放是中国法治建设的新起点，伴随着改革开放一路走来，在法治建设的道路上，有我们流下的辛勤的汗水和坚实的脚印，我们见证着，也参与着中国法治建设的历史进程。从1986年开始，我参与了《合同法》《物权法》《侵权责任法》等法律的制定，也一直以不同的方式，积极参加其他有关法律、行政法规、司法解释等规范性法律文件的制定、修改、论证、咨询等工作。同时作为一名法学教师，自1984年留校以来，我一直从事教书育人的工作，为中国法治建设提供一批批的新鲜血液，他们都在不同的工作岗位上发挥了重要作用。《礼记》有言："师也者，教之以事而喻诸德者也。"作为一名园丁，尽管平凡，却不平庸；尽管地位并不显赫，但深感职责重大；尽管没有花团锦簇，但内心充满荣耀。

我们是新中国法治建设的思考者。关于什么是法治，其实我们都在思考和探索。法治的内涵是不断变化、逐渐成形的，它经历了从"法制"到"法治"的蜕变和升华过程。在改革开放之初，我们所理解的法治是"法制",其经典内涵是"有法可依,有法必依,执法必严,违法必究"。但几代法学人不断探索和思考后,发现这种提法不能涵盖"依法治理"所涉及的全部领域,故而法治不仅要求在形式上具备"依法办事"的制度安排及运行体制机制,更追求法律至上、制约权力、保障权利、程序公正、良法之治等法治精神和价值原则,要真正形成良法与善治相结合的治理状态。如何践行法治,同样充满了挑战。以民法为例,在改革开放之初曾有民法和经济法的论争,经过充分论证,民法和经济法各有各的领域,这为民法的发展奠定了坚实的基础。而是否需要编纂民法典和如何制定民法典曾经也是颇有争议的问题,经过反复论证,并结合实践需求,今天我们重新开启了民法典的编纂。"大海不拒百川之水",我们的思考和探索未必都能被决策者采纳,但只要能够为立法、执法和司法提供一定的参考,也必将助推法治前行。

我们是法治理想的不懈追求者。建设中国特色社会主义法治是一项前所未有的伟大事业,还有很多理论和实践问题需要探索。在这一过程中,既不能迷古,也不能洋化,而是要结合中国改革开放的实践和中国自身的国情,通过汲取中国传统文化的精华和国外值得借鉴的经验,直面中国问题、运用中国智慧、总结中国经验,走一条符合中国实际的法治建设道路。"人民的福祉是最高的法律",我期盼着尽早建立更加完善的法治社会,让人民生活得有尊严、有自由,生活更加美好。人人遵纪守法,社会公正有序,争议得到公正解决,合理的诉求都能及时实现。为了实现这样的理想,我们作为法律人将为此不懈努力奋斗。

四十年法治建设的风风雨雨,让我深切地感受到在中国这样一个有着几千年封建传统历史的国家,法治建设任重道远,而我们建设的法治是中国特色社会主义的法治,这也是人类法治建设史上从来没有过的伟大探索和实践。回首四十年法治建设历程，我们虽然取得了重大成就，特别是建立了中国特色社会主义法律体系，但离我们的法治理想仍有一定的差距。"路漫漫其修远兮"，尽管法治之路可能是曲折与漫长的，但作为法律人，我们始终要心怀坚定的理想与信念，始终要从我做起，从自身做起，心怀正义，崇法尚法，践行法治理想，不断砥砺前行。可以说，实践法治的过程就是法律人自我修炼的过程，法治建设既给我们提出了挑战，也给我们提供了个人成长的机遇，我们自己将伴随着法治建设事业一同成长。

美国最高法院大法官肯尼迪说，法律是故事，是我们昨天的故事；法律是知识，是我们关于今天如何行事的知识；法律是梦想，是我们对明天的梦想。这句话准确地道出了法治与每个人的密切关联。在我国变革时代的大背景下，我们要珍视和重视法治的作用和力量，特别是随着法治中国被提升为国家的重要战略，我们更要适应法治新环境，抓住法治新机遇，不忘初心，继续前行。与法治同行，祖国的前途无限美好，民族复兴的梦想必定成真！

我的法治梦

十八大以来，习近平同志多次提出"中国梦"，激励全体中国人为中华民族的伟大复兴、为人民的美好幸福生活而不懈努力。法治梦是中国梦的应有内容，与中国梦紧紧相连，法治的进步将强有力地推进中国梦的实现。

我们每个法律人都有一个法治梦。法治对于我们而言，既是一种理想，也是一种信仰。孟德斯鸠在《论法的精神》中说："我们希望着一个未来的国家：这个国家是我们所信仰的。"法治梦是我们法律人的理想，它如同指引船只前行的一盏灯塔，引领我们航行；它也像黑夜中的星辰，指引我们前进；它又是我们人生前进的动力，是我们法律人的人生意义之所在。作为一名法律人，我的法治梦就是建成法治国家、法治政府、法治社会，国家长治久安，社会安定有序，人民生活幸福。

我上小学正赶上"文革"，这场动乱也波及了我长大的小镇。一夜之间，各种名头的造反派组织纷纷成立，公检法被"砸烂"，政府几乎瘫痪，红卫兵和造反派将"走资派""牛鬼蛇神"游街示众是家常便饭。造反派给示众者挂上"铁牌"或者小板凳游街，甚至给妇女剃"阴阳头"示众。在"文攻武卫"的鼓励下，暴力横行，武斗不断，冤狱遍地，抄家是那时红卫兵和造反派的特权。他们可以随意实施抄家行动。许多人家里的文物、字画等，都被当作"四旧"砸毁焚烧。"文革"期间的那些混乱场景到今天依然历历在目，当时那些严重侮辱人格的事件，至今仍像噩梦一般时常萦绕在心头。我中学毕业到农村插队的时候，这场动乱还没有结束。那个时候我经常想，这种无法无天所谓的"革命"行为，什么时候能够结束，什么时候人们能够过上安稳的生活。

1977年，我上大学开始学习法律。我逐渐明白，要想让"文革"悲剧不再重演，必须依靠法治，只有走法治道路，才能真正让人民过上幸福生活。党的十一届三中全会拨乱反正，提出了加强社会主义民主，健全社会主义法治的根本方针，中国开始走上了民主法治之路。三十多年来，我国法治建设取得了长足的进步：在短短三十多年时间里，我们的立法走过了西方国家几百年走过的道路，社会主义法律体系基本形成，从根本上改变了"文革"后"无法可依"的状况；司法体系从被砸烂的废墟中重新建立并逐渐完善，司法程序不断健全，司法作为维护社会公平正义的最后一道防线的地位逐渐突出。从近年来人民法院年均审理1400多万件案件的数量就可以看出，法院已经成为解决社会矛盾和纠纷，维护社会公平正义的主要渠道。依法行政、法治政府建设、人权保障事业都取得了长足进步，法学教育也蓬勃发展，为法治建设提供了必要的人才储备。所有这些都表明，我们的法治梦的实现越来越近，我们的理想和目标越来越近。

实现法治梦，必须理解法治的内涵和价值。法治是我们这个时代的主旋律，人人都在关注法治、议论法治。但何为法治，却是一个需要理清的话题。对于法治，有各种不同的理解，作为一个以实现中国梦为己任的法律人，我想谈谈我所理解的法治梦。

我期盼的法治梦首先是国家富强、人民生活幸福。中国梦既是民族复兴梦,又是国家富强梦。仓廪实而知礼节,贫穷难言法治。如果人们食不果腹、衣不蔽体,又何谈尊严、权利与秩序?人民生活富足是实现法治的社会基础和物质前提。人们安居乐业就要能够看得起病,买得起房,上得起学,基本生活能够得到保障。人们要有稳定的、有尊严的工作,需要清洁的空气、健康的食物、舒适的生活环境。法治是人民幸福生活的重要保障,正如亚里士多德所言,"法律是人类理性的体现,按照法律生活是获得幸福的根本保障"。①

我期盼的法治梦,是让法治成为国家治国理政的基本方略。法治不仅要成为国家与社会的核心价值观,而且要成为保障整个国家兴旺繁荣的不竭动力。全社会真正把法律作为一种信仰、一种目标。人人尊重法治、信仰法治、坚守法治,法律面前人人平等的理念深入人心,领导干部能够带头遵纪守法,执法机关严格执法,司法机关公正司法,全体社会成员严格守法,依法治国、依法行政,共同推进法治国家、法治政府、法治社会一体建设。党的领导、人民当家作主、依法治国形成有机的统一。

我期盼的法治梦,是良法善治梦。从依法治国到良法善治,从形式价值走向实质价值,是法治发展的重要趋势,也是国家治理现代化的必然要求。不是所有的法律都能治好国,只有良法,通过科学民主方式制定的法,符合公平正义价值的法,才能真正治好国。良法善治要求法律体系化,宪法作为国家治理的基石,成为国家治理体系中的最高表现形式和制度载体,成为国家治理的总章程。依法治国,首先是依宪治国。

---

① 参见〔古希腊〕亚里士多德:《政治学》,吴寿彭译,商务印书馆1965年版,第348页。

党要科学执政、依法执政、民主执政,党的各级干部要善用法治思维和法治方式治国理政。国家治理严格依法,社会运行井然有序,公权依法行使,私权得到保障。国家机构是按照宪法组织起来的,公权被关进制度的笼子中,严格按照宪法和法律的规定来行使权力。

我期盼的法治梦,是人民要能充分感受到社会公平正义。追求社会公正是人们千百年来的理想,也是人民幸福的内涵,只有在法治社会才能够真正实现社会的公正。法治能够通过有效分配社会资源,解决公民生老病死的社会保障问题,保障公民安居乐业、幸福安康。在法律面前,不管个人之间在身份、能力、财富占有等方面有多么大的差异,都是平等的。这种在法律面前的平等不仅是形式意义上的平等,而且也是实质意义上的平等,要从结果的层面保证全体社会成员的普遍幸福感。法治下的公平正义还意味着,发生争议后,合理的诉求能够有畅通有序的表达渠道和程序,合理的诉求能得到及时、合理的满足,各类纠纷能够得到及时、公正的解决,合法权益能够得到有效的保障。执法机关能秉公执法,司法机关能公正裁判。弱者能够得到法律的关爱,人权得到充分的保障。公平正义的光辉照耀每一个人,温暖每个人的心。

我期盼的法治梦,是人民生活要有安全感。安全感既是法治的尺度,也是法治的目标。安全感是人民幸福生活的重要来源,只有安全而自由的环境,才能极大地激发每个人创业创新的积极性。人民的安全感具体表现为良好的社会治安、较低的犯罪率,人们文明有礼、安居乐业、遵纪守法;人们生活在安全的环境中,呼吸自由的空气,享受安宁的生活,免于一切非法的强制和恐惧;无论是投资还是创业,无论是创新还是积累,合法的财产都受到法律保障。公权应当在阳光下行使,受到法律有效规范,接受人民监督。在法治社会中,公权不仅不会任性,反而是私权的可靠保障，公权的行使只会增进民众的福祉，而不会损害民众的安全感。同时，人民的私权能够得到全面确认和保障，人们都按规矩行事，每个人行使权利时都要尊重他人、不得侵害他人的权利。法治社会中的安全感，是法律制度保障下的安全感。

我期盼的法治梦，是人民生活要有尊严感。现阶段，在人们的物质生活条件得到极大改善的情况下，应当把维护个人尊严提到重要高度。法治梦应该也是人民生活的尊严梦。每个中国人都应当有追求美好生活的权利。美好的生活不仅仅包含丰衣足食、住有所居、老有所养等基本的物质层面，更要求实现精神价值层面的人格尊严。中国梦也应该是个人尊严梦，是对人民有尊严生活的承诺。人民生活有尊严，国家才有尊严。人在社会中生存，不仅要维持生命，而且要有尊严地生活。在法治社会，弱者得到关爱，每个人的人格都得到他人的充分尊重，个人的正当诉求得到有效表达，个人的正当权利得到法律保护，个人的价值得到社会认可。生活有尊严就是幸福生活的内容。

我期盼的法治梦，也是人民充分享有法律保障下的自由。自由不仅意味着免于非法的干预，也意味着创造性，意味着社会主体潜能的发挥。改革开放的成就表明，只有人民群众的自由得到保障，社会经济才能不断发展。中国社会的每一次进步，都表现和根植于人民自由空间的扩展。为了更好地发挥个人的创新能力，释放个人的创造活力，就必须更好地保障社会公众的自由，充分尊重个人对其生活的规划和安排，充分保障其对自身生活方式的自主选择，保障人民根据自己的意志去安排和决策自己的社会交往活动。法律要能够给人们提供稳定的制度预期，让人们能够提前知道不同社会行为的法律评价和法律后果，能够事前有预见性地安排自己的社会交往活动。因此，法治能够为人们的生活提供确定性和合理预期，也使人们充分享有法治保障下的自由。

　　法治梦不是遥不可及的，我们每天的言行，都可以为法治梦做出一份努力。我们身边发生的每一件事，都跟法治梦息息相关。法治梦不是不可捉摸的烟云，不是痴人说梦，而是离我们越来越近的目标。我们希望未来的中国是一个法治的中国。建设一个法治的中国，才会拥有更加宽广的道路，才是强国之根本、希望之所在。

　　马丁·路德·金说：我有一个梦想。我们中华儿女也有我们的梦想。近代以来，中华儿女一直在追求国家独立、富强、民族复兴和人民幸福，现在是我们发展的最好时期，也是实现中国梦的最佳时机。中国梦不仅仅是一个个人的梦想，更是全体中华民族的梦想。中国梦不同于美国梦，它不仅仅是个人主义的，而且还是集体主义的；中国梦既包含实现个人幸福，也包括实现社会和谐、国家富强、民族复兴等宏伟目标。法治是实现中国梦的重要保障，法治关系到你我生于斯、长于斯的国度，关系到我们每个人的日常生活，任何人都无法置身事外。法治之路漫长而艰辛，只有我们每个人都怀揣法治梦想，并将其作为一种信念去坚定追求，法治才会真正实现在伟大的中国。

法治具有实践性

近几年来,有一些学者提倡用法治指数、司法透明指数、电子政务发展指数等来衡量法治实现程度,并希望通过法治评估的方式推动法治进步。有人将这些学者称为"中国法治实践学派"。我认为,法治实践学派的主张有一定的合理性,其从实践的角度衡量法治的实现程度,确实是一种创新,中国法治的实践也需要更多的学者参与。

美国当代法学家波斯纳认为,法律并非一个自给自足的演绎体系,而是一种实践理性活动。法治贵在实施,重在实践。法治的实践性首先源于法治概念本身。"治"有双重含义:一是治理,即依法治理,这是一个依据法律治国理政的过程,这个过程当然是一种实践;二是依法治理的状态和结果。古人讲,法者,治之端也。这其实强调的是一种治理结果。无论从哪个层面,法治都指向实践而不是抽象地停留在理念层面。

自罗马法以来,随着法制的发展,人类社会逐渐形成了系统完备的法学理论,这些理论在不同历史时期发挥着重要的作用。中世纪后期,罗马法复兴后,与文艺复兴、宗教改革一起,构成了三大运动,共同推动了整个西方文明的发展。在我国,在两千多年前的春秋战国时期,法家就已经形成了一整套依法治国的理论，虽然和现在依法治国的价值与目的并不相同，但在依法治理方面存在诸多共性，对于今天社会主义法治也不无借鉴意义。当下，法学理论已逐渐形成了逻辑自洽的完备体系，对立法和司法起到了重要的指导意义。但无论法学理论如何发展，法治终归是社会生活的产物，是人类经验的反映，只能从实践中来，并在与实践的互动中逐渐发展。法治不能单纯从书本、理论出发，更不能将西方的理论照搬到我国的实践中来。法治道路必须坚持从中国实际出发，从中国国情出发，与改革开放不断深化相适应，不断总结我国的法治成功经验，发展具有中国实际的、中国特色的法治理念，指导法治实践。

今天，强调法治具有实践性，至少具有如下几个方面的意义：

一是法治道路的选择必须经受实践的检验，并在实践中探索正确方向。虽然法治的理念具有一些共性，但每个国家法治道路的选择都有所不同。《慎子》云："法者，非从天下，非从地出，发乎人间，合乎人心而已。"法律本身也是一种文化，法治文化作为社会文化的一部分，离开了其他文化要素存在的土壤，法治文化不能独存。因此，培育法治文化，需要认真对待传统文化，并从本国法治实践中汲取营养。例如，中国古代曾经产生了御史监察制度、观察廉访制度、籍贯回避制度、职务回避制度、同级制衡制度、士绅监督制度、大案会审制、公堂问审制度以及文武相制制度，等等。这些制度对我国今天的法治建设也都有一定的参考价值。有的国家在法治现代化过程中移植西方的法治，虽然不乏成功的范例，但也同样有很多失败的案例，非洲、南美的发展过程就是例证。20世纪以来，拉美许多国家在宪法上照搬美国，在民法上照搬法国，但社会治理和经济发展并不成功。"橘生淮南则为橘，生于淮北则为枳"，法治不能脱离本国的文化和国情基础。鸦片战争以来近二百年的历史表明，完全照搬西方的制度、规则是不成功的，不可能真正实现中华民族的伟大复兴。要建设富强繁荣、安居乐业的现代国家，中国只能选择自己的发展模式，走适合自己国情的道路。法治建设同样如此，必须扎根于本国的实践方能基础牢固，并有切实的贡献。任何成熟、积极的法治体系，都是由这个国家的人民决定的，都是在这个国家历史传承、文化传统、经济社会发展的基础上长期发展、渐进改进、内生性演化的结果。我们说法治具有实践性，是强调立法必须在重视实践、重视法律实际运用效果的基础上展开，使书本上的法变为真正意义上的实践中的法，使"纸面上的法"真正落实为"行动中的法"，以切实推进法治国家建设进程。

二是良法应当是社会生活的产物，是人类生活经验的反映。法律应当植根于一国的土地，反映一国的基本国情和文化传统。虽然法律具有可借鉴性，但如果他国的法律未能经受本国实践的检验，则未必能为本国立法所采纳。法国思想家孟德斯鸠甚至认为，法律规则的设计可能会受气候等因素的影响。耶林认为，法学本身就是一个具有国界限制的学问，一个国家的法律只能源于本国实践，也只能用于本国实践。具体而言，法治必须从我国的实践中来，并服务于中国的实践。改革开放的伟大实践为中国的法治提出了任务，也确立了方向，同时提供了生动鲜活的实践资源。我们在立法过程中也应当注意法治的实践性特点，相关的法律规则设计应当根植于生活，来源于实践。这样制定出来的法律规则不仅有旺盛的生命力，而且能够具有更强的可操作性和可适用性。同时，实践也是评估立法质量的最佳标准。只有贴近实践、能够作用于实践的立法，才是高质量的立法。法律制定出来并不是一种高高挂起的宣言或口号，而是要成为人们的行为准则，只有在实践中运行良好的法律才是真正的良法。

三是法律应当从"纸面上的法"变为"行动中的法"。古代的法家历来强调，法律一经制定，必须严格执行，禁止官员随意篡改法律或者"释法就私""以私害法"。"不以私害法，则治。"如果有法不守，法制松弛，社会将更无秩序。这些经验在今天仍然具有借鉴意义。党的十八届四中全会决定指出，法律的生命力在于实施，法律的权威也在于实施。全面推进依法治国，重点就在于保证法律严格实施，做到严格执法。明代张居正曾指出："天下之事，不难于立法，而难于法之必行。"法治的实践性体现在一个个具体、鲜活的个案之中。只有人民群众从个案中感受到法治的温暖、法治对弱者的关爱、法治对权力的制约，才能确立对法治的信心。如果正义不能在个案中得到体现，则无论如何强调普法的重要性，都难以真正树立起司法的权威性和公信力，以及人们崇法、尊法的法治观念。美国的法治建立在司法的强大权威上，司法的权威性和公信力则是靠法官的公正裁判日积月累建立起来的，也是和一个个杰出法官如马歇尔、杰克逊、布兰代斯等联系在一起的——这些法官充满正气、论理细致周到，从而能够使人们心服口服地遵从。在这个意义上，"法治的生命在于实施，依法治国的功效在于实践"是对这一观念的精当概括。

四是法治应当成为一种社会生活方式。法治归根到底必须回归到社会实践中，并作用于社会主体的行为。法治的实践层面是衡量立法质量、法律实施状况的重要标准，因此，其对衡量法治实现程度、推进法治建设进程具有更为基础性的意义。法治应当成为一种生活方式，应当体现在生活的点点滴滴中。法律是一种行为规范，法治观念是行为实践的重要指导，但观念上对法治的追求并不等于实践中的法治实现，关键在于如何将抽象的法治观念转化为现实生活中的法治实践。法律的实践品格决定了一个国家是否具有法治及质量如何。我国目前已经颁布了250多部法律,但据中国社科院法学研究所李林教授的统计,中国裁判文书网登载的3000多万件裁判中,其中被援引的法律大概只有50多部,这表明,大约只有1/5的法律在司法实践中被运用,其他的法律并没有被运用到实务中。虽然一些法律因其性质本身不宜进入司法领域,但确实应当承认,有些法律与实践仍存在脱节现象,甚至一旦制定出来便已经被实践甩在后面了。这就是说,我们在评价法律的实效性时,就不能仅看法律的规则设计是否合理,还应当看其实际实施效果,如果法律规则不能从"纸面上的法"转变为"行动中的法",则即使制定了,也会沦为具文。还要看到,法治的实现是一个动态的成长过程,是随着具体事务上的法治实践不断提升的。推动社会主义法治文化建设,离不开形式多样的法治宣传教育,但必须认识到的是,虽然普法很重要,但活生生的法治实践是更好的普法方式。法治建设过程并不是看不见、摸不着的,它是我们每天在生活中能够切身感知和体会的,法治的进步是能够为人们感知和衡量的。人们生活的方方面面,几乎都有法治的身影。从高屋建瓴的理论和立法活动,到打工者的经历、企业家成长的故事,从一个个具体的公正的司法裁判,到人们日常生活中对法律规则的自觉遵守,无不表明法治具有亲历性,人们对法律的感知,比任何书本上的理论说教更有说服力。因此,最好的普法莫过于以活生生的案例,以我们身边的法治故事来诠释法律。法治的故事就是法治的实践,真正讲好这些法治的故事,才是最好的普法方式。

法治的实践性还体现在人们对法律的遵守中。商鞅徙木立信,使"有法必行、有令必遵"的观念深入人心。法治要真正得到人们的遵守,还要求人们树立对法律的信仰,将法律内化于心、外化于行,将自律和他律结合起来,将他律的规则转化为人们的行为习惯。真正以守法为荣、以违法为耻,按照法律规则行事,使法成为人们的行动准则和行为指南,成为解决纠纷的依据。据统计,近几年来,每年行政纠纷的信访达400万至600万件,而行政诉讼只有不到10万件,这也在一定程度上折射出人民群众普遍存在的"信访不信法"的现象。只有百姓遇事都找法并通过法律解决纠纷,法治才能够实现。如果百姓心中想的仍然是法不责众、关系大于法、人情大于法、权力大于法,则法治的口号喊得再响亮也是无法实现的。

强调法治具有实践性,并不意味着要否定法学理论研究的意义。法学理论研究对法治实践的开展具有重要的推动作用,因此,强调法治的实践性不仅不能否定法学理论研究的意义,反而应当更加重视法学理论研究,以期更好地总结实践,解释实践,寻找不足,并在实践中总结规律,完善理论。当然,法治的实践性反对空洞的理论研究。脱离实践的空洞研究对法治建设进程并无太大帮助。法治的实践性意味着我们对法治的研究不能坐而论道,做纯粹经院式的研究,而应当走出象牙塔,走出书斋,到实践中去,总结提炼实践经验并用于理论思考,发展出真正具有普遍性与生命力的法学理论。但如果将法学理论研究仅仅理解为法学思想家和法学家的作品,在一定程度上否定法学理论研究的真正意义,则并不妥当。法学理论研究实际上也是源于实践,并最终指导实践。

法治不能仅仅是一种抽象的理论概括,也不是一种简单的价值表达,其更多地表现为一种社会实践的生活状态。只有在社会实践的每一个环节、每一个细节上践行法治的精神,才能实现真正的法治。中国社会主义法治建设是人类历史上从未有过的伟大实践,需要全方位推进。我们需要重视法治理论,更应当关注法治的实践。

瞄准全面推进依法治国的着力点①

依法治国是人类社会进入现代文明的重要标志，也是国家治理体系现代化的基本特征。党的十八大以来，我们党在总结和评估我国法治建设已有成就和存在问题的基础上，对依法治国作出了新的部署。法治是一项长期的系统工程，不可能一蹴而就。我国的法治建设已经取得了重大成就，中国特色社会主义法律体系已经建成，但仍然面临诸多问题：有法不依、执法不严、违法不究的现象依然存在，司法不公、司法腐败等问题依然严峻，司法的公信力和权威未能有效确立。正视现实中存在的各种问题，并通过不断完善法治来妥善解决这些问题，是法治建设所必须经历的过程。党的十八届四中全会就加快社会主义法治国家建设作出了顶层设计和战略部署，开启了我国全面推进依法治国事业的新篇章。

法治的固有含义包含了良法和善治两方面内容。依法治国本质上就是要用良法治国。全面推进依法治国，关键要从以下几个方面着手：

其一，坚持依法治国首先要坚持依宪治国，坚持依法执政首先要坚持依宪执政。宪法以国家根本法的形式确立了党

---

① 原载《经济日报》2016年8月26日。

和国家的根本任务、基本原则、重大方针、重要政策，宣示了对公民人身、财产及其他基本权利的保护，并通过相关制度予以具体落实。依宪治国，就是要坚持人民的主体地位，保障人民的基本权利，用宪法约束公权力，把公权力关进宪法制度的笼子。依宪治国必须保障宪法的实施，并建立和完善宪法实施的监督制度，加强最高国家权力机关的宪法解释和宪法监督职能，建立承担宪法监督职能的具体机构，明确宪法监督的具体程序，从而把全面贯彻实施宪法提高到一个新水平。

其二，落实党的依法执政方略。四中全会文件指出，"依法执政是依法治国的关键"，依法执政是人类政治文明的共同成果，也是当代政党执政所应共同遵循的规律，是我们党在新的历史时期所应坚守的基本执政方式。我们党带领人民制定宪法和法律，也要依宪执政、依法执政，在宪法和法律范围内活动。党要领导立法、保证执法、监督执法、支持司法、带头守法。任何组织与个人都不能凌驾于宪法和法律之上；领导干部要运用法治思维和法治方式深化改革、推动发展，化解矛盾，维护稳定。改革过程中，我们党要运用法治凝聚共识，引领改革，推进改革，确保改革事业在法治轨道上推进。

其三，深入推进依法行政，加快建设法治政府。国家治理能力的现代化，首先是要求国家治理的法治化。一方面，法定职责必须为，法无授权不可为。法治政府一定是有限政府，即政府只能做法律允许和法律授权政府做的事情，而不能超越法律做事。这就需要转变政府职能、压缩政府审批权限、明确行政权力界限、规范行政行为程序、加强行政信息公开，通过权力问责机制，加大对违法、失职行为的追惩力度。另一方面，公权力机关及其工作人员必须严格履行其法定职责，按照法定权限和程序行为，不得懒政、怠政。通过深入推进依法行政，加快建设职能科学、权责法定、执法严明、公开公正、廉洁高效、守法诚信的法治政府。

其四，加快司法改革，保障司法公正。公正是法治的生命线，司法是社会正义的最后一道防线，司法公正对社会公正具有重要引领作用。司法为民其实最根本的就是要维护司法公正，使得人民群众在每一个个案中真正感受到正义，而绝不能让不公正的司法审判伤害人民群众对正义的感受。保障司法公正，必须通过司法改革，完善司法管理体制和司法权力运行机制，切实保障司法机关依法独立、公正行使审判权和检察权，"无私谓之公，无偏谓之正"。保障司法公正，还要不断提高司法审判人员整体的职业素养，规范司法行为，加强对司法活动的监督，大力提升司法的公信力和权威性。

其五，建设法治社会。一方面，要营造"全民信法、全民守法"的社会氛围，引导公民树立社会主义法治理念、养成遵纪守法和用法律途径来解决问题的良好习惯，真正使法治精神深入人心。另一方面，要实现法律与道德、依法治国与道德教化的有机结合。中国的传统文化重视法律与道德的互补，要从传统文化中汲取精华，高度重视道德对公民行为的规范作用，引导公民既依法维护合法权益，又自觉履行法定义务，做到享有权利和履行义务相一致。只有全社会人人诚实守信，崇尚道德，遵守规矩，才能奠定法治的基础。

法家思想对现代法治建设的借鉴意义

古老的中华法系曾被公认为世界五大法系之一，在相当长的时间里处于世界法制文明的前列。在我国古代法制发展过程中，法家的思想对我国古代法制的产生和发展产生了深远的影响。

法家产生于春秋战国时期，为先秦诸子中的重要一派，其主要代表人物有申不害、商鞅、韩非等人，其核心观点认为，以法治国是富国强兵的重要手段，法律的主要作用在于"定分止争"和"兴功惧暴"。法家提出了重刑主义等一系列主张。法家的思想对我国几千年封建社会产生了深远影响，而且对人们的法律观念产生了根深蒂固的影响。今天，我们在推进依法治国战略过程中，也应当积极吸取法家合理的思想内核，做到"古为今用"。

在全面推进依法治国战略的过程中，法家的哪些思想值得我们借鉴呢？

（一）重视法律在治国理政中的作用

法家先驱管仲在《管子》中最早提出了"以法治国"的概念："威不二措，政不二门，以法治国则举措而已"（《管子·明法》）。商鞅主张"缘法而治"（又称"垂法而治""任法而治"),管仲主张"以法治国",韩非主张"以法为本""唯法为治"等,都有运用法律手段治理国家的目的,虽然这些主张和我们今天的"依法治国"的内涵并不相同,但在重视法律的作用方面则是相同的。

在法家看来,法律主要具有如下功能:一是定分止争。定分止争是稳定社会秩序的前提和基础,而法律才是定分止争的工具,更是定分止争的公器。财产"盗不敢取,由名分已定也"。"故圣人必为法令置官也、置吏也,为天下师,所以定名分也"《商君书·定分》。名分一定,则能形成稳定的社会秩序,天下才能大治。二是兴功惧暴。"法者,所以兴功惧暴也"(《管子·七臣七主》),"兴功"可以鼓励人们立战功,积极为国家效力,而"惧暴"则可以使那些不法之徒感到恐惧,以刑制暴,以警愚顽,从而有效阻遏不法行为,维持社会秩序的稳定。这实际上是从积极和消极两个方面实现富国强兵、振兴国家的目的。所以,法家认为,"国无常强,无常弱;奉法者强则国强,奉法者弱则国弱"(《韩非子·有度》)。"法令者民之命也,为治之本也"(《商君书·定分》)。三是保障国家稳定。法家认为,人治虽然可以在一定时期内保障国家的稳定,但其具有不确定性,而以法治国则能有效保障国家的稳定。如韩非子认为,通过人治治理国家,则"千世乱而一世治",而以法治国则能实现"千世治而一世乱"(《韩非子·难势》)。而且即便是像尧、舜那样的圣贤治国,也无法完全依靠个人的品格、才能治理国家,而必须依靠法律。如韩非子认为,"释法术而任心治(即人治),尧不能正一国;去规矩而妄意度,奚仲不能成一轮;废尺寸而差短长,王尔不能半中"(《韩非子·用人》)。

(二) 君臣贵贱上下皆从法

法家主张，"法不阿贵""刑无等级"（《商君书·刑赏》），即认为法具有统一性，只有上下都遵守，这才叫法。据《史记》记载，秦国的太子犯了法，商鞅认为，法律是所有人都要遵守的，即使是太子犯法，也要受到刑罚制裁。"于是太子犯法。卫鞅曰：'法之不行，自上犯之。'将法太子。太子，君嗣也，不可施刑，刑其傅公子虔，黥其师公孙贾"（《史记·商君列传》）。虽然最后处罚了太子的老师，但也体现了"法不阿贵"的思想。"法家不别亲疏，不殊贵贱，一断于法"（《史记·太史公自序》）。韩非子认为，"法不阿贵，绳不挠曲。法之所加，智者弗能辞，勇者弗敢争。刑过不避大臣，赏善不遗匹夫"（《韩非子·有度》）。这种思想与我们现在所讲的法律面前人人平等具有相似之处，只不过法家将法律作为维护君主专制统治的工具，其强调"君臣贵贱上下皆从法"只是为了保障法律的有效实施，所谓"君臣上下贵贱皆从法，此谓为大治"（《管子·任法》）。当然，在封建专制制度下，并不可能真正实现法律面前人人平等。

(三) 重视法律的公平价值

管仲将法的概念界定为："尺寸也，绳墨也，规矩也，衡石也，斗斛也，角量也，谓之法"（《管子·七法》）。"法律政令，吏民规矩绳墨也"（《管子·七臣七主》），管仲将法比喻为尺寸、绳墨、规矩、衡石、斗斛、角量等，其实都是为了强调法应当是一种公平客观的评价标准。管仲又说，"法者，天下之仪也。所以决疑而明是非也，百姓所具命也"（《管子·禁藏》）。《韩非子·饰邪》说："自夫悬衡而知平，设规而知圆，万全之道也。"商鞅进一步阐释了这种思想，他认为，"法者，国之权衡也"（《商君书》）。这与人们常说的"法平如水"的观点是一致的。在法家看来，之所以强调法应当体现公平价值，是因为这有利于法的有效执行。"法平则吏无奸"（《商君书·勒令》）。"治强生于法，弱乱生于阿"（《韩非子·外储说下》）。意思是说，国家太平强盛得力于法治，国家纷乱贫弱是由于执法的不公正所致，因此需要以法治保公平。

（四）重视法律的公开性，而且法律要让民众容易理解

按照法家的观点，法律应当做到明白易知，家喻户晓。法家先驱子产曾"铸刑书"，公布成文法，目的就是使民众了解法律的内容。韩非子认为："法者，编著之图籍，设之于官府，而布之予百姓者也。故法莫如显"（《韩非子·难三》）。商鞅也认为，法的公开，使"万民皆知所避就"，"吏不敢以非法遇民，民不敢犯法以干法官"（《商君书·定分》），法律的对象是民众，如果法律太"微妙"，民众连看都看不懂，则很难遵守法律，因此，"圣人为法，必使明白易知"（《商君书·定分》）。韩非子则对法律提出了"三易"的标准，即"易见"（使人容易看到）、"易知"（使人容易懂得）和"易为"（使人容易执行、遵守）。其目的都是强调法律的内容应当为民众所知晓。重视法律的公开性，一是为了"使万民知所避就"，从而将法律作为行为准则，便于法律遵守；二是为了监督官吏公开断案，防止罪犯法外求情。此外，为了保障民众准确理解法律的内容，法家还主张由官吏宣讲、解释法律，使天下的人都"知法"，即"置主法之吏，以为天下师"（《商君书·定分》）。

（五）强调法律的严格执行

两千多年前，秦国商鞅变法时，秦孝公向商鞅提出了一个问题：

"法令以当时立之者，明旦欲使天下之吏民皆明知而用之，如一而无私，奈何？"（《商君书·定分》）即法律制定出来以后，怎样才能尽快使全天下的所有官员和百姓们知法、守法？商鞅回应了秦孝公的问题，主张应当通过严格执法保障法律的实施，即"法令者，民之命也，为治之本也，所以备民也。为治而去法令，犹欲无饥而去食也，欲无寒而去衣也，欲东而西行也，其不几亦明矣"（《商君书·定分》）。法家强调，法律一经制定，必须严格执行，禁止官员随意篡改法律或者"释法就私""以私害法"。"不以私害法，则治"（《商君书·修权》）。慎到认为，"法之功，莫大于使私不行"，"立法而行私，其害也甚于无法"，"言行而不轨于法令者必禁"（《韩非子·饰邪》），都是强调法律必须要严格遵守、严格执行。

（六）立法应当顺应天理、民情，保持稳定

法家认为，立法应当"循天道、随时变、量可能"，即立法要符合自然规律，适应时代的要求和社会的实际，考虑实行的客观可能性。一是符合天道。如管仲认为，"法天合德，象地无亲，日月之明无私"（《管子·明法解》）。也就是说，立法应当符合天道，要做到从公而无私。二是因时而治。法家认为，"治民无常，唯法为治。法与时转则治，治与世宜则有功"（《韩非子·心度》）。"法非从天下，非从地出，发于人间，合乎人心而已"（《慎子·逸文》）。三是符合客观规律，即应当"量可能"。法家认为，立法应当建立在客观可能性的基础上。四是顺应民情。"凡治天下，必因人情"（《韩非子·八经》），商鞅认为："人情好爵禄而恶刑罚，人君设二者以御民之志，而立所欲焉"（《商君书·错法》）。管仲也认为："人主之所以令则行、禁则止者，必令于民之所好，

而禁于民之所恶也"(《管子·形势解》)。所谓"三尺律令,人事出其中"(《汉书·薛宣朱博传》),这实际上是要求法律符合人们的民间习俗、社会观念等。

此外,法家还主张,应当保持法的稳定性,即要实现"一法""一尊""法莫如一而固"。此处的"一"指的就是"法"的内容不能"故新相反,前后相悖";"固"则指保持法的稳定性,"朝令夕改"只会是亡国之道。法律的内容应当保持统一,并且在一定期间内应当保持相对稳定。

在今天看来,法家许多合理的思想内核仍然值得我们借鉴。从历史上看,商鞅变法推行法家思想,厉行法制,"秦民大悦,道不拾遗;山无盗贼,家给人足;民勇于公战,怯于私斗,乡邑大治"(《史记·商君列传》)。商鞅变法图强极大地振兴了秦国,最终使秦国一扫六合,统一中国。虽然自汉代以后,"罢黜百家,独尊儒术",但实际上,中国历代社会治理仍然注重运用法家的思想,许多学者也据此认为,中国封建社会实际上采取的是"儒表法里"的治国模式。这种说法也不无道理。

我们在借鉴法家的上述合理思想时,也应当看到法家思想的不足:一是过度夸大法律的作用,而忽略了道德教化的作用。法律能治"行",但不能治"心","法能杀人而不能使人仁,能刑人而不能使人廉"(《盐铁论·申韩》)。所以,要从根本治"心",还必须发挥道德教化的作用。在这方面,儒家的观点更具合理性。二是,法家的"轻罪重罚""以刑去刑"的重刑思想过于严酷,造成徒刑遍地,也不利于国家的长治久安。例如,法家主张,"生杀,法也。循度以断,天之节也"(《鹖冠子·天则第四》)。"骨肉可刑,亲戚可灭,至法不可阙也"(《慎子》)。这种把法等同于刑法的思想,和现代法治理念也是不相符合的。

重刑在发挥威慑作用的同时，更容易导致各种社会矛盾的激化，正如老子所指出的那样"民不畏死，奈何以死惧之"。所以，商鞅的法家思想虽使秦国统一天下，但仅历经二世而亡，也从一个侧面反映了法家思想的局限性。三是，法家认为法是富国强兵的重要手段，"以法治国，举措而已"（《管子·任法》），法是治民不治君，并没有真正将法治作为一种目的，更遑论对法治的信仰。我们在推进依法治国战略的过程中，既要积极吸收法家思想的合理成分，也要摒弃其弊端和不足。荀子说："循其旧法，择其善者而明用之"（《荀子·王霸》）。今天对于法家的合理思想，也应该采取"明用"的态度。

依法治国与国家治理体系现代化

习近平同志指出,建设中国特色社会主义法治体系、建设社会主义法治国家是实现国家治理体系和治理能力现代化的必然要求,依法治国是国家治理体系现代化的重要标志。国家治理体系是在党领导下管理国家的制度体系,包括经济、政治、文化、社会、生态文明和党的建设等各领域的体制、法律法规安排,也是一整套紧密相连、相互协调的国家制度。当今社会治理的发展趋势正从单纯的政府管理走向治理,这个过程实际上是从单纯的国家主导纵向规制的方式转化为多元互动、横向参与、国家与社会合力互动的治理方式[1],其重要表现是以法治为基础建立的规范体系和权力运行体系。依法治国是人类社会进入现代文明的重要标志,能否实现法治,是否通过法律调整和规范社会生活,是衡量一个国家治理体系是否现代化的最为重要的标志。

法治是民主的重要保障。国家治理是以人民为主体的治理,是党领导人民依照法律规定,通过各种途径和形式,管理国家事务,管理经济和文化事业,管理社会事务。国家治

---

[1] 参见俞可平主编:《国家底线:公平正义与依法治国》,中央编译出版社2014年版,第147页。

理体系的现代化就是要通过法律充分保障人民所享有的选举权、知情权、参与权、表达权、监督权,最广泛地动员和组织人民依法通过各种途径和形式管理国家和社会事务、管理经济和文化事业,需要通过法治推进民主,通过法治对行使权力或权利的行为进行规范和制约;需要健全民主决策机制和程序,建立问责和纠错制度,从根本上保障权力行使符合人民群众的根本利益。离开法治谈民主,必然导致社会的混乱无序,也无法真正实现国家治理体系的现代化。

法治是国家治理能力现代化的具体体现。联合国全球治理委员会对"治理"做了如下界定,即"治理是各种公共的或私人的个人和机构管理其共同事务的诸多方式的总和。它是使相互冲突或不同的利益得以调和并采取联合行动的持续的过程"①。国家治理能力是动员国家和社会力量治理社会各方面事务的能力,包括改革发展稳定、内政外交国防、治党治国治军等各个方面。习近平同志强调,治理与管理仅一字之差,体现的是系统治理、依法治理、源头治理、综合施策。从管理向治理转化,标志着政府的角色由过去单纯的管理者转化为治理的参与者。政府管理的方式方法也发生不同程度的变化,它不再是一种自上而下的行政命令式的管理,而是一种依靠多种治理方式、全方位的综合治理。

随着人类社会的发展,人的自主性和个体性也日益增强,价值判断日趋多元,利益关系日益复杂,交易方式更加多样化,各种纷繁复杂的社会现象层出不穷,如人口的大量、急剧流动使得社会治理较之以往更加困难,原来的人治社会的管理模式与这些需求难以相容,法治应当成为现代社会的基本治理模式。法治是国家治理体系和治理能力现代化的

---

① The UN Commission on Global Governance, *Our Global Neighbouhood*, Oxford University Press, 1995, p. 2.

重要标志和重要体现,原因在于:

第一,法治是规则之治。法律调整其实就是规则调整,规则具有明确性、可预期性、普遍适用性、公开性、非人格性等特点,规则之治有利于祛除个人好恶,不因个人的意志包括领导人的意志而改变。因为法律的形成与颁布是众人参与的结果,立法的过程可以说是集众人之长。正如亚里士多德所说:一个人可能犯错误,但众人不可能同时犯错误;一个人可能腐败,但众人不可能同时腐败。所以,相对于一人之治,规则之治更为科学。法治是规则之治,"普施明法,经纬天下"(《史记·秦始皇本纪》),公开法律规则可以使个人形成稳定的行为预期,使其明确其行为的法律后果,从而可以对其行为进行一种事先安排。同时,由于法律规则相对稳定,其起草、制定的过程比较严格,不会轻易发生变动,这也有利于形成稳定的秩序。可见,规则之治具有人治不可比拟的优点。没有法治,社会将难以正常运转,更谈不上治理体系的现代化。

第二,法治是控权治理。法治意味着法的统治,居于统治地位的不应当是政府的权力,而应当是法律,政府也必须依法行政。由于政府所享有的行政权具有强制性、单方性、主动性、扩张性等特点,一旦失去了约束,既会严重威胁处于弱势一方的公民合法权益,也会侵犯公共资源和公共利益。制约权力最为有效的方法就是通过规则控权,必须把公权力关进制度的笼子中。因此,应当通过法律手段调整政府和公民的关系,要求行政权在法律的授权范围内、依据法定程序行使。[①] 对公权进行控制包括:一是公权的范围和行使必须法定。公权力产生的基础和依据来源于宪法和行政法的授权,公权力不是没有边界的,权力的边界应

[①] 参见陈新民:《德国公法学基础理论》(上册),山东人民出版社2001年版,第81页。

当受到制约。二是对公权力进行制衡和监督。通过法治规范行政权行使、防止行政权扩张、转变政府职能的目标，使权力的运行公开化、透明化，真正把权力关进制度的笼子中。

第三，法治有健全的维权机制。"保障私权"是现代法治的核心内容之一，权利和法本身具有天然的联系，罗马法的"Jus"以及德语的"Recht"、法语的"Droit"，既可以翻译为"法"，也可以称为"权利"。权利和法往往被认为是同一事物的两个方面，如同镜子的两面一样。法律的主要功能在于确认权利、分配权利、保障权利、救济权利。这就需要法律一方面全面确认公民的各项权利，界定公民自由和利益的边界，同时也确定公民权利行使的规则。例如，正是通过《物权法》充分保护个人的物权，才能形成"恒产"，并使人们具有创造财富的"恒心"。另一方面，法律有健全的权利保障机制，能够使公民对抗来自其他人包括来自公权力机关的不法侵害。法谚有云，"救济走在权利的前面"，在公民的权利受到不法侵害时，法律能够提供有效的救济。健全的维权机制有利于激励公民积极参与社会治理。尤其应当指出的是，充分保障个人权利，实际上就是维护了最广大人民的利益。健全的维权机制有利于最大限度地保障公民权利，从而更好地实现国家治理的目的。

第四，法治包含依法自治的内涵。社会自治是人民群众对一些基层公共事务的自我管理，它也是基层民主的重要体现。例如，业主通过业主大会和业主委员会实现各类业主事务的管理。社会自治与社会管理都属于社会治理的基本形式，二者相辅相成。法治应当妥当处理社会自治与社会管理之间的关系，不能过度强调社会管理而忽视社会自治。当然，法治背景下的社会自治应当是依法自治，即相关的社会组织和民间组织应当按照法律的规定管理相关的公共事务，决定相关法律关系的发生。依法自治最为典型地体现为民法所贯彻的意思自治理念，通过合同、章程等方式治理，充分尊重个人的自主自愿，尊重个人自主决定其自身的相关事务。依法自治有利于最大限度地尊重个人的意愿和主体地位，激发社会活力，鼓励创新，也能有效地弥补政府管理的不足。

第五，法治是程序治理。一方面，任何权利只有通过法律程序保障，才具有意义，否则权利将很难真正实现。在权利受到侵害以后，一旦当事人将争议提交法院，就意味着人们在通过一种合法的途径寻求实现正义。另一方面，程序本身具有公正、正义的价值。正当程序（如由独立第三者裁判、回避程序、听证程序、辩论程序等）可以使当事人能够充分、理性地表达诉求，给了每个当事人辩护的机会，进而有助于最大程度地澄清是非曲直，从而达到更接近真实事实的目的。还要看到，通过司法程序解决纠纷，可以尽量消除个人决策解决纠纷过程中的信息不对称、理性有限、个人恣意等弊端。例如，在司法裁判中，程序的公开也会由于公众的舆论压力，使得法官在进行司法裁判时应当居中裁判，不得对任何一方当事人有所偏袒，一旦法官与其中一方当事人存在利害关系，则应当按照法定程序进行回避，这就保证了司法裁判的独立性与公正性。因此，依据司法程序寻求正义是实现法治的必然途径。

人民的福祉是最高的法律，一个国家治理体系是否成功，关键看其能否保障社会公平正义，增进人民福祉。在我国，实现党的领导、人民当家作主和依法治国三者的有效统一，促进法治国家、法治政府、法治社会"三位一体"建设，都是为了实现国家富强、民族振兴、人民幸福。法治是社会长治久安的根本保障。

完善法治化的营商环境[①]

党的十八届五中全会提出,要完善法治化的营商环境,这是为了进一步落实四中全会所提出的"完善社会主义市场经济法律制度"的战略目标,同时也是在"十三五"期间推动经济转型升级、全面建设小康社会的关键所在。

完善法治化的营商环境,意味着我们在抓经济的同时,不能忽视法治,必须一手抓经济,一手抓法治,这两手是不可分开的。这首先要求我们将法治作为一种目的去追求,而不是仅仅将法治作为一种手段。长期以来,有的地方的党政官员简单地将法治视为保障经济发展的工具和手段。需要的时候,就把法律高捧在手;而不需要的时候,就把法律搁在一边,甚至抛之脑后。实践中出现的野蛮拆迁、暴力执法、环境污染、生态破坏等问题,都是上述观念的具体反映。这种做法虽然短期内可能促进经济发展,但无法形成法治化的营商环境,也难以保障经济的长期有序发展。

以经济建设为中心是兴国之要,发展仍然是解决我国所有问题的关键,经过改革开放三十多年的发展,我国已经成为世界第二大经济强国,世界银行预测中国经济规模在

[①] 原载《中国社会科学报》2015年11月20日。

2030年将超过美国。这对我国的法治建设提出了更高的要求：一方面，驾驭这样一个庞大经济体，必然需要法治的保障，因为市场经济是法治经济，依靠人治，不能真正建立完善的市场，也难以保障经济健康、持续、稳定的发展。另一方面，经济的发展并不必然带来社会的公平和有序，与此相反，随着发展的加快，社会矛盾凸显、群体性事件频发，人民的人身财产安全有可能得不到应有的保障。这也从一个侧面反映了发展经济并不能使社会矛盾迎刃而解。尤其是随着物质生活水平的提高，人们对法律保障下的自由、安全、尊严等要求也会日益增加。人民的幸福不仅体现为衣食无忧，还体现为能够呼吸新鲜的空气，享有必要的自由，要有尊严、体面地生存，能够轻松、愉快地生活，免于一切非法的强制和恐惧。总之，要真正实现民富国强、经济秩序稳定发展、人民生活幸福、社会安定有序，就必须靠法治。

从市场经济发展的角度看，法治是构建市场经济秩序的基本保障。厉行法治是发展社会主义市场经济的内在要求，市场经济本质上是法治经济，与计划经济不同，市场经济对资源的配置是通过竞争机制实现的，这就必须依循一套完善的市场经济法律规则，从而将"看不见的手"对经济的调控规范化。法治在市场经济中的作用具体体现在：

一是法治构建了交易正常进行的法律基础。科斯定理的要点，是要在产权界定清晰的背景下，促进交易的有效达成。产权的界定是市场有效运行的关键。市场经济本质上是交易的总和，物权法、知识产权法等确定了明晰的产权，确立了交易的前提；合同法等法律则明确了正常的交易秩序和交易规则；侵权法、刑法等则为产权的保护提供了法律依据，从而基本构建了正常的市场秩序。

二是维护正常的市场秩序。市场经济的有序运行要求建立保护产权、严守契约、统一市场、平等交换、公平竞争、有效监管的法律制度，充分发挥市场在资源配置中的基础性作用。在市场经济条件下，市场主体为利益所驱动而相互竞争，彼此间有密切的利害关系，这就有必要通过法治来构建正常有序的市场秩序。例如，通过反垄断法、反不正当竞争法遏制不正当竞争，防止垄断对市场秩序的破坏，保障各类市场主体享有公平竞争的权利，优化企业创业、创新的法律环境；通过合同法的违约责任制度以及相关法律责任，促进当事人信守合同、严守允诺。

三是维护市场主体的合理预期。无论是房地产市场、商品市场、劳动力市场，还是证券市场以及货币市场等，其稳定的基础在于制度的构建，一个健全的市场体系必然以健全的法律制度为基础，以交易当事人对制度的合理预期为前提；要营造良好的、法治化的营商环境，就需要破除一切阻碍对外开放的机制障碍，加快形成有利于培育新的比较优势和竞争优势的制度安排。法治越健全，市场就越完善。

四是保护交易当事人人身安全和财产安全。这两项安全的保护，形成市场经济体制下社会经济的"稳定器"和"安全阀"。只有有效保护人民的安全，人们才会有投资的信心、置产的愿望和创业的动力。没有健全的法制，将导致人才、智力的外流与财富的流失。在全球化的时代，资本就像一只最容易受到惊吓的小鸟，对法治具有很强的依赖性，一旦法治出现缺陷，资本必然受到惊吓，就像小鸟受到惊吓会四处逃散一样，纷纷外流。因此，营造良好的法治环境，必须要推进产权保障法治化，依法保障各种所有制的权益。

五是有效防治市场发展所带来的"外部化效应"。我国在市场经济发展过程中，产生了诸如环境污染、资源掠夺、生态破坏等一系列副

"产品"。其深刻的原因在于未严格地依法办事,以及政府部门的不作为。例如,一些环境污染企业能够不经过全面的环评即可上马,一些企业的严重污染长期得不到有效制止和查处,都反映了我国环境保护中,执法成本高、违法成本低的问题仍然没有解决,责任追究和赔偿制度仍未落实。

六是提供有效的、可信服的纠纷解决机制。市场是交易的综合,其中充满了平等主体间的利益冲突,但这些冲突绝非不可调和。法治,特别是完善的程序法律制度,是解决这些冲突和矛盾的最为有效的方法。

完善法治化的营商环境,首先要进一步强化依法行政的理念,简政放权,从根本上约束和限制公权力,真正把权力关进制度的笼子中,使权力的运行守边界、有约束、受监督,逐步建立一个职能科学、职权法定、执法严明、公开公正、廉洁高效、守法诚信的法治政府。对政府而言,法无授权不可为,法定职责必须为,政府的执法行为必须规范、公正,使人民群众真正从执法中体会到公平正义。其次,要通过编纂民法典全面保障私权,尤其是要完善产权保护制度,依法保护产权。这就需要不断适应改革的需要,完善相关的法律制度,逐步建立以保护产权、维护契约、统一市场、平等交换、公平竞争、有效监管为导向的市场经济法律秩序,维护良好的市场经济法治环境。最后,推进司法改革,完善司法管理体制和司法权力运行机制,依法保障司法机关独立行使审判权和监督权,禁止领导干部干预司法、插手案件的审理;需要深化司法公开,加强法律文书的说理,构建阳光司法;需要规范司法行为,加强对司法活动的监督;需要提高司法人员的专业水平,强化其职业道德,努力提高司法的权威性和公信力。

美国人经常夸耀他们的"美国梦",所强调的是将世界上最优秀的人吸引到美国，人尽其才，最大限度地发挥其创造力。"美国梦"其实是以法治为支撑、为保障的。今天我们要实现中国梦，其关键也在于通过法治确立有效的制度框架，使人尽其才、物尽其用，最大限度地鼓励和激发人们的创造力，而这些都依赖于良好的法治环境。在经济领域广泛吸引人才和资本，促进企业自主创新，激发经济发展的活力，保持经济的有序、健康发展，需要营造尊商、重商、安商、扶商的良好法治环境。如果我们把经济比喻成是一个国家的血肉，那么法治就是一个国家的骨架和脊梁。因此，必须按照邓小平同志所提出的，要"两手抓、两手都要硬"，"所谓两手，即一手抓建设，一手抓法制"。

法乃公平正义之术

古罗马法学家凯尔苏斯（Celsus）有言："法乃公正善良之术（Jus est ars boni et aequi）。"自此以后，公平正义成为法律固有的属性。将法律称为"术"，是否仅表达了法律的工具价值，而未能表现出法律的目的价值？事实上，所谓"术"就是指一种技艺和工具，一方面，法律是一种实现公平正义的技艺，所谓"艺术"，就体现了法律作为人们长时间智慧积累的结果，公平正义的实现也需要法律职业者不断提高自己的从业技术，而耶林誉之为"法律艺术（juristische Kunst）"。另一方面，公平正义是相对抽象的概念，而法律则可以成为实现公平正义的最重要手段，相对于公平正义，法律的概念则相对具体。因此，说法律是一门实现公平正义的技术也不无道理。

公平正义是一切法律所追求的价值，是法律的精髓和灵魂。正义体现了某种秩序的内在要求，是构建普适性秩序的内在需要。换言之，法律作为行为规范，以调整社会关系为目的，必然以正义作为其基本价值。柏拉图认为，正义就是善。① 亚里士多德认为，正义是一种关注人与人之间关系的社会美德，其本身是"他者之善"或"他者之利"。②法治本身还不是最高的价值，符合正义的要求才是正当的。"法律的实际意义却应该是促成全邦人民都能进于正义和善德的［永久］制度。"③ 在古汉语中，"法"被写为"灋"，《说文解字》对其的解释为："刑也，平之如水；从水，廌所以触不直者去之，从去。"也就是说，在功能上，法律不仅要像水一样平直，而且还需要以"廌"这类神兽祛除邪恶（不直），维护正义。由此可以看出，在我国，法从其文字生成的那一天起，就把公平正义作为内在精神，这一点至今未变。

尽管现在对于法律的最高价值究竟是什么，不同的学派仍然看法不一，但按照大多数人的看法，公平、正义是法律的最高价值。一方面，法律是公平之术。所谓"法不阿贵，绳不挠曲。"是非曲直，一准于法，法为评判是非曲直的准绳，其具有公平的特点，并以法律面前人人平等为原则。公平也体现为法律上相同情况相同处理，不同情况不同处理。只有实现法律面前人人平等，才能在此基础上真正实现民主法治。另一方面，法律也是正义之术。为实现正义的价值理念，立法要本着公平的原则来配置人们的权利义务关系，规范人们的行为，从而体现分配正义的要求。当立法所包含的正义价值在现实生活中受到阻碍时，司法应当对此予以矫正，从而更好地维护和实现正义。我国古代思想家在论述法的概念时，也时常表达公平的含义。例如，管仲认为，"尺寸也、绳墨

---

① 参见〔古希腊〕柏拉图：《法律篇》，张智仁、何勤华译，上海人民出版社2001年版，第295页。

② 参见〔美〕E. 博登海默：《法理学：法律哲学与法律方法》，邓正来译，中国政法大学出版社1999年版，第265页。

③ 参见〔古希腊〕亚里士多德：《政治学》，吴寿彭译，商务印书馆1983年版，第138页。

也、规矩也、衡石也、斗斛也、角量也,谓之法"(《管子·七法》)。

"法律是公平正义之术"的论断在今天仍然具有现实意义。首先,既然公平是法律的最高目的,那么,追求正义也是法治的核心价值。《德里宣言》提出,法治"集中表现了全面正义的法治要求"。法律就是通过公平地分配每个人的权利义务,使人人各得其所,公正地调节每个人的行为,惩罚违法行为,从而发挥其行为矫正功能,法律通过公开的程序保障个人的权利,实现社会的公平正义。在古罗马的《法学总论》中,查士丁尼就认为,"正义是给予每个人他应得的部分的这种坚定而恒久的愿望"。① 这就是说,正义就是各得其所,但后来正义观念逐渐发生了变化,从"各得其所"的形式正义逐渐发展到实质正义。但无论如何,正义都是法律所追求的目标。"理国要道,在于公平正直"(《贞观政要》)。"公与平者,即国之基址也"(清何启语)。国家治理能力现代化,根本上也是为了实现社会的公平正义,这也是维持社会长治久安的基础。只有充分维护社会公平正义,才能保障社会的稳定。

公平正义是良法的核心要素,同时也是衡量一部法律是否为良法的重要标准。古罗马法学家乌尔比安曾言:"法来源于正义,正义如法之母。"正义促进良法产生,良法以是否反映正义价值为标准,因而,立法要以公平正义作为其追求目标,并据此配置当事人之间的权利义务关系。第二次世界大战后产生的所谓"拉德布鲁赫公式(Radbruchsche Formel)"也说明了这一点。该公式是德国法学家拉德布鲁赫在1946年发表的《法律的不法和超法律的法》一文中提出的,他认为,法律应该秉持正义性、合目的性和安定性三重价值,非正义的法不是真正的法,

---

① 参见〔罗马〕查士丁尼:《法学总论——法学阶梯》,张企泰译,商务印书馆1989年版,第5页。

只有符合正义性和合目的性的法律才能维持其安定性。二战后，由美、苏等战胜国组织的纽伦堡法庭对纳粹战犯进行审判。战犯们辩称，他们并没有犯罪，只不过是在执行战时德国的法律。如何应对此种狡辩，法官们最终在"拉德布鲁赫公式"中找到了解决方案，并以此得出被告构成犯罪的结论，这就是说，纳粹的法律从根本上违反了公平正义，遵守纳粹的法律也构成犯罪。二战后至今，这一公式一直被德国法院援用，它也成为海牙国际法院审理战争和种族犯罪的法理依据。《德里宣言》提出的法治"集中表现了全面正义的法治要求"，也再次确认了公平正义是法的精髓。

正义是一切规则存在的正当性基础，也是我国立法所追求的重要价值目标。例如，《合同法》的重要目的是保障合同严守，而遵守合同就是交互正义的当然要求；《物权法》要全面保障物权，按照洛克的看法，在没有财产权的地方，也就没有社会的正义，保障物权也就是实现社会正义；《侵权责任法》确立了不得损害他人、造成损害应予赔偿的规则，这些都是千百年来流传的正义法则，《侵权责任法》强化对无辜的受害人提供充分的救济，并制裁不法行为人，这也是矫正正义的必然要求。现代民法充分体现人文关怀精神，强化对弱者的保护，其实也是实质正义的充分体现。因此，检验法律的规则究竟是"善法"还是"恶法"，最根本的标准就是看其是否体现正义的价值。公平正义在所有的价值中处于最高的位阶，如果缺乏公平正义价值，相关的制度和规则就不可能在各项冲突的利益之间作出合理的选择。在立法中实现公平正义，就必须使立法去部门化和团体化，排除各种利益关系对立法过程的不当干扰。立法要注重民主性和科学性，真正使立法实现公平正义。

行政执法也必须充分体现公平正义，法治化就是要让法治精神渗透到具体的行政管理中去，通过具体的执法行为，让公平正义普惠人民。行政机关处于践行法治的第一线，行政机关及其工作人员行使职权的行为对人们法治观念的培育具有重要的引导作用。行政机关要坚持法无授权不可为、法定职责必须为、严格依法行政、防止公权滥用等理念，在行政权行使中必须尊重私权，保障行政相对人的利益，"无私谓之公，无偏谓之正。"行政执法过程要真正使人民群众从每一个具体的执法中体会到法律的公平正义。

公平正义价值也是司法活动的最高指导原则。在纠纷的解决方面，正义也是一项重要的原则。有一段时间，法院系统曾经强调"案结事了"，片面强调对纠纷本身的平息，化解当事人之间的争议。其中一个典型的做法就是强调对案件的调解。其实，司法追求的最高境界应当是公正。只有公正的司法裁判，才能真正做到辨法析理，让当事人双方心服口服。所以，公正是司法永恒的目标。司法是维护社会正义的最后一道防线，因此，司法的目标不能简单地局限于"案结事了"，而应当追求案件的公正处理、以维护社会公正为根本的目标。如果仅仅化解了当事人之间的纠纷，而没有重视纠纷解决方案的质量，那么很难保证纠纷得到了公正的解决，也难以让人们感受到法律的善良与公平。正义是平衡各方利益、解决社会矛盾的基础。司法为民其实最根本的就是要维护司法公正，使人民群众在每一个个案中真正感受到正义，而绝不能让不公正的司法审判伤害人民群众对正义的感受。司法机关应严格执法、公正司法，公正解决各类纠纷，强化法律在化解矛盾中的权威地位，创造安全稳定的社会环境、公平正义的法治环境，依法惩治各种犯罪，保障人民生命财产安全，确保人民安居乐业。

法治的核心价值是公平正义，公平正义是社会主义制度的内在要求，也是法治永恒的价值和基本理念。只有秉持公平正义的理念，在立法中公平解决各种利益的冲突，合理分配各项权利，在行政执法和司法中保护各项权利并妥善解决各项权利之间的冲突，才能将依法治国战略部署落到实处。

法治：强国之本

中国古代法家将法制当作一种富国强兵的手段，法律旨在禁暴止乱、定分止争、赏罚分明、兴功强国。春秋时期，齐桓公九次集合诸侯，匡正天下，造福后代，并被奉为一代霸主，其成功原因如孔子所说，"桓公九合诸侯，不以兵车，管仲之力也。如其仁！如其仁！"并且说，"微管仲，吾其被发左衽矣"（《论语》）。其实，管仲作为法家的杰出代表，推行的就是以法治国的策略，这也是保障齐国强大的根本原因。秦国重用商鞅，也以法治国，使落后的秦国一跃而成为战国七雄之首，并最终统一了中国。《史记·商君列传》描述商鞅变法之后的秦国社会形态："道不拾遗，山无盗贼，家给人足……乡邑大治。"这其实也是当时善治的理想状态。

清朝虽然一直被西方描述为经济强国（其 GDP 曾占世界三分之一），但因未实行法治，其社会治理是十分落后的，官场昏暗、腐败堕落，社会也不公平，整个国家完全是一盘散沙，以至于在面对列强的坚船利炮时不堪一击。因而经济虽强，但国力衰败。尽管清末一些进步思想家提出了"师夷之长技以制夷"的想法，清王朝内部的洋务派也发起了洋务运动，但他们仍然主张中学为体、西学为用，仅仅只限于学习西方列强的船坚炮利的器物文明，保持中国的政治制度和社会习俗。这并不能从根本上扭转国家与社会的颓势。当时著名的思想家龚自珍在《与人笺》中论天下大势,就曾经说过:"即使英吉利不侵入,望风纳款,中国尚且可耻而可忧。"1860年第二次鸦片战争期间,英法联军两万多人居然可以长驱直入中国首都,火烧圆明园。1894年甲午战争期间,中国被经济实力还不如自己的日本打败,被迫割让台湾、澎湖等大片国土。1900年,八国联军进攻北京时,兵力还不足两万,居然将中国打得一败涂地,割地赔款,丧权辱国。由此可见,只有经济增长,而没有良好的国家治理和社会治理,尤其是依法治理,社会将因缺乏凝聚力而沦为一盘散沙。清朝皇权专制,实行民族歧视,文网之密,前所未有。财政上竭泽而渔,横征暴敛,这些都和法治相去甚远。从这一意义上说,经济是国家的血肉,没有经济是不行的。但法治是国家的骨骼,是国家的脉络;没有法治,不能形成一个真正健全的肌体。清末的衰弱证明了这一点。

中国几千年历史一再证明,厉行法制是强国的根本保障,而法制松弛则是国家衰落的根源。虽然今天我们所说的法治和我国古代的法制在性质上、价值理念上有根本的区别,但在依法治国、任法去私、缘法而治等方面具有相似性。时至今日,法治已成为时代潮流、大势所趋,奉行法治才能国富民强,而完全依靠人治必然导致腐败、落后和贫弱。

法治为什么能够成为强国之本?

第一,法治能够定分止争,保障产权。个人对产权的追求是社会经济发展的根本动力,所谓"有恒产者有恒心",健全的法律制度是个人人身和财产安全的重要保障。韦伯曾经指出中国历史早期就存在资本主义萌芽且与西欧类似,但社会始终不能进入资本主义市场经济时代。究其原因,与当时经济发展的制度性原动力缺失有关。黄仁宇先生在其

《万历十五年》等著述中讨论中国为什么没能进入资本主义社会时,曾认为中国几千年来未对私有财产权提供充分的保障是其中的主要原因。中国古代的航海事业也曾繁荣一时。郑和七下西洋,在航海探险方面取得的非凡成就为世人所瞩目,但却并未因此使中国开拓全球的市场和贸易,这与哥伦布发现新大陆之后,欧洲人开拓全球贸易市场并从贫穷落后走向富强发达道路形成鲜明对比。究其原因,在很大程度上也与产权激励缺失等制度障碍存在密切联系。北京大学傅军教授在其《国富之道》一书中也谈到这一点。法治社会制定了市场经济的交易规则,能够促进交易,保护财产,从而增加财富,使国富民强。今天,在人们的物质生活问题基本解决之后,更需要全面推进依法治国,充分保障产权,维护人们的安全感,增强社会信心和形成良好预期,增强各类经济主体创业创新动力,维护社会公平正义,保持经济社会持续健康发展和国家长治久安。

第二,法治是国家治理能力现代化的体现。柏拉图认为:"法律是一切人类智慧聪明的结晶,包括一切社会思想和道德。"法治提供了市场运行的基本规则,因为只有构建保护产权、严守契约、公平竞争、防止垄断、统一市场、有序交易的市场法律制度,才能保障市场经济的有序、健康发展。法治有效地规范公权,保障私权,充分保障人们的人身、财产安全,充分维护人们的行为自由,从而为个人的创业、创新提供源源不断的活力,有效激活市场主体的主动性和创造性。法治具有可预期性、明确性、具体性等特点,既能够为人们的行为提供具体的指引,也能够使人们准确预测到自己行为的法律后果,从而更好地发挥法律引导人们行为的作用,这样也有利于限制法律适用过程中的任意性,为人们的行为提供长久的预期,保障社会安定有序,人们安居乐业。法治可以调动多方主体共同参与社会治理，有利于充分发挥各个主体在社会治理中的优势和积极性。法治还提供了多元化的纠纷解决机制，将各种矛盾和纠纷转化为法律技术性问题，并通过法定程序的保障，使各种纠纷都能够得到有效解决，从而更好地实现社会治理的目标。

第三，法治是国家权力有序运行的保障。国家权力的有序交接和运行有利于保障国家政治的稳定，这也是社会稳定有序发展的基础，有利于保障国家政策的稳定性，有效保障人们行为的合理预期。法治不同于人治，不会因为个别领导人的想法而改变，这有利于制度和规则的长期稳定，可以激励人们制定长期的经济规划，对自己的生产、生活进行长期的部署，这也是经济可持续发展的重要保障。此外，法治可以保障公权的依法运行。"规范公权"既是现代法治的核心理念，也是私权的重要保障。公权天然地具有强制性和扩张性，如果不受限制，则可能侵害私权，从根本上动摇经济社会发展的基础。而法治则可以从实体和程序等多方面限制公权，保障公权的依法运行。法治是整个国家的设计、体制与机制的安排，法治将规范公权、保障私权的核心价值予以制度化，并通过宪法和法律的表述进行展开，可以为国家、社会的和谐稳定发展提供基础。

第四，法治是社会稳定有序、长治久安的保障。东罗马皇帝查士丁尼一世一生疯狂征战，试图征服世界，直到晚年才醒悟：罗马帝国无数次的战争，到头来什么也征服不了，真正能够征服世界、让罗马人享受到永久安宁的是帝国的法制。因此他下令编纂《民法大全》。拿破仑晚年也说过："我一生40次战争胜利的光荣，被滑铁卢一战都抹去了，但我有一件功绩是永垂不朽的，这就是我的法典。"人类历史经验表明，依法治国既是人类社会进入现代文明的重要标志，也是国家安宁、社会稳定的重要保障。我们党要实现长期执政，国家要实现长治久安，就必须厉行法治。也就是说，"全面建成小康社会"不仅指物质上的丰富、经济上的富裕，而且还包含了个人生活在自由、平等、安全的法治环境中，社会治理井然有序、社会环境安定和睦、权利自由受到保障、社会正义充分实现等内涵，如此才能使人们享受幸福安康的生活。历史经验证明，制度更带有根本性、全局性、稳定性、长期性的特征，只有实行法治，才能保障国家稳定、社会昌明。在人治社会中，虽然也具有一定的秩序，但是这种秩序是难以长期维系的，不具有长久的稳定性。

第五，法治具有社会凝聚力，因为法律是民主政治的产物，能够最大限度反映社会的共识。权由法定，权责一致，保障了权力运行的有效性，也能形成强大的社会凝聚力。法治是现代社会治理的基石，是社会公平正义的基本保障，也是评价是否实现国家治理体系和治理能力现代化的一条根本依据。在法治社会，法治一则要求全民参与，制定良法，二则要求法律至上，法律面前人人平等，三则法律将自由、平等、人权等作为其价值观念予以贯彻，强化对人民的人权和自由的保障。通过这几个方面可以实现社会公众意愿的有效表达，形成一种社会共识，并对于法律执行的效果在心理上能够予以接受。在人治社会，如果遇到贤明的君主、清廉而又富有能力的官吏也可能形成一定的凝聚力，但人治社会不可能从根本上反映最广大人民群众的利益，因而这种凝聚力是有限的。

古人云，"奉法者强则国强"，这也说明依法治国对于国家富强的关键作用。我们推行改革开放后，天还是那片天，地还是那块地，人还是那些人，但与改革开放之前相比，中国社会已经发生了翻天覆地的变化，这可以说是人类历史上的伟大奇迹。改革开放以来，在短短三十多年内，我们已使6.7亿人脱贫，脱贫人口占全球同期90%以上。联合国发布的《千年发展目标2015年报告》显示，全球极端贫困人口已从1990年的19亿降至2015年的8.36亿，其中中国的贡献率超过70%。中国落实千年发展目标取得了举世瞩目的成就。虽然今天我们还有近7000万人生活在贫困线之下，但绝大多数人民已经解决了温饱问题，2020年也即将进入小康社会。我国改革开放以来的重大变化，都与十一届三中全会拨乱反正、加强民主、健全法制存在直接的关联。党的十五大把依法治国确定为党领导人民治理国家的基本方略，并取得了伟大的历史性成就。1999年《宪法》修改时，明确规定"中华人民共和国实行依法治国，建立社会主义法治国家"。党的十八届四中全会提出了全面推进依法治国的战略目标，在中国经济社会建设取得伟大成就的今天，我们党将依法治国确定为新时期的工作重点，是着眼于国家长治久安和中华民族长远利益的、具有远见卓识的战略部署，开创了社会主义伟大事业的新篇章。

习近平总书记指出，"发展是目的，改革是动力，法治是保障"。法治之路虽然漫长，但建设法治国家、推进法治昌明，是党和政府的奋斗目标，是亿万人民的美好期盼，也是实现中华民族伟大复兴"中国梦"的必然选择，我们要踏平坎坷，砥砺前行。

法治是一项系统工程

系统工程是系统科学的实际应用。系统科学以大型复杂系统为研究对象,是按一定目的进行设计、开发、管理与控制,以期达到总体效果最优的理论与方法。其实,法治也是一项系统工程。庞德就曾指出,法律是社会工程(law is social engineering)。[1] 他认为,法律就像工程师的工程设计方案一样,象征着经验、科学、理性和社会发明。政治国家通过对法律的设计和调整,实现对社会中人与人之间关系的规范和治理。我国著名科学家钱学森也认为,"任何一种社会活动都会形成一个系统,这个系统的组织建立、有效运转就成为一项系统工程","社会主义法治要将一系列法律、法规、条例,从国家宪法直到部门的规定,集总成为一个法治的体系、严密的科学体系,这也是系统工程,法治系统工程"。[2] 党的十八届四中全会文件也明确指出,"全面推进依法治国是一个系统工程,是国家治理领域一场广泛而深刻的革命"。

---

[1] S. R. Mayneni, *Jurisprudence* (*Legal Theory*), 2nd ed, S, P. Gogia (Asia Law House) Hyd., 2007, p. 511.

[2] 钱学森:《大力发展系统工程,尽早建立系统科学的体系》,载《光明日报》1979年11月10日。

我们说法治是一项系统工程，意在强调法治的科学性、体系性和整体性，强调法治要有一种宏观的体系设计。改革开放三十多年来，我国的法治建设取得了重大成就，中国特色社会主义法律体系已经形成，依法行政逐步落实，司法改革稳步推进，人权保障也在不断进步。但由于法治建设各个层次的协同性不足，缺乏整体性的顶层设计以及系统全面的部署，法治建设在一定程度上缺乏有效整合，这也影响了法治建设的总体效果。早在十一届三中全会上，中央就提出了有法可依、有法必依、执法必严、违法必究的宏观设计，对这四者关系做出了精确的界定。十八大以来，习近平同志提出四个全面的战略思想，其中包括全面推进依法治国，"全面"在含义上包括整体性和体系性。这实际上是把法治当作一项系统工程来全面设计和整体推进的。十八届四中全会以依法治国为主题，对全面推进依法治国方略作出了周密部署，围绕建设社会主义法治体系和法治国家的总目标，提出形成完备的法律规范体系、高效的法治实施体系、严密的法治监督体系、有力的法治保障体系，以及完善的党内法规体系，坚持依法治国、依法执政、依法行政共同推进，坚持法治国家、法治政府、法治社会一体建设，实现科学立法、严格执法、公正司法、全民守法。这实际上就是站在一个系统工程的视角来看待和建设法治，对于我国当前的法治国家建设具有重要的意义。

法治是一项系统工程，要明确法治系统工程的整体性。也就是说，法治不是一个孤立的现象，而是社会有机整体的组成部分，需要从社会整体的视角来进行一体化观察和认识。法治作为一种系统工程，国家的宏观设计要在立法、执法、司法、守法这四者间构建有机整体和良性互动机制。这需要从法治工程内部和外部两方面来把握。

在法治工程内部，需要处理好各项法治子工程之间的系统协调关系。法治从内涵上看,包括立法、执法、司法等多个方面,还包括十八届四中全会所提出的两个"三位一体"建设。法治作为一种系统工程,应当形成良法和善治相辅相成的体系,要从依法治国、严格执法、公正司法、全民守法、人才强法等角度整体推进。同时,在法治工程内部还可以进一步进行系统的划分。就立法而言,我国已经建成了社会主义法律体系,这本身就是法治工程内部的子系统,立法体系的形成也奠定了整个法制体系的基础,它在五大体系建设中,居于基础性地位。当然,这一体系也要随着改革开放与市场经济的发展而与时俱进。构建法治工程内部子系统相互之间的有机协调和互动关系,是对依法治国进行整体规划和系统安排的体现,符合全面推进依法治国方略的思想。

在法治工程外部,需要处理好法治与政治、经济和文化之间的关系。具体说来:

一是处理好法治与民主的关系。民主是实现法治的社会政治基础,法治是民主的保障。法治需要与民主相互配合、良性互动。如果没有民主的基础,单方面推行法治是很难的。因为没有民主决策,难以保障法治内容的科学性和权威性,而缺乏民主监督,法治的实施必然会走样,难免滋生公权力恣意、贪污腐败、公权私用与权钱交易等丑恶现象。

二是处理好法治与改革的关系。习近平同志提出全面深化改革与全面依法治国的战略思想。十八届四中全会提出,实现立法和改革决策相衔接,做到重大改革于法有据,立法主动适应改革和经济社会发展需要。为此,应注重立法的顶层设计,使立法保持前瞻性,为改革预留空间。在必要时应当对立法进行适当修改、补充、完善,以不断适应发展变化的需要。对不适应改革要求的法律、法规,要及时修改和废止。在改革过程中,应当变"政策引领"为"立法引领"。全面深化改革需要法治保障，全面推进依法治国也需要深化改革。这两者之间也要形成有机的衔接与互动。

三是处理好法治与经济的关系。法治体系的建设，首先需要市场经济发展到一定的阶段。相比法治这一更高层次的需求而言，经济需求更为基本。在这个意义上，"饥寒起盗心"、贫穷难言法治是普遍存在的现象。从世界银行等组织发表的清廉指数来看，经济越贫困的国家，其清廉指数越低。清廉指数最低的往往是那些最不发达的国家。在经济不发达的地区，法治是很难建立起来的。所以，法治的实现有赖于经济的发展。但是，在我国经济已经迅速发展，人们的温饱问题已基本解决，市场经济体制已经建立的情况下，必须使法治与经济同步发展，才能实现经济的进一步持续、高质量增长。市场经济就是法治经济，这已成为人类历史的基本规律。因此，需要构建一个法治与经济的有机整体，形成二者之间的良性互动，有机协调。

四是处理好法治与文化的关系。法治是文化的重要组成部分。法治水平深受文化的制约。在我国几千年法治文化淡薄的封建传统背景下，建设法治体系更需要大力培育法治文化，去除封建文化的负面影响，调动与发挥传统文化中有利于法治体系建设的积极因素。"循其旧法，择其善者而明用之"。中国是一个人情社会、官本位社会，人情有时甚至大于国法，民众的平等观念、权利意识淡薄。法治体系的建设需要摒弃"运动论"，坚持"制度论"；摒弃"特事论"，坚持"规则论"；摒弃单纯的"结果论"，坚持"程序公正"、注重实体正义和程序正义的一体实现；摒弃"搞定就是稳定、摆平就是水平、没事就是本事"的庸俗的实用主义观点，坚持"维稳与维权并重"的理念；摒弃"小闹小解决，大闹大解决，不闹不解决"的观念，在全社会培养"不愿违法、不能违法、不敢违法"的法治氛围,强化"明规则",摈弃"潜规则",构建雄厚坚实的法治文化基础。

法治是一项系统工程,一定要有效协调好公权与私权之间的配置关系。法治的核心是规范公权、保障私权。一方面,公权不能越位,公权不能过于膨胀,政府要摆正自己的位置,不能既当运动员,又做裁判员,过度介入经济生活。公权对个人具有支配性、强权性,这就要求公权必须依法行使,依法规范。另一方面,保障公民的私权是实现人们对美好生活向往的重要基础,也是调动个人积极性,充分发挥个人创造力,使社会充满生机与活力的保证。但私权也不能滥用,其行使也必须受到规范。有学者认为,西方社会近三十多年来的发展趋势之一,就是受到新自由主义的影响,过度强调私权的扩张甚至否认公共利益和必要监管,导致在经济治理结构上的失衡,最终酿成旷日持久、难以恢复的经济危机。此种观点也不无道理。这深刻地说明,构建私权与公权间的良性互动与协调,既要保障个体的权利与利益,又要基于社会经济整体发展的考虑对私权的行使进行必要的规制和引导。

法治是一项系统工程,需要每个法律人从不同的岗位努力,从而形成一种合力。如果每位法律人都有高度的职业荣誉感,都能够自觉主动地维护法律规则的权威性,则能够形成一种正向的良性循环,形成共同推进法治建设的合力。与单个人的努力追求相比,广大法律人协同共进的法治建设推动效果会更加明显。

法治是一项系统工程,也是国家治理领域一场广泛而深刻的革命,其实现不能一蹴而就。这一系统工程的建设需要深刻改变传统的国家治理方式,也需要深刻改变人们的观念与行为模式,需要一代甚至几代人的艰辛努力才能实现。法治不可能大跃进,不能脱离国家和社会发展的实际水平。既然法治是一项系统工程,我们就要按照十八届四中全会的要求,立足我国基本国情,按照系统工程的方法,对法治进行整体设计。在第一个一百年全面落实依法治国基本方略,在第二个一百年中建成法治中国。我们坚信,在党的领导下,全面推进依法治国,坚定走法治之路,一定能够实现中华民族伟大复兴的中国梦。

谈谈宪法宣誓制度

2015年7月1日，全国人大常委会立法，设立国家委任官员就职的宪法宣誓制度，誓词共70字："我宣誓：忠于中华人民共和国宪法，维护宪法权威，履行法定职责，忠于祖国，忠于人民，恪尽职守、廉洁奉公，接受人民监督，为建设富强、民主、文明、和谐的社会主义国家努力奋斗！"这一制度的建立开创了依法治国、依宪治国的新篇章。

很多人将宪法宣誓制度理解成形式层面的含义，认为其不过是形式上做做样子，但其实，宪法宣誓制度对于推进依宪治国具有重要意义。宪法宣誓是众多法治国家都采用的重要国家仪式，《美国宪法》第2条在世界历史上第一次规定了总统的宣誓制度，并明确规定了誓词。从各国的宪法宣誓制度的运行来看，其绝非一般理解的形式性的，而是具有约束权力的实质意义。例如，2009年1月20日美国总统宣誓就职时，主持宪法宣誓的大法官罗伯茨两次念错誓词，而奥巴马在误导下也念错了誓词。仅仅是誓词一个单词的错误，却引发民众质疑，认为没有严格依据宪法程序完成就职仪式的奥巴马，还不是美国总统，不能行使签署法案等权力。尽管就职后事务繁忙，需要立即处理一系列重要工作，但奥巴马还是在第二天与罗伯茨大法官重新进行了宪法宣誓，补正了就职程序的错误,才成为合法的总统。这一事例充分说明了宪法对于公权力的约束力,充分说明现代的国家治理必须建立在宪法的正当性基础上。宪法宣誓制度蕴含了依宪治国、依宪执政的重要理念。为什么这么说呢?

第一,它回答了权力从哪里来,从哪里产生的问题。根据全国人民代表大会常务委员会《关于实行宪法宣誓制度的决定》,各级人民代表大会及县级以上各级人民代表大会常务委员会选举或者决定任命的国家工作人员,以及各级人民政府、人民法院、人民检察院任命的国家工作人员,在就职时应当公开进行宪法宣誓。这意味着,凡是行使国家公权力的国家工作人员,他们的权力都来自宪法的授予。职权法定,首先是由宪法规定。宪法是配置国家公权力,并通过严格的规范约束公权力的运行,保护人民权利的国家根本法。国家权力最终是由宪法规定的。公权力的分配和相互协调是宪法确立的,宪法就是控制国家公权力的一整套规则、制度及其运作程序。国家机关是依据宪法产生的,同时也要受到宪法的监督。宪法宣誓制度,是通过一种仪式,强化国家工作人员对自己所掌握的权力的来源的认识,让所有的国家工作人员都知晓,自己的权力来自宪法,应该对宪法负责。

第二,它强化了公权力应受宪法法律约束、"法无授权不可为"的理念。我国宪法宣誓的誓词的第一句话,就是"忠于中华人民共和国宪法",这句话最初在草案中的表述是"拥护中华人民共和国宪法",从"拥护"到"忠于"的措辞的改变,充分体现了公权力应受宪法约束的理念。习近平总书记指出,"要把公权力关进制度的笼子",就是对宪法法律约束国家公权力理念的精确表述。实践中,有些公权力机关缺乏对自己权力依据的正确认识,往往意识不到自己的权力是来自宪法,并应受宪法约束的，经常表现出"权力的任性"，通过自己制定的规范性文件任意扩张自己的权力。而宪法宣誓制度，就是要让这些掌握权力的人，在开始行使权力之前，充分体会自己的权力应受约束这一理念。

第三，强化了依据宪法履行法定职责的理念。在树立了"法无授权不可为"的理念之后，还要树立"法定职责必须为"的理念。这两个理念，分别从消极和积极的两个层面，限定了国家公权力的边界和内容。我国宪法宣誓的誓词包含了"履行法定职责，忠于祖国，忠于人民，恪尽职守""为建设富强、民主、文明、和谐的社会主义国家努力奋斗"的措辞，这充分体现了掌握公权力的人必须积极履行自己的职责，不可消极懈怠"不作为"，努力完成宪法和人民的重托。宪法法律赋予的权力，同时也是一种法定职责，是公权力主体对于国家和人民必须履行的义务。如果不能履行这一义务，就不合乎誓词"恪尽职守"的要求，是对国家和人民的不负责。

第四，强化了权力必须接受监督的理念。以宪法为基础的法律体系，设定了对公权力的监督体系。我国宪法宣誓的誓词体现了要求公权力接受监督，特别是接受人民监督的理念。之前，我们经常说，一切权力来源于人民，也应该服务于人民，但往往陷入空洞的宣传，没有制度化、体系化，也没有内化为官员内心的价值观念。而宪法宣誓这个仪式，让官员面对人民就职并表达接受人民监督的主观态度，这有助于他们在未来的工作中，时刻牢记人民的嘱托，自觉接受人民的监督。按照这一理念，公权力的行使者不应该是高高在上的、只对上级负责的"官员"，而应该是对人民负责的、对宪法负责的"公仆"。

第五，强化了宪法的权威。宪法是国家根本法、最高法，是一切法律的依据和基础。但是现实中，一些国家机关和国家工作人员认识不到宪法的权威地位，把宪法当作"闲法"。一些法治理念的调查显示，对宪法的熟悉程度在各部法律中往往是排在最后一位的。不少官员甚至从来没有看过宪法，认为宪法和他们的工作、生活没有直接关系。这也反映了宪法意识薄弱与此有很大的关系。宪法意识的薄弱也容易导致公权力任性、人民的权利不被尊重等问题。而宪法宣誓制度，就是普及宪法知识，宣传宪法理念，传播宪法精神的最好形式。在这一仪式中，宪法的尊严得到彰显，宪法的权威得以巩固。

依法治国关键在于依宪治国，宪法是整个国家治理的基础和保障，也是国家的根基，人们通过宪法合理安排权力配置，防止公权力滥用，保持个人的自由与权力，从根本上维护社会的和谐有序，人们生活幸福。宪法宣誓制度的建立对于真正落实依宪治国具有十分重要的意义。

《自由大宪章》是现代宪法之祖[①]

对于现代宪法的渊源，人们通常都会追溯到《自由大宪章》（以下简称《大宪章》）。1215年，英王约翰与贵族们达成和平协议，签署了后来闻名于世的《大宪章》。《大宪章》在人类政治史上具有里程碑式的意义，可以说是后来一切宪法的始祖，无论是美国的独立宣言、美国联邦宪法，还是法国的人权宣言，乃至后世一切宪法性文件，无不受到大宪章的影响。美国不少人认为，美国宪法的制定和发展，一直在不停地重新诠释《大宪章》的精神。《世界人权宣言》起草委员会主席、罗斯福总统的夫人埃莉诺·罗斯福曾于1948年坚称这份宣言的精神来自《大宪章》，并将成为"世界上所有人的国际《大宪章》"。

在欧洲历史上，有不少与《大宪章》相类似的文件，但只有《大宪章》的精神延续至今，成为现代人类政治文明的一块奠基石。根本原因在于，《大宪章》宣示了国家权力要受约束的理念。《大宪章》的目标是限制王权，也就是限制国家的权力。这份文件的大部分内容涉及的是封建税赋的安排（农役租佃、租地权、免服兵役税）、关于土地和

[①] 本文为2015年9月6日在中国人民大学与牛津大学举办的"法治的过去、现在与未来——大宪章800周年"研讨会上的讲话稿。

畜牧业的古老措施和规定（小邑和农耕工具），以及有关地产侵占和继承的琐细措施（新近侵占之诉和收回继承地之诉）。从表面上看，《大宪章》是对几百年来国王与贵族之间的封建契约关系的全面"记述"，但从精神实质的角度审视《大宪章》，可以看出，《大宪章》关于私人财产保护、人身自由保障、税收法定、限制王权、程序正义等精神，对英国的法治乃至于西方的法治，都产生了重大影响，为英国普通法的发展奠定了坚实的基础。

在我看来，《大宪章》最重要的精神有以下几点：

一是限制王权。《大宪章》的制定本身是国王与贵族之间斗争的产物，它的许多条款都旨在限制王权。它首次把过去的一些成规集中在一个统一的文件中，要求国王明确接受，并保证实行。在《大宪章》草案拟定后，为了防止国王反悔，贵族们在《大宪章》中规定了第61条，该条款规定：由贵族推举25人组成一个特别委员会，以监督《大宪章》的执行。如果该委员会中的4人发现国王或政府大臣有违反《大宪章》的行为，应立即请求国王改正，如40天后仍未见纠正，该4人应报告给25人委员会，经委员会多数同意后，可联合全国人民，采取一切手段，包括采用武力夺取国王城堡、土地和财产，强迫国王改正错误。虽然在后来的《大宪章》新文本中删掉了这一条款，但它所开创的思路与经验均被大贵族集团继承下来。正如英国著名学者梅特兰所言："国王不在任何人之下，但却低于上帝和法律，是法律造就了国王，国王应当遵守法律"[①]；"《自由大宪章》……之签署本身，就意味着将会有法治产生"。在签署了《大宪章》之后，含糊其词的承诺不再管用，国王的权力及其

---

① 参见〔美〕梅特兰：《英格兰宪政史》，李红海译，中国政法大学出版社2010年版，第67页。

所受的限制被白纸黑字地确定下来。《大宪章》所具有的最为重要的意义,在于其为权力设置了制衡机制,确立了约束任性的公权力的精神。

二是税收法定。《大宪章》确立了征税必须获得人民同意的观念,并最终成为现代"税收法定"原则的基石。税收法定原则和人权保障原则均源于英国的《大宪章》。《大宪章》第12条规定:"未经王国之普遍同意(common consent of the realm),不得在王国内征收免服兵役税或贡金。"这被认为是税收法定原则的起源。之后,随着议会的崛起,"王国之普遍同意"逐渐被理解为由议会通过法律作出决定。1674年,英国议会下议院通过了《遏制非法征税法案》,规定未经议会投票表决,国王不得征收任何赋税或王室特别津贴。在1689年的《权利法案》中,更进一步地限制了国王的征税特权。从比较法上来看,税收法定作为法治的一项重要原则,得到各国普遍认可。我国全国人民代表大会也在2015年通过修改《立法法》最终确立了"税收法定"原则。而国家征税必须通过议会来决定,正是八百年前大宪章精神的体现。

三是通过正当程序保障人身自由。《大宪章》首次开启了以正当程序保障公民人身权利的先河,这也可以说是现代法治的起源。《大宪章》第39条规定:"任何自由民,如未经同侪的合法审判,或经国法判决,皆不得被逮捕、监禁、没收财产、剥夺法律保护权、流放或加以任何其他损害。"这至今依然是法治原则的底线要求。第40条规定:"国王不得向任何人出售、拒绝或延搁其应享之权利与公正裁判。"在英国,虽然对于人身保护令和大宪章之间的关系存在不同的认识,但是《大宪章》保护个人的人身自由以及与此相关的众多个人权利的理念,确实是英国人身保护令制度的重要基础。

四是保障个人财产自由。《大宪章》确立的税收法定本身就是保护个人财产的重要举措,因为征税本身就是政府从老百姓口袋里掏钱,如果征税权不受法律的约束,则私有财产就随时都可能被政府通过征税的方式侵害,人民辛勤劳动的成果也会被任意剥夺。《大宪章》除税收法定之外,还有多个条款规定了对个人财产的保护,其第60条规定:"凡英国人,无论其为僧侣或俗人,均应依照国王对其直属封臣所遵守的约束,对各自的家臣和奴仆同样遵守前述之习惯与自由。"斯塔布斯认为,这一条款的目的在于"保证臣民的权利不受领主的侵犯",他写道:"领主们自己为法律的公正与平等拟定了第60条文。……这样,贵族们在追求自己的权利不受国王侵犯的同时,也规范和约束了他们自己对其下一级封臣的行为。平民的权利和贵族的权利同样得到了保证,自由人的利益得到了保护,商人的货物安全和维兰的农具也受到《大宪章》条文的保护。"[①]《大宪章》关于财产保护的规定并不是停留在纸面上的,而是经常被商人们援引来维护其自身的权利,这也是保障英国社会几百年来不断发展的制度基础。一般认为,工业革命首先在英国发生,主要是因为蒸汽机的发明;但新近的观点则认为,工业革命首先在英国发生,并不是蒸汽机的发明,而是制度保障的结果。美国学者诺斯等人认为,英国在17世纪就已经形成的相对完善的产权保护制度是关键因素。英国完善的产权保障制度经历了漫长的历史发展过程,而《大宪章》正是该制度的起源和基础。

《大宪章》的主旨在于限制国家权力以保障社会成员的权利。《大宪章》从形成到最终签署,到其中规定的权利真正得到落实,这一过程历经三百多年,在这期间,国王曾经反悔,贵族也曾经抗争。正如施密

[①] 转引自程汉大:《〈大宪章〉与英国宪法的起源》,载《南京大学法律评论》2002年第2期。

特所指出，《大宪章》只是中世纪君主与封建主订立的众多协议之一，是一种政治契约。这个契约经过了议会与王权的斗争，最终在 1689 年的革命之后，确立了国王的权力来自议会，这样才使得对国王权力的限制落到了实处。

八百年后的今天，我们仍然可以从《大宪章》中获得启发。对于当下中国，《大宪章》所宣示的理念，仍然具有一定的借鉴意义。一个国家宪法制度的首要任务，是确立对个人的财产和人身的严格保护。没有个人财产和人身的安全和免受侵扰，国家是不可能实现安宁和富足的。宪法不仅要宣示对个人财产和人身以及其他基本权利的保护，更要以完善的制度设计去落实这种保护。《大宪章》为后世宪法确立了一些基本典范，就在于它用税收法定的理念来约束国家的征税权，保障个人的财产不被国家随意侵夺。同时，《大宪章》对于个人人身自由的保护，为后世宪法将人身自由作为最重要的人权予以突出保护作出了表率。无论基本权利体系如何变化，财产与人身这两项权利永远是其中最重要的。我相信，财产和人身的安全永远是法律制度建构的核心。任何国家的法律体系，都应该将财产和人身的保护作为首要的任务。为此，应当在宪法之下，通过各个部门法的协同，共同构筑对财产和人身自由保护的规范体系。

法治的进程，是人类社会走向制度文明、弘扬人权精神的历程，而社会发展的未来，无疑也将是法治理念继续发扬光大的进程。在我国将"依法治国"确立为宪法的一项核心理念和治国方略之后，十八届四中全会提出了"依法治国首先是依宪治国，依法执政关键是依宪执政"的重要任务。实现法治理想，限制公权，保障私权，实现社会平等与正义，是全体中国法律人 21 世纪之梦。

五四运动为什么没有以"法治"为口号

五四运动为中国请来了两位先生,一位是"德先生(Democracy,民主)",一位是"赛先生(Science,科学)",但是却漏请了一位"罗先生(Law,法律)",也就是说,五四运动只以"民主""科学"为口号,而没有以"法治"为口号。在中国社会的转型和变化中,这一缺漏也造成了不少负面影响。

德先生、赛先生口号的提出,是以救亡图存为目标的,是要打破旧秩序,建立新世界。"民主""科学"口号最早由陈独秀等人提出。陈独秀指出,"国人而欲脱蒙昧时代,羞为浅化之民也,则急起直追,当以科学与人权并重"。[①] 在他看来,科学与人权就像是车之两轮,推动国家进步。同时他也提出,拥护民主科学旨在"救治中国政治上道德上学术上思想上一切的黑暗","建设西洋式之新国家,组织西洋式之新社会","以求适今世之生存"。(《新青年》第2卷第3号)而取向于维护秩序的法治精神,就被人们普遍忽略了。有的时候,法治甚至会被误解为是对救亡图存目标的阻碍。比如,五四运动中著名的"痛打章宗祥、火烧赵家楼"

---

① 参见陈独秀:《敬告青年》,载《青年杂志》1915年第1卷第1号。

事件，被当时的舆论一边倒地评价为爱国义举。比如康有为说："学生此举，真可谓代表四万万之民意，代伸四万万之民权，以讨国贼者，孟子所谓国人皆曰可杀也。"他还说："夫今之中华，号为民国……其法律生杀，以民意为主，非如专制时之以政府为主也。"① 这种观点直接以民意代替法律，以民主取代法治，是当时社会上的普遍观念。

不多的保持清醒的知识分子之一是梁漱溟先生，他说："我的意思很平常，我愿学生事件付法庭办理。"因为，"在道理上讲，打伤人是现行犯，是无可讳的。纵然曹、章罪大恶极，在罪名未成立前，他仍有他的自由。我们纵然是爱国急公的行为，也不能侵犯他，加暴行于他。纵然是国民公众的举动，也不能横行，不管不顾。绝不能说我们所做的都对，就犯法也可以……在事实上讲，试问这几年，那一件不是借着'国民意思'四个大字，不受法律的制裁，才闹到今天这个地步。"② 当时，梁的主张鲜有赞同应和者。

实际上，民主和科学口号的提出者陈独秀，对于法治理念也有认识和论述。他说："西洋所谓法治国者，其最大精神，乃为法律之前，人人平等，绝无尊卑贵贱之殊。虽君主国亦以此为主宪之正轨，民主共和，益无论矣。然则共和国民之教育，其应发挥人权平等之精神，毫无疑义。复次欲知孔子之道，果为何物。此主张尊孔与废孔者，皆应有明了之概念，非可笼统其词以褒贬也。"③ 但他的法治论述，还是要掀起一场推翻旧制度、旧文化的革命，服务于"打倒孔家店"这个目标，而

---

① 康有为：《康有为痛斥国贼通电》，载中国社会科学院近代史研究所近代史资料编辑组编：《五四爱国运动》（上），中国社会科学出版社1979年版，第347—348页。
② 梁漱溟：《论学生事件》，载《国民公报》1919年5月18日。
③ 陈独秀：《陈独秀文章选编》，生活·读书·新知三联书店1984年版，第146—148页。

对于法治稳定社会、维护秩序的内涵并没有深刻认识。

并且，当时的知识分子对于法治的认识，主要强调其民主内涵，更多是一种实质主义的法治观。比如，陈独秀认为，"共和立宪而不出于多数国民之自觉与自动，皆伪共和也，伪立宪也，政治之装饰品也，与欧、美各国之共和立宪决非一物。"① 可见，按照陈独秀的观点，只有实现了民主，法治才具有正当性，民主是包含法治的，实现民主是实现法治的基础，只有民众有了自觉的民主意识，并通过民主的方式制定宪法，建立法律体系，这个法律体系才是正当的，法治才是值得追求的。在陈独秀看来，在当时的中国，人们"于共和国体之下，备受专制政治之痛苦"，"所谓立宪政体，所谓国民政治，果能实现与否，纯然以多数国民能否对于政治，自觉其居于主人的主动的地位为唯一根本之条件"②，如果人民不能成为国家的主人，则任何的政治和法律制度都只是压迫人民的工具。可见，按照当时知识分子的主流观点，与民主相比，法治并没有独立的价值，其只是为民主服务的。

而且，在当时的社会背景下，"民主"相对于"法治"有更直接的急迫性。民主是公民自我权利的苏醒，而法治更偏向于公共生活的改变。在当时，中国还没有走出专制主义的阴影，民国成立后，中国社会很快陷入尊孔复古、帝制复辟和军阀混战的混乱局面，而民主直接指向君主专制余孽、反对军阀的割据盘剥，更直接回应当时中国社会的迫切需求。能否实现民主，是对中国前途的政治选择，而对退回专制的可能性的焦虑，使得当时的知识分子对于民主议题更为关注。而且从当时的社会状况来看，虽然封建制度已经被推翻，但专制制度依然存在，成为

---

① 《独秀文存》，安徽人民出版社1987年版，第40页。
② 同上书，第38页。

阻碍中国进步的障碍,因此,当时的知识分子主要提出了"民主"与"科学"的口号,而没有喊出"法治"的口号。而内忧外患丝毫没有改变的局势以及五四运动爆发于"新二十一条"国耻的情绪背景,使人们普遍认为,只有通过民主,国家才能自立自强,而法治显然并不能保障国家的独立和自主。相反,在弱肉强食的国际政治丛林中,法治也没有能够为积贫积弱的中国提供保护。

另外,法治是一种现代的公共生活方式,它挑战了熟人社会背景下礼法为教的"德治"大体系,也为当时人们的普遍观念所难以接纳。陈独秀在《东西民族根本思想之差异》一文中比较了中国"德治"与西方"法治"的区别,认为"法治"所挑战的根本对象是民间"淳厚"的"德治"背景下的道德风俗。陈独秀虽然认为法治社会,"商业往还,对法信用者多,对人信用者寡;些微授受,恒依法立据。浅见者每讥其俗薄而不惮烦也。父子昆季之间,称贷责偿,锱铢必较,违之者不惜诉诸法律",因而有伤"淳厚",法治"以小人始,以君子终"①,但普通民众对于这种"有伤淳厚"的新的生活方式,还是出于本能加以排斥。陈独秀可以问"即非淳厚也何伤?"而普通百姓在一个人心不古、世道浇漓的社会中,却不会认为"淳厚"是应该被伤害的。

五四运动没有把法治作为口号,也是因为人们并没有认识到法治的独立价值,而是将其作为民主所包含、所附带的成分。例如,陈独秀指出,"西洋所谓法治国者,其最大精神,乃为法律之前,人人平等,绝无尊卑贵贱之殊。虽君主国亦以此为立宪之正轨,民主共和,益无论矣。"②

---

① 任建树等编:《陈独秀著作选》(第一卷),上海人民出版社1993年版,第175页。

② 陈独秀:《宪法与孔教》(1916年11月1日),载任建树主编:《陈独秀著作选编》(第一卷),上海人民出版社2014年版,第249—250页。

李大钊说:"盖唯民主义,乃立宪之本;英雄主义,乃专制之源。"① 而且法治不能回应当时社会最急迫的需求,尤其是不能解决当时人们普遍关切的国家存亡问题。救亡图存,自立自强是当时的时代精神,而民主指向自立,科学指向自强,自然就被作为最重要的价值,成为最重要的国民理念。而法治更多被看作是国家独立和强大之后,才应该思考和追求的目标。在这个意义上,五四运动没有提出法治口号,确有其历史的合理性,但也是一种历史的遗憾。

五四精神对法治的淡忘,对中国后来的历史产生了不利的影响。在很长时间内,法治并没有在国人的观念中真正落地生根,人们普遍欠缺法治观念。而后来的历史,特别是"文革"的教训证明,缺乏法治规约的大民主,会走向民主的反面。民主本质上是法治的民主,脱离了法治的民主,民主不可能有序地进行,社会也可能因此处于无序的状态,国家和人民也会遭受深重的灾难。百年以来,民主与法治的关系仍然是我们今天要研究的重要课题。

值得注意的是,尽管五四运动并没有提出法治思想,但不能说该运动对法治的建设并没有任何意义。五四运动作为一场思想运动,对当时民国的建立具有重要作用。五四运动提出了法治的实质价值,也推动了法治理念的深入人心。民主促进了个人的人格觉醒,促进了权利意识的勃兴。当人们认识到自己的权利,要求对自己的权利加强保障,就自然而然会产生建立法治、确立规则的诉求,这对于法治观念的普及也是非常重要的。因此可以说,尽管五四运动没有提出法治思想,但五四运动已经培育了法治思想所需要的土壤,从这个意义上说,五四运动也是一场法治运动。

---

① 《李大钊选集》,人民出版社 1962 年版,第 49—50 页。

形式法治和实质法治

《劳动合同法》颁行后,一直备受争议。张五常先生甚至主张"取缔现有劳动法,中国经济才有可为"。他认为劳动合同法对劳动者保护过度,导致中国损失几十万亿。[①] 学者提出问题是无可厚非的,但如果有官员简单认为《劳动合同法》影响经济发展,应当停止执行,那就存在问题了。这就涉及形式法治(formal rule by law)与实质法治(substantive rule by law)的关系问题。

如何理解法治,一直存在形式法治和实质法治的争论。形式法治与实质法治并不是完全对立的,二者在根本上是相通的,如二者都主张依法治理。但形式法治论只关心法治的形式要件,如认为,法律应当是稳定的、公开的,应当具有普遍适用性等,但不考虑法治的实质内容和价值目标。因此,形式法治认为,法律无所谓善恶之分,恶法亦法。最重要的是,形式法治强调对法律规则的遵守,要求坚持法律的权威性,即便法律存在一定漏洞和缺陷,只要未经立法机关修改,在实践中仍应遵守和执行,任何人不得以法律不完善

[①] 参见张五常:《现行劳动合同法让中国损失几十万亿》,载 http://finance.ifeng.com/a/20160727/14646466_0.shtml,2016 年 9 月 1 日访问。

为由而拒绝执行。在发生纠纷后,仍应当依法定程序解决。在这个意义上,不少人认为,形式法治是任何体系都需要具备的制度安排。所以,回到上面的例子,按照形式法治的观点,一旦《劳动合同法》由立法机关依法定程序通过,就必须被严格执行,即便存在问题,也应当通过法律修订程序予以解决。

按照实质法治的观点,法律不仅要合乎形式要件,其内容也应当具备良法的特征,法治应当追求实现自由、平等、博爱、公平、正义等价值目标,因此可以说,实质法治是良法之治。① 法治不是简单的条文之治,而是本身应当具备合法性和合目的性,符合一定的价值。实质法治认为,应当区分良法与恶法,恶法非法,不符合正义价值的法律不是真正的法律,不应该真正地实施。从前述关于《劳动合同法》的争议看,在形式法治之下,该法即便存在问题,但未经修改,就不能否定相关规定的价值;但在实质法治看来,如果该法不属于良法,就不应该实施。

古往今来,制定良法确实是法学家的美好追求,亚里士多德在给法治下定义时,实际上已经考虑到了法律的价值,即法治是"已成立的法律获得普遍的服从,而大家所服从的法律又应该本身是制定得很好的法律"。② 在亚里士多德看来,"良好的法律"并不只是形式上的良好,而应当是价值层面的良好。因此,有学者认为,亚里士多德对法治的界定开创了"实质法治"理论的先河。自然法的学说就是在追求实质正义过程中所形成的法律理念,认为在实在法之外还存在着效力更强的"自然法",而这种自然法在内涵上是不确定的,但其核心就是永恒的正义。

---

① 车传波:《综合法治论—兼评形式法治论与实质法治论》,载《社会科学战线》2010年第7期。
② 参见〔古希腊〕亚里士多德:《政治学》,吴寿彭译,商务印书馆1965年版,第199页。

从现代视角来看，这就是对实质法治的追求。但是，考虑到正义本身像普罗透斯的脸一样，变幻不定，每个人心中的正义理念又不完全相同，仅仅靠这种多样化的正义标准，允许每个人用自己的正义标准评价法律，决定是否遵守法律，则社会规则也将荡然无存。而立法程序就是在民主决策基础上建立的过程，其能够最大限度地将最大多数人所接受的正义标准制定为法律。正如亚里士多德所说的，众人智慧优于一人智慧。因此，通过民主程序所制定的法律充分体现了众人的意志，更应当严格遵守，不能简单地以其不符合自己关于良法的标准来加以否定。所以，形式法治的价值也越来越凸显。

关于形式法治和实质法治的相互关系及其对法治的影响，可以从如下几个方面进行分析：

从立法的角度来看，形式法治论认为，只要是依据法定程序制定的法律，无论其内容是否存在缺陷，都应当得到严格的遵守。而实质法治论认为，并非遵循立法程序所制定的法律都是我们所要追求的法。法治是一种价值的体现，它要求法律必须是良法、善法，其应当包含民主、自由、人权、平等、公平、正义等价值。法治不仅应当考虑法律的权威性，而且还应当强调法律的正当性。事实上，如果我们只重视形式法治，就很可能在有些法律未充分反映宪法精神的情况下，走入歧途。所以，实质法治论有利于我们发现法律的缺陷。从法律渊源的角度来看，大量的行政法规、地方性法规、行政规章等规范性文件，从广义上说，虽然也都是按照一定程序制定的法，但其内容仍然有违反宪法或上位之基本法的可能性。形式法治论强调法律通过立法程序制定即应得到遵守这一面。但这样的观念忽略了"良法"这一内核的重要性。所以，只考虑法律的内在价值，不顾及法律的外在形式，不考虑法律要通过一定的程序进行立改废，也不是真正的法治。从这个意义上，在立法层面上看，也要坚持形式法治和实质法治的有机统一。

从执法的角度来看，形式法治论者主张，在法律文本内涵清晰时，应当遵守法律文本的含义，即便法律文本的内涵模糊，也应当服从立法机关或者行政机关对法律文本的解释。① 按照形式法治论的观点，法律在内容上是不是良法，虽然每个人都可以做出判断，但也不能仅仅以此为由而拒绝执行法律。事实上，谁可以对法律是否构成良法做出判断本身，也很可能是不清楚的。实践中，一些地方党政领导仅以法律规则"不当"为由而将法律置于一边，这显然是不符合法治的精神的。在这个意义上说，强调形式法治实际上是对法律权威的尊重，很大程度上有助于保证法律的统一，避免随意破坏法律的适用和执行。但形式法治论要求严格适用法律，不承认执法者的自由裁量权，很容易导致机械执法。而实质法治论要求执法者追求和遵循法律的公平、正义等价值，秉持正义的法治思维，努力在行政执法中体现公平正义。尤其是，在出现法律自由裁量权的情形下，更强调依法行政等原则，遵守立法者在立法中所体现出来的实质价值判断，坚持比例原则等法治理念，而不应该任意行使自由裁量权、把裁量权变成主观恣意行为。

从司法的角度来看，形式法治主张，只要是按照民主程序得到全体国民一致同意的法律就是良法，法官必须严格依法裁判，案件必须在法律的名义下被裁决，这是法治最低限度的要求。司法者必须严格依法裁判，而不能基于一定的目的而随意解释、变通法律。而实质法治论认为，虽然司法者要依法裁判，但在立法存在缺陷时，司法机关应当有更

---

① 〔美〕阿德里安·沃缪勒：《不确定状态下的裁判—法律解释的制度理论》，梁迎修、孟庆友译，北京大学出版社 2011 年版，第 1 页。

大的自由裁量权,即其可以为实现一定的目的而对法律规则进行变通解释,以克服立法的不足。虽然形式逻辑仍然是法治思维的基础,但完全靠形式、靠逻辑的规则,已经不能满足人们对司法实质正义的追求,可能导致一些案件中出现形式法治与正义、民意、社会情势的冲突。形式法治要求严格适用法律,不承认自由裁量权,不允许在裁判中掺入个人的价值观,奉行法律解释的独断性,而且形式法治走向极端,则可能构成机械司法。这就需要运用实质法治弥补形式法治的不足,因为司法在本质上就是要追求公平正义。虽然在进行法律的漏洞补充时,法官原则上应该坚持形式法治的立场,发现并转述立法者体现在实定法中的价值判断结论,但当实定法存在多种解释可能、出现漏洞或者其他不完善的情形下,法官则应该本着立法者所遵循的基本价值取向在个案中努力追求实质正义,而不应该任意裁量,防止将司法过程变成个人的恣意。

哈贝马斯认为:只有同时具备正当性和法律性的政治秩序才能称得上是公平正义,才能使得社会长治久安。这实际上也是强调法治应该是实质法治与形式法治的统一。从上述分析可以看出,形式正义与实质正义确实存在着矛盾。但这恰恰表明有效的法治应当是二者的统一而不是对其中某一价值的单纯追求。就二者关系而言,形式化的特征是法治的应有之义,但实质正义则是法治的终极理想。我们所追求的法治不是简单的形式法治与实质法治的二元对立,而应当是形式法治与实质法治的有机结合,人类对正义的追求是永恒的,这也就是我们所说的实质法治的应有内涵。

回到前述《劳动合同法》的案例,我认为,应当坚持形式法治论,即便《劳动合同法》对经济发展有一定的负面影响,但在其没有被依据法定程序修改之前,应当得到严格遵守。同时,我们也要考虑实质法治论,从经济发展等角度发现《劳动合同法》的缺陷,推动该法的修改,不断完善《劳动合同法》的规则。从这个意义上说,我们所说的法治应当是形式法治与实质法治的结合。

民本与民权

据报载,云南省某县政府为了"脱贫攻坚"需要,在全县发文,向146个"挂包帮"单位筹资1451万元,向全县干部职工筹资约1180万元。文件规定,捐款数与个人的行政级别挂钩,正处级每人5000元,普通职工每人1000元。有的老师一时拿不出,只好借钱捐款。这种做法一时弄得怨声载道,网上也不乏批评之声。①

应当说,该县政府的这种做法用意是好的,主要是从民本和民生出发,目的在于帮助穷人脱贫,而不是中饱私囊。但此种做法也不当干预了个人的私权,因为是否捐款,捐多少款,完全应当是个人的权利。当地政府扶贫办工作人员说:"扶贫工作是我们县的大事,作为公职人员,难道不应该出一份力吗?他好歹拿的是国家工资啊!"殊不知,每个公职人员拿到的国家工资已经成为其个人的私人财产,如何处分,应当是其私人权利。政府可以鼓励公职人员捐款,但没有权力强行摊派捐款数额。

这一事例实际上就涉及民本与民权的关系,二者的关系

---

① 参见刘雪松:《摊派捐款,这样的脱贫攻坚太霸气》,载《新京报》2016年10月29日。

是中国古代政治思想史的复杂课题。民本思想在我国源远流长，据《尚书·大禹谟》记载："德惟善政，政在养民"，"后（注：君也）非众，无与守邦"。据《尚书·坤传》记载，帝尧曰："吾存心于先古，加志于穷民。一民饥，我饥之也；一民寒，我寒之也；一民有罪，我陷之也。"周朝也出现了"民惟邦本，本固邦宁"的思想（《古文尚书·五子之歌》）。上述思想都突出了人民在国家政治中的重要地位和作用。周公在总结商朝灭亡的教训时提出："皇天无亲，惟德是辅；民心无常，惟惠之怀"，因此，君主应该"以德配天""敬德保民"。

虽然早在远古时代，我国就已经出现了民本思想的萌芽，但真正将民本思想发扬光大的，是以孔、孟为代表的儒家学说。儒学的核心理念就是民本思想，如《大学》记载："民之所好，好之；民之所恶，恶之；此之谓民之父母。"这也说明了人民的重要性，君王要施行仁政，就应当好好治理国家，促进人民的富裕和幸福。仁政的核心是以民为本，立足在民，顾及天下苍生。孔子认为："夫君者舟也，人者水也。水可载舟，亦可覆舟。君以此思危，则可知也"（《后汉书·皇甫规传》，注引《孔子家语》）。他认为，只有"足食、足兵、民信"（《论语·颜渊》），才能安民利民。《尚书》有言："民之所欲，天必从之。"这实际上是把人民的意愿上升到了和天相通的地位。在孔子学说的基础上，孟子将民本思想推到了极致，他主张，君王要施仁政，而仁政的核心就是以民为本。这也是孟子仁政学说的核心，这种思想对中国后世的思想家有极大的影响。孟子曰："民为贵，社稷次之，君为轻"（《孟子·尽心下》）。孟子认为，民心的向背决定着政权的兴衰得失，他在总结历史经验后认为，"桀、纣之失天下也，失其民也；失其民者，失其心也。得天下有道，得其民，斯得天下矣"（《孟子·离娄上》）。孟子以仁作为施政的出发点，要求统治者"施仁政于民"（《孟子·梁惠王（上）》）。他甚至认为，天子之位既来自天，也来自民，是天予之，人予之。天子是形式，人民的意志和意愿才是最高目的。

民本思想对后世产生了深远影响，历朝历代的许多思想家都留下了爱民、敬民、宽民、富民、忧民等思想，古代民本思想内容极为丰富，例如，"民惟邦本，本固邦宁"，"天视自我民视，天听自我民听"（《尚书·泰誓中》），"民与天齐""民贵君轻""令顺民心"等。"水能载舟，亦能覆舟"的名言也成为古代民本思想的集中体现。然而，我国古代的民本思想是否就是我们现在所说的民权思想，则历来存有争议。一些学者认为，中国古代的民本思想实际上包含了民权的思想，但事实上，中国古代虽然有民本的思想，但并没有民权的理念，应当对二者进行必要的区分。梁启超在《新民说·论权利思想》中说："古今仁君少而暴君多，故吾民自数千年来祖宗之遗传，即以受人鱼肉为天经地义，而'权利'二字之识想，断绝于吾人脑质中者固已久矣。"（《饮冰室合集》第一册）萧公权认为："孟子民贵之说，与近代之民权有别，未可混同。"[①] 近代以来，中国开始出现民权的理念，戊戌变法时，当时的变法倡导人也开始传播民权思想。五四运动虽然只打出了"德先生"和"赛先生"两大旗帜，而没有提出民权、人权等口号，但五四运动的先驱们也大力呼吁人权保障，这确实对近代中国的文明、进步起到了巨大的推动作用。

严格地说，民本并不当然等于民权，中国古代并没有像罗马法所说的权利概念，尽管古代汉语中有"权利"二字的表述，但往往出现在"争权夺利"等表述中，其甚至是贬义的。直到19世纪中叶，美国学者

[①] 参见萧公权：《中国政治思想史》，联经出版事业公司1982年版，第91页。

丁韪良（W. A. P. Martin）和他的中国助手们翻译惠顿（Wheaton）的《万国律例》（*Elements of International Law*）时，才选择"权利"一词作为英文"rights"一词的对应词语，并说服朝廷接受这一翻译。① 民本是从宏观层面强调重视人民的作用，尊重人民的意愿，符合人民利益，注重民心向背，谋求人民福祉。如果说民本注重的是人民作为整体的利益，而民权注重的则是个体的利益。我国古代虽有民本思想，但缺乏民权思想。民权包括两种：一是依据宪法和法律享有的治理国家、管理社会的权利；二是个人所享有的各项私权。我们在继承优秀传统文化的同时，也应当强调对私权的保护，强调保障个人权利，发挥个人的创造活力。法治的基本精神在于"规范公权，保障私权"，只有在私权发达的国家，人人能够自由行使权利，并尊重他人的权利，社会才能和谐有序。同时，私权的发达也可以为公权设置尺度，为有效规范公权奠定基础。我国是一个有着两千多年封建历史、封建主义思想意识和传统根深蒂固的国家。正如邓小平同志所指出的："旧中国留给我们的，封建专制传统比较多，民主法制传统很少。"② 人们的权利意识和平等观念十分淡薄，而等级观念、特权观念、长官意识、官本位思想等极为盛行，这些与市场经济的发展和完善严重不相符合。所以要真正地建立法治国家，必须要反对任何形式的封建特权，提倡人格独立、人格平等，充分尊重公民的各项人格权，保护民事主体的财产权。从这一意义上说，弘扬私权是培育中国法治的基础，也是中国法治文化的重要内容。

回到前文的事例，我们认为，无论任何时候，民本都是我们党治国理政的中心，我们党的宗旨就是全心全意为人民服务，"民本"是我们

---

① 参见夏勇：《中国民权哲学》，生活·读书·新知三联书店2004年版，第133页。
② 《邓小平文选》（第2卷），人民出版社1994年版，第332页。

党执政的出发点。扶贫工作本身就是我们党"民本"思想的体现，是党的群众路线的具体体现，但是扶贫也要在法治的框架内进行，也要尊重民权，这就是我们今天所需要的法治思维。2016年9月1日实施的《慈善法》，已经明令禁止强制摊派或者变相摊派募捐。前文案例中，该县政府下文明确规定，如果晚捐或者少捐，领导将上门约谈。这实际上是将捐款作为一项义务了，这就违反了捐款的本质。捐款虽然是出于民本理念，但也要尊重民权。一方面，尊重民权也是民本的重要体现。社会主义的根本目的是最大限度实现人民的福祉，今天，我们实行法治，最终也是为了最大限度地实现人民的利益，因为人民的福祉才是最高的法律。在物质生活条件逐步提高的情况下，人们各项人身、财产权利得到法律有效保障的需求也在逐步增强，因此，民本并不仅体现为提高人民的物质生活水平，还应当尊重与保障人民群众的各项权利。另一方面，民本思想实际上是民权的基础。只有有了民本的思想，民权思想才有坚实的根基。民本是民权的思想基础。二者本质上是相似的，民权更强调个体权利，民本更强调集体整体的利益，二者之间不存在根本的冲突，二者也都是现代社会不可或缺的。

  回到前面的案例，我认为，最好的做法应当是积极鼓励和提倡人们捐款扶贫，扶贫是民本的重要体现，不能完全看作政府的责任，众人都有帮助扶贫的社会责任，"众人拾柴火焰高"，人人参与捐款、帮助扶贫，更可能打好扶贫这场攻坚战。但即使是为了扶贫这一民本的需要，也应当尊重民权，而不能将其变相地设定为个人的义务。

社会法的兴起与矛盾的调和[①]

社会法的兴起是近几十年的事,我记得我们在上大学时,还根本不知道社会法是何物,课堂上甚至都没有提到社会法的概念。直到20世纪80年代初期,我到美国去,才知道社会法在第一次世界大战之后已经在欧美蓬勃兴起,并成为西方国家法律体系中的重要部门。社会法是调整保障个人基本生活权利而衍生的相关社会关系的法律规范总称,其内容主要包括劳动法、社会保障法、社会救助法等法律。第一次世界大战后,面对经济大萧条,美国总统罗斯福曾说:"(政府)如果对老者和病人不能照顾,不能为壮者提供工作……听任无保障的阴影笼罩每个家庭,那就不是一个能够存在下去,或者应该存在下去的政府。"因而美国颁布了一系列有关社会保障的法律。社会法以保护社会大众和弱势群体为宗旨,在缓和社会矛盾、维护社会稳定方面发挥着重要的作用。但在中国,社会法的出现还是一个新生事物,它主要是近二十多年来随着改革开放和市场经济的发展而逐渐兴起的,目前已经成为我国法律体系的重要组成部分。

[①] 本文为2015年10月22日在"经济新常态下中国劳动法治建设"国际研讨会上的讲话稿,此处略有修改。

社会法的兴起与调和社会矛盾有关。18—19世纪是资本主义剥削最为残酷的时期,无产阶级革命理论的提出也是这一社会现实的具体反映。但从19世纪开始,社会立法已经开始兴起,极大地缓和了社会矛盾。例如,福特8小时工作制的发明并被法律采纳,极大地调和了劳资双方的矛盾;再如,最低工资制、禁止使用童工等制度的实施,以及社会保障、社会救济制度、养老保险制度的推行,也极大地缓和了阶级矛盾,使资本主义渡过了重重危机。阶级冲突实际上是利益的冲突,本质上是权利义务的配置问题,而通过社会法调和各种利益冲突是最为和平、最妥善的方法,换言之,社会法通过妥当设定权利义务关系,对劳资双方等的关系进行调整,有利于维护社会秩序的稳定。

法治与和谐有不解之缘,法治既是社会和谐的保障,也是一种和谐有序的社会状态。社会法维护社会的功能首先体现在劳动法方面。现阶段,我国的劳资矛盾是客观存在的。在我国从计划经济向市场经济转型过程中,劳资关系成为基础型的社会关系。劳资双方之间存在一定的利益冲突,表现在资方追求利润的最大化,而工人则希望获得高工资和就业保障。双方经济地位的不平等,进一步放大了这一冲突,尤其是在经济全球化背景下,劳动力的自由流动,使劳资双方的不平等地位进一步得到强化。如何通过社会法协调双方的关系、维护社会和谐,成为重要的课题。事实上,自改革开放以来,我国已经开始通过法律构建新型劳动关系,1994年就通过了第一部《劳动法》。进入21世纪以后,在2007年又通过了《劳动合同法》《就业促进法》《劳动争议调解仲裁法》,这些法律为劳动者工作条件和工作安全设定了标准,并建立了集体合同制度,为工会通过集体谈判、维护工人合法权益,提供了制度保障。同时,劳动仲裁等程序的设置,也能有效解决劳资双方的争议。21

世纪的第一个十年，我国强化和完善了劳动和社会保障立法，整体趋向于强化管制，体现为解雇保护不断从严、劳动者权益保护标准不断提高、最低工资标准不断提高、休假时间不断延长、社会保险参保人数和缴费基数不断增长等。具体而言，社会法在调解劳资双方纠纷、化解社会矛盾方面的作用主要体现在如下几个方面：

一是集体合同制度的设立。由于劳资双方地位不平等，劳动者需要联合起来，以团体的名义与雇主谈判，以改变其不利的谈判地位。所以，从20世纪初开始，一些国家推动了集体合同立法，规定集体合同具有法律效力。新西兰在1904年就制定了有关集体合同的法律。在第一次世界大战之后，一些发达国家，如德国、法国等，相继制定了集体合同法。我国在1950年颁布的《工会法》中规定了工会有权代表工人签订集体合同。1992年的《工会法》进一步肯定了集体合同制度。1994年的《劳动法》明确规定企业职工一方与企业可以签订集体合同（第33条），该法对集体合同的主体、内容、订立程序、生效条件、争议的处理等，作出了明确规定。该法也明确了可以由工会代表职工签订集体合同，没有建立工会的企业，由职工推举的代表与企业签订合同。集体合同制度的设立，解决了职工不敢谈、不会谈、不愿谈的困境，使劳资双方能够形成有效的博弈，职工利益能够在集体合同中得到充分的反映。在劳动者个人和企业之间签订的合同不符合集体合同规定标准的情况下，如果集体合同的规定对劳动者更有利，则应当以集体合同的内容为准。

二是劳动基准制度。劳动基准是有关劳动过程、劳动条件、劳动关系以及相关管理活动等方面的规则标准。国家通过立法规定的强制性标准，用人单位须严格履行。劳动法通过禁止雇用童工、控制工作时间、保障劳动权利、禁止拖欠工资、禁止非法解雇等措施来制约用工单位。由于劳方与资方的经济地位不平等，劳动者很难在平等的地位上与用人单位进行谈判，所签订的劳动合同也可能是不平等的。例如，劳动者迫于经济上的压力，可能会被迫接受一些对自己不利的条款，如被迫接受长时间的工作时间、较低的工资标准等条款。虽然集体谈判制度可以在一定程度上缓解劳动者经济上的不利地位，但集体谈判需要就单个条款分别达成合意，这可能不利于全面保障劳动者的权利，从而有必要引入劳动标准制度，即通过法律明确规定劳动条件、劳动标准、工资标准等，这既有利于强化对劳动者的保护，也有利于降低双方的谈判成本。

三是集体谈判制度的建立。集体谈判主要是指在劳动合同订立过程中，由工会代表劳动者与资方进行协商、谈判，以签订劳动合同，这有利于弥补劳动者谈判能力的不足。在订约中，如果双方经济地位不平等，对于经济弱者的劳动者来说是难以实现真正的平等的。例如，从农村到城市打工的"打工仔"和"打工妹"，他们和资方的经济地位明显不对等。双方发生纠纷后，一方面需要国家的强制干预，另一方面也需要集体协商的方式予以解决，即由工会代表劳动者与资方进行谈判，从而更好地保障劳动者一方的合法权益。有学者认为，劳动合同法领域应该更强调市场的作用，国家不应该过多干预，而应当交给市场机制由劳动者和雇主之间自由协商。但实际上，由于劳动者在经济上处于弱势地位，他们很难平等地与用人单位进行平等协商，这就需要设置相关的制度，强化对劳动者权益的保护。但我国长期以来只注重国家干预，设置强制性规范，而忽略了通过集体协商的办法解决劳资纠纷。所以，《劳动合同法》专门规定了集体谈判制度，并规定集体合同由工会代表企业职工一方与用人单位协商谈判订立，以强化劳动者一方的订约能力。集体谈判制度可以有效反映劳动者的意志，保护劳动者的权益。

四是劳动仲裁制度的建立。歌德曾言：法律是维护和平的暴力。劳动法应当具有简化社会矛盾的功能，通过法治化的方式解决社会矛盾，防止这一矛盾进入社会其他领域。为此，我国专门颁行了《劳动争议调解仲裁法》。现代社会，劳资纠纷时有发生，劳资双方发生纠纷后，这些矛盾并非敌对的阶级矛盾，并非不可调和，关键是如何通过法律程序使这些矛盾得到消化和解决。仲裁可以将各种纠纷转化为一定的技术问题，通过一定的程序加以解决。进入仲裁程序之后，当事人就需要依据法定的程序来表达其诉求，仲裁员也应按照公正的程序作出裁判。《劳动合同法》和《劳动争议调解仲裁法》将劳动争议仲裁规定为诉讼的前置程序，并在劳动争议仲裁中对劳动者进行了倾斜保护，如依据《劳动合同法》的规定，劳动者在申请劳动仲裁时，工会应当依法给予支持和帮助。这有利于保护处于弱势地位的劳动者的合法权益。

近几十年来，社会法兴起后，有效地协调了劳资纠纷，维护了社会的和谐稳定。劳动和资本是市场的两大要素，也是企业发展的基本条件。两者如果相互结合得好，企业就能有序发展，经济就能繁荣。劳资纠纷是任何社会都存在的矛盾，也可以说是天然存在的一对矛盾。实践证明，解决这些矛盾，最有效的办法就是通过法治的手段解决。特别是在我国，尽管劳资双方之间存在利益冲突，但其本质利益是一致的，只有劳动者得到全面的保护，用人单位才能够得到强有力的发展。而只有用人单位做大做强了，劳动者的权益才能在更大程度上实现。法治之所以能够成为解决劳资纠纷和矛盾、维护社会和谐的有效方式，是因为一方面，立法本身就是各种利益平衡的产物，立法本身又是寻求共识的过程。在立法过程中，劳资双方都可以表达其意愿，尤其是劳动法本身就是对劳动者进行倾斜保护。寻求实质正义，可以将劳动者的利益通过立法反映出来。法治的任务就是把不同阶层的诉求在法律上进行表达，不能靠残酷的斗争实现自身的利益诉求，而是通过立法程序吸纳各方的意愿，通过正当的法律途径表达自己的利益诉求。另一方面，通过有效的执法，可以对劳动者合法权益实行充分保护，有效缓和劳资双方的矛盾。今天，"血汗工厂"、残酷剥削的现象已经大幅度减少，这在很大程度上得益于社会法的兴起。即使在实践中还存在着一些不重视劳动者权益、侵害劳动者权益的现象，也可以通过劳动者个人维护、工会集体维权以及行政机关的严格执法等方式，得以有效解决。还应当看到，即便劳资双方产生了严重的纠纷，最终可以通过多元化的纠纷解决方式，如仲裁、诉讼等，依据法定程序，将这些纠纷转化为技术手段，从而最终有效化解纠纷矛盾。

　　社会法维护社会的功能还体现在社会保障法方面：一方面，我国自改革开放以来逐步建立和完善了社会保障制度，逐步扩大养老、失业、医疗、工伤等社会保险的覆盖面，新型农村合作医疗保险制度也逐步建立起来。另一方面，社会救助制度也在逐步完善，对有关弱势群体（如进城的农民工的医疗、失业）权益的保障制度也在逐步建立起来，不断完善了城市的低保制度，农村的最低生活保障制度也逐步建立起来，覆盖面在逐步扩大，各级政府的投入不断提高，救济标准也在不断提高，社会救助制度在保障弱势群体基本生活、维护社会和谐稳定方面的作用在逐步增强。博登海默曾经指出，一个法律制度如果不能满足正义的要求，那么从长远来看，它就不足以为政治实体提供秩序与和平。① 社会

---

　　① 参见〔美〕E. 博登海默：《法理学：法哲学与法律方法》，邓正来译，中国政法大学出版社1999年版，第318页。

法体现了一种分配正义,即通过利益的合理分配,保障弱势群体的合法权益,实现社会的实质正义,进而有效地维护社会的和谐。

社会法的兴起表明:只有通过法治,才能使社会和谐有序。法治通过利益平衡等方式,妥当分配各方权利义务关系,可以从源头上遏制社会矛盾的发生,而且在矛盾和冲突发生后,法治也可以提供协商等多种机制,有效缓和、化解各类矛盾冲突。

法治具有目的性

第二编
立法制度

法贵简约

《易经》之"易"有"变易""简易"双重含义。"简易"是符合自然规律的道理。老子将其归结为:"大道至简。"法律也是大道,是调整社会生活的大道,理应以简约为原则。

长期以来,我国立法奉行宜粗不宜细的原则,这也导致一些立法缺乏可操作性。因此,不少人认为,立法应当越细致越好。其实这也是一种误解。法贵简约。例如,秦朝末年,刘邦率先入主关中,驻军灞上,宣布废除秦法,与百姓"约法三章",即"杀人者死,伤人者刑,及盗抵罪"。短短十二个字,十分简洁、凝练,迎合了百姓的意愿,维护了社会秩序,为刘邦赢得了民心,并助其最终夺取了天下。再如,美国宪法奠定了美国法治的基石,宪法精神深入人心,成为治国安邦的基本保障。美国总统威尔逊曾在1885年写过一本《国会政体》(Congressional Government),他在该书中指出,"毫无疑问,我们的宪法之所以恒久,就在于它简洁。它是一块奠基石,而不是一座完整的大厦。或者用句古老的话比喻：它是根，而不是完美的藤。"①

其实，法律并非越多越好，也并非规定得越细越好。老子曾言，"法令滋彰，盗贼多有"（《老子·道德经》）。《法国民法典》之父波塔利斯在两个世纪前就曾告诫后世的立法者："不可制定无用的法律，它们会损害那些真正有用的法律。"这说明立法并非是多多益善的，据说这段话是受到孟德斯鸠观点的启发，因为孟德斯鸠在《论法的精神》一书中特别强调"法律的文风应当简洁"，"法律不能让人难以捉摸，而应当能为普通人所理解，法律不是高深的逻辑艺术，而是一位良家父的简单道理"。② 这就深刻地阐释了立法要简洁的道理。我国古代也注重立法的简约，如唐太宗就指出："国家法令，惟须简约，不可一罪作数种条"（《贞观政要·赦令》）。

立法为什么要简洁呢？首先，法律是调整社会生活的一般规则，其要发挥实际效用，必须能够为人们所了解。法律不是只写给法律人看的，而应该是写给所有的公民看的，它要能够为公民所理解和掌握，才能真正实现立法的目的。所以，法律必须以简洁的语言表达清晰的规则，如果法条的行文过于复杂，甚至晦涩难懂，将引发歧义，也不利于人们的遵循。

其次，法律不可规定得过于繁杂。繁杂但又不实用的法律，不仅耗费大量的立法资源，也可能使有些法律形同虚设，影响法律的权威和人们对法律的信仰。西方学者已经开始反思社会的"过度法律化"的问题，哈贝马斯称其为法律"对于人类生活世界的殖民化。"过多的、繁

---

① 〔美〕威尔逊：《国会政体：美国政治研究》，熊希龄、吕德本译，商务印书馆1985年版，第10页。

② 〔法〕孟德斯鸠：《论法的精神》（上卷），许明龙译，商务印书馆2012年版，第693—695页。

杂的法律会形成一种法律的迷宫，即使是法律人，在繁杂的法律规则面前也可能无所适从，更别说普通的民众。法律规则过于繁杂，不仅难以有效调整社会生活，而且可能导致法律理解与适用的困难。

最后，法律规定也不能过于琐碎，立法也并不是越细越好，因为社会生活日新月异，法律则要保持相对稳定，社会生活在不断发展，而法律难免会存在一定的滞后性，而且立法者的理性本身是有限的，总是会面临信息不充分的问题，无法对社会生活做出事无巨细的洞察和设计。立法者不可能预见一切、周详地安排未来生活的一切，如果牵强地制定过于细致的法律，则会使法律规则难以涵盖所有具体的社会生活和社会现象。如果立法者在没有准确认识的问题上设定统一的法律规则和社会交往模式，未来将成为一种僵化的东西，成为人们社会生活的障碍。另外，法律制度的设计应当为人类的理性选择预留空间，保障人们能够做出自主安排和决策。如果法律规则设计得过于详细，则可能不当压缩个人自主选择的空间，这并不一定能够实现社会的和谐、有序。

历史上曾经有过制定得过细的法律，结果非但没有成为立法的典范，反而成为立法失败的典型。最典型的代表是1794年的《普鲁士一般邦法典》，该法典的立法者秉持规定一切、包揽一切的立法原则，在法典中规定了许多十分详细的、具体的规范，例如，其为了解决"从物"的认定问题，竟然设置了60个段落，其中包括如下细节规范："在一个农场里的牲口为这个农场的属物"，"公鸡、火鸡、鸭、鸽是农场的属物"，"门锁和钥匙是建筑物的属物，而挂锁则不是"，"保护动物的必需品属于动物，使用动物的必需品则不属于动物"等。[①]《普鲁士一

---

① 参见徐国栋编：《中国民法典起草思路论战》，中国政法大学出版社2001年版，第246页。

般邦法典》分为43章,共有1.9万余条,是人类历史上法条数量最多的法典之一。该法典虽然凝聚了立法者大量的心血,但在历史上并没有留下太多痕迹。

正是由于上述原因,立法者应秉持一种谦抑的态度,尽可能在法典中预留未来发展的空间。历史上伟大的法典往往都是追求简洁的法典。例如,在《法国民法典》制定过程中,波塔利斯主张法典在内容上保持"适度的自我克制",大量的细节问题留给单行法律或判例去解决。"法律的使命是高瞻远瞩地规定法律的一般公理、确定由此导出的具有丰富内涵的原则,而不能降格为去规定每一事项所可能产生的问题的细节。"[①]《法国民法典》就是以其条文的简洁清晰且适度抽象而著称,它的用语具有简洁、平实易懂的特点。这种适度的抽象使该法典能够适应社会新发展的需要。《法国民法典》之所以能历经二百多年而长盛不衰,这也是一个重要的原因。德国法也是如此,拉德布鲁赫在《法学导论》中曾经说,《德国民法典》的成功,不在于它规定了什么,而在于它没有规定的那些内容。虽然有学者批评《德国民法典》抽象性不够,加速了《德国民法典》的衰老,但从整体上来说,其也很好地协调了稳定性与开放性之间的关系。

"小智治事,中智治人,大智立法",法治应当是良法之治。王安石说:"立善法于天下,则天下治;立善法于一国,则一国治。"(《周公》)但并不是所有的法都是良法,都能治好国。从立法技术层面来看,立法要保持简洁。也就是说,立法应当用简洁明晰的语言阐述具体的规则,为人们的行为作出正确的引导。就像孟德斯鸠所说的,法律措辞应

---

① Portalis, *Discours préliminaire du premier projet de Code civil*, Ed. Confluences, 1999, p. 23.

当用最为平实的语言表达最为丰富的法律思想。立法者要秉持一种谦抑的态度，尽可能在法典中预留未来发展的空间。立法行为要具有节制精神，防止立法数量的过分膨胀，立法本身应讲求质量，确保公民能够有效地理解和适用法律。

法律应当简洁，这也是我国社会转型时期的必然要求。在改革时期，立法应当妥当处理与改革的关系。立法求稳，而改革求变，尤其是在改革进入"深水区"和攻坚阶段后，社会利益结构发生了深刻变化，各种社会矛盾纷繁复杂，不断显现。在这样的时代背景下，立法应当为进一步改革提供依据，并推动改革的发展，这就需要立法保持适度的弹性，为未来的社会发展和改革的深化预留空间。对于那些尚无成熟规律和经验可循的问题，立法不能脱离改革进程的实际情况，对于前景不明晰的改革事项，应当保持谦抑态度，不强行作出刚性规定或作出过多限定，从而为将来的改革预留空间。

在当前民法典的编纂中，应实现民法典的简约，妥当地平衡抽象性和具体性之间的关系。民法典的规则不应当过于详细，而应当保持一定的抽象性，给未来的发展预留空间，以更好地适应未来社会的发展与变化。而且我国社会正处于转型期，各种新情况、新问题不断出现，民法典不可能事无巨细地规定一切，否则随着社会的发展，民法典的规则必然需要频繁修改，这也会损害法律的稳定性，影响法典的生命力。一方面，需要借助于总则的规定，对民法典的共性规则作出规定。民法总则是民法规范的生长之源，在民法典其他各编对某个问题没有具体规定的时候，必须通过民法总则中的基本原则、制度加以弥补，从而生发出填补法律漏洞与法律空白的新制度。民法典总则编的内容由于其高度抽象与概括，因此具有很强的包容性和开放性。另一方面，应当妥善处理列举规定和一般条款之间的关系。《德国民法典》的内容之所以能保持基本不变,很重要的"秘诀"在于德国民法典本身采用了大量富有灵活性的概念以及一般条款,使得不同时期的法官能够根据时代的需要,对民法典进行与时俱进的演进性解释,从而有效地适应社会变迁所带来的挑战。[①] 我国民法典也应当有效结合具体列举的方式与设置必要一般条款的方式,通过诚实信用、公序良俗等一般条款在一定限度内赋予法官自由裁量权,这既有助于实现个案正义,也可使民法典适应社会的变迁,不断因应社会发展的需要。

[①] Peter R. Senn, "Why has the German Civil Code Proven so Durable?", in 7 *European Journal of Law and Economics* 65 (1998).

法为人而立

一、如何理解法为人而立？

"法为人而立，非人为法而生。"（Les lois sont faites pour les Hommes et non les Hommes pour les lois.）这是《法国民法典》起草人波塔利斯著名的论断。法国学者将其奉为民法的经典内涵，用来诠释法律的立法本质。其实这句话最早来自古罗马法学家赫尔摩格尼阿努斯（Hermogenianus），其主张，所有的法都应是为人而创制的。对于法学家而言，法律规则本身的重要目的之一就是人的利益。

马克思也对此作了经典的表述，他指出：法典是人民自由的圣经，不是人为法律而存在，而是法律为人而存在。[①]这也体现了马克思对法是人民意志和利益体现的一贯思想。

如何理解法为人而立？如果仅从字面进行解释，"法为人而立，非人为法而生"指的是立法目的的选择问题。具体而言，一方面，法律应该是人民意志和利益的体现，制定法律的目的应该服务于最广大人民群众的根本利益，法律要充分地反映民意，体现民情。波塔利斯指出，最好的法律是最

[①] 参见《马克思恩格斯全集》（第1卷），人民出版社1956年版，第71、281页。

适合于本民族的法律。法典化必须基于"民族的风俗、人情和条件"而进行,以使法典在未来成为"理性的典章"。① 古人说,"三尺律令,人事出其中"(《汉书·薛宣朱博传》),其实也表达了这个意思。另一方面,法律应当以人为中心,以保障人的权利为宗旨和目的。古罗马法学家西塞罗曾言:"人民的福祉是最高的法律。"这句话也概括了法律的根本目的是为了实现人民的福祉。也就是说,人是法律的主体,而非客体。法律最终是要追求人民的福祉和幸福。也就是说人是权利与义务的享有者与承担者,法律应该以人为主体确定相关的法律规范。

古老的《汉谟拉比法典》开篇就记载了汉谟拉比的一段话:"我在这块土地上创立法和公正,在这时光里我赋予人类幸福。"这位国王被称为伟大的巴比伦的统治者,主要是因为他创制了法律,但这部法律是否真正给人们带来了福祉,历史学家存在不同看法。其实,这部奴隶制社会的法律不可能真正给普罗大众带来幸福。古罗马人最早发明了"人民"(populus)的概念,罗马人把国家称为 Populus romanus,意思是"罗马人民共同体",西塞罗在《论国家》(Derepublica)中道出了古罗马的"共和国"的实质,他说,"respublica"是人民的财产,国家是人民利益的代表。但在古罗马时代,它一般指共和国的"人民、国民"(贵族阶级)。但在私法上,使用的是"persona"(人)的概念,以此来描述法律上的主体,在法律上也极少采用"人民"的概念。但罗马法所说的"人民"其实主要是指奴隶主阶级,而并不包括奴隶。直到法国大革命之后,才开始重提"人民"(peuple)的概念。但这个概念主要是公法上的概念,一般在公法和政治学上使用,西方法律一般提为"人"服务,而不提为"人民"服务,因为"人民"是一个政治概念,所以,

---

① Bruno Oppetit, *Essai sur la codification*, PUF, 1998, p.62.

私法极少使用"人民"一词。

在我国，法律是最广大人民群众利益和意愿的反映，全心全意为人民服务是我们党的根本宗旨，也是社会主义宪法和法律的最高价值，是社会主义法治的目的。因此，在法律的制定中，各种利益诉求的争执与博弈必定存在，立法者对此应有序引导，按照一定的程序真正把最广大人民群众的意志和意愿反映在立法中。法为人而立，就是要将最广大人民群众的根本利益作为立法的根本目标，法律不应当是实现其他目的的手段，也不是部门利益、地方利益和集团利益的体现。

二、 法为什么要为人而立？

法为人而立，才能真正体现法的本质。良法在内容上应当反映最广大人民群众的意志和利益，应当符合公平正义要求。良法在规则设计上除了应当反映社会发展规律外，还应当以维护个人的基本权利为宗旨和目的。这就要求在立法过程中要坚持以民为本、立法为民，努力反映社会发展的客观规律，最大程度地反映人民群众的意志和利益。民之所欲，法之所系。法为人而立要求立法反映人民意志、保障人民权利，这样才能真正得到人民拥护，取得良好的实施效果。

法为人而立，才能真正引导人们行为，发挥法的规范作用。拉丁谚语说："世界上最伟大的是人。"而人是群居动物，必然要形成各种关系，在社会生活中，个人不是孤立的人，而是社会的人，"人非遗世而孤立，而是具有社会性，共营社会及经济生活。"[①] 人与人之间必然发生各种社会关系。各类主体为了满足自身的需要，必须从事社会交往，

---

① 王泽鉴：《民法总则》，北京大学出版社2009年版，第30页。

相互之间要发生各种社会关系,同时为了使社会关系形成安定、和平、有序的状态,人与人之间形成正常的交往关系,需要由法律对各种社会关系进行规范。人在社会中都有选择自己行为的自由,究竟是择善而行,还是择恶而行,完全依赖于人的意志选择,但在每个人面前都有多种选择时,法律就应当引导人们如何作出选择。立法首先应当准确把握人的行为规律,并在此基础上对人的行为进行很好的规范,才能实现良好的实施效果。

法为人而立,才能使法律符合社情民意,使法律得到普遍的遵守。从立法技术上来看,"法为人而立",要求立法者尽量洞察人情世故,体察民情民意。《慎子》有言:"法者,非从天下,非从地出,发乎人间,合乎人心而已。"德国法学家萨维尼在《论立法与法学的当代使命》一文中说:"法律并无什么可得自我圆融自洽的存在,相反,其本质乃为人类生活本身。"[①]萨维尼的看法无疑是正确的:立法可以发现并记载这一切,但却决然不可能凭空制造出这一切。《法国民法典》之所以在200多年来经久不衰,是因为习惯法几乎占据了法典的半壁江山,可见,法律必须与社情民意相吻合,而不能削足适履,置社会现实需求于不顾,简单地为了迎合某种理论立法并要求人们遵守法律。法治建设只有植根于民族的历史土壤之中,才能够茁壮成长,焕发出青春和活力。简单移植外国的法律,看起来是奇花异草,但其可能是无根之物,像浮萍一样漂泊不定,最终也难以取得良好的实施效果。

法为人而立,才能真正体现法尊重人、保护人的目的,符合时代精神。21世纪的时代精神是什么?21世纪是走向权利的世纪,是弘扬人

---

① 〔德〕弗里德里希·卡尔·冯·萨维尼:《论立法与法学的当代使命》,许章润译,中国法制出版社2001年版,中译本序言第6页。

格尊严和价值的世纪,在我国人民群众的基本温饱问题已经解决之后,人民群众对人格尊严保护的需求日益强烈,这就要求法律顺应这种现实需要,不断强化对个人权利的保护,以真正体现法为人而立的精神。立法要切实保障公民人身权、财产权、基本政治权利等各项权利不受侵犯,保障公民经济、文化、社会等各方面权利得到落实,实现公民权利保障的法治化。

三、如何实现法为人而立?

法为人而立,主要是解决法如何增进与保护人民的福祉的。从法的内容来看,"法为人而立"需要解决以下几个方面的问题:

一是人的权利保护与权利限制问题。保护人作为主体的人格权与财产权是民法孜孜不倦的追求。随着社会化大生产的出现,传统的民法保护理念与方式发生了重大变化,这突出表现为法对于弱者的关爱。"法为人而立"还包含另外一层含义,即法律应当反映人的人性,体现对个人的人文关怀。所谓人文关怀,是指对人的自由和尊严的充分保障以及对社会弱势群体的特殊关爱。人文关怀强调对人的保护,应将其视为民法的价值基础。强调对弱势群体的保护,因为没有对弱者的保护就无法从根本上实现实质正义。公平正义、仁爱诚信,以及安全、自由、平等、人权、民主与宽容等都属于"法的价值"论域。但现代民法不仅仅需要保护权利,也需要对人的主体权利进行适度限制。这些表现为对人格权的扩张的限制,如公众人物人格权的限制、基于公共利益需要国家可以征收个人的财产权,等等。因此,近代民法中,权利保护与权利限制成为人作为主体所必须面对的话题。

二是维护个人的尊严。法律的现代化很大程度上是指法律是否以人为中心,真正体现对人格尊严的维护和尊重。黑格尔认为,"成为一个人并尊敬他人为人,是法的绝对命令"。① 在人类社会进入 21 世纪后,尊重人、保护人、维护人的尊严,已经成为时代的潮流,尤其是随着互联网和高科技的发明,对人的隐私、个人信息的保护提出了严峻的挑战,在此背景下,充分维护个人的人格尊严,显得更为必要。在我国,改革开放以来,尤其是自人权保障入宪以来,人权保障事业取得了重大成就。在人权保障中,我国历来重视生存权的维护,这也是十分必要的,但随着我国人民群众物质生活水平的提高,基本温饱问题已经解决,贫困人口数量大幅度减少。在人们基本温饱问题解决之后,应当把对人的尊严的保护提高到更高的水平。尊严是人之为人的基本权利,每一个人不仅要物质生活幸福,还要活得有尊严,这也是人民群众所向往的美好生活,理应成为法律重点实现的目标。现代民法就是要充分体现人本主义精神和人的充分发展。民法的价值理性就体现在对人的终极关怀上。② 民法本质上是人法,其以实现人的全面发展为根本立法目的,现代民法应当高举人文主义的旗帜,弘扬人文关怀的精神,保护人的平等、尊严、隐私,成为现代社会人的全面发展的最有力保障。

三是维护家庭生活的和谐有序。家庭是社会最基本的细胞,家庭稳定是社会稳定的基础。《法国民法典》起草人波塔利斯认为,家庭是一个"小小的国家":"仅有美好的私德才能保证美好的公德;正是通过家庭这个小小的国家,人们才爱上这个伟大的国家;正是家庭所培养的

---

① 〔德〕黑格尔:《法哲学原理》,范扬、张企泰译,商务印书馆 1961 年版,第 46 页。

② 参见肖厚国:《民法法典化的价值、模式与学理》,载《现代法学》2001 年第 2 期。

良家父、好丈夫和好儿子,我们才得以造就好公民。"① 《法国民法典》之所以把"人法"作为三编之一,其中重要的原因之一,就是实现家庭的和谐、有序。其实这一思想在传统儒家学说中早已提出,并成为中国几千年治国理政的重要经验。儒家文化中主张修身齐家治国平天下,家国一体,传统家庭追求"父严母慈子孝"。孔子曰:"夫孝,天之经也,地之义也,人之行也。"(《孝经》) 儒学倡导"齐家而后治国平天下。"其实就是把家庭作为社会的细胞,治理家庭和治理国家、社会紧密相关。因此,现代民法应当充分重视维护家庭关系的和谐、有序。

四是促进人与自然、社会可持续发展。如今,全球变暖、酸雨、水资源危机、海洋污染、生物多样性减少等已经对人类的生存构成了直接的威胁,并引起了全世界的广泛关注。如何有效率地利用资源,并防止生态环境的破坏,已经成为现代法律需要解决的一个重要课题。由于资源的有限性和多用性,使得资源不可能无限制地供应,并与人类的不断增长的需求和市场的发展形成尖锐的冲突和矛盾,因此,现代社会立法应该关注资源保护,解决资源的利用与人类的可持续发展所存在的问题。

"法为人而立",还要求立法应当通俗易懂,在颁行后能够容易为民众了解。据说,拿破仑制定法律时,由于他并不懂法,所以要求民法典的行文必须要通俗易懂,不能过于晦涩,能够让普通人看得懂,而不能仅能让专业人士看懂。法律得以为一般民众所理解,重点是要解决整体文化素养与民众对法律的理解水平。正如孟德斯鸠所说,"法律不能让

---

① Portalis, *Discours préliminaire du premier projet de Code civil*, Ed. Confluences, 1999, p. 43.

人难以捉摸,而应当能为普通人所理解,法律不是高深的逻辑艺术,而是一位良家父的简单道理"。① 法律是写给广大民众看的,而不是专门写给法学研究者看的。因此,立法的语言应当做到通俗易懂,能够为民众所了解,才能真正实现法为人而立的目的。

---

① 〔法〕孟德斯鸠:《论法的精神》(上卷),许明龙译,商务印书馆2012年版,第693—695页。

人工智能的发展对民法的挑战

2016年3月9日,全球瞩目的围棋"人机大战"在韩国首尔上演,对战双方是人工智能机器人阿尔法狗(AlphaGo)与世界冠军、韩国职业九段选手李世石。经过几天的拼杀,比赛最终的结果是阿尔法狗获胜。对这场比赛,有各种评论,一些专业棋手认为,比赛本身是不公平的,因为李世石会受到体能、情绪波动等各方面因素的影响,而阿尔法狗作为人工智能机器人,并不会受到上述因素的影响,因此,似乎胜之不武。其实,胜负结果并不重要,关键是这场比赛引发了人们普遍的疑问,即智能机器人与人类相比,谁更胜一筹?这一事件也引发了人们对人工智能相关法律问题的思考。

人工智能的发展应当说只有几十年的时间。1956年夏,以麦卡赛、明斯基、罗切斯特和申农等为首的一批年轻科学家在聚会时,就机器模拟智能的相关问题展开讨论,并首次提出了"人工智能"这一术语。之后,人工智能作为一门新兴学科发展迅速,并与基因工程、纳米科学并称为21世纪的三大尖端技术,同时迎来了一场新的技术革命。

人工智能的发展,首先提出了一个重大的法律问题,即智能机器人究竟属于物,还是属于人?人工智能研究的创始人之一的明斯基（Marvin Minsky）指出：人工智能是"让机器从事需要人的智能的工作的科学"。2016年，世界机器人大会在北京召开，一些机器人公司展示出了各种智能机器人，智能机器人能够识别人的面孔、表情、年龄、性别，并且能够表达与人类相似的情绪和面部表情。智能机器人的智力虽然还不能和人类相比，但已具备了独立处理相关信息的能力和智力。有的机器人甚至已经基本达到了人类智慧的水准。这些聪明的人工智能机器人，让人类感到恐惧。尽管大家都知道智能机器人是人制造的，并受人控制，但仍然有不少人怀疑，它是不是物，是不是机器？智能机器人是否会代替人类，超越人类？如果是这样的话，那么，就不应当把智能机器人当作单纯的物。

人工智能的发展涉及侵权责任的承担。现代机器人的发展日新月异，机器人既可以接受人类指挥，又可以运行预先编排的程序，也可以根据以人工智能技术制定的原则纲领行动。机器人致人损害的案例已经发生。例如，2015年7月，德国大众汽车制造厂一名21岁的工人在安装和调制机器人时，被机器人"出手"击中胸部，并被碾压在金属板下。无独有偶，2016年，Google无人驾驶汽车在美国加州山景城测试时，与一辆公交大巴相撞，后法院认定，Google公司在此次事故中负有责任。我国也出现了人工智能机器人伤人的事件，2016年11月，在深圳举办的第十八届中国国际高新技术成果交易会上，一台名为小胖的机器人突然发生故障，在没有指令的前提下自行打砸展台玻璃，砸坏了部分展台，并导致一人受伤。[①] 毫无疑问，机器人是人制造的，其程序也是制造者编写的，所以，在造成损害后，谁研制的机器人，就应当由谁

[①] 参见《联合早报》的相关报道：《深圳高交会出现中国首例机器人伤人事件》，载《联合早报》2016年11月18日。

负责,似乎在法律上没有争议,因为人工智能就是人的手臂的延长,在人工智能造成他人损害时,当然应当适用产品责任的相关规则。其实不然,机器人与人类一样,是用"脑子"来思考的,机器人的脑子就是程序。我们都知道一个产品可以追踪属于哪个厂家,但程序却是不一定的,有可能是由众多的人共同开发的,程序的开发可能无法追踪到某个具体的个人或组织。尤其是,智能机器人也会思考,如果有人故意挑逗,惹怒了它,它有可能会主动攻击人类,此时是否都要由研制者负责,就不好说了。

智能机器人的发展也涉及人格权的问题。一方面,由于智能机器人必须要模仿他人的声音、形体动作,才能够像人一样表达,并与人进行交流。但如果未经他人的许可而模仿他人的声音等人格特征,就有可能构成对他人人格权的侵害。例如,现在很多机器人的体内设置了一些系统,把一些人的声音、表情、肢体动作等植入机器人的程序系统中。这对权利人究竟会产生什么样的危害后果,现在还不好预料,但毫无疑问,它可能会模仿他人的声音、肢体动作,从而造成对这些人人格利益的侵害。随着声控技术的发展,个人的声音、容貌等,都可能受到侵害。尤其是一些智能机器人设计者大规模地收集个人信息,并将其植入程序之中,也会对个人隐私权构成重大威胁。

人工智能的发展也可能引发知识产权的争议。智能机器人要通过一定的程序进行"深度学习"(deep learning)、"深度思维"(deep mind),在这个过程中有可能收集、储存大量的他人已享有著作权的信息,这就有可能构成非法复制他人的作品,从而构成对他人著作权的侵害。如果人工智能机器人利用获取的他人享有著作权的知识和信息创作作品(例如,创作的歌曲中包含他人歌曲的音节、曲调),就有可能构成剽窃。

人工智能实际上就是一种机器模仿人的智力活动的技术。在一些地方计算机帮助人进行原来只属于人类的工作，智能机器人可能把大量的信息复制并储存下来，而按照一些国家的规定，存储信息本身就构成对他人著作权的侵害。

随着人工智能的发展，其所引发的纠纷也将日益复杂。有观点认为，人工智能机器人本质上是一种产品，适用产品质量的相关法律规则已经足以应对相关纠纷。但我认为，人工智能机器人与其他的产品不同，其所引发的纠纷要更为复杂和多样化，需要法律专门予以应对。具体而言，一是要对人工智能机器人的设计进行规范，尤其需要对其所包含的程序进行一种事先的审查，防止其被植入恶意程序。二是要对人工智能机器人的生产和销售行为进行特别规范，以有效控制人工智能可能引发的负面影响。

随着人工智能的发展，法律领域也产生了一门新的学科，即法律信息学，它是研究如何在法律上应对人工智能现象的学科。该领域主要是以人工智能和法律为核心从事法律、社会科学、信息学、智能技术、逻辑和哲学领域等跨学科的研究。有的国家已经开始利用人工智能从事简单的案例分析、资料归类以及表格制作等工作。例如，在2015年5月，英国博闻律师事务所（BLP）向其研发的合同机器人发出指令，并很快得到了一些分析资料。美国有的律师事务所也开始研发所谓的"人工智能律师"（ROSS）系统，它能够自动检索法律文档数据库，找出与人提出的问题相匹配的答案。在识别自然语言提出的问题后，从庞大的法律和案例数据库中进行搜索，找到可能的答案，对所有答案进行评估，最终提供一个解决方案。该系统会根据用户的反馈进行自我学习，算法也会不断地调整优化。有不少人认为，随着人工智能的发展，未来可能出现人工智能法官,就像马克斯·韦伯当年提到的犹如自动售货机一般的理想的司法模式:一端输入案件事实,另一端吐出司法裁判,这也类似于孟德斯鸠所描述的法律的"传声筒"。它的记忆和检索的功能非常强大,能够为司法审判提供相对统一的推理和评价标准,从而辅助法官作出具有一贯性的判决。

美国电影《终结者》已经预言了人工智能机器人超级战士击败人类的结果。霍金认为,人工智能的发明,可能是人类历史上最大的灾难。如果管理不善,会思考的机器人可能会给人类文明画上句号。上述论断现在看来并非危言耸听。因此,如何把人工智能可能对人类造成的损害控制在可提前预测的范围内,是法律工作者应当提前应对的重要课题。

期待一部互联网时代的中国民法典[1]

民法典是"社会生活的百科全书",是市民生活的基本法。我国的民法典必须反映21世纪的时代特征,彰显21世纪的时代精神,从而更好地发挥民法典引领社会生活的作用。

21世纪是互联网时代,随着计算机和互联网技术的发展,人类社会进入一个信息爆炸的时代,也进入了一个知识经济的时代。互联网给人类的交往和信息获取、传播带来了方便,深刻地改变了人类社会的生活方式,甚至改变了生产方式和社会组织方式,"互联网+"也发展成为一种新的产业模式。在这一时代背景下,民法典如何反映互联网时代的特征,充分体现时代精神,显得尤为重要。如果说1804年《法国民法典》是19世纪风车水磨时代民法典的代表,1900年《德国民法典》是20世纪工业社会民法典的代表,那么,我国的民法典则应当成为21世纪互联网时代的民法典代表之作。

那么,民法典如何反映互联网时代的特征?

一是强化对人格权的保护。我们当前处在互联网和大数

---

[1] 原载《光明日报》2016年3月5日。

据时代，高科技发明面临着被误用或滥用的风险，会对个人隐私等人格权带来现实威胁，有美国学者提出了"零隐权"的概念，认为我们在高科技时代已经无处藏身，隐私暴露等人格权受侵害的现象已不可避免。的确如此，正如我们所见到的，随着互联网的发展，各种"人肉搜索"泛滥，非法侵入他人邮箱的现象时有发生。贩卖个人信息，通过各种技术手段盗取他人的信息、邮件，窃听他人的谈话，网上非法披露他人的短信、微信记录等，诸如此类的行为严重侵害了人格权，也污染了网络空间。这就有必要有针对性地加强人格权立法，提升人格权保护水平。

二是预防网络侵权行为的发生和扩散。网络技术在给我们带来极大便利的同时，也给我们的生活带来了一些负面影响，与传统社会的信息传播方式不同，网络信息的传播具有即时性，而且网络的无边界性以及受众的无限性，也使得网络环境对信息的传播具有一种无限放大效应，网络信息一经发布，可以瞬间实现全球范围的传播；在网络环境下，侵害人格权的损害后果具有不可逆性，损害一旦发生，即难以恢复原状。这些都使得网络侵权行为具有易发性、损害后果具有不可逆性。因此，许多国家都采用了禁令、删除、屏蔽、断开链接等各种方式来保护网络侵权的受害人，以防止损害的进一步扩大。借鉴这些经验，我国未来民法典除了从正面确认主体所享有的各项人格权益外，还应当着力预防通过网络侵害他人人格权的行为。

三是有效规范个人信息的利用行为。在互联网时代到来以前，个人信息主要受隐私权保护，其并不具有独立的法律地位，个人信息的利用方式也十分有限。但随着"大数据"时代的到来，个人信息所蕴含的经济价值日益凸显，个人信息的利用方式也日益多样化。我国现行民事立法未能确立个人信息权，导致个人的信息权以及相对人应负有的义务不清晰，实践中非法收集、利用、转让个人信息的现象大量存在，行为人非法利用他人个人信息的方式也日益多样化。在云计算技术已经成熟、普及的情况下，如何防止个人信息的泄漏和被非法利用，成为亟须解决的现实问题。尤其是在大数据交易市场已经形成的情形下，如果不能及时确认个人的信息权利，可能严重威胁个人的隐私权等人格权益。但与其他人格权益不同，在"大数据"时代，个人信息中包含巨大的经济价值，我国未来民法典在确认和保护个人信息权的同时，应当妥当平衡个人信息利用与人格权保护之间的关系。

四是规范网络交易行为。"互联网＋"时代的到来，深刻地影响了人们的生活方式和交易方式，据统计，2015年中国网络购物市场规模达3.8万亿。在网络环境下，要约、承诺的方式发生了重大变化，有关合同成立的传统规则也应作出相应的改变。尤其是一些新的交易主体不断出现，如网络交易平台、支付平台等，在发生产品瑕疵等纠纷后，如何界定此类主体的责任，也成为新的课题。同时，与传统的面对面的交易方式不同，网络交易中存在信息不对称的问题，消费者在交易时面对的往往是经营者所提供的海量信息，其往往难以作出准确的判断。如何在网络交易中对消费者进行倾斜保护，也是合同法面临的新问题。因此，我国未来民法典应当关注网络环境对人们交易方式产生的影响，强化对网络交易消费者的保护。

五是丰富权利公示方法。互联网也为权利公示方法提供了新的选择，互联网具有便捷性和无边界性，借助互联网，不仅使建立统一的登记和查询制度成为可能，而且使权利的公示方式较之传统的公示方法更为便捷、有效、完整，查询更为方便。这也扩大了可以进行公示的权利的范围。例如，通过互联网实行证券登记，使得股票、债券等可以实现无纸化，彻底改变了传统上以有纸化为基础的有价证券的概念，有必要重构有价证券的相关规则。同时，借助于互联网登记，各种新型的担保也成为可能。例如，动产能否抵押，一直是学界争议的焦点，但借助互联网技术，动产抵押登记也成为现实。尤其是借助互联网技术进行登记，极大地降低了登记的查询成本，这也会对查询的条件和范围等产生影响。为此，也需要民法典对相关制度进行调整。

互联网是20世纪的伟大发明，也是21世纪重要的时代特征。我们已经身处一个网络时代，互联网的高效便捷给我们的民法典编纂提供了巨大的历史机遇，但也带来了一些挑战，作为市民社会的百科全书和市场经济基本法的民法典，应当充分体现互联网时代的时代特征，有效引领时代发展。

亟待编纂一部21世纪的民法典①

党的十八届四中全会决定提出"编纂民法典"的历史任务,这是完善中国特色社会主义法律体系的重要步骤,对于全面推进依法治国战略进程具有里程碑式的意义。

民法典被誉为"社会生活的百科全书",是市场经济的基本法,是保护公民权利的宣言书,也是解决民商事纠纷的基本依据。编纂民法典有助于解决我国民事立法中存在的相互矛盾、不协调、缺乏体系等问题,保障创新、协调、绿色、开放、共享的"五大发展理念"的落实,推进中国特色社会主义法治体系不断完善和国家治理体系、治理能力现代化,为全面深化改革、全面依法治国、实现"两个一百年"奋斗目标和中华民族伟大复兴的中国梦奠定坚实的制度基础。

一、 制定民法典的条件时机已经成熟

我国曾于1954年、1962年两次启动民法典的制定,但受当时历史条件的制约,均未能完成。1978年,我国开始改革开放,民主法制建设得到重视和加强,民法典的制定再

---

① 原载《人民论坛》2016年第16期。

次被提上日程。立法机关曾分别于1979年和1982年制定了两个民法草案，但由于当时的社会经济发展水平有限，改革开放还在"摸着石头过河"，这两部草案最终都未获通过。鉴于一次性制定民法典的条件尚不成熟，立法机关决定"从批发改为零售"，即根据轻重缓急，逐步制定民事单行法，并先后颁行了《民法通则》《合同法》等法律。在此基础上，2002年，民法典的制定再次被提上议事日程。同年12月，全国人大常委会法工委首次将民法典草案提交全国人大常委会审议，但鉴于民法典内容复杂、体系庞大、学术观点分歧较多，全国人大常委会决定先制定《物权法》《侵权责任法》等法律，待条件成熟后再以此为基础制定完整的民法典。时至今日，我国社会主义市场经济制度已经确立并不断完善，社会主义法律体系也已经形成，司法实践已为民法典制定积累了丰富的经验，民法学研究成果丰硕，立法技术不断进步，制定民法典的条件和时机已经成熟。

党的十八届四中全会提出了全面依法治国战略，为民法典的制定奠定了坚实的基础。四中全会系统总结了依法治国的经验，研究了全面推进依法治国若干重大问题，对依法治国进行了总体部署和全面规划，提出了建设社会主义法治体系和法治国家的总目标。"法律是治国之重器，良法是善治之前提。"为实现这一目标，应建立完备的法律规范体系。而要形成完备的法律规范体系，就必须制定一部外在规则体系一致、内在价值统一、逻辑严谨、内容全面的民法典，有效调整社会生活，统辖各个民商事法律，形成在自愿、平等、公平、诚实信用等价值指导下的、面向21世纪的科学的民法典。

党的十八届五中全会提出的创新、协调、绿色、开放、共享"五大发展理念"，为民法典的制定指明了方向。"五大发展理念"是"十三五"乃至今后更长时期我国发展思路、发展方向、发展着力点的集中体现，也是改革开放三十多年来我国发展经验的集中体现。编纂民法典将有力贯彻落实上述理念。具体而言，创新就是要通过民法典充分保障民事主体的产权和在创新中取得的知识产权等成果，激发市场主体的活力；协调就是要通过民法典理顺人与人之间的关系，促进经济社会协调发展，实现物质文明和精神文明的有效协调；绿色就是要结合保护生态环境的具体需要，重新审视民法典中财产权的客体、权能、属性、用益物权、相邻关系以及征收等制度，实现物尽其用，在保护民事主体财产权利的同时，为不动产权利人设置必要的环境维护、生态保护等义务；开放就是要顺应我国经济深度融入世界经济的趋势，更好地采用国际通行规则，以民法典调整交易关系和其他财产关系，维护交易安全和秩序；共享就是要坚持民法典的平等保护原则，充分保护全体社会成员的人身和财产权益，实现发展为了人民、发展依靠人民、发展成果由人民共享的目标。

二、 制定民法典的现实需求十分迫切

有无民法典是判断市场经济法律是否健全的重要标志。在市场经济条件下，民法的自愿、平等、公平及诚实信用等原则，以及民法的物权、债权等各项基本制度，都是规范市场经济最基本的法律准则，是市场经济有序运行、健康发展的重要保障。

虽然我国已经颁行了《民法通则》《合同法》《物权法》《侵权责任法》等重要的民事法律，中国特色社会主义法律体系也已经形成，基本涵盖了社会经济生活的主要方面，但由于没有民法典，我国民事立法始终缺乏体系性和科学性，不利于充分发挥民法在调整社会生活、保障司

法公正等方面的功能。

从立法层面看，法典化就是体系化。由于缺乏民法典，各个民事单行法之间存在一定的冲突和不协调现象。例如，《民法通则》和《合同法》关于欺诈、胁迫属于导致合同无效还是可撤销的事由等规定存在一定的冲突；《物权法》和《担保法》相互之间关于物的担保的规定也极不一致；等等。法官面对相关的纠纷，常常会遇到适用法律的困难。尤其需要指出的是，司法解释中的许多规定与我国现行立法规定也并不一致。例如，《买卖合同司法解释》关于无权处分合同的效力与《合同法》第51条的规定明显不一致，实践中经常发生一方引用《合同法》而另一方引用司法解释规定的现象，这使法官在适用法律时无所适从。而只有编纂民法典，才能致力于消除这些不协调现象，增进我国民商事立法的体系性。

从司法层面看，分散立法难以为民事活动的当事人和法官提供基本的法律规则和法律依据。迄今为止，我国已经颁布了244部法律，其中一半以上是民商事法律。但并非所有法律都应该成为裁判民商事案件的依据。在有民法典的国家，法官应该主要依据民法典来处理案件和解决纠纷。而在没有民法典的情况下，法官的找法要么无所适从，要么十分随意。更何况，我国出台了许多新的民事法律，都要对之前许多的单行法规则进行修改。据统计，仅《侵权责任法》就修改了十多部单行法有关侵权的规定，但因为新出台的法律中并没有明确指明其修改了哪些法律规定，这就给法官准确适用法律带来了很大的困难。实践中出现的"同案不同判、同法不同解"现象，许多都是由法官选择法条和裁判依据不同引发的。法典化的一个重要优势在于"资讯集中"，如果有了一部民法典，就可以把法律的修改、补充的情况都一览无余地展现出来，从而保障裁判的统一性。

从执法层面看,缺乏整合的民事单行立法造成了许多法律空白,这不利于规范行政权力。在我国,由于没有民法典,许多重要民事关系的调整规则不能通过民事法律的方式表现出来,从而留下了法律调整的空白。这些法律空白一般是通过国务院各部委的规章及地方政府颁布的地方性规章予以填补的,而一些规章难免导致限制公民私权,或者变相扩张行政权的现象。例如,仅房屋租售一项,就有房屋登记、期房买卖、登记备案、房屋租赁条例等行政法规。而制定民法典则有利于规范行政权力:一方面,民法典作为基本的民事法律制度,一旦确立了公民的基本民事权利,就同时限定了行政权力的边界;另一方面,民法典的制定,为权力清单的制定确立了法律基础,有利于规范行政权力的行使。制定民法典,有助于制度的科学化,为良法善治奠定基础。

三、 制定民法典的政治意义格外重大

民法典是法治现代化的标志,也是法律文化高度发达的体现。众所周知,世界上主要分为两大法系:大陆法系和英美法系。大陆法系又称为民法法系,以颁行民法典为其重要标志。更何况,不少国家和地区都把民法典奉为人民权利的宣言和民族精神的缩影。法国、德国、日本等大陆法系国家都以其民法典作为其法治成就的重要里程碑。其中,《法国民法典》(即"拿破仑法典")颁行两百多年来,至今影响深远。拿破仑曾经说:"我真正的光荣并非打了40次胜仗:滑铁卢之战抹去了关于这一切的记忆。但是,有一样东西是不会被人忘却的,它将永垂不朽——那就是我的民法典。"

制定一部系统完整的民法典,有助于向世人展示我们依法治国的新

形象和我国法制文明的新高度。1986年的《民法通则》在反思"文革"惨痛教训的基础上,第一次在法律上明确宣告每个人依法享有人格权,包括生命健康权、名誉权、肖像权、姓名权等权利,并第一次赋予权利人在受害之后的精神损害赔偿请求权。为此,该法在国内外被称为"民事权利的宣言书""个人人权的护身符"。在这一背景下,《民法通则》本身就成为中国人权保障进步的重大标志,也从立法技术层面标志着我国法治进入了一个新阶段。在全面依法治国的新时期,吸收我国立法、司法和理论研究的成果,总结法治建设经验,制定一部面向21世纪的民法典,使我们的民法典屹立于世界民法之林,向世人展示我国法治建设的重大成就,这本身就具有重要的政治意义。

民法典的制定是反映改革成果、推进并引领改革进程的重要举措。迄今为止的民法典大多是在民族复兴、社会转型或国家崛起的关键阶段被制定出来的,无论是《法国民法典》《德国民法典》,还是《日本民法典》,概莫能外。从历史经验上看,民法典可以有效反映社会变革,及时确认社会变革的成果,有效引领社会的发展。习近平同志多次强调,凡属重大改革都要于法有据,在整个改革过程中,都要发挥立法的引领、推动和规范作用。民法典是对特定领域社会矛盾进行协调的基本法。在改革进入"深水区"和攻坚阶段后,利益结构发生了深刻变化,其中有不少社会矛盾背后的利益冲突是个人之间的利益冲突,或者是个人利益诉求与公共利益维护之间的不协调,在所有的部门法中,民法是对这两种利益类型和社会矛盾进行协调最有效的法律工具。例如,负面清单管理模式就是民法典私法自治原则的集中体现,需要借助民法典划定负面清单的具体内容,清单以外的区域允许民事主体自由进入。民法典的编纂,将进一步凝聚改革的共识,确认改革的成果,为进一步改革提供依据，从而推动改革进程，引领改革发展，实现国家治理体系和治理能力的现代化。

四、 制定民法典的路径基本清晰

明者因时而变，知者随世而制。目前，我国已经制定了《合同法》《物权法》与《侵权责任法》等基本民事法律，民法典的基本内容已经确立，关键是要依据科学的民法典体系对既有的民事立法内容进行体系化整合，并最终形成民法典。按照此种体系来整合我国现行法律，建议民法典的编纂重点从两方面推进：

一是加快民法总则的制定步伐，在民法典中，民法总则就是统领整个民法典并且普遍适用于民商法各个部分的基本规则，它统领整个民商立法，因而构成民法典中最基础、最通用，同时也是最抽象的部分。总则是民法典的总纲，纲举目张，整个民商事立法都应当在总则的统辖下具体展开。现行《民法通则》虽然不是一部法典，但其核心内容是关于民法总则的规定，我国民法典的编纂不宜彻底抛弃《民法通则》，而应当在总结《民法通则》立法经验的基础上，制定一部完整的民法总则。制定民法总则，应重点规定民事权利体系、法人制度、合伙制度、法律行为制度、代理制度、民事责任制度和时效制度等。

二是逐步推进民法典分则的制定和整合。民法典分则内容复杂，涉及面很广，需要全面规划，稳步推进。在我国已制定《合同法》《物权法》《侵权责任法》《婚姻法》以及《继承法》等民事法律的情况下，应将它们统一纳入民法典并规定为分则的各编。为此，应科学设计民法典体系，以法律关系的内容为中心，整合已制定的现行民事单行法，并按照法典体系的要求，对其进行必要的修改、补充和完善。

目前，民法典分则中最欠缺的部分就是人格权法。《民法通则》第一次以专节的形式集中规定了人格权，并将其与其他民事权利并列，是对传统民法"重物轻人"观念的一次矫正。2002年民法典草案将人格权独立成编规定，是民法典体系的重大创新。我国未来民法典应该延续这一做法，使人格权法独立成编，除了进一步规范并完善《民法通则》所确认的生命健康权、名誉权、肖像权、婚姻自主权、姓名权和名称权等人格权之外，还应当重点规定隐私权、个人信息权等人格权，并关注人格权在互联网环境下的保护规则。这不仅符合现代民法的发展趋势，而且有利于保障民事主体的人格权益、强化对公民的人权保护、完善民法的固有体系、弘扬民法的人文关怀精神。

步入21世纪的中国正处在一个重要的历史阶段。我们有条件，有能力，也有信心制定一部立足中国实际、展现时代特色的科学的民法典。

21 世纪法律遇到的最严峻挑战是什么?[①]

我们要制定的民法典是 21 世纪的民法典,必须要回应 21 世纪的时代需要,彰显 21 世纪的时代特征。如果说 1804 年的《法国民法典》是 19 世纪风车水磨时代民法典的代表,1900 年的《德国民法典》是工业化社会民法典的代表,今天在我们要制定的民法典应当成为 21 世纪互联网、高科技时代的民法典的代表,这样我们就必须要充分反映时代精神和时代特征,真正体现法典与时俱进的品格。下面结合《民法总则(草案)》,从两个方面谈此问题。

一、 民法总则要彰显时代精神

21 世纪的时代精神是什么?21 世纪是走向权利的世纪,是弘扬人格尊严和价值的世纪,所以 21 世纪的时代精神应该是对人的尊严和自由的保护,孟德斯鸠曾经有一句名言:"在民法慈母般的眼里,每个个人就是整个的国家"。民法就是人法,在 21 世纪民法作为人法的特征,一定要体现在对个人的人格尊严的尊重,对人的关爱,这应当是民法的时代精神的重要体现。

[①] 本文为笔者在 2016 年 8 月 24 日举办的第十一届法学家论坛上的演讲。

民法的终极价值是对人的关爱,最高目标是服务于人格的尊严和人的发展。今天在我们广大人民群众基本温饱解决之后,对于人的尊严保护应当提到一个更高的位置,我们的民法同样也应当把对人的尊严、自由的保障提到更高的位置。

《民法总则(草案)》在很多方面也体现了这样一个特征,例如,《草案》在关于民事权利的规定中增加了关于人格尊严保护这样的条款,在自然人的规定里面也有很多条文都体现了对人文关怀的价值理念,而且在民事权利一章中专门宣示了对弱势群体的特殊保护,等等。我觉得这些条款都充分彰显了时代精神,体现了时代气息。但在彰显时代精神方面,《草案》还需要进一步加强。比如说关于人格尊严维护的规则,把它仅仅放在民事权利里面规定,从立法者意图来看,是作为人格权保护的兜底条款加以规定的,我觉得这个规定是必要的,但还是不够。

我个人建议,是不是可以考虑,把它作为一项民法的原则加以规定。为什么这么考虑?因为对人格尊严的保护不仅仅只是体现在人格权利的领域,它还广泛地适用于有关物权、合同等领域,比如在合同法领域中,现在已经有大量的案例出现了,一旦合同有损个人的人格尊严,这个合同可能因为损害人格尊严、有违公序良俗而被宣告无效,比如有关代孕的案件,最后法院都是以其贬损了个人的人格尊严而宣告该合同无效,此种宣告无效的依据,其实就是来源于对人格尊严保护的原则,当它和契约自由发生冲突的时候,应当优先于私法自治而适用。

所以,对人格尊严的保护仅仅放在人格权里面位阶过低了,现代社会是一个高科技互联网的时代,关于代孕、器官移植、克隆等技术的发展,对于人格主体性的地位带来越来越多的挑战,对人的尊严的保护也更应该加强。在实践中已经出现了像无锡的冷冻胚胎案等，这些案件也提出了这样的问题，即如何体现对尊严的保护。民法中的重要的原则是私法自治，这也是民法之所以被称为私法的重要原因，现在，民法在私法自治之外还有更重要的价值理念，这就是人文关怀，核心就是对人尊严的保护。如果说私法自治保障个人对其私人生活、民事交往的自我支配、自我安排、自我决定，充分调动个人的积极性、主动性，促进社会经济发展，那么，人文关怀就要使个人享受一种有尊严的生活，来实现对个人的全面保护，维护每一个人的尊严，每个人有尊严，我们民族就更加有尊严。这两项原则，我个人认为是相辅相成的，都共同服务于对人的保护，所以它们是缺一不可的。从这个意义上讲，把人格尊严放在原则这个位置，更能体现21世纪的时代精神。

在分则里面我们也应该强化对人的尊严的保护，特别是要强化对有关隐私、个人信息、个人的生命健康、名誉、肖像等这些人格权的保护。21世纪是一个互联网的时代，其实互联网对我们最大的挑战是人格权的保护。大家可以看到，网络上的侵权主要是对人格权和知识产权的侵害。21世纪是一个高科技的时代，美国一个著名的学者把21世纪所有的这些高科技的发明全部罗列起来，认为所有的高科技都给人类带来了巨大的福祉，但是它们都可能有一个共同的副作用，那就是对个人隐私的威胁。

21世纪法律遇到最严峻的挑战是如何强化对个人隐私的保护。我们怎样去全面地保护个人的权利、维护个人的尊严？民法典要适应21世纪时代的特征，强化对个人隐私等个人人格权的保护，这才能真正彰显时代精神和时代特征。

二、民法总则应进一步强化私权的保护

民法的人文关怀也要求强化对私权的保护,保护个人权利最终也是为了个人的全面发展。关于民事权利体系的构建,民法总则草案系统全面地构建了各项民事权利,建立了较为完整的民事权利体系,整个草案对权利的保护不仅规定得比较全面,而且也保持了开放性,在多个条款里面它都对权利的规定留下了必要的空间,这些规则的设定还是非常合理的。但还是有一些地方需要进一步的完善。

一是关于民事权利列举的规定还不是很充分。该草案没有规定个人信息权,这确实是疏漏。刚才谈到了21世纪是大数据时代,是信息社会,个人信息权已经成了最基本的民事权利,我们不管将来立法是不是要专门就个人信息权作特别的规定,在民法典草案中都必须把个人信息作为基本的民事权利规定下来,这样才能为将来有关信息的特别规定确定一个基本法律依据。

二是草案关于民事权利行使的规则规定得不充分。现在我们虽然规定了民事权利、民事责任,但是缺乏关于民事权利行使的具体规则,我觉得这使得权利和责任中间好像缺了一大块,缺了很重要的一部分,这就是权利行使的规则,它是在设立了权利之后,应当规定权利行使规则,这一块是不可缺少的。

三是我们只是重视了对权利的保护,但是缺乏对利益的保护规则。民法上的很多利益并不是权利,但是仍然需要得到保护,比如死者人格利益,这不是权利,而是应受法律保护的利益。民法上权利和利益往往没有绝对的界限,是可以相互转化的,仅仅只是保护权利而不保护利益,这是不完整的,也是不够的,所以在这一点上草案还需要进一步

完善。

　　总之，我认为，民法的最高目标就是服务于人格的尊严和人格的发展，我们的民法典要屹立于世界民法之林，就有必要强化对人的尊严和个人权利的保护，彰显时代特色，这样才能使它真正成为21世纪的民法典的杰出代表。

制定民法总则　完善法律体系[①]

"法与时转则治"。虽然我国社会主义法律体系已经形成，基本涵盖了社会经济生活的主要方面，但我国社会主义法律体系需要与时俱进，不断完善，而民法总则的制定正是完善法律体系的重要步骤。

民法总则的制定重新开启了我国民法典的编纂进程。新中国成立以来，我国曾于1954年、1962年、1979年和1998年四次启动民法典的起草工作，但受当时的历史条件所限，民法典的制定始终未能完成。党的十八届四中全会决定提出"编纂民法典"，为我国民法典的制定提供了新的历史契机。目前，立法机关正在审议《中华人民共和国民法总则（草案）》（以下简称《民法总则（草案）》），揭开了新一轮民法典编纂的序幕，具有重要的历史意义。在民法典中，民法总则就是统领整个民法典并且普遍适用于民商法各个部分的基本规则，它统领整个民商立法，因而构成民法典中最基础、最通用，同时也是最抽象的部分。总则是民法典的总纲，纲举目张，整个民商事立法都应当在总则的统辖下具体展开。民法典分则内容复杂，涉及面很广，需要全面规划，

[①] 原载《中国人大杂志》2016年第14期。

稳步推进。在我国已制定《合同法》《物权法》《侵权责任法》《婚姻法》以及《继承法》等民事法律的情况下，《民法总则（草案）》规定了人格权、债权、物权等民事权利以及民事责任制度，从而确立了民法典的分则体系。所以，民法总则的制定，基本确立了民法典的体系安排，对于妥当协调民法总则与民法典分则的关系具有重要意义。

民法总则的制定将极大地推进民事立法的系统化过程。法典化就是体系化，民法总则的制定将使整个民事立法体系更加和谐，更富有内在的一致性。

长期以来，由于没有民法典，我国民事立法始终缺乏体系性和科学性，这不利于充分发挥民法在调整社会生活、保障司法公正等方面的功能。例如，《民法通则》与合同法在合同效力的规定上，就存在明显的冲突。再如，诚实信用原则在《民法通则》中被确认为一项基本原则，但在物权法等法律中则未被确认为基本原则。这就表明，各个民事立法所认可的内在价值和原则并不具有一致性。而民法总则的制定规定了普遍适用于各个民事立法的基本价值和原则，确立了各民事立法所普遍遵循的规则，消除了各个法律相互之间的冲突和矛盾。这就使民事立法体系更加和谐一致。

民法总则的制定确立了民法典的基本制度框架。民法是权利法，民法典的体系构建应当以民事权利为中心展开，这种做法最初起源于自然法学派，而潘德克顿学派的代表人物，如沃尔夫等人，进一步发展了这种理念。一些大陆法系民法典，如《德国民法典》《日本民法典》等，实际上是以权利为中心构建的。我国民法典的制定应当积极借鉴国外民法典的编纂经验，即将民事权利作为民法典体系构建的中心。民法总则关于民事权利体系的规定是民法典分则体系构建的基础，民法总则应当重点就主体、客体、法律行为及民事责任的一般规则作出规定，而分则体系则应当以权利和具体的责任制度为中心展开。民法总则将系统全面地确认和保护各项民事权利，构建民事权利体系，注重保障人的人格尊严，弘扬私法自治，强化私权保障理念。这不仅奠定了民法典分则制度设计的基本格局，而且也为整个民事立法的发展确定了制度基础。

民法总则的制定连接了民法和商法之间的关系。我国历来采民商合一的立法体例，此种做法符合我国的现实需要，也顺应了世界民事立法的发展趋势。可以看出，民法总则的制定会继续依照民商合一的传统，将为各项商事特别法提供基本的法律依据，构建一个民商统一的和谐一致的私法秩序。这也有利于明确民法总则与商事特别法之间一般法与特别法的关系。例如，关于公司的相关纠纷，如果公司法有特别规定，则应当适用该特别规定；如果在公司法中找不到相关的规则，则可以适用民法总则的一般规定。民法总则的制定本身是民商事法律体系化的根本标志，在民法总则的统辖下，所有的民商事法律规则形成了统一的体系。这有利于规范市场秩序、维护交易安全，促进市场经济的健康发展。

"法律是治国之重器，良法是善治之前提。"民法总则的制定，有利于进一步提升我国民事立法的体系性和科学性，从而进一步完善我国社会主义法律体系。

民法总则的制定应体现民商合一体制[①]

在党的十八届四中全会提出"编纂民法典"之后，我国已启动了民法总则的起草，将之作为"编纂民法典"的第一步。民法总则的制定首先涉及民法和商法的关系，即是制定一部调整所有民商事关系的民法总则，还是在民法总则之外单独制定一部商法总则。笔者认为，民法总则的内容和体系仍然应当按照民商合一的体制构建。

改革开放以来，虽然学理上对民商事立法应采民商合一还是民商分立体例，一直存在争议，但在立法体例上，我国采纳了民商合一体例，即以民法统一调整平等主体之间的人身关系和财产关系，商事法律在性质上属于民事特别法，在商事法律没有就相关问题作出特别规定时，相关的纠纷仍应适用民法总则的一般规则。

在民商合一体例下制定民法总则应注意以下几个问题。

第一，民法总则是私法的基本法，应当普遍适用于所有平等主体之间的关系。即使在采纳民商分立的国家，学者也大多认为民法是普通私法，商法是特别私法，民法是私法的核心。民法与商法都是规范、调整市场经济交易活动的法律

---

① 原载《法制日报》2015年5月27日。

规则，在性质和特点等方面并无根本差异，两者实际上还都具有共同的调整手段和价值取向，都以调整市场经济作为其根本使命。但民法总则应当是所有民商事法律关系的一般性规则，可以说是私法的基本法，民法总则的这一固有属性和地位决定其可以适用于商事主体之间的关系。

第二，民法总则可以有效地指导商事特别法。民商合一体例并不追求法典意义上的合一，其核心在于强调民法总则统一适用于所有民商事关系，统辖商事特别法。一方面，通过民法总则的指导，使各商事特别法与民法典共同构成统一的民商法体系。民法总则是对民法典各组成部分及对商法规范的高度抽象，诸如权利能力、行为能力、意思自治原则、诚实信用原则、公平原则和等价有偿原则等，均应无一例外地适用于商事活动。另一方面，通过民法总则统一调整民商事活动，不需要制定独立的商法总则。民法总则是更为抽象和一般的规定，为其在商法领域内的适用留下了空间，在商事特别法存在法律漏洞的情况下，法官仍可以根据民法总则的相关规定加以解释或者创造新的商事法律规则，弥补法律漏洞。

第三，商事特别法缺乏独特的原则、价值、方法和规则体系，难以真正实现与民法的分立。在现代社会，每个人都可能参与市场交易，这就使得区分商人和非商人、商事行为和民事行为、商事代理和民事代理、商法上的时效与民法上的时效变得越来越困难。民商分立的立法模式将调整平等主体关系的法律规则人为地区分为两套规则，难免导致民法与商法内容的矛盾和重叠。除此之外，作为商法独立存在基础的独立的商人阶层也不复存在，依据商人和非商人来区别适用法律的社会经济条件已经消失，这也从根本上动摇了商法部门独立的意义。每个主体都可能参与市场交易，法律也不宜再依主体身份来提供特别保护。

第四，商事活动的特殊性不能否定民法总则对商事特别法的指导意义。应当承认，商事特别法确有一些与民法不同的规范，但这种差异更多表现为具体内容、规范对象上的差异，在基本规则的适用上，其与民法并无本质区别。因此，即便商事活动存在一定的特殊性，但民法总则对商事特别法仍具有指导意义。

最后需要指出的是，现代民法本身在价值方面具有多元性和开放性的特征，传统商法可能具有自己的独立价值，但从法律的发展来看，商法的价值日益影响到民法的价值，从而为民法所借鉴和吸收。例如，对信赖利益的保护，本来是传统商法中重要的价值理念，现在也已经成为民法的重要价值理念，民法的表见代理、善意取得等制度都体现了这一点。

总之，我国民法总则的制定应当在民商合一体例下完成。无论是民法典的基本价值还是民法总则制度的具体构建，都必须以该体例为背景进行设计。

民法总则应全面确认与保障私权[①]

现代法治的基本精神是"规范公权,保障私权"。我们正在制定的民法典就是一部全面保障私权的基本法,而民法总则作为统辖整个民法典、确认民法基本规则体系的法律,其应当以设立确认与保障私权的基本规则为己任。

按照党的十八届四中全会关于实现公民权利保障法治化的要求,民法总则草案继承了《民法通则》专章规定民事权利的做法,系统全面地确认了民事主体所享有的各项民事权利,构建了较为完整的民事权利体系,这有利于更好地发挥民法总则全面确认与保障私权的功能。

从民法总则草案的规定来看,其所规定的民事权利主要有如下几种类型:一是人身权,包括人格权和身份权。二是财产权,包括物权和债权。物权主要包括所有权、用益物权和担保物权。债权包括因合同、单方允诺、侵权行为、无因管理、不当得利以及法律的其他规定所产生的债权。三是知识产权,包括民事主体对作品、专利、商标、地理标志、商业秘密、集成电路布图设计、植物新品种等智力成果所享有的知识产权。四是继承权和其他权利(如股权等)。五是对

---

① 原载《财经》2016 年 6 月 7 日。

弱势群体民事权利的特别保护。草案对未成年人、老年人、残疾人、妇女、消费者等群体的民事权利保护设置了特别规定。

民法是权利法，民法典的体系构建应当以民事权利为中心展开，民法总则草案关于民事权利体系的规定，为民法典体系的构建奠定了基础。

民法总则草案对民事权利的确认和保护具有如下特点：

第一，系统全面性。草案以《民法通则》为基础，确立了私法主体的平等地位，注重保障人的人格尊严，弘扬私法自治，强化私权保障理念。《民法通则》以专章的形式系统规定民事权利，被国内外誉为一部"民事权利的宣言书""保障私权的基本法"。这些都为我国民法典的制定奠定了良好的基础，《民法总则（草案）》正是在《民法通则》的基础上，进一步系统、完整地确认了民事主体所享有的各项民事权利，这能够很好地起到权利宣示的作用，从而更好地激励民事主体为权利而斗争。尤其是私权的设定也确定了公权行使的边界，因而也有利于更好地规范公权。在权利类型的具体列举上，草案不仅继承了《民法通则》的规定，而且也作了进一步发展，如草案关于债权类型的规定就较《民法通则》更为完善。

第二，体现了21世纪的时代特征。我们要制定的民法典是21世纪的民法典，必须与时俱进，彰显鲜明的时代特色。21世纪是互联网的时代，也是信息时代。互联网深刻地改变了人们的生产和生活方式，渗透到人们生活的方方面面，我国民法典应当因应这一时代特征，积极回应互联网、高科技、信息化的发展需要。草案将网络虚拟财产、数据信息等作为民事权利客体加以规定，适应了互联网和大数据发展的需要，体现了鲜明的时代特征。

第三，民事权利体系构建保持了一定的开放性。民事权利体系本身是不断变动、发展的，法律必须适应社会生活发展的需要，与时俱进。因此，草案所规定的民事权利体系并不是封闭的，而是开放式的，这就为未来民事权利体系的发展预留了空间。这种开放性主要表现在如下几个方面：一是草案规定自然人的人身自由、人格尊严受法律保护，该条款具有抽象概括性，可以作为人格权保护的兜底条款使用，为未来新型人格权益的保护提供法律依据。《草案》第 100 条关于具体人格权类型的规定也采用了"等权利"的表述，这实际上也为未来新型人格利益的确认和保护提供了依据。二是关于财产权的设定。《草案》第 102 条规定："民事主体依法享有的收入、储蓄、房屋、生活用品、生产工具、投资及其他财产权利受法律保护。"这就采用了具体列举和兜底规定相结合的方式，其中关于"其他财产权利受法律保护"的提法，也为未来财产权利体系的发展提供了制度空间。三是关于债权的规定。《草案》对债权类型列举得较为全面，而且也使用了兜底条款的方式。《草案》第 105 条第 2 款规定："债权是因合同、单方允诺、侵权行为、无因管理、不当得利以及法律的其他规定，权利人请求特定义务人为一定行为的权利。"该条对债权的类型也采用了兜底规定，这既有效衔接了民法典与特别法之间的关系，而且也为新型债权的保护提供了依据。四是《草案》关于整个民事权利体系的规定也具有开放性。《草案》第 110 条规定："民事主体依法享有股权或者其他民事权利。"该条为整个民事权利体系的发展提供了依据。

当然，《民法总则（草案）》关于民事权利的规定仍然存在一定的不足，具体表现如下：

第一，权利类型的列举不充分。草案虽然列举了多项民事权利，但并未明确列举个人信息权等权利。我们处于信息社会和大数据时代，一些新兴的民事权利在不断出现，如个人信息权已经成为两大法系共同认可的权利类型。当代社会，大数据技术的应用，使得信息的收集、处理变得非常容易，这也导致对个人信息的非法收集、加工、传播、利用等现象较为严重。这也说明，对个人信息权的保护十分必要，法律上有必要对此作出明确规定。

第二，关于民事权利行使规则的规定不充分。现代社会，为了保障民事权利的正当行使，各国立法一般都对民事权利行使的规则作出了规定，因而产生了禁止权利滥用、依据诚信原则行使权利等规则，德国司法实践中甚至出现了权利失效规则。为了使民事权利的行使兼顾对他人权利的保护，防止出现绝对的个人主义趋向，尤其是在资源、环境日益恶化的情况下，要求权利的行使要兼顾生态环境保护，是十分必要的。《民法总则（草案）》有必要为民事权利的正当行使设置必要的规则。

第三，未有效衔接民法典分则关于权利确认和保护的规则。民法典总则应当协调好与民法典分则中权利保护规则的关系。例如，民法典总则可以规定保障人格尊严的条款，但其细化规则应当在人格权法中予以规定。民法典总则只是民事权利保障的基本规则，具有抽象概括性，不可能全部涵盖民法典分则有关权利行使与保护的规则。这尤其表现在债权的规定上，从草案关于债权的规定来看，其试图规定一些债权的基本规则。但实际上，此种制度安排是值得商榷的，因为债的总则内容十分复杂，简单地规定不当得利、无因管理的规则，无法对债法的具体规则作出细化规定。所以，未来民法典分则还是有必要制定独立的债法总则，对不当得利、无因管理等规则作出具体规定。

在整个法律体系中，民法典是和民众生活关联最为密切的一部法律,民法总则应当成为全面确认与保障私权的基本法,应当发挥其权利宣示与权利意识启蒙的作用。我们应当把握好党的十八届四中所创造的历史契机,圆满完成"编纂民法典"的历史任务。期待中国民法典是一部系统、全面保障私权的法,从而为全面建设法治社会奠定坚实的基础。

我的人格权情结与思索①
——纪念《民法通则》颁布三十周年

在《民法通则》制定三十年之后，党的十八届四中全会提出了"编纂民法典"的历史任务。其中一项重要的工作就是加强人格权立法。这也是我国当前学术界的重要学术议题和热议的话题之一。

自《民法通则》颁布以来，其第五章第四节关于"人身权"的规定一直强烈地吸引着我的学术兴趣。可以说，在三十年来的法学研究中，我的学术观察和思考始终与此相伴，并以此为出发点搜集和整理在《民法通则》的司法适用中的各类案例。与此同时，我也在对欧美国家人格权法的历史和比较研究上做了不少努力。早在20世纪90年代初期，我就提出，在中国的民法法典化进程中，应当以《民法通则》的专节规定为依据和基础，以独立成编的形式制定和发展中国的人格权法。之所以提出人格权法独立成编的设想，也是因为，通过对隐私、个人信息、网络环境下人格权等的研究，我发现现代人格权是一个开放的、迅速发展的私权体系，有着自身相对独特的发展逻辑。人格权法将成为未来民法的新增长点。而人格权法独立成编既是承载这一发展

---

① 原载《光明日报》2015年12月14日。

需求的必然要求,也是未来民法法典化的大势所趋。

　　事实上,激励我去长期观察和研究人格权法的还有年幼时的人生经历。我的青少年阶段是在十年"文革"期间度过的。在"文革"初期,我刚上小学。不过,"文革"期间的大量场景直到今天依然历历在目。当时不少严重践踏人格的事件,至今仍像噩梦一般时常萦绕在心头。印象最深刻的事情,一是批斗。有好几次批斗大会,镇上的造反派将各种"五类分子"用绳子捆着,带到台上示众,然后批判大会开始。被批斗者被戴高帽、"坐飞机"。批斗伊始,还比较文明。但一讲到激动之处,批斗者就忍不住上去对被批斗者扇耳光、施拳脚。二是游街。那时候,红卫兵和造反派将"走资派"等游街示众是家常便饭,有时是把被示众者挂上"铁牌"或者小板凳游街,有时甚至把妇女剃成"阴阳头"示众。三是抄家。抄家是那时红卫兵和造反派的特权。他们有莫大的权力,可以随意实施抄家行动。我小时候就有两次亲身经历。半夜突然有人敲门,一群戴着红袖章的人闯进来,如狼似虎,把我们全家人都叫出来,命令蹲在地下。然后,他们把全家的犄角旮旯都翻了个遍,最后什么东西也没有找到,就气冲冲地走了。我家当时还莫名其妙,以为自己家犯了什么事。天亮后才知道,原来左邻右舍头晚都遭遇了同样的待遇。

　　正因为有了这样的亲身经历,在后来第一次接触到"人格权"这一观念之后,我就迅速产生了浓厚的兴趣,渐渐竟演成一种情结。1986年的《民法通则》正是在反思"文革"期间各类暴行的基础上制定了人格权制度。它第一次在法律上明确宣告每个人依法享有人格权,包括生命健康、名誉、肖像、姓名等权利,并第一次赋予权利人在受害之后的精神损害赔偿请求权。几千年来,中国人第一次接触"人格权"这样一个概念,并且这种权利在法律上是可以被保护的。《民法通则》颁布后,中国才出现了第一例人格权法争议案件,并有法院关于精神损害赔偿的判决。

在今天看来,正是《民法通则》关于人格权的开创性规定,才催生了"人格权"观念在中华大地上的萌芽和成长。从那时起,人们才开始逐渐意识到,"挂铁牌""戴高帽""坐飞机""剃阴阳头"等行为是侵犯人格权的行为,是为法律所禁止的行为。也正是从那个时候开始,学术话语和民间讨论才开始讲述"人格权"的故事。在这个意义上,我们今天将《民法通则》称为"民事权利的宣言书""公民人权的护身符"毫不为过。依据《民法通则》的规定,每个人不仅享有法定的人格权,而且可以同一切"轻视人、蔑视人、使人不成其为人"的违法行为做斗争。我每次出国讲学,当遇到外国同行关于"中国人权事业是否有进步"的提问时,我都会向他们讲述《民法通则》在保障人权事业上的巨大作用,具有里程碑式的意义。特别是,每当我介绍到《民法通则》对中国人格权观念带来的历史性变化时,常常也促使他们不得不正视中国人权事业的进步。

《民法通则》从可操作性层面让人格权的保障有了可能,也使得整个人权事业获得了有效的实现机制。中国制定和发展人格权法,除了提升全民在尊重和保护人格权方面的一般观念、加强对各项具体人格权的切实保护之外,也是积极落实我国《宪法》2004年修正案关于"国家尊重和保障人权"条款的有效举措。在相当长的时间内,中国学术同行,包括法律同行,习惯于从一个极为抽象的层面对"人权"概念进行讨论。但"人权"这一概念是如此的宽泛,以至于这些抽象的讨论不仅难以形成共识,甚至连讨论者之间的相互理解都无法实现。相反,只有我们把抽象的"人权"概念具体化，注重结合具体的时空和语境，对各项具体的、实实在在的权利进行分析，才有可能将"尊重和保障人权"这一宪法任务落到实处。中国的人格权立法工作就遵循了这样一种思路，侧重从生命权、健康权、隐私权、肖像权等诸多具体的"人格"去讨论公民的人格权体系、内容和效力。

《民法通则》关于人格权的集中规定，体现了立法者在痛定思痛之后对"人"本身的重视和关爱，彰显了浓厚的人文关怀的精神。大爱无疆！当我们看到中国人权保护事业的进步时，不仅对《民法通则》起草者的远见卓识感到敬佩，也为其所体现的人文关怀精神所感化。近代民法始终是以财产法为中心的。但《民法通则》不仅仅注重保护财产，而且对人格尊严和人格发展事业作出了历史性的关照，体现了现代民法的时代特征和时代精神，是对过往传统民法"重物轻人"观念的一次矫正。回头看，《民法通则》只是拉开了中国人权保护事业的序幕。接下来，一系列保护弱势群体的特别法，如《未成年人保护法》《残疾人权益保障法》等相继颁布，在实践中产生了明显的人权保障效果。

《民法通则》催生了我的人格权情结，也使我坚定了几十年来的研究兴趣和热情。回顾过去，我深感中国近几十年的法治进步实在太大了。我们首先要从历史的维度去充分肯定我国在人格权发展史上取得的成就，要倍加珍惜今天人格权发展的成果。但是，我们也要深刻地认识到，社会在发展、时代在进步，今天的人格权观念不能还停留在三十年前制定《民法通则》时的认知水平。同时，我们也要注意到，中国的人格权制度的发展才刚起步。毕竟，《民法通则》只有三十年的历史，而中国封建专制主义的意识延续了数千年，直到今天仍然有浓厚的残留。至今，很多国人在潜意识里仍然认为，"坏人"是没有资格谈权利的。

只要是"坏人",将其游街示众并不过分。例如,雷政富既然干了坏事,那么,其不雅照就应当永久地留在网上,不得有翻身之日。如果挖出了某个贪官,一旦被贴上腐败分子的标签,其花花绿绿的事情都应当在网上示众,甚至不论真假、男女和年龄。"通奸女市长""荡妇女贪官""贪官情史大揭秘"等标签和词汇甚至一度成为大众媒体的流行话语。其实,宪法规定的保护人的尊严是平等保护每一个人的人格尊严,并不是只保护好人的尊严。只有每个人都有尊严,整个民族才更有尊严。

纪念《民法通则》就是要总结过去、面向未来,要进一步弘扬《民法通则》所彰显的人文关怀精神,推进《民法通则》所开启的人权发展事业,将中国的人权发展和保障事业不断提高到一个新的水平。在互联网和大数据时代,人格权的保护显得更为重要和迫切。因为,所有高科技发明在给人类带来巨大的福祉的同时,也都面临着被误用或滥用的风险。所有这些高科技发明都有一个共同的副作用,就是对个人隐私和人格权的威胁。谈到隐私权概念时,有美国学者曾经提出"零隐权(zero privacy)"概念,认为我们在高科技时代已经无处藏身,隐私暴露不可避免。所以,应当将对人格权的保护作为21世纪民法的重点议题。技术本身是价值中立的,无所谓好坏之分。关键在于,我们如何去利用技术。在实践中,随着互联网的发展,各种人肉搜索泛滥,网上不少博客辱骂诽谤他人。所谓网络谣言,很多都是对人格权的侵害,这些谣言也污染了网络空间。还有人非法跟踪、窃听以及性骚扰、非法侵入他人邮箱,还有的贩卖个人信息,严重侵害个人信息权等,这些行为都侵犯了他人人格权。所有这些都表明,我国人格权保护事业还任重道远。因此,需要在民法法典化进程中加强人格权立法。这是21世纪时代精神的体现,也是落实党的十八届四中全会提出的"加强人权方面的立法的要求"的具体举措。

《民法通则》也为民法典将人格权法独立成编奠定了基础，提供了立法依据。《民法通则》将人格权与物权、债权等权利并列规定，体现了其与物权、债权一样的价值，应当独立成编。《民法通则》单设一节对人格权作出较为系统和集中的规定，被实践证明是成功、先进的立法经验。因此可以说，制定独立成编的人格权法，是对《民法通则》成功立法经验的继承和总结，体现了立法的连续性和稳定性。正如前文所言，加强人格权立法，是编纂民法典的一项重要任务，而编纂民法典，离不开《民法通则》颁布实施所积累的法律经验，理论界和实务界对此有普遍共识，人格权立法同样如此。为了体现立法的连续性和稳定性，为了继承和总结《民法通则》的成功经验，在民法典中将人格权法独立成编，也是顺理成章之举。

从世界潮流来看，21世纪是一个尊重人格尊严、保护人格权的时代。正如日本民法学者大村敦志所说，从民法角度来看，21世纪是人格权世纪。我国自然也不例外。还要看到，我们要在2020年全面建成小康社会，要使人民富裕程度普遍提高、生活质量明显改善、生态环境更为良好，这就必然要求人们生活得有尊严，包括人格得到充分的尊重和保护。与这样的历史语境相契合，民法典将发挥最根本的私法保障作用，而将人格权法独立成编并作系统化的规定，有助于实现21世纪的时代要求。

个人信息保护亟须完善立法①

最近发生了几起电信诈骗致人死亡的案件，引起公愤，虽然犯罪嫌疑人很快被抓获，但这几起案件引发的个人信息泄露的现象仍值得我们持续关注。公众普遍质疑这样的问题，即犯罪嫌疑人怎么这么快就能够得到受害人的准确信息？他们是从哪里知道这些信息的？谁向他们提供了这些信息？这些信息泄露者应当承担什么样的责任？

目前，个人信息泄露的现象十分普遍，已经成为一种公害，到了非治理不可的地步了。严重的网络信息诈骗背后都普遍存在个人信息泄露的现象。一些违法行为人利用受害人的信息进行精准诈骗，竟然屡屡得手。前不久还发生了某大学教授刚卖完房子，信息就被泄露，结果一千多万卖房款被诈骗的新闻。信息泄露威胁了人们银行存款的安全，甚至严重危及个人的人身安全，也有一些信息泄露导致个人正常生活受到严重影响。据报载，截至2016年7月，全国26个省份超过18位艾滋病感染者曾接到诈骗电话称会发放补助。甚至有人接到电话敲诈，称不给钱就曝光艾滋病感染者的信息。如此严重的信息泄露令人震惊。这些艾滋病患者本身就

---

① 原载《检察日报》2016年10月10日，原题为"治理信息泄露亟须完善立法"。

是社会弱者,其个人信息被泄露将使得一些人痛不欲生。

时下,每个人都可能成为个人信息泄露的受害者,我们的信息泄露无时无刻不在上演,我们的正常生活都可能因为个人信息的泄露完全被打乱。比如,我们去证券公司开一个户,就会收到很多炒股、融资的垃圾信息;去银行开完户或到保险公司购买了保险,就会接到许多是否需要投资理财、买保险的骚扰电话;通过房地产中介租赁房屋,就会收到无数售房、租房的电话;刚买完房子,就会收到无数询问是否需要装修、出售房屋的骚扰电话;去医院做一次孕检,就会收到诸多推销奶粉、月嫂服务等诸多与婴幼儿有关的信息,如此等等,不胜枚举。可以说,每天莫名的骚扰电话、信息,已经成为忙碌的现代人生活中不得不承受的负担,严重妨碍了私人的生活安宁,给生活增添了压力与疲惫。更危险的是,如果这些泄露出去的信息被非法利用,如用于网络电信诈骗,后果将不堪设想。正是从这个意义上说,保护我们的个人信息,不仅是保护个人财产安全的问题,更是保障个人隐私、私人生活安宁的问题,从根本上说,也应当是保障民生的问题。

在互联网和大数据时代,信息代表着财富、代表着销售渠道、代表着买家信息。因此,掌握了信息,就掌握了机遇。获取信息也就成为商家竞争的法宝,巧妙利用个人信息也成为竞争的重要方式。从效率层面而言,确实应当鼓励个人信息的积极利用,但个人信息的利用固然重要,却不能只注重个人信息的利用而忽略了保护。迄今为止,全世界已经有九十多个国家和地区制定了专门保障个人信息的法律,宣告个人享有个人信息权,甚至将个人信息作为一种基本人权对待,这也反映了个人信息保护的重要性。但在我国,个人信息保护一直未被提高到应有的高度,虽然《刑法修正案(七)》规定了非法倒卖个人信息罪,但并未规定信息泄露问题。

所以我认为,当务之急是在正在制定的民法典中明确规定个人信息权,任何人不得非法获取个人信息,更不得非法出售或者提供个人信息,对信息泄露者也应当视其情节轻重,追究其民事责任。以确认个人信息权为基础,应当制定专门的个人信息保护法,重点解决如下几个问题:

一是合法性和合目的性原则。不是所有的个人和机构都可以收集个人信息,特别是大规模地收集个人信息。任何机关和个人在收集他人个人信息时,都应当遵循合法性原则,保证收集的主体和手段必须合法。同时,个人信息收集必须要符合特定目的。例如,银行收集的个人信息只能限于银行内部使用,房屋中介收集的个人信息只应在交易过程中使用,交易后应当销毁,而不能在此目的之外使用相关信息。

二是知情同意原则。知情同意是个人信息权的核心,是最能够体现个人价值的原则,信息权利人本人的知情同意是对信息进行收集、处理和使用的基础,没有当事人的知情同意,除非法律强制规定的情况以外,任何的收集行为都是没有合法性基础的。对一些重要信息的收集,特别是关系个人核心隐私的收集,必须取得本人的同意,并且应当向被收集者告知信息的收集目的、用途和使用期限等。在信息收集以后,权利人应当享有跟踪、查阅以及防止个人信息被非法利用的权利。

三是明确个人信息收集的范围。也就是说,立法应当明确规定相关主体收集个人信息的权限和范围,明确哪些个人信息可以被收集,哪些不能收集。在收集个人信息时,应当遵循尽可能少收集的原则,即不能收集超出法律允许范围内的个人信息,更不能无限制地、大面积收集个人的信息。

四是个人信息收集后的妥善保管责任。个人信息收集后，应当有专人保管和负责。如果发生个人信息泄露后甚至找不到由谁负责，这就很难有效预防个人信息的泄露。收集的主体即特定的机构或个人，应当对个人信息收集后的泄露承担责任。收集主体因对个人信息保管不善而造成权利人利益受损的，应当承担与其过错相应的责任，根据具体情形还可能与具体信息侵权的行为人一起，对权利人承担连带赔偿责任。对于信息掌握的相关行业，要建立起信息保护与信息安全的防火墙，个人信息录入相应系统之后，只有那些专门负责的人员才能接触这些信息，其他人一般很难接触，一旦出现个人信息的泄露，就可以直接追究这些专门负责人员的责任。

五是最少使用原则。即在从事某一特定活动可以使用、也可以不使用个人信息时，要尽量不使用。这就类似行政法上的比例原则，即在必须使用并征得权利人许可时，要尽量少使用；获取的信息量，以满足使用目的为必要；为达到目的只需要使用权利人的非敏感个人信息，就不应该扩大信息收集和使用的范围。

六是个人信息的查询规则。有关机关收集个人信息后，并不意味着任何人都有权查询，因为有些个人信息属于个人的私密信息，应当受到法律保护。例如，个人的房产信息等财产信息，如果是与房产交易毫不相关的主体，则不得随意查询他人的房产信息。只有利益相关方，例如交易相对人等，才有权查询他人的房产信息。

七是明确侵害个人信息权利的责任。目前，有关机构大面积收集个人信息，导致个人信息的大面积泄露，这些主体的责任并不明确。立法应当明确侵害个人信息权利的责任，如果确实是机构的原因导致信息大面积泄露，则应当依法承担相应的责任；如果是机构的工作人员私自泄露了个人信息,除该个人应当承担责任外,机构视具体情节也可能需要依法承担相应的责任。如果是机构对个人信息保管不善,同时又有外界第三方非法获取并使用个人信息,此时机构可能需要与第三方承担连带赔偿责任。

21世纪互联网和高科技的发展,在给现代人带来极大便利的同时,也给我们的生活带来了巨大挑战,还有可能给我们生活的安宁和安全带来巨大的麻烦。而互联网时代最大的挑战,就是如何对个人的隐私和个人信息进行保护。现实中个人信息的泄露已经成为一种公害,与食品安全等问题一样,应当引起我们全社会的高度重视,只有社会构建切实保护个人信息的法律机制,在民法典中明确承认个人信息权是基本民事权利,严格保护个人信息权,防止个人信息的非法泄露和利用,互联网才会健康发展,个人的生活才会幸福安宁,我们的社会才会井然有序。

总之,信息保护,切勿轻视;信息泄露,亟须治理!

尊重隐私是做人的美德

1987年,我第一次有机会去美国访问,要接受出国前的教育培训。当时来了一位美籍华人,给我们讲"赴美须知"。他反复叮嘱,不要随便问人家结婚了没有、有多大岁数、收入多少之类的问题,因为这对很多美国人来说是很忌讳的。特别是,问女性的年龄,问别人住在何处,是非常容易冒犯他人的,甚至可能引发对方的愤怒和误解。当时,和很多接受培训的同事一样,我听了讲座后心存困惑,认为询问这些问题是关心他人的表现,怎么会有问题呢?

对一般中国人而言,大多数都会认为关心别人是一种善举,至少没有恶意。这与中国在数千年农业社会中养成的习惯有关。费孝通先生曾在《乡土中国》中总结,重人情是传统社会的固有特点。一个人对邻居家的老母鸡一天下几只蛋都很熟悉,小孩子都是邻居看着长大的,无所谓隐私的问题。

我在农村插队的时候,也深刻地体会到这一点。当时,一到傍晚,家家户户相互串门,家长里短,不仅是一种人情世故,而且也是生活的乐趣所在。如果一户人家无人光顾,无人问及其家务事,则意味着被邻里冷漠对待、被边缘化。农业社会的生活结构和习惯决定了中国社会长期以来根本就没有隐私的观念,当时权威的词典甚至将"隐私"解释为具有贬义的"阴私",认为隐私就是那些见不得人的、花花绿绿的阴暗事物。正人君子似乎没有什么见不得人的事,隐私也就无从谈起了。

赴美之后,我深刻地感受到了美国社会处处存在的隐私界限和人与人之间无形的区隔,了解到了不轻易触碰他人的隐私的重要性。后来一琢磨才发现,美国的隐私观念是与现代社会的生活方式息息相关的。美国很早就进入了工业社会,农业时代的熟人关系结构被都市化的陌生人社会结构所取代。两家人住在对面几十年,甚至不知道对方姓甚名谁,更谈不上知根知底了,而刨根问底的行为习惯就更是无从谈起了。在这样的社会背景下,个人的私密信息逐渐演化为一种安全机制,特别是在那些人员陌生程度高、迁移速度快的大都市,隐私保护的观念就更为强烈。正是这种隐私观念和隐私保护机制形成了一种区别于熟人社会的新型社会组织方式。每个人都尊重他人的隐私不仅成为法律规则,而且成了一种社会生活习惯和道德观念。如果有人刨根问底,不仅会引起对方的不悦,也会引发旁人的道德谴责,因为这是一种违背社会道德的行为。

改革开放三十年后,中国也逐渐进入了工业社会,超过一半的人口生活在城市中,从熟人社会进入了陌生人社会。相应地,法律规则也发生了变化,国民的隐私观念从最初的"阴私"发展为"隐私",并最终升格为法律上的"隐私权"。尊重他人的隐私也成了一项法定的义务。不过,中国人的隐私观念发展状况并不均衡,因城乡差别、文化背景而存在比较大的差异,尊重隐私尚未成为一种普遍的道德准则和社会生活习惯。实践中,不尊重隐私的现象还比较常见。有的是基于纯粹好奇的心理随意地询问他人的私密信息,有的则是基于特定目的去充当"包打听"的角色,飞短流长、搬弄是非,有的动辄人肉搜索,把人扒得一丝不挂,甚至通过非法披露他人隐私把人折腾到痛不欲生。有的为达到个人目的,非法跟踪,偷录偷拍以作证据使用;有的动用技术手段,窃听和收集他人的通话和短信,以达到非法目的。甚至还有人以刺探和搜集他人私密信息为业,非法倒卖,从中牟利。

毫无疑问,侵害隐私的行为已构成了侵权,甚至构成犯罪,应当根据法律追究相应的责任。但问题在于,法律制裁主要是一种事后救济手段,难以从根本上起到预防的效果。要想从源头上治理那些刺探和泄漏隐私的行为,必须要从思想上解决问题,顺应城市化、工业化的生活方式,将尊重隐私的观念上升为一种道德观念加以推广,让尊重他人隐私成为一种自觉的行为习惯。儒家学说认为,道德是个人行为规范的基础,个人一切行为都应当通过道德自律来约束自己。法主德辅,以道德和法律互补,才能达到最佳的效果。隐私保护问题同样如此,只有广大公民将隐私观念内化于心、外化于行,才能在社会上形成一种自发的行为习惯,无须通过法律强制推行就能够得到实现。

尊重隐私为什么要成为一种道德观念?这需要从隐私保护的功能说起。著名的小说家米兰·昆德拉(Milan Kundera)认为,隐私是个人生活的基础,如果不尊重每一个人的隐私,人们就不可能享有安宁的生活。[①] 人们的生活越安宁,才能越幸福。试想,如果我们每天上下班都面临被尾随跟踪的风险,每次通话都面临被他人窃听的危险,那还何谈生活安宁和生活幸福?何谈个人自由?当年,美国法学家阿兰之所以创造隐私的概念,就是因为不堪黄色小报的记者围追截堵、刨根问底之扰,希望能够过一种正常人的安宁生活。他认为,隐私就是独处的权

---

① Jeffrey Rosen, "The Eroded Self", *New York Times Magazine*, April 30, 2000, p.48.

利,并大声疾呼"给我一个安静的空间吧"(leave me alone)。

事实上,与尊重他人的心灵和决策自由一样,尊重他人隐私也是个人主体性和独立性的重要体现。在启蒙运动之后,个人的主体性得到了极大的重视和宣扬,每一个人被视为一个独立的主体,需要被他人尊重,从而生活得更加幸福。这种尊重分为积极和消极两个方面。积极地看,每个人均可自我决定是否与他人交往,从事何种活动,承担何种义务。消极地看,每个人都有免于被他人侵犯的自由,包括他人对自身人身财产安全和私密信息的侵犯。因为在主体性得到广泛认可的社会,个人的私密信息、生活安宁与人身财产安全一样,都是个人人格得以安全存续和发展的基本条件。试想,如果我们总是遭受他人跟踪、骚扰、刺探、偷窥、窃听和偷拍,即便有三头六臂,也不足以防范各种侵扰,剩下的只能是无尽的烦恼,何谈自由、安宁和幸福?

在高科技和知识经济时代,高科技、互联网的发展给人类带来巨大福祉。但现代科技是一把双刃剑,在增进社会福利的同时也伴随着共生的副作用,即对个人隐私的巨大威胁。美国学者弗鲁姆金在列举了各种科技发明之后,认为它们无一例外地构成对隐私的威胁因素。在高科技面前,人类已经无处藏身。隐私权变成了"零隐权"(Zero Privacy)。[①]因此,他认为,现代社会面临的最重大课题之一就是如何有效地保护个人隐私。科技界人士都在普遍地反思科技伦理问题,其中的一个重要内容就是如何在利用高科技的同时注重对个人的保护,并将其视为科技伦理的重要内容。这从一定层面上也反映了隐私的伦理色彩。

尊重隐私就是尊重社会公德。如果对任意披露、宣扬他人私生活秘密以及窥探他人私人生活等行为听之任之,不加制裁,不仅会侵害他人

---

① See A. Michael Froomkin, "The Death of Privacy?" 52 Stan. L. Rev. 1461 (2000).

的利益，进而败坏社会风气，扰乱公共秩序，而且会使得每个人都处于被监视的状态中，人人自危。毫无疑问，对非法行为的举报是公民的权利，也是公民的义务。但这些要以合法的方式通过合法的途径来实施，而不能为了泄私愤而在网上编造流言蜚语，肆意披露他人的私密信息，更不能将他人的私密信息作为牟利的工具。我们关爱他人是必要的，也是温馨的，但不能"包打听"，甚至搬弄是非、揭人隐私、道听途说后添油加醋。我们要尊重他人，首先要尊重他人的隐私，尊重他人对自己私生活的自主、自决，不轻易打探别人的私事。即使是在朋友之间，如果确实出于关心，也要别人主动告诉你，而且即使已经知悉他人私事，也不要轻易披露，更不能在网上传播。这不仅是现代社会的基本为人之道，也是现代社会构建和谐人际关系的基础。

尊重隐私也是基本的道德要求。今天，随着信息收集手段的发达，个人的信息随时随地都可能被他人收集、利用。例如，快递公司或者其工作人员在投送快递的过程中，会了解发件人和收件人的详细信息，网站工作人员很容易从后台了解他人的邮件信息，银行工作人员也可以很容易了解客户的账户等个人私密信息，登记机构的工作人员也能很容易了解他人的房产等重要信息。这些信息对需要利用的人来说，具有重要的商业价值，甚至也可能被违法犯罪行为人用来从事诈骗、盗窃等活动。而这些信息对信息权利人来说，则关系到其基本的生活安宁、人格尊严，甚至关系到其人身和财产安全，所以，任何人知悉他人信息后，都依法负有为他人保密的义务，未经他人同意，不得擅自公开、传播，更不得为牟取私利而非法利用、转手倒卖。信息控制者对他人个人信息进行收集、使用的，应当遵循合法、正当、必要的原则，明示收集、使用信息的目的、方式和范围，并经被收集者同意。这些都是对相关行业从业者的基本道德要求。

在现代社会,尊重他人隐私是如此的重要,以至于我们有必要将尊重隐私上升为一种社会美德。只有当全社会普遍地树立了隐私的观念,我们才能够生活得更加安宁,更有尊严。

要重视发挥网络行业自治功能[①]

传统的社会组织和治理模式主要可以分为两类：一类是强调市场交易的自发调整，另一类则更注重政府的计划管制。但无论是经典的市场交易还是政府计划管制，二者所面临的一大难题都是信息不充分、不对称，难以准确地预测和防控。而网络技术的出现，在很大程度上可以解决这一大难题。因此，在这两种社会组织和治理方式之间，形成了企业层级管理、网络平台组织等多元的社会组织方式，与上述两种方式相比，这些更为灵活的社会组织和治理方式可以在相应的领域起到更好的协调和组织效果。网络技术的出现为网络行业自治创造了条件，一方面，网络平台具有强大的信息搜集、储存和公示能力，可以详细搜集网络用户的身份、通信、资金等各方面的信息，有助于便捷地识别网络用户，一旦发生争端，可以及时找到当事人。另一方面，网络平台能够利用大量的信息建立一个科学合理的评价机制与信用体系，从而强化自我控制和管理的能力。

在我国传统的治理体制中，国家权力往往会直接面对个人，对个人的行为进行干预和调整。但此种治理方式的成本

[①] 原载《中国社会科学报》2016年12月14日。

过高，也会在一定程度上影响该治理方式的实施效果。而发挥行业组织和网络服务提供者的治理优势，充分发挥其自治功能，则可以有效克服上述弊端。从发达国家的互联网治理经验来看，其始终重视发挥行业自治的功能，并取得了良好的治理效果，我国的互联网立法也可以借鉴此种治理方式。特别应看到的是，十八届四中全会提出了社会自治，而网络自治也是社会自治的重要组成部分，互联网立法应顺应这种大趋势，重视发挥行业自治的功能。

整个网络社会本身是由一个个网络服务提供者所提供的网络服务组成的，因此，相对于国家直接治理而言，行业自治具有明显的优势：一方面，行业自治的方式更为直接。确立行业自治规则能够综合运用更多的技术手段，直接实现治理目的。例如，网络服务提供者可以设置特定的过滤机制来预防违法信息的出现，而对于明显的侵权信息，如非法传播他人裸照、发布辱骂他人等信息，网络服务提供者可以通过删除、屏蔽、断开链接等方式，直接对违法信息进行清除。显然，借助行业自治的事前或事中机制，能够对相关事项进行及时反应和处理，从而有效预防违法行为发生或防止违法后果的扩大。与国家直接治理相比，行业自治的治理方式更为直接和迅速。另一方面，行业自治方式在某些情形下更为高效。当今社会，互联网技术的发展日新月异，技术更新十分迅速，如果由国家直接治理，执法人员的素质与水平可能无法及时跟进网络技术的发展进程，这将导致治理效率偏低。而行业自治则能紧跟网络技术的发展需要，采用更为有效的治理方式。因网络服务的提供者、客户、服务内容、服务方式等要素不同，网络服务行业也会有不同的、多元化的规范手段和方式，以实现对网络服务提供者、网络用户行为的有效规制。不仅如此，行业自治的自律机制可以有效应对技术和市场的发展需要，并补充和完善立法的漏洞和模糊之处。从这一意义上说，网络行业自律规则可以成为国家互联网立法的"试验田"。还要看到，网络行业自治可以帮助政府消化因互联网的利用而产生的各种社会矛盾和纠纷。实践经验表明，在许多社会矛盾产生以后，政府出面解决并不一定是最佳途径，因为许多纠纷涉及复杂的技术问题和内部管理问题，而网络行业自治则可以克服这一困难。因此，在网络行业治理中，应当充分发挥网络行业尤其是网络服务提供者的技术优势和管理优势。

从互联网发展的实际情况来看，网络行业自治应当重点落实以下内容：

第一，确立相应的行业规则。互联网行业已经蓬勃兴起，成千上万家网站如雨后春笋般不断涌现，网络行业的自治也随之在发展，但毋庸讳言，行业自治未能在互联网治理中发挥应有的作用。要弥补这一缺憾，就应推动网络服务行业发展自律规范，将互联网行业应当遵守的有关商业道德、相关的技术标准等转化为具有一定约束力的行业自律规则。此外，还应在自律规则中明确，在相关主体违反此类自律规则时，首先应当由这些自治组织、行业协会依据行业规则的规定解决此类纠纷。

第二，确立个人信息和隐私保护规则。个人信息和隐私的保护问题是网络时代的一大难题，互联网行业自律也应当重点解决这一难题。虽然现行立法对个人信息和隐私保护作出了规定，但这些规定并不全面，难以适应网络环境下个人信息和隐私保护的需要。在此情形下，应当确立相关的个人信息和隐私保护的规则，以督促网络服务提供者采取各项措施，积极保护个人信息和隐私。从实践来看，有些网站确立了个人信息和隐私保护规则，并起到了良好的效果，这种经验值得推广。

第三，规范网络服务提供者所提供的格式条款。网络服务提供者可能会利用其技术优势，在拟定网络服务协议时规定一些对网络用户不利的格式条款，如隐私保护条款、个人信息收集与利用条款、纠纷解决条款等。因此，各国都十分重视规制网络服务提供者所提供的格式条款。我国《合同法》虽然对格式条款作出了规定，但其规则较为简单，难以满足网络环境下格式条款法律规制的现实需要，这就需要借助行业自律规则等网络行业自治规则。例如，行业自律规则中可以预先设置一些隐私保护规则等，将其纳入网络服务提供者所预先拟定的网络服务协议中，从而有效保护网络用户的合法权益。此外，除示范规则外，行业自律规则也应要求网络服务提供者依据有关法律法规的规定清理其制定的不合理的格式条款。

由于网络用户的违法或不当行为最终会给网络服务提供者造成严重的损害，甚至危及整个行业的生存发展。因此，网络服务提供者大多数时候是有足够的动力自行设置监管规则，对用户的行为进行规制，从而维护网络平台的良好经营秩序和自己的商业声誉。从实践来看，已有诸多网络平台通过用户资质、交易规则、纠纷解决机制、惩戒措施等一系列自治规则的设置，对用户行为和平台经营秩序进行规制，并取得了良好的市场和社会效果。因此，发挥网络行业自治功能不仅是必要的，而且是可行的。

保障公民财产权是最大的民生[①]

房屋是每个公民的基本财产,对于绝大多数人来说,房屋也是安身立命之本,其居住的房屋可能是其终身的积蓄所得,保护公民的房屋所有权就是保护其基本财产权、居住权和基本人权。财产权问题解决不好,就不可能真正解决好民生问题。

温州"20年住宅用地期限到期"事件,引发了社会广泛关注,也引起了对《物权法》第149条关于住宅建设用地使用权自动续期规则的争论。在《物权法》起草过程中,我作为十届全国人大法律委员会委员,多次参与了《物权法》第149条的讨论。其实,《物权法》最初的几稿并没有规定住宅建设用地使用权自动续期规则,但法律委、法工委在后来组织的调研中发现,我国沿海一些城市土地使用权改革比较早,土地使用权的期限较短,有的住宅建设用地使用权都已快到期,这就产生了一些现实问题,即在住宅建设用地使用权到期之后,是否应当续期?如何续期?如何保护公民的房屋所有权?带着这些问题,法律委、法工委专门进行了多次讨论,并在《物权法》的全民征求意见稿中增加了

---

① 原载《学习时报》2016年4月28日。

目前的规定。

在讨论中,关于住宅建设用地使用权期间届满后应当自动续期问题,大家意见比较一致,没有太大分歧。所谓自动续期,是指住宅建设用地使用权的续期不需要报政府部门批准,也不需要当事人提出申请,就可以自动延长。大家普遍认为,住宅建设用地使用权到期之后,要求建设用地使用权人办理延长手续,操作起来确有困难和不便之处。因为在现代社会,房屋所有权大多采取建筑物区分所有的方式,小区内部的住户众多,难以都到政府部门办理续期手续。尤其是在当事人申请续期后,如果政府不予批准,则公民的房屋所有权将难以获得法律保护,这也是老百姓特别担忧的问题。因此,《物权法》第 149 条规定了住宅建设用地使用权自动续期的规则。另外,住宅建设用地使用权自动续期也可以避免因申请审批等环节而产生的费用和成本。

这一规则的制定有其社会背景和法律制度背景,按照当时《土地管理法》第 58 条的规定,土地出让等有偿使用合同约定的使用期限届满,土地使用者未申请续期或者申请续期未获批准的,由有关人民政府土地行政主管部门报经原批准用地的人民政府或者有批准权的人民政府批准,可以收回国有土地使用权。《城镇国有土地使用权出让和转让暂行条例》第 40 条进一步明确规定:"土地使用权期满,土地使用权及其地上建筑物、其他附着物所有权由国家无偿取得。土地使用者应当交还土地使用证,并依照规定办理注销登记。"也就是说,土地使用权到期不批政府就收回,要保护老百姓的利益,就必须突破这一规定。《物权法》第 149 条确立了住宅建设用地使用权自动续期的规则,明确了住宅用地不适用《土地管理法》的上述规定,这就保护了老百姓的居住权、保护了老百姓的基本财产,真正给老百姓"吃了一颗定心丸"。

对于自动续期的期限,《物权法》并没有作出具体规定,按照当时法律委的讨论意见,这主要是考虑到,在住宅建设用地使用权到期之后,可能因为一定事实的出现,使得自动续期没有必要。这主要有如下几种情况:一是房屋已经灭失且所有人不准备新建。例如,房屋所有权人拆毁房屋,或者房屋因自然原因而灭失,如地震等。二是房屋被征收。在征收以后,房屋所有权已经转归国家所有。三是土地性质改变,即土地由住宅用地改为工业或商业用地,在此情况下,已经不符合自动续期的条件。正是因为上述原因,《物权法》第149条并没有对住宅建设用地使用权的延长期限作出规定。因此,从该条的制定过程来看,《物权法》只是没有明确规定住宅建设用地使用权的延长期限,但并没有规定住宅建设用地使用权的期限可以无限延长。

关于住宅建设用地使用权自动续期是否收费的问题,《物权法》确实采取了回避的态度。在讨论这一问题时,争论十分激烈,后来《物权法》最终回避了这一问题,没有作出规定,主要原因在于:一方面,该问题关系到广大群众切身利益,需要慎重对待;另一方面,从当时的情况来看,住宅建设用地使用权到期的情况还很少,问题还不突出,仍有时间对此问题作进一步深入研究,然后在此基础上作出科学合理的规定。另外,也有不少人认为,"国不与民争利",如果将来国家富裕了,是否还需要收取过高的土地出让金都不确定,更何况延期费用的收取。但是,现在许多地区出现了住宅建设用地使用权到期的现象,住宅建设用地使用权续期收费问题也引发了社会广泛关注,问题日益突出,这一问题已成为亟须解决的现实问题。对此,立法机关应当及时作出回应,尽快针对收费制定相关规则,这有利于消除公众对《物权法》相关规则的误解,全面贯彻执行《物权法》。由于《物权法》属于基本民事法律，住宅建设用地使用权续期收费问题也涉及老百姓的基本财产权利保护，应当由全国人大制定相关规定，或者授权国务院作出相关规定，这有利于确立一个全国统一的规则，各地不能自行其是，制定过高的收费标准损害公民的财产权。

《物权法》第149条本来是为保护老百姓财产权而设，收费过高会使立法效果大打折扣。什么是"民生"？最大的民生就是公民的财产权问题。公民的财产权问题解决不好，就不可能真正解决好民生问题。房屋是每个公民的基本财产，老百姓购买商品房之后，取得了无期限的房屋所有权，但由于其只享有一定年限的建设用地使用权，期限届满以后，如果建设用地使用权连同地上建筑物一同返还给国家，则买受人的房屋所有权将不能得到有效保护。《物权法》第149条的立法目的就是保护老百姓的居住权、财产权，因此，全国人大制定相关规定或者授权国务院制定相关规定时，即便规定住宅建设用地使用权续期需要收费，也不应当收费过高。如果把续期收费的标准制定得过高，甚至与土地使用权出让费等同，老百姓可能交不起续期费用，这相当于变相剥夺了老百姓的财产权，显然违背了《物权法》保护公民财产权的立法目的。

医师自由执业与专家责任

现代社会，医疗纠纷十分常见，所涉及的赔偿数额也较大，医疗损害赔偿责任也成为各国侵权法中发展最为迅速的领域。从国际上通行的经验来看，医师要对医疗损害承担责任，这属于专家责任（professional liability）的范畴。医师的专家责任是国际上通用的术语，且形成了一整套完整的制度。在我国《侵权责任法》制定过程中，关于医疗责任一章是否应该规定、应当如何规定医生的专家责任，曾经引发争议。后来通过的《侵权责任法》只规定了医疗机构的侵权责任，而没有规定医师的个人责任。对此，很多人难以理解。实际上，《侵权责任法》的这种规定是符合中国国情的，因为我国并不允许医生自由执业，即便是私人诊所，也必须依托于医疗机构，因此，一旦发生医疗损害，责任都是由医疗机构承担，而不能由医师个人承担。正是因为这一原因，我国《侵权责任法》并没有对医师责任作出规定。

《侵权责任法》颁布之后，围绕着是否应当规定医师专家责任，争议仍然不断。我认为，这不单纯是一个侵权法的问题，更多的是政策法律是否允许医师个人自由执业的问题。医师自由执业与专家责任密不可分，只有允许医师自由执业，才需要专家责任与之配套，由此产生的法律责任才会从机构责任转化为个人责任；反之，如果不允许医师自由执业，则专家责任也就没有存在的余地。所以，如果不解决医师个人自由执业问题，即便侵权法规定了医师的专家责任，也是无的放矢，没有太大的实际意义。

就医师能否自由执业问题，我个人一直认为，在现有的医疗服务模式之下，允许医师自由执业，并通过修改《侵权责任法》、增加医师专家责任弥补机构责任的不足，能对目前存在的看病难、看病贵，以及严重的医患矛盾等问题，起到一定的缓解效果。这样一来，医师专家责任可以成为医疗机构责任的有益补充。具体而言，允许医师自由执业并配之以专家责任，有以下益处：

一是更符合医疗行为的本质特征。医师的诊疗活动在性质上是救死扶伤的活动，具有未知性、特异性和专业性等特点，许多疾病的发生原因和诊疗方法的后果都可能处于未知状态，而且每个患者的体质、病理状况等也各不相同，相同的诊疗措施实施在不同的患者身上，其产生的效果可能也不一样。医师的诊疗行为要以其个人自身的技能、经验去进行裁判或诊治。对医师而言，其不仅需要掌握高深的医学理论知识，还需要积累丰富的诊疗经验。虽然一般人也可能或多或少了解一些医学知识，但仅凭这些知识是无法行医的，更不可能应对疑难杂症。所以，诊疗活动常常需要医师根据患者的病情作出具体判断，在特殊情况下，医师甚至需要基于其专业经验对患者病情作出大胆的判断。对医师而言，如何对患者进行诊断，他人是很难干涉的，这就要求医师具有强烈的责任感，能够独立地、审慎地作出判断。由此可见，医师的诊疗活动与一般的法人机关的活动不同，普通的法人机关执行职务代表的是法人的意志，造成损害应当由法人负责，但医师主要是基于其自身的专业判断而实施相关的诊疗行为，具有很强的专业性和独立性，而不是简单地执行医疗机构的职务行为。因此，允许医师自由执业，并将医疗活动及其后果与医师个人挂钩，符合医疗活动的特点。

二是更有利于督促医师遵循医道和职业操守，不断提高医疗服务水平。专家责任将医师本人界定为专家责任的主体，这种法律责任的承担压力会督促医师尽到其诊疗义务，其实质是将医师的诊疗义务与其法律责任挂钩，这比外在的行政监管更有效率。正是因为这一原因，有人认为"责任是最好的监管"[①]，这种认识是有一定道理的。例如，作为全球最好的医疗机构之一的美国梅奥诊所（Mayo Clinic），最早是在19世纪末期由梅奥医生创办，后来他的两个儿子加入，规模逐步扩大，声誉不断提高，这种私人执业的医疗方式正是美国医师的主流执业方式。只有把责任落实到医师身上，才能使医师真正地对患者尽到应尽的职责。如果责任仅仅只是在医院身上，有时还不一定能传导到医师身上，这种责任的承担并不能发挥其应有的效果。

三是有利于督促医师尽到诊疗义务，并提高医疗水平，从根源上减少医疗损害纠纷，缓解医患矛盾。如前所述，医疗行为实质上是由医师实施的、专业技术性较强的行为。只要能有效地督促医师尽到诊疗义务，实际上就发挥了责任的效果。有观点认为，一旦允许医师自由执业，将无法对医师的诊疗行为进行有效监管，这可能会降低医疗服务水平。我认为这种观点不能成立，因为允许医师自由执业，意味着医师需要对其诊疗行为承担专家责任，这实际上是将医疗损害的责任主体由医疗服务机构转变为医师个人，这会促使医师更加注重自己的职业声誉，更进一步提高医疗技能，尽到更高的诊疗义务，这有利于更好地缓解医

---

① 参见刘晔：《责任是最好的监管》，载《生命时报》2016年12月13日。

患纠纷。

四是这并不会妨碍对医疗活动的监管。按照目前的监管模式，发生医疗损害事故后，完全由医疗机构承担医疗损害赔偿责任，政府可以直接面对医院进行监管，医院在承担责任之后可以对负有责任的医生进行追责，进行内部处罚。这在一定程度上也能够起到对医疗活动的监管效果。但问题在于，某些情况下，医院承担责任之后，因为医疗活动的复杂性，难以将责任追究到个人，而因为具体的责任无法落实到医师个人，这就不利于预防和减少医疗损害纠纷。现在出现的私收红包、不负责任、缺乏职业道德伦理等问题，其实都在一定程度上与没有真正把责任落实到医师身上有关系。还应当看到，由于医师的诊疗活动具有很强的专业性，政府对医疗活动进行全程监管，在发生医疗纠纷后，由于欠缺相关的专业知识，政府也难以真正妥当认定相关主体的责任。而允许医师自由执业，并通过专家责任制度准确认定医师的责任，更有利于妥当认定相关主体的责任。在允许医师自由执业的情况下，政府的职责在于制定行业准入门槛，防止"江湖游医"进入医师队伍，而不是对医师的整个执业活动进行监管。

有一种看法认为，由医疗机构承担医疗损害责任更有利于对患者的救济。虽然表面上看，机构责任比专家责任具有更大的优势。这主要是因为，通常情况下，机构相对于个人而言，拥有更多的责任财产，能够更有效地保护受害患者的利益。只要有机构在，"跑得了和尚跑不了庙"，患者最终是可以请求医疗机构赔偿的。但殊不知，对一些大医院尤其是由公共财政支持的公立医院来说，这种推定可能有一定的道理，但是对一些私立医院来说未必如此。本来这些医院在设立时就没有太多的财产，一次巨额赔偿就可能使其面临灭顶之灾。而且这些机构具有法人资格,承担的是有限责任,投资人和执业医师无须承担责任,一旦这些机构没有足够的财产进行赔偿,赔偿责任最终将无法落实。对执业医师来说,虽然可能没有足够的财产赔偿,但如果真正建立起责任保险制度,就可以减轻医师的医疗损害赔偿数额。

前面分析了医师自由执业的诸多优点,但我并不是主张所有的医师都要自由执业,而只是说,在现有的医疗服务模式之下,医师自由执业可能是一种有益的补充,我国的医疗体制改革应在此方面进行有益的尝试。在此基础上,我国未来民法典侵权责任法编可以考虑引入医师的专家责任制度,从而为医疗领域的相关改革提供配套的制度支撑。

环评不该沦为"聋子的耳朵"

天津"8.12"爆炸事件后果严重,损失惨重。这引发了我们对环境影响评价制度的思考。据目前可查到的工商注册信息,本次爆炸事故的事发公司瑞海公司成立于2011年,是天津海事局指定危险货物监装场站和天津交委港口危险货物作业许可单位,它并不具有经营危险货物中转堆放业务的资质。据媒体报道,有关环评机构在2013年的环评公示中称,"拟建项目涉及的物料大多为危险、易燃物料,在物料运输、贮存过程中,存在一定的环境风险",但认为,"在采取有效的防范措施、制定相应的应急预案的前提下,事故风险在可接受范围内"。在居民区已经合法建成而且入住以后,在离居民区如此之近的地方,环评居然显示,后来建造的危险物品仓库的项目"环境风险水平可以接受,项目选址合理可行"。① 该环评报告并没有对企业编制具体环境应急预案的义务作出规定,也没有提出编制环境应急预案的具体要求。② 后来,安全评估报告也获得通过。现在看来,如果

---

① 参见赵孟:《天津爆炸事故企业环评称"选址合理"》,载 http://news.qq.com/a/20150813/046013.htm,2015年8月13日访问。
② 参见刘星、何林璘:《四问天津港"8.12"特大爆炸事故》,载《中国青年报》2015年8月14日。

环评机构以及安评机构都能够认真履行其环评编制职责,涉事企业也能按照环评报告的要求履行相关义务,则此次爆炸事故可能不会发生;即便发生,也不会造成如此严重的后果。

天津爆炸案再次引起我们对环评的反思,再次提醒我们对环评、安评等环境保护的预防性措施的高度重视。

环评具有识别和预防环境风险的作用,环评体现了环境法中损害预防的原则,从事任何对环境有影响的事业,都应当事先进行相应的环境影响评价,从而有效识别该活动对环境可能产生的潜在影响,并在此基础上提出相关的防范、消除和降低环境风险的措施或者替代性方案,并针对上述防范、消除、降低措施和替代性方案的具体实施提出可监测的方法,以尽量降低人为活动对环境的影响。但长期以来,我们对环评的重要性认识不足,环评活动流于形式,事实上成了"聋子的耳朵"。例如,一些地方政府在招商引资一个项目之后,"先上车后买票",不管该项目对环境有多大的影响,都是非做不可,环境影响评价只是走形式和过场,原本应当起到事先防范功能的环评制度,实际上沦为"聋子的耳朵"。为了帮助相关企业通过环评,环评机构和辖区环保部门还到有审批权的上级环保部门,帮助企业取得相关的环评审批手续。据媒体报道,国内基本建设项目环境影响评价通过率达到了99%。[1] 有人说,中国的环评99%都不得不通过,这可能就是中国的环境危机日甚的主要原因。[2] 北京大学汪劲教授2007年领导的一个课题组对环境保护行政管理部门工作人员的问卷调查显示,"有接近40%的被调查者认为自己所在

---

[1] 参见解小如:《环评为何成了"聋子的耳朵"》,载《中国化工报》2008年11月5日。

[2] 参见连岳:《环评连聋子的耳朵都不如》,载《南方都市报》2007年12月7日。

行政区域内的环评补办率在40%以上","四川省环保局工作人员就承认该省有50%的项目没有办环评,30%的项目是补办的,按规定办理建设项目环境影响评价的项目只占该省建设项目的20%,该省双流县的环评甚至基本上是补办的"。①

某些环评机构之所以沦为"聋子的耳朵",原因是多方面的:一方面,利益驱动是导致环评功能失灵的重要原因。环评机构编制环评报告本来具有提供公共服务的性质,但在环评机构完全市场化以后,为了自己的生计考虑,一些环评机构被迫受利益驱动,一旦企业项目要上马,只要肯出钱,甚至出大价钱,项目就都能够通过。本来环评达不到法定条件的,也要睁一只眼闭一只眼。例如,建设项目环评听取公众的意见是环评的法定程序,而举天津"8.12"爆炸事件所涉的项目为例,据媒体报道,"在同步公开的资料里,这个项目通过新闻媒体和发放调查表的方式进行了公示征求居民意见,发放调查130份,收回了128份,参与调查的公众100%认为这个项目选址合适"。这个"100%认为这个项目选址合适"的调查结果从何而来?爆炸点周边居民究竟是否真的参与了这次调查和公示?一位知情人士称,周边的居民肯定也不知情。2013年至今,万科这个项目一直正常销售,"如果居民知道家旁边几百米就是个随时会爆炸的危险品仓库,不可能一点反应没有。"② 而这种"带病"的环评报告又是各级环保部门作出环境影响评价行政许可审批的主要审查文本,长此以往,环境风险就很难得到预测和控制。在此情形下,环评制度就很难发挥为环境保护保驾护航、把关护院的公共职能。

---

① 汪劲:《环保法治三十年:我们成功了吗——中国环保法治蓝皮书(1979—2010)》,北京大学出版社2011年版,第83页。

② 参见相关报道:《天津爆炸仓库距离居民小区仅600米建前做调查百分之百市民同意》,载 http://www.fjzxu.com/zx/gn/208.html,2015年8月15日访问。

实践中，多数发生事故的污染企业在形式上其实都通过了环评审批，但从项目一上马开始，其污染就已经开始产生了。另一方面，环评制度本身不健全、法律责任的缺失等，难以有效规范和督促环评机构履行法定环评义务。对环评机构及其从业人员资质的入门管理、从业的行为规范、事后的法律责任等，都缺乏足够具体、完善、可操作的规定，丧失了法律对环评行为的有效监管。例如，尽管2014年修订通过的《环境保护法》第65条增加了环评等中介机构的连带赔偿责任，即如果环评机构弄虚作假，其应当对因此造成的损害承担连带责任。但该规定较为原则，缺乏可操作性，尤其是对具体的弄虚作假的行为列举、弄虚作假行为与损害后果的因果关系的认定标准等，仍然需要进一步细化。另外，环评和安评涉及地区的安全、老百姓的人身和财产安全，利益重大，因此这些机构应当具有一定的中立性，不能完全作为政府的下属机构。否则，一旦项目对拉动地方GDP有帮助，地方政府便会对评估机构施加压力，使其不得不通过评估。因此，应当将评估机构独立出来，使其具有中立性，不完全受制于政府的行政管理和命令，只有这样其才能按照科学规律和技术标准进行客观、中立的评估，其评估报告也才能够为人们信服。

今后，应当充分发挥环评在预测环境风险方面的积极作用。在天津爆炸事故中，涉事企业从事高度危险物品的储存活动，怎么能在距离居民区很近的位置选址呢？环评报告的结论认为，该项目"环境风险水平可以接受，项目选址合理可行"，这既与事实不符，环评机构也根本没有发挥其环境风险评估和预测的功能。尤其应当指出，对从事危险化学品生产、经营的企业，应当有非常严格的、特殊的环评，除了常规的环评外，还应当结合严格的安全生产评估，以避免造成危害事故。也就是说，对于化工或者是危险化学品相关的产业的管理，应当避免行政管理的条块分割，使得安监和环保工作有机结合。此外，除了通过传统的环境影响评价手段来评估其对环境的潜在影响，防止环境污染、生态破坏外，还应当进行环境风险和环境应急的综合管理。例如，应当识别具有环境风险的化学品的生产、储存、运输、使用过程中的风险，如果风险是可识别、可防、可控的，就可以开展生产活动，否则就不应当批准这一项目。即便项目是可行的，还应当建立日常的风险排查机制、风险监测预警机制和环境应急预案编制、演练机制，一旦发现风险，或者因安全生产事故、交通运输事故等引发突发环境事件，就应当及时发出环境应急预警，适时启动应急预案，通知和疏散周边群众，采取应急措施，开展环境应急监测，消除环境风险，并及时向社会公开环境应急信息。特别需要吸取教训的是，像"8.12"爆炸事件这样的化工项目，还应当开展危险防范知识的宣传工作，周边社会、公众、医院、消防和政府等公共部门也应当进行撤离、特种消防、救治、物质运输、消息发布等专项的演习，以及港区综合应急响应演练，提高风险防范和避险防灾的能力。例如，发生紧急情况后，如何避险；尤其是出现了危险物爆炸、扩散的情形下，如何防毒。如果把周边群众和响应救援机构这些工作事先做好了，就可以有效避免和减少人员伤亡。但环境影响评价并没有与安全生产评价有效结合，环评后续的环境应急管理措施也未能有效建立，才最终造成了如此大的灾难。

环境保护不应仅依赖事后治理和追究责任的方式，而应注重源头把关，全过程防治。因为环境污染一旦发生，很多的污染具有不可逆性，环境无法恢复，有些环境虽然能够恢复，但时间和经济代价高昂。例如，有些对地下水的污染，可能需要数十年甚至上百年的时间恢复，其代价是巨大的，包括修复和恢复所要支出的成本，科研、监测等投入，以及恢复的过渡期环境功能无法提供的成本等。只有从源头上把关，从一开始就通过严格的环评把问题暴露出来，尽量避免或降低相关的环境风险，才是安全的，也才能实现经济社会与环境的和谐持续发展。

要充分发挥环评的作用，首先应当使环评机构保持独立性。独立才能客观、公正。但事实上，在实践中，有的环评机构成了"红顶中介"，"戴市场的帽子、拿政府的鞭子、收企业的票子、供官员兼职的位子"。某些环评机构与环保部门相互轮岗，利用政府权力牟取私利，不仅没有起到为环境保护独立审查、站岗放哨的作用，反而成为不正当竞争、"权力寻租"的推手。这样的环评机构自然也难免沦为"聋子的耳朵"。因此，要真正发挥环评机构的作用，首先就是将其与相关的环保部门脱钩，使其成为肩负一定社会公共职能的独立的机构。必须要从环评机构的资质把关、日常监督、违规淘汰和制裁等方面入手，斩断其向项目建设业主"权力寻租"的路子。这就需要加强环评机构从业资质的管理，明确执业人员的职业道德和执业规则，建立一套完整完善的管理制度。

要充分发挥环评的作用，也应当强化环评机构的责任意识。此外，原本应当起到事先监管功能的地方环境保护部门，也必须真正"守土有责"。如果只会秉承同级政府和上级领导的决定，就难免会沦落为为某些项目事后补办环评手续的工具。在实践中，有的地方环保部门本来应当是对地方环保负责，但它们和企业一起，游说、协调相关的环评机构和上级环保部门，出现了角色错位。如果一些环评机构没有尽到依法编制环评文件的职责，而事后的法律责任又追究不到环评机构的身上，就会形成制度的逆向激励。因此，法律责任不明晰和追究不严格也是导致环评机构疏于履行环评义务的重要原因。

要充分发挥环评的作用，还必须要保证环评程序的公开、公正。应当从环评的第一道工序开始。我们经常看到国外的报道，在环评过程中稍有疑问，就会招致整个社会的质疑，媒体、公众、社区等都会参与进来，讨论项目的可行性和最佳实施方案。在环评过程中，也一直注重信息公开和公众参与。我国也应完善和落实环评的公众参与制度，环评机构接受环评报告编制的委托工作，应当将其接受委托项目的基本信息公开给公众，公众可以就该项目发表自己的意见。等到环评报告进入正式编制过程后，应当通过调查问卷、座谈会、听证会、论证会等方式，听取有关公众、专家和社区的意见，并且要把这些意见在环评文件中采纳与否以及理由予以明文记载，提交给审批环评报告的政府部门。环保部门受理环境影响评价行政许可申请后，应当将项目信息向社会公开，遇到项目具有潜在环境影响的，涉及社区、公众等环境利害关系人的利益时，应当在作出行政许可决定前，通过听证会、专家论证会等方式，充分听取民意，论证项目的环境安全性，对于公众的反对意见，应当在听证会笔录等文件中记录在案，予以充分考虑；对于不采纳的，应当说明充足的理由。若决定给予行政许可的，应当在作出正式行政许可前，对拟许可的项目进行公示。这就是环评中全程化的公众参与。正是这样的程序，使环评工作始终保持公开、透明，而不是暗箱操作。

在我国现阶段，发展是第一要务，只有保持可持续的发展才能维持人民的生存权和发展权，因此，不能为了保护环境而不发展。但是，发展也不能以牺牲环境为代价。事实上，二者并不完全矛盾。如果能通过环评、安评制度把问题提前暴露出来，及早采取措施加以评估、预防和防范，就可能实现环境和经济社会发展的双赢。天津的爆炸案最典型地反映了这一问题。如果环评和安评能够互通信息、互补机能，也许潜在的风险就能够早点得以暴露,进而可以及早采取措施,则未必会发生此种严重的事故。

"8.12"爆炸事件的发生,已经付出了惨重的代价,但是悲剧不能重演,警钟必须长鸣,必须要从事故中真正吸取教训。

破产法是治理僵尸企业的一剂良药①

随着中国经济进入新常态，在企业转型升级过程中，许多企业都会面临破产的状况。自2015年以来，中央提出了僵尸企业的处置问题，并将治理僵尸企业作为供给侧结构性改革的重要内容，僵尸企业的破产问题成为法学界研究的重大课题。

僵尸企业并不是一个严谨的法律概念，而是一个经济学概念。虽然僵尸企业都已陷于债务困境，但并不一定都陷于破产状态。有些僵尸企业可能会走出困境，仍然具有重生的可能。即便已严重资不抵债，但由于企业的破产不仅会产生债权债务清偿、财产资源再次分配等法律问题，还会产生诸如失业职工就业安置、社会救济、维持稳定等一系列需要政府履行职责解决的社会外部性问题，因此，对于僵尸企业，并不一定都要通过破产程序予以解决。但是，在经济新常态下，破产法应当成为治理僵尸企业的一剂良药。

破产法是规范市场主体有序重组和退出之法。在各种退出途径中，破产应当是程序最为规范和公正的使企业退出的

---

① 本文为2016年8月13日在第七届中国破产法论坛上的发言。

途径，发达国家将破产法称为"破产保护法"，并将其视为市场经济完善程度的重要标准之一，这也体现了破产法具有规范市场主体有序退出的重要价值。虽然政府提出了"多兼并重组，少破产清算"的要求，但从实践来看，司法重组的案件很少，大量都是行政性重组，而行政性重组由政府主导，常常采用"拉郎配"的做法，导致经营资源难以得到有效配置。而且这种做法只适用于国企，难以适用于大量的民营企业。因此，应当鼓励企业走司法程序，即便是重组，也应当通过司法程序进行有效重组，而这种方式在实践中也已经成为治理僵尸企业的有效方式。例如，湖北省有关法院在办理长航凤凰破产重组案件时，发现长航凤凰是一家百年老店，有经过百年经营而凝聚成的企业品牌，具有一套遍布全国的经营网络，如果进行破产清算，将从根本上消灭上述经营资源。因此，法院最后通过资产债务重整，帮助该企业走出了困境。许多地方法院对僵尸企业的破产重组已积累了不少经验，如盘活不动产、支持企业引入外来投资、推动闲置资产的快速流转以及加大重点企业的帮扶力度等方式，可以帮助大量的僵尸企业走出困境，获得重生的机遇。

　　破产法是实现资源有效配置的法。僵尸企业不仅占用了大量的社会资源却无法创造出应有的价值，而且也在一定程度上影响了国家经济结构、产业结构的布局，不利于市场经济的可持续发展。为了提高资源的有效利用，就必须通过企业退出机制来合理分配社会资源，为此，在企业进入破产程序后，法律应当对其进行分类评估，分别处置。这就是说，如果企业只是短期的资金紧张、资金链断裂、流动性吃紧，但企业的市场前景良好，对此类企业，应当积极通过破产重整、和解的方式化解企业债务危机，帮助企业走出困境。但对于技术水平较低、发展前景差、环境资源消耗大的企业，则应当及时进行破产清算，从而使企业和产能能够及时退出市场。但从实践来看，企业启动破产程序的动力机制不足，不仅许多债务人不申请破产，债权人也不申请破产。因为大量的债权人是银行，如果债权、债务挂在账上，对银行的内部管理可能更为方便，一旦破产清算，则这些债权债务就成了坏账。目前，企业走破产程序的数量有限，与此有密切的关系。为了解决破产动力不足的问题，法院有必要将执行程序与破产程序相衔接，在执行过程中，如果发现企业没有挽救希望、不需要进入重整，则只要当事人同意，即可以直接由执行程序转为破产程序。这种做法确有一定的合理性。笔者认为，治理无挽救希望的僵尸企业，必须充分发挥破产法的作用。破产法有利于保障僵尸企业依法、有序退出市场，这一方面有利于维护交易安全和市场秩序，另一方面也可以释放出一定的生产要素，从而有利于产业结构的调整和经济结构的转型升级。从这一意义上说，僵尸企业的治理也是供给侧结构性改革的重要内容。

　　破产法是有效清理债权债务关系的法。僵尸企业往往存在各种各样的债权债务关系，传统的民事诉讼、执行程序在企业亏损甚至资不抵债的情况下，难以满足公平清偿债权债务的要求。而破产法确立了管理人制度、撤销权制度、无效行为制度等各种维护债权人利益和社会公共利益的制度，同时确立了区别于传统法律的债权清偿顺位和体系，这有利于实现债务人财产价值最大化，从而在公平的基础上有效清理各种债权债务关系。要充分发挥破产法在清理僵尸企业方面的作用，一是必须加强司法处理破产案件的力量。鉴于清理僵尸企业主要是司法程序，因此，为确保清理僵尸企业工作的顺利进行，有必要实现破产案件审理的专业化。实践证明，在中级人民法院建立专门的破产审判庭并集中管辖辖区内的破产案件，是一种非常有效的措施。二是应当设置破产费用保障基金，有效保障管理人合理报酬和破产程序必要费用的支付。破产费用的支付也是企业破产的一大难题。例如，有的企业破产以后，什么财产都没有了，无力支付破产管理人的报酬以及职工的安置费用，甚至连发布破产公告的费用都没有，这会严重影响破产程序的进行和破产制度功能的发挥。从国外来看，有的国家通过设立各种破产基金的方式解决了这一难题。我国一些地方也已经开始设置相关基金，用于处理僵尸企业问题，这些经验值得推广。三是完善简易破产程序。现行破产程序较为复杂，费用较高，难以一概适用于大量的中小企业，这也导致许多中小企业不敢到法院打官司，走破产程序。虽然有的地方法院变通适用了现行破产程序，简化了相关的程序规则，并取得了良好的效果，但严格地说，法院不应当自行变通相关的法律程序。这就有必要在总结既有司法实践经验的基础上，对简易破产程序作出规定，以简化中小企业的破产程序，降低破产成本，更好地发挥破产法律制度的功能。四是健全社会保障机制。破产法的有效实施，离不开劳动法、社会保障法的保障。现阶段，我国的社会保障制度、社会救助制度尚不健全，破产法也因此遇到了实施的阻力，我们建议，政府可通过财政支持处置僵尸企业、保障破产法顺利实施，重点用于解决僵尸企业退市后的职工安置等社会问题。

市场经济的基本法则是公平竞争、优胜劣汰。在经济进入新常态后，企业转型升级面临破产困境在所难免，充分发挥破产重整、和解、清算制度的功能，实际上也是推动中国经济市场化、法治化的必由之路。

法治具有目的性

第三编
法治的实践

产权保护是市场经济的基石①

产权制度是社会主义市场经济的基石,保护产权是建设社会主义基本经济制度的必然要求。党的十八大以来,三中、四中、五中全会都强调保护产权,2016年11月27日,中共中央、国务院发布了《关于完善产权保护制度依法保护产权的意见》(以下简称《意见》),提出健全以公平为核心原则的产权保护制度,推进产权保护法治化。这对于完善社会主义市场经济法律体系、保障市场经济的健康发展具有重要意义。

秘鲁经济学者索托(Soto)在其《资本的秘密:为什么资本主义在西方取得了成功,却在其他地方遭遇了滑铁卢?》一书中提出,市场经济模式在西方(比如美国、西欧甚至日本)都取得了极大的成功,而它在很多发展中国家却停滞不前。发展中国家面对资本市场,就像隔着一层透明玻璃,怎么都进不去,因为多数发展中国家没有建立起把资产转换成为资本的机制,但最根本的原因在于对产权的法律确认和保障不力。另一位历史学家弗格森(Nial Ferguson)在其《文明》(*Civilization*)一书中提出西方能够在过去的500年长期

---

① 原载《检察日报》2016年12月7日。

控制世界的六大"杀手级工具"(killer applications),其中之一就是保护产权。其实,一些法经济学家如诺贝尔经济学奖获得者科斯、诺斯等人都已经从法学、经济学等多个维度对此做出了详细的论证。

从历史上看,罗马的强大虽然在表面上体现为军事成就,但究其根本,仍然在于其法律对私权的保护。马克思在《黑格尔哲学批判》中就提到,其实是罗马人最先制定了抽象的权利,抽象的人格权利。罗马人的主要兴趣是发展和规定那些作为私有财产的抽象关系。中世纪后期,罗马法的复兴使私权制度尤其是其中的产权保护制度在欧洲落地生根,深入人心。英国普通法很早就逐渐构建了产权保护的制度安排,美国学者诺斯等人认为,英国在17世纪就已经形成的相对完善的产权保护制度是关键因素,这也是英国被称为"日不落帝国"并主导世界将近200年的重要原因。哥伦布发现新大陆之后,欧洲人开拓全球贸易市场并从贫穷落后走向富强发达之路。这其中尤以荷兰、英国等国为代表。这些国家通过诸如公司、保险等制度所建立的风险分担与产权激励机制发挥了重要作用。从拿破仑民法典宣布的三大原则来看,其中两项——无限制所有权和契约自由,都是产权制度的重要内容,这也使法国成功实现了从风车水磨为特征的农业社会向资本主义社会的转变。而美国从建国伊始,就在宪法中构建了对财产全面保护的法律制度,这也奠定了美国强大的制度基础。

保障产权首先在于定分止争。中国古代就有"一兔走,百人追之;积兔于市,过而不顾,非不欲兔,分定不可争也"的说法。产权的目的就是明确财富的归属,明晰权利的主体,进而可以达到定分止争的效果。如果没有明晰的产权,则社会成员将围绕财富的归属与使用而陷入反复的争斗。这就会形成霍布斯所说的丛林法则(Hobbes jungle),即在物少人多的情况下，人们为达到自己的目的而不惜伤害他人，你争我夺，完全凭武力和强权解决争斗，从而使社会财富、人与人之间的关系陷入不确定状态。所以需要有法律来维护人们之间的安全。定分止争后，"田者不侵畔，渔者不侵隈。道不拾遗，市不豫贾，城郭不关，邑无盗贼，鄙旅之人相让以财，狗彘吐菽粟于路，而无仇争之心"（《淮南子》）。因此，法律首先就需要解决定分止争的问题。财富归属上的安定性，是人类社会生活的前提，是人类的基本安全。

保障产权就是要形成恒产恒心。伟大的思想家孟子的名言"有恒产者有恒心，无恒产者无恒心"，就是对此的精准概括。其中所谓恒产就是受到制度保障的财产。正如前述《意见》指出的："有恒产者有恒心，经济主体财产权的有效保障和实现是经济社会持续健康发展的基础。"只有有关财产能够受到法律制度的切实保障，人们才能确立通过自己的劳动创造财产、获取财产的信心，这样才能有投资的冲动和置产的愿望。但我国几千年来一直未能很好地解决这一问题。所谓"千年田换八百主"就是对这种缺乏产权保护机制的真实写照，这导致虽然我国的一些朝代曾经市井繁荣，但都不免昙花一现，始终不能进入市场经济社会。今天我们强调的"恒产恒心"就是讲安全感的问题。只有充分保障产权，才能形成安全感，使人们确立有关财产权的长久预期。没有此种安全感，不仅会导致资产的无谓消耗与浪费，也会导致资产外流，抽空社会财富。从这个意义上说，法治的建设不仅关乎制度本身，也关乎财富的最终归属与积累。

有效而周全的产权制度是财富自由流动，发挥最大效用的基础保障。洛克认为，产权是个人自由的保障，而亚当·斯密则认为，产权是市场交易的基础条件。他们都从不同的角度概括了保护产权的功能，都强调了产权保护在财富创造中的重要作用。索托指出，在非洲、南美等地，人们虽然创造和持有巨大的财富，但这些财富并未被登记和承认，权利人只能实际占有这些财产，而不能通过抵押、出租、转让等方式对这些财产的使用价值和交换价值加以利用，这就难以使这些财产变成可以流动的资产，因此导致资本匮乏，财富无法发挥其最大的价值。索托曾经举了两个例子，一是在美国，总值约13万亿美元的金融市场中，资产证券占到4万亿美元。这些资产证券最终都被用来作抵押和抵押的再贴现。还有另一些机制使这一整套体系更安全，包括全国性的抵押中介机构，它们帮助创建了二级市场。美国的金融发达，正是建立在完备的产权保护制度基础上的。正是因为对产权的周密保护，才能保障人们在财产流转中的合理期待和信心，并能够稳定整个金融体系。二是在秘鲁和苏联等国，恰好与美国的做法相反，70%以上的人都没有拥有土地或房产的合法权利，因此其资本市场并不发达。通过对二者进行对比，索托认为，各种担保、资产证券化以及各种资产的流动方式，都是建立在保护产权的基础上的，因为要把不能流动的财产变成可以流动的资产，关键就是对其权利予以正式化（formalization），从而创造出建立大规模金融市场所不可或缺的担保物。这两个相互对照的例子表明，产权制度一方面明晰了权利的归属，另一方面则有利于促进财产的使用和流转。从这个意义上说，产权制度的功能并不仅限于"恒产恒心"这一层面，其还包括了在此基础上设计更有效的财富使用与流转制度，从而在更大程度上发挥财产的经济效用。

产权保护也是创新的动力和源泉。习近平总书记指出："创新是一个民族进步的灵魂，是一个国家兴旺发达的不竭动力，也是中华民族最深沉的民族禀赋。在激烈的国际竞争中，唯创新者进，唯创新者强，唯创新者胜。"但创新离不开产权的保护。一方面,创新客观上需要保障个人的行为自由,尤其需要强化产权保护,因为产权保障是个人自由的基础性条件,是个人发挥创造力的基石。只有充分保护了产权,包括创新过程中形成的各种新型财产权,才能为创新提供动力之源。财产权关系到公民的人格尊严和自由。保护产权,有利于保障人们的财产自由,无财产则无人格、自由,就不会有创新,也不会有恒久的动力去创新。另一方面,保护产权尤其是无形财产权,有利于鼓励人们勇于承担风险,进而促进个人在创新方面的投资。如果忽视对产权的保护,则个人所创造的利益可能被他人无偿利用,从而使其丧失竞争优势,这将极大地削弱个人的创新欲望。只有不断强化对产权的保护,保护人们对利益的正当追求,才能激发人们强烈的创新欲望,从而不断推动经济社会发展。

改革开放以来,我国不断推进产权制度改革,并在此基础上不断推进产权制度的完善。现行《宪法》虽然规定了"社会主义公有财产神圣不可侵犯",但同时也规定了"公民的合法的私有财产不受侵犯",以及"国家依照法律规定保护公民的私有财产权和继承权"。《宪法》第13条规定强化了对私有财产的保护,这就为产权的保护提供了宪法依据。《物权法》第一次以民事基本法的形式对物权法律制度作出了安排,构建了产权制度的基本框架,确认了平等保护原则,全面地确认了公民的各项基本财产权利,奠定了产权保护的基础。党的十八届三中、四中、五中全会都反复强调要加强产权保护。然而,在实践中,由于受"一大二公"的"左"的思想的影响,以及法治观念的淡薄,侵害公民合法私有财产的现象仍大量存在。因此,必须依据宪法和物权法的规定,平等保护各类所有制财产,使各类产权主体能够形成一种合理的利益预期。政府必须依法行政,诚实守信,不得以公权力侵害企业和公民的财产权,征收、征用要依法进行,严格遵守程序,并给予合理补偿。司法机关应该平等保护各类主体的财产,严格禁止非法查封、非法扣押、非法没收等各类侵害私人财产权的行为,公正、公平地解决各类产权纠纷。只有建立了完善的产权保护制度,提高个人合法私有财产的保护水平,才能不断激发个人的创造活力,并推动社会主义市场经济的完善和发展。

安全感：法治的重要标尺

中共中央《关于完善产权保护制度依法保护产权的意见》指出："必须加快完善产权保护制度，依法有效保护各种所有制经济组织和公民财产权，增强人民群众财产财富安全感。"这是保障经济社会秩序健康发展、保护人民群众对幸福生活的美好向往的重要举措。

复旦大学 2014 年年底发布的一项报告表明，人们对政府的反腐行为普遍感到满意，但与此同时，人们也普遍存在不公平感与不安全感等负面社会情绪。① 这种不安全感主要体现为对财产和人身安全的担忧，人们所担忧的危险并不是来源于社会治安状况，其更多的是立法、执法、司法中存在的问题所引发的。所以中央通过的上述意见非常及时，而且抓住了人民群众普遍关切的重大问题。

一、为什么说安全感是法治的标尺？

安全感是法治所追求的目的。安全感是人民福祉的重要组成部分，中国传统文化将安全作为个人安身立命的重要内

---

① 参见支振锋：《安全与稳定是最基本的公共产品》，载《内蒙古日报》2015 年 4 月 27 日。

容。一个人不管到哪里,要做的第一件事就是给家里报平安,子女外出,父母千叮咛、万嘱咐的,不过是"平安"二字,最惦记的也是子女的安全。俗话说,平安是福,健康是喜。按照马斯洛需求层次理论,安全感主要包括人身安全、生活稳定以及免遭痛苦、威胁或疾病等,它是个人幸福生活的组成部分。因此,安全是幸福的基础和前提。民众具有安全感,是小康社会的重要内容。安全感不仅是个人幸福的重要内容,也是衡量法治的标尺。法治以维护人民的利益为根本目的,以实现人民对美好生活的向往为根本目标,法治社会就是充分保障公民财产和人身权益的社会,是充分保障公民法定范围内自由的社会。霍布斯认为,自然法首要的目的就是保护个人的生命,建立国家的目的是维护自然法,保护人们的安全。"人民的安全,乃是至高无上的法律"。① 洛克在《政府论》一书中指出,政府的首要责任是防范个人的人身和财产受到侵害,维护财产和人身的安全。卢梭在《社会契约论》一书中也指出,国家权力的最终源头是共同意志,统治者如果不能保护个人的自由和安全,就违反了社会契约。这些思想家实际上都在表达保障公民的安全是国家的重要责任。法律是人民安全的保障,人民安全本身也是法治的目的。

安全感是评价法律实施效果的重要标准。法治具有实践性,法律是否真正能起到保障人民人身财产权益、维护社会秩序的效果,是衡量法治实现程度的标准。如果人们的人身、财产得不到保障,则法律颁行得再多,也根本谈不上法治。和谐社会是法治社会,也是人们人身、财产等合法权益得到法律有效保障的社会。维护社会和谐有序是法治的应然

---

① 参见〔美〕E. 博登海默:《法理学:法律哲学与法律方法》,邓正来译,中国政法大学出版社1999年版,第293页。

之义。所谓"太平世界",就是指公正、安宁的秩序,古人说"天下大治",其主要也是指和谐有序的社会治理状态,这也是法治的目的。我们为什么要法治?就是因为法治能够保障人们的合理预期,保障人们生活稳定、和谐有序,一言以蔽之,法治是人们安全的保障。

安全感是评价社会治理水准的重要标尺。古人说,"法者,治之端也"(《荀子·君道篇第十二》)。古人一直以政治清明、经济繁荣、人民安康、社会稳定、天人和谐作为盛世、小康的标准,这也是国家治理成功的标志。"是故谋闭而不兴,盗窃乱贼而不作,故外户而不闭,是谓大同"(《礼记·礼运》)。历朝历代的思想家对和谐社会的描述都强调了人民幸福安康、安居乐业、路不拾遗、夜不闭户的社会治理状态。公正、安宁、平安等,都是衡量社会治理是否成功的重要标准。今天,我们即将建成的小康社会也应包括上述内容,而不仅仅只是经济的发展和人们物质生活水平的提高。衡量社会治理成功与否,应当看社会是否和谐有序、平安稳定,人民是否安居乐业。国家和社会治理应当现代化,其中最为重要的是实现法治化,有效地保障人民的安全。

安全感是法律价值的集中体现。安全感是贯穿宪法、法律的永恒价值。切实维护人民群众的安全,其实就是在践行宪法、法律保护公民基本权利的价值追求。安全感体现的是对生命权、健康权、财产权等基本权利的尊重,这是法治得以建立的根本。安全感也是法律公平、正义的集中体现。正义必须体现,而且应当以被看得见的方式予以体现,安全感不能体现,法治也就根本无法建立。习近平同志指出,要努力让人民群众在每一个司法案件中都感受到公平正义,而有安全感则是感受公平正义的最基本前提。

安全感之所以比以往任何时候都更为迫切,与改革开放以来我国人民物质生活水平不断提高是密切联系在一起的。我国现在已经基本解决了大多数人的温饱问题，城乡居民的收入普遍增加，居民人均存款已突破4万元，城乡人均住房面积也达到20多平方米，平均每10人有一辆汽车。在这样一个背景下，人们对自身财产安全的保护也到了极度渴求的地步。在温饱基本解决之后，人们就开始渴望安全感，更为关心自身安全问题，对秩序和安全环境的需求也就更加强烈。古人云，"仓廪实而知礼节，衣食足而知荣辱"，在基本温饱问题解决之后，人们就会有更高层次的追求，会更多地关心自己的生活质量，尤其是关心自身的尊严、安全等问题。保护人们的人身、财产安全就是保护人们对生活的期待，以及对美好生活的向往和追求。我们正在进入一个创新型的社会，无论是财产的创造，还是技术的创新，都是以人们具有安全感为前提的。没有人身、财产的安全，一切都无从谈起。我们即将迈进小康社会，小康不仅是一种物质上的富裕状态，更体现为人身、财产安全获得稳定保护的状态。如果财产、人身安全都得不到保障，又何谈幸福安康呢？

二、法治如何维护安全感？

安全感首先来自社会的稳定。社会不断动荡，人们是不可能有安全感的。法治在保证国家稳定、长治久安中扮演了重要角色。维护人民群众的安全感，根本之策是全面推进依法治国。依法治国的关键在于依宪治国，即通过全面实施宪法和法律，保障国家权力有效运行，保障权力能够有效交接，才能使社会和谐有序、长治久安。

维护安全感必须进一步完善现代产权制度，推进产权保护法治化。有恒产者有恒心，只有有效保护人民的安全，人们才会有投资的信心、置产的愿望和创业的动力。没有健全的法治，将导致人才、智力的外流与财富的流失。没有此种安全感，不仅会导致资产的无谓消耗与浪费，也会导致资产外流，抽空社会财富。在全球化的时代，资本对法治具有很强的依赖性，一旦法治出现缺陷，资本必然受到惊吓，就像小鸟受到惊吓会四处逃散一样，纷纷外流。加强产权保护，一是要坚持平等保护，健全以公平为核心原则的产权保护制度，增强社会信心，形成良好预期，增强各类经济主体创业创新动力。二是要坚持全面保护，保护产权不仅要保护物权、债权等有形财产权利，也要保护知识产权及其他各种无形财产权。三是规范公权，防止公权对私权的不当侵害。现实生活中出现的野蛮征收、暴力征收、暴力执法等现象，以及有的司法机关作出的非法没收、非法扣押、非法查封等行为，都在一定程度上损害了人民群众的安全感。因此，要努力建设法治政府、责任政府、诚信政府，严格防止公权力对私权的不当侵害，使每个人生活在安全的环境中，享受安宁的生活，免于一切非法的强制和恐惧。四是抓紧解决产权保护方面存在的突出问题，加快建立产权保护长效机制，使人们确立有关财产权的长久预期。从这个意义上说，法治建设不仅关乎社会财富的创造与积累，也关乎社会公平正义的维护，甚至关系到经济社会的持续健康发展和国家长治久安。

维护安全感，必须规范行政执法，保障司法公正。洛克在1690年的《政府论》一书中曾经指出，公民的不安全是出于恐惧，恐惧是出于没有明文和稳定的法律，没有公正的裁判官，没有执行判决的力量。[1]这种观点在今天看来虽然有些绝对，但也有其合理性。在我国，实践中

---

[1] 参见〔加拿大〕梁鹤年：《西方文明的文化基因》，生活·读书·新知三联书店2015年版，第208页。

出现的导致公民安全感降低的原因,很大程度上与执法不公、司法不公有密切关联。一方面,需要大力提高与规范执法和司法人员的素质与水平,将规范执法、严格执法、公正执法落到实处。切实杜绝执法不公、随意执法、粗暴执法等执法不文明与不规范的问题。对于严重侵害公民人身、财产安全的行为,应当依法追究其刑事责任。另一方面,要公正司法,让人民群众从每一个司法裁判中体会到法律的公平正义。禁止非法查封、扣押公民的财产,禁止随意罚款、非法没收公民的财产。对涉及公民财产纠纷的案件,应当严格依法裁判,切实保障公民的合法权益。

维护安全感,必须进一步完善社会保障、失业保障、医疗保障等制度。古人关于大同社会的设想就提到了要"使老有所终,壮有所用,幼有所长,鳏、寡、孤、独、废疾者皆有所养"(《礼记·礼运》)。人们生活幸福安宁也包括了人们老有所养,幼有所教,病有所医,生活就充满安全感。我国一些地方存在看病难、上学难、安葬难等现象,使得民众对生命、健康、教育等基本权利缺乏合理预期。"幸福是需要由国家来提供的,至少国家应当保证每个人都有平等的机会来获得它。"[①] 这就需要制定完备的社会保障法律法规,建立科学完善的社会保障制度,使人们不会因为贫困和疾病而陷于困境,过着穷困潦倒、毫无尊严的生活。此外,对于涉及老百姓生、老、病、死等社会保障基本问题,都需要妥善解决,以切实保障人民群众的安全感。

需要指出的是,经过改革开放近四十年的发展,人民群众的安全感

---

① 〔法〕雅克·盖斯旦、吉勒·古博:《法国民法总论》,谢汉琪等译,法律出版社2004年版,第109页。

得到了很大提高，个人的生命权、健康权、财产权、自由权等得到了前所未有的提高，一个安居乐业的社会正在形成。但随着时代的发展和社会的进步，人民群众对安全感有了更高的要求，也有更多的期盼。习近平指出："人民对美好生活的向往，就是我们的奋斗目标。"我们应当以回应老百姓安全感为契机，全面推进依法治国战略，大力提高法治水平，全面建成法治社会。

中国为什么缺少百年老店？

如今"中国制造"风靡全球，我国已经成为"世界工厂"，但我国生产的产品大多挂着国外的品牌，自己的民族品牌屈指可数，百年品牌更是凤毛麟角。据统计，在中国，经营历史超过 150 年的百年企业，仅有 5 家，分别是 1538 年的六必居，1663 年的张小泉，再加上陈李济、广州同仁堂药业以及王老吉。超过 100 年的企业还有青岛啤酒、泸州老窖等。① 这就是说，超过百年的已经寥寥无几。反观我们的邻国日本，情况则大为不同，据统计，截至 2010 年 8 月，日本的百年企业共 22219 家，创业超过 1000 年历史的企业有 7 家，超过 500 年的有 39 家，超过 300 年的有 605 家。尤其是日本的寺庙建筑公司"金刚组"是世界现存最古老的企业，该企业创办于公元 578 年，衣钵相传至今已四十余代。②

由于缺乏百年老店、百年品牌，我们的产品缺乏竞争力，消费者很难产生广泛的认同，这也导致我国企业在国际

---

① 参见相关报道：《中国到底有多少"百年老店"》，载《新商报》2013 年 9 月 9 日。

② 参见蔡成平：《多到惊人的日本"百年企业"》，载 http://finance.sina.com.cn/zl/international/blog/20130725/084916236699/1815214651/6c31fa3b0101mbgy.shtml，2013 年 7 月 25 日。

市场中缺乏应有的竞争力。我国虽然名为"世界工厂",但因缺乏品牌,并没有为我们带来应有的经济效益,大部分的利润都被外国品牌企业拿走了。

中国缺乏百年老店,原因是多方面的,既有经济、文化、习惯等方面的原因,也有法制方面的原因。比如经济学家看到的是产权制度不健全,导致市场交易成本过高,企业难以长久维系。历史学家看到的是我国历史上重农抑商的政策,以及儒学所倡导的重义轻利思想抑制了企业的生存和发展。从法制上找原因,是因为我国历史上长期忽视对产权的保护。古人云,"有恒产者有恒心"。所谓恒产,就是要严格保护个人的财产,产权保护不力,就无法形成一种长久的利益期待,这将从根本上影响个人为"恒产"而奋斗的"恒心"。从历史上看,每一次改朝换代,王朝更替,几乎都伴随着经济的凋敝,大量的店铺破败和易主,兵荒马乱,流离失所,命都保不住,又何谈保店铺呢?即使在和平时期,统治者也忽视对产权的保护。历史学家黄仁宇曾在其《资本主义与21世纪》一书中,比较东西方市场化过程,认为中国虽然在一些朝代出现过繁荣的商业,但因为中国未能形成一套完整的保障私有财产的法律制度,私有财产始终不为"中国法制所支持",因此中国未能进入资本主义市场经济。[①] "千年田换八百主"就是缺乏产权保护的真实写照,在此背景下,何谈什么百年老店呢?像今天能有一些老字号(如同仁堂、稻香村、陈李济)留下来,已经很不易了。尤其值得深思的是,由于没有建立共同遵守的产权制度,企业经营者缺乏长期耕耘的理念,容易将企业作为纯粹攫取利润的工具,而不是作为传承价值观的载体,百年老店的梦想也就很难实现了。

现阶段,打造百年老店,应当强化产权保护。如果产权制度不健

---

① 黄仁宇:《资本主义与21世纪》,联经出版事业公司1991年版,第24页。

全，不能持之以恒地保护产权，则企业家很难形成对未来的长远预期、长期规划和长远战略。产权不能得到有效的保护，人们缺乏安全感，就会出现"赚一把就走"的现象，一些企业家可能为了眼前利益而产生短期行为、投机行为，更有甚者，"今朝有酒今朝醉"，将经营企业所得的财富挥霍一空，还有的转移资产，一走了之，这将难以维持企业的长期经营，更何谈百年长存？所以，在法律上强化产权的保护，维护人们财产的安全感，是打造百年老店的前提。

从法律上构建以保护产权、严守契约、统一市场、平等交换、公平竞争、有效监管的市场经济法律制度，维护良好的营商法治环境，也是打造百年老店不可或缺的条件。良好的营商环境，需要有充分的安全感、良好的竞争环境，每个市场竞争者既需要公平的竞争起点，也需要良好的竞争秩序。有了这样的法治环境，企业家才能真正把企业当作自己的生命，才会惟精惟一、遵纪守法、用心经营。国外著名的品牌，像克莱斯勒、奔驰等，就是把个人的名字作为企业的名字命名的，这实际上是希望通过企业的延续使自己的生命不断延续，把自己毕生的心血和希望都寄托在企业身上，把自己的自我价值都体现在企业的治理和运营上，企业生存并发展下来，自己的人生价值也能得到真正的实现。有这样的一种理念和企业家精神，又有什么理由不能把企业办好呢？但是反观我们的许多企业，从一开始就不是想把企业做成精品，做成百年老店，而只是追逐短期的收益。今天炒房，明天炒股，后天买卖奢侈品，连固定的经营领域都谈不上，不能专心经营、埋头做事，又何谈建成百年老店呢？十多年前，三鹿企业的品牌价值曾被评估到近200亿元，可惜，这个企业并不珍惜其品牌，为了营利不择手段，最后企业连同品牌一起被葬送了，这样的做法怎么能够办成百年老店呢？根据原国家工商行政管理总局的统计，自2000年到2012年，生存时间在5年以下的企业占企业总量的49.4%，生存时间5—10年的企业占企业总量的32.9%，生存时间10年以上的企业仅占企业总量的17.7%。[①] 也就是说，从设立登记开始，不到5年的时间，就有近一半的企业关闭了，真正能够做大做强、持续发展的企业很少。这其中关闭的企业有不少本来就不应该设立，而只是作为一种圈钱工具使用。这也是我国缺乏百年老店的重要原因。

打造百年老店也需要强化对知识产权的保护。企业缺乏对知识产权价值的认知，社会尚未形成保护知识产权的良好法律环境，这也是百年老店在中国稀少的重要原因。强化知识产权保护，一是要重视知识产权的价值。知识产权作为无体财产权，不像有体物权那样，有着明确的市场价值，无论商标还是专利，其价值都要在不断的使用中才能产生出来。二是重视对品牌的塑造和保护。一些企业经营者缺少对知识产权这种无体财产的认知，往往信奉"酒香不怕巷子深"的信条，不愿意投入大量的成本去建设品牌与维护品牌。这就导致企业的产品缺乏竞争力，无法在消费者中培养对其产品的持久信赖度。长期以来，不少企业在品牌建设中，存在品牌管理观念薄弱，品牌运营混乱等问题。一些企业回避品牌建设，甘做代工生产（OEM），小富即安，也不想塑造自己的品牌。一些企业一旦被拍卖、变卖，其品牌价值一般都是被忽略不计的。可见，通过知识产权强化对品牌的保护，十分必要。三是通过知识产权的保护激励创新。"不日新者必日退。"世间没有永远常青的企业，即使是百年老店，也需要不断创新的精神。在激烈的品牌市场竞争中，只有

[①] 国家工商总局企业注册局、信息中心：《突破"瓶颈期"与"危险期"迎接成长关键期——全国内资企业生存时间分析报告》，载《中国发展观察》2013年第9期。

不断进取、不断创新者,才能生存和发展。创新虽不能保证企业永立潮头,但却是企业持续生存和发展之道,使企业在激烈的市场竞争中能够立于不败之地。创新也是品牌的创新,知识产权在品牌中的价值日益提升。成就一家百年老店,没有自己的"金刚钻"是不行的,但如何保护自己的"金刚钻"不被别人非法窃取,知识产权保护是关键。在一个仿冒遍地的环境中,再好的商业品牌也抵挡不住假货的冲击,这就需要强化对知识产权的保护。

打造百年老店还需要提倡契约精神。2016年诺贝尔经济学奖获得者哈特和霍姆斯特罗姆提出契约对现代社会的运行十分重要。在我们可能互不信任、相互违约时,契约能促进我们合作和信任,契约能够规范我们未来的行动,在契约各方之间合理分担未来的风险。契约精神就是诚信的品格、合作的精神。现阶段,某些企业家缺乏契约精神,精心算计于一己之利,而罔顾诚信,有的恶意违约、见利忘义,有的在经营过程中掺杂使假、坑蒙拐骗,侵害消费者合法权益,这样很难产生著名的品牌和伟大的企业。急功近利、浮躁都是中国缺乏著名品牌的重要原因。契约精神也是企业家精神,有著名企业,才能有企业家,没有好的企业,投资做得再好,也只能称为投资家、金融家,要真正成为企业家,就应当诚实守信、严守契约。有了这样一种精神,企业才能做大做强,真正成为百年老店。

今天,在中国制造走向世界的时候,中国的品牌企业也开始出现,我国进入世界品牌500强的品牌数量也在逐年增加,如华为、腾讯、海尔等,它们也是中国的骄傲。甚至有一些企业以自己的名字命名,如京东、李宁等,这也表明,这些企业家比以往更重视企业品牌的价值。随着法治的不断健全和人们法律意识的提高,品牌的重要性日益凸显,我们相信中国将会出现一批又一批百年老店、百年企业,并能够以新的姿态走向世界。

铸造全面从严治党的金规铁律

党的第十八届六中全会以全面从严治党为主题，从而进一步深化了"四个全面"战略布局的内容。全面从严治党是全面依法治国的重要保障。六中全会通过的两部重要的党内法规，既是从严治党制度化的重大成果，也是全面推进依法治国战略的重要体现。全会决定提出，监督是权力正确运行的根本保证，是加强和规范党内政治生活的重要举措。为加强监督，全会通过了《关于新形势下党内政治生活的若干准则》和《中国共产党党内监督条例》，这是十八大以来从严治党的丰富实践和新鲜经验的总结提炼，为全面从严治党提供了有力保障。

一、把权力关进制度的笼子

全面从严治党，必须要加强对权力的监督。六中全会指出，要完善权力运行制约和监督机制，形成有权必有责、用权必担责、滥权必追责的制度安排。这实际上体现了习近平同志要把权力关进制度笼子的一贯思想和重要理念。孟德斯鸠曾经指出，"一切有权力的人都容易滥用权力，这是万古不易的一条经验"。如果法律与党规的堤坝被冲破了，权力的滥用就会像洪水一样泛滥成灾。全面从严治党，加强权力监督，就是要把监督制度化、法律化。具体而言，一是要受到宪法和法律的约束。一些领导干部不仅担任党内职务，而且执掌公权力，因而为了保障权力的正确行使，必须要健全法律，约束公权力，这也是法治所具有的规范公权的应有内容。二是要受到党内法规的约束。六中全会审议通过的这两部党内法规是铸造全面从严治党的金规铁律。这两部党内法规虽然不是法律，但其是从严治党的准则，为严肃党内政治生活、加强党内监督提供了基本依循。权力的监督只有制度化，才能形成监督的长效机制，不会因时间的推移和人事的变动而发生变化。宪法、法律是保证党依法执政的依据，党内法规则是管党、治党的依据。只有将法律、党规有机结合，才能为全面从严治党提供制度保障，也才能为全面推进依法治国奠定坚实的基础。

二、坚持法律、党规面前人人平等

全面从严治党，必须要保障法律和党规面前人人平等。六中全会提出，必须加强对领导干部的监督，党内不允许有不受制约的权力，也不允许有不受监督的特殊党员。在党规面前人人平等，这实际上是法律面前人人平等原则的具体化，也是对法律面前人人平等原则的切实保障。任何人都不得凌驾于法律和党规之上，任何人都不得以言代法、以权压法，甚至带头违法。党的各级组织和领导干部必须在宪法法律范围内活动，决不能以言代法、以权压法、徇私枉法。我国古代就有"以吏为师"的说法，在一定程度上也反映了官吏守法对公众守法的示范作用。今天更应当强调党员领导干部要带头守法、遵守规则，党要领导人民从事各项建设，需要党员干部运用法治理念和法治思维去深化改革、推动发展、化解矛盾和维护稳定，需要党员干部成为全面推进依法治国的重要组织者、推动者、实践者，需要党员干部，特别是高级干部率先守法、以身作则、以上率下。目前，社会诚信缺失，道德滑坡，导致人们缺乏规矩意识，在一定程度上影响了法律实施的社会效果，这就更需要强调法安天下、德润人心，更需要党员干部带头守法、遵法，从而引导社会公众崇法尚德，为落实"四个全面"的战略布局创造良好的法治环境。

三、依法依规保障党员的民主监督权利

全面从严治党，必须依法依规保障党员的民主监督权利。六中全会提出，必须尊重党员主体地位、保障党员民主权利，落实党员知情权、参与权、选举权、监督权。切实保障党员民主监督的权利既是党的建设的重要内容，也是保持党的先进性的重要保障。强化党员的民主监督权利是有效防止决策失误、滥用权力、预防腐败的重要措施。从现实来看，有的党员干部徇私枉法，不断触碰法律底线，最根本的原因就是缺乏监督。因此，必须畅通党员参与讨论党内事务的途径，拓宽党员表达意见的渠道，营造党内民主讨论的政治氛围。搞好党内监督，必须建立党内民主监督的有效机制，切实保障党员民主监督的权利。为了防止监督流于形式，不能发挥应有的作用，必须使监督制度化，建立全面、系统的可操作的程序、规则。监督必须依法依规进行，从而实现党员民主监督的制度化、法律化。六中全会通过的两部重要的党内法规，就是使民主监督制度化的保障，也是使民主监督制度化的依据。

四、依法依规问责和查处违法违纪案件

"法令行则国治，法令弛则国乱。"全面从严治党，健全问责机制，

坚持有责必问、问责必严；不明确责任，不落实责任，不追究责任，从严治党是做不到的。同时，必须坚持有案必查，有错必纠。自十八大以来，党在反腐行动中"打老虎"和"拍苍蝇"并举，严厉惩治腐败，以严肃问责推动责任落实，党内政治生活展现新气象，赢得了党心民心，为开创党和国家事业新局面提供了重要保证。从已经披露的反腐案件来看，被抓出来的腐败分子级别、地位越来越高，影响力越来越大，纠正了以前"级别越高越安全""刑不上大夫"的错误观念，真正做到了"反腐无禁区"，对腐败"零容忍"。这表明我国不存在特殊公民，党内不存在特殊党员，真正落实了法律、党规面前人人平等。同时，按照全面依法治国与全面从严治党的要求，问责和查处违法违纪案件必须严格依法依规进行。六中全会通过的两部党内法规，既为问责和查处违法违纪行为确定了严格的标准和程序，也为普通党员举报、反映违法违纪行为提供了依据和准则。

总之，治国必先治党，治党务必从严。全面从严治党，必须加强监督，而加强监督又必须严格依法依规。"徒法不足以自行"，认真落实、坚决执行两部党内法规，才能为全面从严治党提供长期的制度保障。

从违章停车谈行政执法

北京是首善之区，但马路上违章停车的现象却随处可见，甚至到了乱象丛生的地步。有一次，我因出国开会赶赴机场，但预约的汽车迟迟未到，原因是被一个违章停在马路上的车给塞住了，进退不得，耽误了快四十分钟，差点没赶上航班。

我记得刚来北京上学时，到处都是自行车，北京甚至一度被称为"自行车之都"。长安街上的自行车汇成了一道道洪流，川流不息。大街小巷随处都能听到自行车的铃铛声。而今天，骑车出行的市民越来越少了，这当然有交通工具升级、上下班路程延长等因素的影响，但另一个重要的原因在于，现在自行车在北京已经无处可骑了。如今，虽然几乎北京的每条马路上都有专门的人行道和自行车道，但在四环以内，特别是在上下班高峰期和夜间，自行车道几乎都被机动车所挤占，自行车已经无处可骑。无论是那些一直骑车的市民，还是希望采用自行车这一环保出行方式的市民，都几乎无路可走，在马路上骑自行车成了一项危险行为。有数据显示，中国的汽车保有量占世界的3%，但车祸死亡人数则占到了世界的16%。交通事故的发生确实和不讲规矩的超车、占道、乱停车、闯红灯等有直接关系。

城市人口的急剧膨胀、汽车保有量的大幅增长不仅使得交通异常拥堵，导致一些人抢道行驶；而且由于停车资源异常紧张，一些人选择了随地停车。我所在小区周边马路的人行道经常被车停满，马路也被随意停占，有的马路一边甚至停了两排汽车，导致原本宽阔的马路变得十分狭窄，也时常引发交通堵塞。当然，建设更多的停车场，增加停车场所的容积率是当前交通发展的重要任务。多年来，我们在城市规划中的停车场设计严重滞后于汽车数量的增长，不能不得说是造成乱停车的一个重要原因。但这并不能完全构成随意违章停车的理由。毕竟除自驾外，还有公交出行、搭乘出租车、网约车和合乘车等多种交通出行方式。这些出行方式并不一定会提高出行成本，甚至有研究表明在很多情形下更节省成本，但这却可以大大节省停车资源的需求量。

造成严重违章停车现象的另一原因就在于行政执法不力。这一现象实际上常常被忽视了。我在国外学习生活的时候，有时候也发现有违章停车的现象。但无论在哪里，特别是在城区，违章停车很快就会被执法者发现，其车窗上也会被贴上一张罚单，告知违法事由和罚款的金额，并载明如果未在规定期限内将车开走，该车将会被拖走。在很多国家，拖车的成本很高，需要由违章者承担。记得数年前，我的一个朋友在美国外出，不经意将车停在他人专用的停车位上。结果第二天，发现车已经被拖走了。后来到处打电话询问，却不知道车去哪里了。车主甚至一度怀疑车是否被盗，正琢磨是否需要报警处理。结果，有警察来电，告诉车所在的地方。车主后来不仅交了罚款，而且还交了拖车费、保管费，一共付了数百美金。这位朋友对我说，他都不想取回这辆车了，因为这些费用足以买一辆差不多的二手车。但有人跟他说，如果不按时取车，很可能留下不良记录，会有更严重的后果。最后，车主想来想去，只好乖乖认罚。

最近，我到韩国去，也发现警察对违章停车治理得非常严格。在停车地点通常都有各种标识，告诉司机哪些地方可以停车，可以停多久，哪些地方不可以停车。停车时，如果越过了停车的界限，都有可能招致大额的罚款。一位韩国朋友对我讲，在韩国，不仅要了解交通行车规则，还要了解停车的规则，哪些地方可以停车，哪些地方不能停车，哪些地方可以待一会，哪些地方一会都不能待，这些都是司机应当了解的基本常识。如果在闹市区违章停车，哪怕是稍微待一会，都可能招致重罚。正是这样的严格执法使得韩国的违章停车现象很少，车主也形成了不乱停、不敢乱停的思维习惯。

我步行上下班，经常见到有人在路上乱停车，但并没见到执法人员出面执法。我就想，如果面临美国、韩国式交警的执法，这些车主也就不敢继续违章停车了，执法不严是违章停车现象频发的重要原因。那么，到底是什么原因导致了违章停车执法不严、成本低呢？我认为，无外乎以下几个原因：

一是执法主体和职责不明确。目前，道路交通的执法权在公安部门，由公安部门的交管执法部门负责。由于城市面积大，而交管执法部门的人力资源十分有限，不足以应付大量的违章停车现象。因此，不少地方的道路实际上是由城管、街道办事处等主体进行管理，有的城市甚至采取了服务外包的方式，引入社会资本和力量参与管理。但这些主体本身有没有法定的执法权，在实践中经常引发行政执法合法性的争议。目前，虽然地方政府内部有明确的管理分工，但这些分工不仅不稳定，而且不为外界所知。社会公众遇到违章停车，根本不知道找哪个机构投诉或者建议。这使得在违章停车导致社会危害后果后，到底应当向哪个主体问责也成了问题。

　　二是执法人员少。交管部门应当有专门的执法人员，但我很少能够见到执法人员处罚违章停车行为，不过，有时我也与同事聊起这事，他们见到过执法人员，但其出现的概率也很低。执法频率较低也会降低违章停车的行为人的违法成本，难以有效遏制违章停车现象。如果没有专门的执法人员管理这些事情，完全由交警去处理违章停车现象，恐怕力有未逮。但有人认为，马路上违章停车还涉及管辖问题，是应当由交管部门还是由派出所、城管来管理，有关规定也不甚清楚，以至于出现了相互"踢皮球"的现象。总之，执法权限不明、执法主体模糊、执法频率较低等，都是违章停车现象频发的重要原因。

　　三是缺乏一套有效的执法技术手段。在目前的道路执法活动中，我国一些城市仍然在采取一些落伍的执法方式，如购买大量的水泥墩或者护栏，用于挡住违章停车的区域。这种措施不仅成本高，而且还影响公共道路的使用面积和市容市貌。事实上，这种方式完全是一种被动的防御方式，我们完全可以采用成本更低、效率更高的经济调节手段。例如，在韩国等一些国家，人工智能已经被广泛用于交通执法中，人工智能可以对违章停车进行有效取证，而且可以根据违章停车的地段、时间等，制定不同的罚款数额，并将罚款的具体规则公之于众，让每个车主都能够知晓，这就能够起到很好的引导作用，这些经验都值得我们借鉴。除借助人工智能执法外，对于那些久停不走的车辆，也可以设置专门的拖车设备和保管场所，以有效配合治理违章停车的违法行为。

　　四是缺乏一套严格的执法程序。执法程序不明确、不严格也是影响治理违章停车效果的重要原因。对于违章停车行为，执法人员应当先告知，再处罚，而且执法人员应当给违章人提供申诉申辩的机会。对于拖车行为，只有车主在规定的时间内不开走时才能拖走，我个人认为，对拖车现象应当严格限制。只有在那些严重阻碍交通通行或者急救等紧急用道的情况下，才应该采用拖车的方式。对于其他情形，可以把用于拖车的执法费用直接变成罚款，这也有利于从整体上节约执法成本。因此，面对违章停车行为，执法机关不得一拖了之，而应当遵循严格的执法程序。

五是缺乏适当的执法频率和处罚力度。一方面，规则制定出来之后，必须要保持适当的执法频率。如果法律制定出来之后，长期无人管，实际上等于没有立法，发挥不了实际的行为约束效果。另一方面，也要精准把握处罚的力度。如果处罚力度过高，则可能不当加重车主的负担，使那些需要紧急用车的车主无法及时用车。例如，遇到抢救病人或者其他紧急事情，确实需要赶时间和临时违章停车。而且处罚力度过高也会给执法机关提供无谓的创收机会。但处罚力度过低则会导致不痛不痒的局面，会不当降低违法成本，反而不利于有效遏制违章停车现象。

治理违章停车，执法机关必须树立起"法定职责必须为"的理念。"法定职责必须为"是由权力的性质决定的，私权可以被放弃，但公权是由人民赋予国家机关行使的，这种权力具有不可转让、不可抛弃、不可处分的特点，"法定职责必须为"是出于维护公共利益的需要。公权的主要作用在于保障国家机器的正常运转，从而实现广大人民群众的利益。公权力本身是一项公共产品，应当为社会公众服务，治理好违章停车，本身就是社会治理的重要内容。如果行政机关不履行法定职责，其维护公共利益的职能就无法实现。例如，就违章停车而言，如果公共交通管理部门不依法履行职责，违章停车现象就很难纠正，道路交通秩序也很难得到维护。"法定职责必须为"也是社会治理的需要，社会治理是一项系统工程，政府在社会治理中应当发挥主导作用。如果政府有关部门不能够履行职责，则社会治理将会出现混乱现象。例如，就违章停车而言，如果公权力机关不履行其法定职责，就会导致交通秩序的混乱。

在现代社会，城市化的发展确实对行政执法提出了更高的要求。这本身就是对国家治理能力现代化的考验。治理违章停车，仅仅靠行政执法还是不够的，还需要人人树立规则意识，既包括了法律意识，也包括了道德意识，这两者是相辅相成，缺一不可的。规则意识的塑造依赖于严格执法，而严格执法也有利于人们道德习惯的养成，只有人们都树立了规则意识，才能够更好地依规停车。

公权不可越界

据报载，2016年10月23日，福建省宁化县两名教师因在占道经营的摊点买菜被通报。24日，宁化县委党工委工作人员向媒体证实此事，称通过暗访偷拍，确认有十一人有违规行为。其中有四名教师违规，这四名教师因在占道经营摊点买菜而被通报批评。通报批评的依据是该县10月8日出台的《关于机关党员干部在城市管理中严格遵守"三带头八不准"行为规范的通知》等文件。该文件中设立了"八不准"，其中的一条即为"不准在占道和流动摊点买菜、就餐等购物行为"。①

这一消息发布之后，迅速引起了舆论的热议。网民热议的一个问题是，这四名教师是否有权在占道经营摊点买菜？应当承认，现在的城市管理确实遇到很多难题，占道经营也是其中一个问题，严重影响了市容市貌。城管一来，小商贩就跑，城管一走，小商贩又出来了，这也影响了城市形象和市容市貌。在不少地方，一些街道因为小商小贩占道经营而变得混乱不堪，到了非整治不可的地步。宁化县通过制定规

---

① 参见吴龙贵：《"路边买菜被通报"的未竟之问》，载《京华时报》2016年10月25日。

定来进行整治，这本身也是一种依法治理的方式。就这一点来说，是值得肯定的。但问题的关键在于，禁止个人在占道经营摊点买菜的规定是否合理，以及整治的方式和程序是否合法。

自古以来，就有不少商品是在禁买禁卖之列，现代市场经济国家虽然提倡自由贸易，但仍然有不少商品是禁止流通或者限制流通的（如毒品、文物等），任何人都不得从事此类商品的交易。虽然立法可能会对卖方的经营场所进行一定的限制，但很少对买方的交易自由进行单方面限制，因为市场交易主要是一个一对多的关系，卖方是少数，买方是多数，如果法律对买方设定购买场所要求，意味着广大分散的个体买受人需要去承担识别交易场所合法性的义务。这不仅将导致每个买受人的重复识别成本，而且也超出了买受人的识别能力。所以，在法律上，通常把场所合法要求施加给主体数量有限的卖方，买方一般不需要为交易场所的合法性承担特别的注意义务。即便卖方在违规摆摊的地方兜售可依法交易的商品，买方只要确信该商品本身是可以合法交易的商品，而不必考虑交易场所是否合法。因此，这四名教师即便在占道经营的地方购物，也不违法。

四名教师在什么场所买菜，属于其私权的范畴。对私权作出限制，必须要有足够的法律依据。否则，今天出台一个文件要求只能在这个地方买菜，明天就可能有另一个文件要求食客不得在什么地方吃饭，后天甚至还有更让普通大众捉摸不透的生活场所限制规则，使得人们以后出门办事得先确信办事场所的合规性。如此一来，人们的基本行为自由就受到了不当限制。据了解，"八不准"行为规范是宁化县为了"加强城市管理，提升城市品位"而作出的规定。应当说，整治市容市貌本是好事，但是如何整治、整治的对象如何确定则需要讲求妥当性。管理部门要整治违规占道，应当把精力和重点放在查处占道经营者身上，而不能把板子打在买菜者身上。

虽然宁化县制定规定规范的是公职人员的行为，但是，其针对的买菜行为是一种与履行公共职务不相关的生活消费行为。公职人员在日常生活中也是普通的社会公众，享有正常的生活自由空间，也需要在公职活动之外从事各种必要的社会交易，当然包括一些正常的生活消费，而且此类消费行为与公职身份并无关联，更谈不上是特权腐败。所以，在这起事件中，即便这四名教师是公职人员，但其在从事买菜行为时，首先是一名普通的消费者，法律并没有禁止其在违章占道的场所买菜。宁化县通过制定规定的方式对教师的日常消费行为进行限制，缺乏必要的法律依据。

有人认为，没有买就没有卖，遏制了买受人也就挡住了销售机会，出卖人也就没有违规占道的动力了。我认为，这个说法也是不能成立的。一方面，占道经营者违规并不意味着消费者也同样违规。要处罚的是占道经营者而不是消费者。既然消费者买菜是合法的，为什么要遏制他们的行为呢？另一方面，即便遏制买受人能够起到细微的抑制效果，但也无法从根本上解决违规占道的问题。即便公职人员不买菜，普通老百姓仍然可以买菜。对于老百姓来说，根本无法判断摊贩是否具有相关资格执照，所以也无法禁止普通老百姓在占道经营的场所买菜。更何况，对占道者而言，即便其不能再卖菜，他们也可能占道从事其他的活动。因此，禁止公职人员在占道经营的地方买菜，并不能从根本上解决占道经营的问题。所以法律上应该管占道经营者，对于没有资质的摊贩应当予以行政处罚，但对于消费者，不能限制其购买的权利。

禁止买受人在占道经营摊点买菜，实际上是给消费者课加了一种义务，即在买菜前审查出卖人是否享有合法的场所使用权。对消费者来说，这显然缺乏法律依据。宁化县制订规定不去规范治理占道经营现象，却通报买菜人员，不免本末倒置。宁化县制订规定后，为了规范公职人员的行为，还专门成立了督查组，对违反规定行为采取暗访抓拍等方式进行专项督查，这种做法缺乏行政执法所要求的公开、透明原则，从程序上看也是存在瑕疵的。毕竟，暗访抓拍等公权力行为的最终目的是治理违规占道行为，既然公权力机关有足够的时间和精力遏制消费者在占道经营的场所进行消费，那么为什么不直接解决占道经营问题呢？把"禁止买菜"当成了公共执法的目的，也严重影响了公共资源的有效使用。

问题的关键还在于，禁止在占道小贩处买菜，最终不当地限制了公民的买菜自由，超出了公权力行使的必要界限。实际上，在近年来的反腐倡廉活动中，类似于这样的不当限制公民基本生活自由的现象还不少，此前山西发生的处罚数名中学教师的 AA 制聚餐事例，也反映了类似的问题。从更广泛的意义上讲，这些事例都关系到公权力的边界和私权利的保障问题。现代法治的核心是规范公权，保障私权。由于公权力天然存在着自我膨胀和扩张的趋势，如果不对公权力进行限制，则可能导致公权力失去约束。政府是执法主体，我国一些法律法规虽然也规定了政府机关所享有的权力，但这些规定过于笼统和原则，这就难以对公权力的行使形成有效的约束。在实践中，一些政府机关究竟享有哪些权力，权力的边界如何确定，始终是模糊的。有的政府机关甚至不知道自己有多大权力，认为没有政府机关做不了的事情。公权力同时兼具立法者和执法者的身份，既是运动员，又是裁判员。政府制定了一个文件，不管这个文件是否合理，就自己去执行这个文件，采取偷拍等方式执法,然后还发布通报批评。这几名教师作为被执法的对象,完全是被动的,毫无抗辩的机会。由此也可以看出,公权力一旦越界,就会对老百姓的日常生活产生不当影响。为了加强对公权力行使的监督,需要将公权力关进制度的笼子中,明确公权力的边界,实现对公权力运行的监督与制约。

这个事例还提醒我们,应当注意对规范性文件的审查。2015年3月,十二届全国人大三次会议表决通过了关于修改《立法法》的决定,其中"赋予设区的市地方立法权"是修改内容之一,如何在地方被普遍赋予相应立法权的情况下,给地方"土规定"戴好"紧箍咒",避免类似权力占道事件的再次发生,引人深思。要把权力关进制度的笼子中,除了对行政机关的具体行政行为的权限和程序进行控制外,还有必要对于抽象行政行为进行司法审查。从我国的立法来看,现行行政诉讼法只允许行政相对人对具体行政行为提起行政诉讼,而不允许其对抽象行政行为提起行政诉讼,这显然不利于有效规范行政机关的抽象行政行为,保护老百姓的合法权益。在实践中,一些行政机关制定的规范性文件确实缺乏必要的科学论证和周密的思考,内容的合法性和科学性难以保障,尤其是一些规范性文件中擅自扩张行政权力,并对公民的权利和自由作出不当的限制,而上级机关又不能及时予以纠正。司法既然是维护社会正义的最后一道防线,负有保护宪法、法律实施的职责,对于与宪法、法律相抵触的规范性文件,理应负有审查的职责。更何况,司法机关处于中立的地位,不直接行使对社会公共事务的管理权,也无权对行政管理的相对人设定权利和义务,一旦行政机关所颁布的规范性文件与公民、法人之间发生争议,由法院作为中立的第三方,审理这些规范性文件的合法性和合理性,也是十分必要的。

私权越发达　公权越规范

党的十八大以来的反腐行动取得了一系列重要成果,"拆迁大佐""推土机市长""一手指市长"等纷纷落马,这在一定程度上折射出实践中野蛮拆迁、暴力拆迁等现象存在的普遍性,也反映出社会中的物权观念仍然淡薄,老百姓物权受侵害的现象依然时有发生。针对此种现象,学界一般认为,应通过公法规范公权,但往往忽略了张扬私权、保障私权对规范公权的作用,我认为公权滥用并侵害私权的重要原因之一,在于我们的私权观念仍不发达。

中国古代法制最突出的特点就是以刑为本,重刑轻民。《说文》有云:"法,刑也。"汉代桓宽在《盐铁论》中也认为:"法者,刑罚也";"法者,所以督奸。"明代丘浚也直接将法等同于刑,他认为:"法者罚之体,罚者法之用,其实一而已矣。"① 这种以刑代法、重刑轻民的观念对我国影响深远,这也造成了我国古代私权不发达,所以,虽然儒家倡导"民本"思想,但始终未能将此种民本观念转化为民权思想,也没有形成体系化的保障私权的法律规则。

新中国成立以来,我国一直实行高度集中的计划经济体

---

① 丘浚:《大学衍义补》。

制，导致政府过度干预社会生活的方方面面，以至于形成了"大政府、小社会""强政府、弱社会"的格局。由于我国民事立法不完善，私权体系未能建立起来，而且私法规范体系存在漏洞，缺乏具体的规则，从而给公权力介入私权关系留下了借口，甚至赋予其正当性。改革开放以来，随着我国市场经济的发展和民事立法的不断完善，私权得到一定程度的保护，财产神圣、契约自由在一定程度上得以贯彻，行政机关对公民合法财产权的侵害以及对合同关系的不正当管制得到一定程度的限制。"民告官"案件的不断增长，本身也表明私权对公权的约束在不断增强。《物权法》全面确认了公民对其财产所享有的各项物权，不仅丰富和完善了公民所享有的民事权利体系，保障了私权；而且《物权法》对公民财产权的确认也对公权力的行使提出了更高的要求，即公权力的行使不得非法侵害公民的财产权，从而规范了公权。不少学者认为，正是因为《物权法》确认了物权，保护了老百姓的财产权利，公民才能够以其财产权对抗公权力的"任性"，也在一定程度上遏制了非法拆迁等现象的发生。

一般认为，规范公权主要是由公法来完成的。例如，通过法律明确限定公权力机关的职权范围，或者通过法律明确公权力的行使程序、行使方式等，这些方法都有利于对公权力进行限制，这一看法不无道理。但私权的发达也是规范公权的一种方式，单纯依靠公法规范公权，有可能增加行政行为的成本，降低行政效率，因为公权力的行使方式涉及很多裁量和判断，法律过于严格地限制，也会有负面的影响。从正面规范公权可能需要对公权体制进行一定的改革，这一改革过程本身是比较艰难的。我国近年来一直提倡简政放权，但效果并不明显，这也在一定程度上反映了公权改革的困难性。事实上，除了从正面明确限定公权力的权限范围和运行程序外,还有一种方法可以有效规范公权的行使,即通过私权规范公权。此种方式的特点在于:通过基本的民事法律(即民法典)全面确认主体所享有的各项民事权益,鼓励个人的私法自治,赋予民事主体通过自己的行为安排自己的私人事务的权利,对私权进行全面的救济和保护,排除政府的非法干预;同时,在民事权益受到侵害时,可以通过私法规则获得救济。另外,由于私权具有普遍性,通过私权规范公权,社会成本较低。广大人民群众本身是私权主体,而且公权力主体在行使公权之外也是私权主体,他们在行使公权时理应尊重私权。因而,通过保障私权规范公权,社会成本较低。

私权之所以能够对公权的行使进行限制,乃是因为二者存在天然的联系。卢梭曾经在《社会契约论》中指出,个人都让出一部分私权,设置公权,根本目的还是保障个人私权的实现。可见,公权的产生、运行等,都与私权具有天然的联系。公权设置的根本目的是更好地保障个人权利的实现,实现人民的福祉,从这点来看,公权和私权本质上是一致的。现代法治的核心理念在于"规范公权,保障私权",事实上,"规范公权"与"保障私权"之间并非完全孤立:一方面,"规范公权"的目的在于"保障私权",即通过划定公权的范围和行使方式,有效约束公权力的运行,有利于减少公权力对私权的不当干预,从而实现"保障私权"的目的。另一方面,"保障私权"也有利于"规范公权"。在学界,一般只是认识到"规范公权"对"保障私权"的重要作用,但却忽略了"保障私权"在"规范公权"方面的作用。事实上,法治社会不仅是公权得到规范、私权得到保障的社会,更是私权能够有效制衡公权的社会。私权的发达有利于市民社会的发展,私权越发达,其对公权力的制约也越强,市民社会也就越成熟。

私权之所以能够对公权进行规范，还有如下原因：

第一，明确私权的范围也有利于明确公权的边界。私权不仅赋予权利人自由和利益，同时，也使权利人享有了能够对抗他人（包括政府）不当干涉的能力。从这个意义上说，私权制约着公权的范围，有利于明确公权的边界。公权与私权的区分来源于公法与私法的划分，此种划分可以追溯到罗马法，公权与私权在内容、来源、行使方式等方面存在本质差别，此种分类具有一定的意义。罗马法视私人平等和正义为法的价值，对于权力扩张抱有高度的警戒之心，以至于试图用公法、私法的严格界分来限制公权的扩张。后世许多学者认为，私权本身就是对国家权力的限制，私法自治与国家权力的限制之间具有正相关的关系，私法自治越扩张，公权力越狭窄。私权与公权可能形成此消彼长的关系。在我国，就私权与公权的划分而言，私权是公权行使的目的，法律之所以设定公权，在一定程度上也是为了保障私权的行使与实现。私权一定程度上体现了私人利益，也为个人的生存和发展提供了基础。公权的行使不得逾越界限，不得违法损害私人利益。因此，私权界定得越清晰，公权的范围也就越明确，这样就为公权确定了不可擅自越权的界限。例如，《物权法》确认了个人所有权的归属，在物权归属确定的情形下，除非是基于公共利益征收外，否则不得非法侵占和剥夺个人的物权。

第二，私权越发达，个人主张权利、行使权利的积极性也就越高，这也可以对公权形成一种制衡。从美国的经验来看，隐私权刚开始只是用于规范私人关系，但最终发展为对国家公权力的限制规则。可见，对隐私权的保护有利于准确划定国家公权力和私人生活之间的界限。从我国的情形来看，在改革开放初期，隐私的观念很不发达，公安机关到各家各户查户口被认为是司空见惯的事，但随着隐私观念的发达，公安干警现在普遍认为，到各家查户口应当有合法的依据，私闯民宅会侵害个人物权和隐私权。这说明，私权的产生和发达也会对公权的行使形成一种制衡。同时，私权具有利益性，其涉及社会生活的方方面面，权利人在其权利受到侵害之后，依法维护其权利，在一定程度上也可限制公权力的滥用。我国"民告官"的实践也可以证明这一点。因此，私权越发达，公权越规范。

第三，对私权的救济也可以对公权的行使形成一定的制约。如果公权力不当行使、侵害私主体的权利，私主体即有权请求公权力机关承担赔偿责任，责任追究机制的实施可以督促公权力机关依法行使职权。例如，在不动产登记中，如果登记机关未尽审查义务导致登记错误，造成权利人损害的，权利人有权请求登记机关承担赔偿责任，这也有利于督促登记机关依法行使职权。

第四，一些私权本身就可以作为对行使公权的限制。例如，德国民事判例中承认一般人格权，以后将一般人格权上升到基本法的高度，这就对公权力形成了强有力的制约。通过宪法上的一般人格权保护了个人自由发展、人格利益不受国家非法干预的权利。在我国，《物权法》为保护私人所有权，对政府机关行使征收权形成了有效的制约，这对规范公权力的行使具有重要意义。《物权法》颁行后，一些地方的被征收人依据《物权法》对抗野蛮征收、非法征收、暴力征收，也证明了《物权法》可通过保护物权形成对公权力的制约。

第五，私权越发达，越有利于培育市民社会，提高社会自治水平，减少公权力的不当介入。在历史上，市民社会本身是相对于王权而存在的，市民社会的内部治理通常是通过市民的自治而实现的，现代市民社会也延续了这一传统。成熟的市民社会包括完善的私法和成熟的市民自治，前者为私人交往提供法律规范，后者可以在国家公权力不便介入或介入成本很高时，提供基本的社会管理功能。在自治不发达的社会，市民找市长，而在自治发达的社会，市民找市场。在具有完善私法的情况下，国家公权力想要介入私人关系，需要有充分的正当性理由，尤其需要遵守私法规则，这样也可以限制公权力的不当行使。市民社会越发达，对公权力的制约越强。例如，个人的物权意识越强，则业主自我管理其物业的权利意识也就越强，业主可以通过业主大会和业主委员会管理自己的物业，此时，就不需要街道办事处等政府机构过多地介入业主事务。

  当然，保障私权也有赖于公权的规范行使，这也是私权保障的基础。从我国社会治理存在的问题来看，公权的缺位、软弱以及失职失语也是重要的原因。例如，我国的食品不安全、环境污染、生态破坏等现象日益突出，对人民的生命财产安全构成了极大威胁，其中很重要的原因就是公权不作为和乱作为。在基层社会治理方面，公权力不作为的现象同样普遍。例如，在有些地方，乡村垃圾成堆、污水横流、道路残破不堪，一些基层水利设施常年失修。一些县城的马路一片乱象，地摊摆在大街小巷乃至马路中间。[①] 这也反映了基层社会治理中公权力失职、不作为的现象严重存在。因此，通过私权规范公权并不是为了完全束缚行政机关的手脚，使其无所作为，而是为了更好地规范公权力的行使方式和行使程序。同时，在社会治理方面，如果公权力不作为造成私权损害的，权利人有权依法请求公权力机关承担责任。可见，通过私权规范公权，还有利于督促公权力机关切实履行法定职责，减少公权力机关失职、失语现象。

---

① 参见范勇鹏：《马路乱象背后的公权缺位》，载《环球时报》2016 年 5 月 20 日。

耶林曾经指出,"为权利而奋斗,就是为法律而奋斗"。私权的发达是法治社会构建的一个重要基础。在法治中国建设过程中,既需要规范公权,也需要不断完善私权法律体系,从而发挥其对私权观念的启蒙作用,制定民法典的意义也即在此。当权利人在内心深处充分地意识到了其法定权利的存在,并积极主动地去行使、保护这种权利,相应的权利才可能真正变成公民的福利。换言之,全面确认主体所享有的各项民事权利,可以起到一种教化和启蒙的作用。例如,在我国民法典编纂过程中,通过独立成编的人格权法全面确认个人所享有的各项人格权益,有助于对公众公开宣示关于人格尊严和人格发展的美好前景,并引导公民产生发自内心的人格权观念,激励公民以实际行动去主张自身的人格权和尊重他人的人格权,从而形成一种关于人格权保护的新观念和新境界,进而对公权的行使形成有效的制衡,通过"保障私权"实现"规范公权"的目的。

最后需要指出的是,我国市场经济发展到今天,虽然公权绝对控制市场的治理模式难以适应现代市场经济环境下的治理需求,但这不是说应强调私权的无限膨胀和对公权的极度控制,后者同样也不利于社会的高效治理。西方社会三十多年来的发展趋势之一,就是过多地受到新自由主义的影响,因而过于强调私权的无限扩张甚至否认公共利益,其结果是在经济治理结构上出现了某种失衡,近年来的经济危机也有力地说明了这一点。[①] 所以,坚持行政机关职权法定,与保障市场主体行为自由的负面清单模式衔接配合,不仅能在规范和约束公权的同时,实现对私权的培育和强化,还能合理划分政府和市场的边界,这既是构建和谐社会和法治社会的要求,也是完善社会主义市场经济的必然要求。

---

① 吕海霞:《论走向衰落的新自由主义》,载《生产力研究》2010年第1期。

法定职责必须为

据报载,河北省赞皇县 14 岁少女刘某,两度陷入卖淫团伙被逼卖淫,经过 86 天后最终逃出,之后多名犯罪分子陆续落网。其父认为,自己当初报警后,邯郸市、赞皇县两地警方并没有及时立案,而是相互"踢皮球",白白浪费了救援时机。案发后,虽然有关执法人员受到了行政处分,但悲剧已经无法挽回了。①

这件事再次凸显了"法定职责必须为"的重要性。所谓"法定职责必须为",是指公权力机关及其工作人员必须严格履行法定职责,按照法定权限和程序积极作为,不得怠惰行使权力。近一段时期以来,各级政府转变工作作风,基本克服了过去存在的"门难进、脸难看、事难办"的现象。但与此同时,在一些地方却出现了懒政、怠政等不作为现象,甚至出现"门好进、脸好看、事不办"的怪象。因而,我们必须在法律上强调"法定职责必须为"的原则。

"法无授权不可为"与"法定职责必须为"是密切联系在一起的。党的十八大以来,习近平总书记多次对国家工作

---

① 参见于立生:《拒不解救被逼卖淫少女,岂可行政记过了事》,载《新京报》2016 年 12 月 21 日。

人员学法用法工作作出重要指示，强调要严格遵守宪法和法律规定决策，做到法定职责必须为、法无授权不可为，使各项行政行为有法可依、于法有据。党的十八届四中全会《决定》指出："行政机关要坚持法定职责必须为，法无授权不可为。坚决纠正不作为、乱作为，坚决克服懒政、怠政，坚决惩处失职、渎职。"这也反映了二者的密切关联性。

"法定职责必须为"首先是由权力的性质所决定的。公权力不同于私权，私权归属于特定的个人，体现的是个人的私益。正如一些德国学者指出的，私权是"一种由法律赋予个人的权利力量，其目的旨在满足个人的利益"。[①] 个人权利的私有性，决定了个人可以放弃其权利。而公权力则具有完全不同的属性。公权力并不归属于个人，其来源于人民，并为人民利益的实现服务。人民将权力授予国家机关行使，同时赋予其必须保护人民利益的义务，因此这种权力具有不可转让、不可抛弃、不可处分的特点。职责法定是人民主权原则的直接要求。我国《宪法》第2条规定："中华人民共和国的一切权力属于人民。人民行使国家权力的机关是全国人民代表大会和地方各级人民代表大会。"第3条规定："国家行政机关、审判机关、检察机关都由人民代表大会产生，对它负责，受它监督。"这就决定了一切国家公权力的人民性。一切国家机关所享有的职权，同时都是对人民所承担的责任。所以，一切公权力都必须为了维护人民的利益，实现人民的愿望而积极作为。除了基于公权力的人民性，贯彻"法定职责必须为"还是出于以下几个方面的需要：

一是维护公共利益的需要。公权的运行，必须保障国家机器的正常

---

① Ennecerus-Nipperdey, Allgemeiner Teil des Bürgerlichen Rechts, 15. Aufl., 1959, pp. 429—430.

运转，最终实现公共利益和最广大人民群众的利益。公权力以公共利益的实现为目标，如果行政机关不履行法定职责，其公共利益的职能就无法实现，人民赋予行政机关行政职权的目的就会落空。比如说在前述案件中，少女被逼卖淫不仅会危及受害人的人身安全，而且关系到整个社会的公众安全问题。所以，及时解救受害人实际上维护的是社会公共安全。如果贻误时机，不仅是对受害人的不负责任，而且也损害了社会公众的安全感。

二是建立法治政府的需要。法治政府要求国家机关及其工作人员严格守法，依法行政。依法行政包含两个方面的内容：一方面，在法定的权限范围，依据法定的程序行为；另一方面，法定职责必须履行。缺少任何一方面，都不可能真正建立法治政府，如果行政机关怠惰行使行政职权，行政机关工作人员在其位不谋其政，尸位素餐，则法律所设定的行政目标就无法实现，从而也不可能真正构建法治政府。现代治理体系要求政府是一个有限政府，同时也必须是责任政府、高效政府，要把该管的事情管好，既要避免乱作为，又要避免不作为。对于不积极履行职责的懒政、怠政，必须追究相关人员的不作为和失职行为的责任。

三是社会治理的需要。社会治理是一项系统工程，在这项工程中，政府是参与的主体，但也是发挥主导作用的主体。在我国从人治社会向法治社会转型过程中，政府在社会治理中的作用尤为重要。政府要承担领导责任，肩负发展使命，把握战略方向，确保制度供给，还要统筹社会治理，提供社会服务，维护社会稳定，保护竞争秩序，保护生态环境。社会方方面面的治理都需要发挥政府的主导作用。如果政府不能够履行职责，则社会治理将会一片混乱，经济无法发展，最终影响人民利益的实现。

四是保护公民利益的需要。法律赋予行政机关行政权力的目的是保护公民的权利。公权力是一项公共产品,行政权的行使就是要履行法律和各种规范性文件所规定的职责,其根本目的在于维护广大人民群众的根本利益。执法不是管人,更不是为了谋求行政机关自身的利益。治理体系现代化也要求政府必须是一个服务型政府,要致力于维持秩序、保障民生、惠民利民,依法向公民提供高效廉洁的必要服务。尤其是当公民的人身、财产权利受到侵害,需要行政机关保护时,行政机关不作为,就是对公民权利的不负责任,这也违背了行政权力设置的根本目的。

从法律上看,"法无授权不可为"与"法定职责必须为"实际上是法治政府建设的一体两面。只强调法不授权不可为,而忽略法定职责必须为,则是对依法行政的片面看法。在这个问题上,还有一种错误的观念认为,所谓"法无授权不可为"是指只有在法律规定得非常具体时才可以作为,如果法律规定较为模糊和原则,就不能作为。应当看到,法无授权不可为只是意味着公权的设定、行使规则及行使程序等,都应当由法律规定,非依法律规定,不得自行设定权力。但法律不可能把行政机关应当做什么、不应当做什么规定得极为详尽和具体,而是一定会给行政机关留下"裁量空间"。行政机关依据法律所授予的裁量权,在面对具体的社会生活时,应当考虑公共利益、公民权利保障等因素作出具体判断,积极履行其行政职责。如果以法律规定不够详尽具体为由,拒绝履行行政职责,也构成行政不作为,也构成懒政、怠政。

理解"法定职责必须为",必须处理好其与"法无授权不可为"之间的关系。法律对行政机关的授权可以是具体事项的授权,也可能是相对模糊的授权,二者都是行政机关行政权力的重要来源,"确定性概念"

和"不确定概念"都存在于行政法律规范当中。对于具体的、确定性的授权,行政机关必须作为,否则应当依法承担相应的责任。但对于相对模糊的授权、"不确定概念"的授权,行政机关也必须积极作为。行政机关的裁量权,要受到法定程序、合比例性等原则的控制,但也应当看到,法律对行政机关的模糊授权,一定包含了实现某种公共目的或公共政策的规范设定。对于此种相对模糊的授权,行政机关仍然有作为的义务,行政机关不得以法律没有作出细化授权而拒绝作为。

治理各种懒政、怠政等行政不作为现象,必须坚持有责必问、问责必严,应当不断完善行政问责机制,把监督检查、目标考核、责任追究等各项机制有机结合起来,从而形成督促行政机关依法行政的合力,保障公权力依法、高效地行使。

从村民依习俗摆酒席谈起

澎湃新闻报道了贵州毕节公职人员因制止村民乱办酒席被打一事。该纠纷的起因是，永兴村一名陈姓农户在小孩"剃毛头"（当地习俗）的时候，在家里办了几桌酒席以示庆祝。当地政府得知此事之后，立即派人前去制止，结果与村民发生冲突。据当地县人民政府通报称，陈姓农户借小孩"剃毛头"之机，大张旗鼓乱办酒席，整治工作组50余名干部职工在劝导时遭到阻挠，农户及亲属当场辱骂工作人员并唆使群众闹事，出手伤人。随后，织金县公安局板桥派出所民警将多名打人者带走调查，3名闹事者被派出所批评教育，农户家收的礼金也被劝导退还。①

该事件迅速引起了网民的热议。一些媒体报道认为，政府制止了闹事者，其行为是值得肯定的。但不少网民认为，村民按照当地风俗操办酒席，政府不应该出面干预，否则就是无事生非，人为制造矛盾。有的网民甚至认为，当地政府多管闲事，出面干预的政府官员才是闹事者。

这一事件涉及政府权力的边界、公民的行为自由空间等

---

① 周宽玮、徐美慧：《贵州毕节：公职人员制止村民乱办酒席被打，已教育3名闹事者》，载 http://www.thepaper.cn/newsDetail_forward_1428560，2016年2月2日访问。

一系列法律问题，值得我们思考。陈姓农户借小孩"剃毛头"之机办酒席，确实是我国农村地区普遍存在的风俗习惯，已延续了几千年，具有一定的合理性。我记得小时候，大家都很穷，一些邻里也会办一些类似的酒席，很多是以家中自酿的米酒代替白酒，摆两桌酒席，邀请邻里以示庆祝。这种习惯很难说是陈规陋习。毕竟通过一个仪式向亲朋邻里介绍新生命，以及表达对孩子未来成长的祝福，可以使孩子的父母和家庭获得亲朋好友的认可。同时，这个仪式也可以通过聚会和交流的方式，增进亲朋好友之间的情感联络，有利于邻里之间在平时生活中的互帮互助。有人质疑村民办这种酒席是想要借机收钱，但事实未必完全如此，因为通常情形下，街坊四邻通常是你办我也办，今天收礼，明天可能就会还礼。从总体上看，各方的收支大致上是平衡的，不存在一个群体单向地向另一个群体收取礼金的问题，这也是数千年来人们对这种现象习以为常的重要原因。

但我并不赞成对"剃毛头"之类的仪式大操大办，也不赞成收受大额礼金，甚至搞成亲戚邻里之间的恶性竞争。毕竟，"人情大如债，顶着锅盖卖"，过于频繁和奢华的宴请不仅超出了庆贺之礼的固有内容，也会无谓地增加相互的负担。但对于村民之间举办的普通庆祝宴席，既不涉及收受大额礼金，也不涉及官员借机敛财的情况，政府确实没有必要出面制止。

首先，对于民间的习俗，只要不违反法律法规、损害公序良俗、损害个人利益，在法律上就应当予以尊重。梁漱溟说，中国上下几千年，农民过着"日出而作，日入而息。凿井而饮，耕田而食。帝力于我何有哉"的生活。人们守望相助，"击壤而歌"，"皇权不下县"。今天，新中国的农村已经发生了巨大变化，城乡生活日益出现复杂化和一体化的趋势，农民的许多私人生活需要政府管理，许多行为需要法律予以规范和调整，但这并不意味着政府要完全介入农民的私人生活。对于那些延续了数千年的习俗，可能有一些做法仍有改进的必要，比如村民过于频繁地举办宴席，不当增加邻里的经济负担，甚至造成铺张浪费，确有必要改进，但即便如此，政府也不应当强势干预。更何况，政府官员一般并不生活在村里，可能并不了解村民办酒席的频率和礼金要求，动辄强势干预反倒适得其反。事实上，政府完全可以通过道德教化的方式去引导村民，从而起到移风易俗的效果。更何况，乡村社会有一套自我调节机制，如果某一家人以异常的频率办宴席，不仅会遭到邻里的负面评价，甚至可能面临办了宴席没人来的尴尬局面，这些自我调节机制也会自然而然地起到调节作用，未必都需要借助政府干预的方式来解决问题。

其次，行政权的行使应当正当、于法有据。对行政机关而言，法无授权不可为，行政权的行使必须正当。在这一事件中，政府的执法行为存在一定的问题：一是执法对象不当。党纪条例规定不准摆酒席，但这些规定只适用于党员干部，村民不应受其约束。普通村民因红白喜事在家中摆摆酒席，乃是千百年来的传统，他们既没有花公款，也没有动用公物，更没有损害他人利益，政府何必出动50多人去制止？在这个事件中，执法对象本身就是不妥的。二是执法方式不当。即便村民大操大办酒席，可能带来一些负面影响，政府也应当通过批评教育、耐心劝导的方式予以解决，而不应当将其当作一个重大的社会问题来处理，更不应当带着浩浩荡荡的人马进村。在该事件中，在该村民办酒席宴请邻里之时，政府官员带着众人一起前去制止，这不仅使得摆酒席的村民颜面扫地，使得该村民未来在村里抬不起头，也使得前去吃饭的其他村民十分难堪。这种处理方式不仅不利于解决问题,而且可能火上浇油,导致事态的扩大,最后出现互殴行为也是必然的结果。因此,至少从执法方式上看,政府的做法是欠妥当的。好在出现互殴现象以后,政府工作人员比较克制,并没有导致事态的进一步扩大,否则可能会酿成重大事故,影响社会安定。

再次,行政权的行使不当干预了个人的行为自由。对个人的行为而言,法无禁止皆自由,既然法律没有禁止个人按照当地风俗兴办酒席,则应当允许农民个人兴办。过去老百姓生活贫困、拿不出钱财来摆酒席,现在人民群众生活水平提高了,虽然不能铺张浪费,但在婚庆时节摆几桌酒席,也是人之常情,这种做法既不违法,也不违反公序良俗,政府不应组织大批人员加以制止。当然,如果是村干部大摆酒席,则另当别论。近来媒体经常报道一些村干部大摆酒席,明明知道禁令,却丝毫没放在心上,对这类行为理应按照党纪处理。但普通村民不是村干部,不是公职人员,政府也不应将"八项规定"等适用到村民身上。即使办酒席时存在铺张浪费现象,还是应当耐心劝导,而不应当强势制止。另一方面,个人有权决定其私人财产的使用方式。村民在办酒席时既没有使用公款,也没有动用集体财产,其兴办酒席是对其私人合法财产的正当使用。所以,政府出面干预确实于法无据。

诚然,当地对摆酒席的规范有乡规民约,但按照法不禁止即自由的原则,对个人自由的限制应该由法律规定。乡规民约主要是一种集体道德自律。这种自律更多适合提倡,不能强制;只能劝导,而不能强制执法。以违反乡规民约的名义过度干预民众私人生活,反倒有损法律的权威。其实,法律本身的干预是有界限的,民以食为天,私人之间的宴请、聚会毕竟属于个人基本生活权利的范畴,在不违反法律和公序良俗的情形下，应当由老百姓自己安排，自己做主，法律也不应当随便干预。违反乡规民约，也不应承担相应的法律责任，而主要应当采用批评教育等方式予以纠正。应当看到，移风易俗，整治滥办酒席的现象；通过制订乡规民约的办法不失为一个好办法，但乡规民约只是"软法"，本身并不是国家法律，违反乡规民约，最多只能是批评教育，而不能借助公权力强力制止。派工作组下乡执法，禁止民众摆酒席，表面上看是用法治方式引导民众风俗，实际上缺乏法治思维的表现，也是一种越权执法，属于典型的执法乱作为。

从这个案例可以看出，公权力执法越位，执法过程中罔顾职权法定原则，盲目下乡执法，过度介入民众私人生活，对党纪国法进行机械式的理解和运用，都只能起到适得其反的作用。应当看到，今天农村公共治理涉及的问题很多，生活垃圾随处倒、秸秆随便烧、公共道路随便占等问题成堆，都需要政府积极介入治理。这也反映了基层社会治理中公权力失职不作为的现象。政府应当将有限的资源分配到那些需要解决的大问题上，而不是去花精力干预那些不需要政府管理的个人私事。

正义女神为什么手持天平与宝剑?

法律出版社出版的 2017 年《正义之美日历》中,收集了全世界关于正义女神的经典照片,虽然各个正义女神雕像的姿态、神态稍有不同,但大多数女神像都有一个共同点,即都是一手高举天平,一手紧握宝剑。在西方国家看来,天平(就是秤)总是和公平联系在一起,据学者考证,最早的正义女神名叫忒弥斯(Themis)。据记载,她是天神乌拉诺斯和地母盖娅的三个女儿之一,后来成为奥林匹斯主神宙斯的第二位妻子。在希腊诸城邦和特洛伊城激战之时,奥林匹斯山上的每一位神祇都加入了两军厮杀,只有忒弥斯采取中立态度,不偏不倚,因而赢得宙斯的信任,后来成为正义女神的化身。古希腊神话传说影响了古罗马,但是古罗马人有自己的正义女神,她名叫朱斯提提亚(Justitia)。在古罗马神话中,她一手高举天平,一手紧握宝剑,眼睛蒙上眼罩,正视前方。随着中世纪后期罗马法的复兴,正义女神的雕像开始在法院出现,并广泛流传至今。如果去访问一些欧洲法院,经常会见到正义女神像,这几乎成了法院的标志和象征,甚至一些市政厅也挂着天平的标志。一些大学的法学院也有此种标志。

我在第二本随笔集中探讨了"为什么正义女神要戴着眼

罩",但是我一直还有一个疑惑,就是正义女神为什么一手持天平,一手持宝剑呢?这两者有什么深刻的寓意呢?

其实,天平的含义大家都能理解,天平就代表了正义。正义女神是正义的守护神,在正义女神雕像的背面,往往刻有古罗马的法谚:"为实现正义,哪怕天崩地裂(Fiat justitia, ruat caelum)。"可以说,正义女神寄托了人们对正义的渴望和追求,激励着法律人为实现正义而奋斗。

最早把天平和法律联系在一起的是古罗马人,古罗马人在从事交易时,要把双方交易的物放在秤的两端,有司秤站在中间,如果司秤认为双方交易的物品是等值的,且双方都同意成交,那么司秤就用秤砣击打一下秤,表明双方已经成交,这表明公平的观念是从交易中产生的。其实,以天平代表公平的论述也早已为我国古代思想家提出来了。商鞅说,"法者,国之权衡"(《商君书 修权》),管仲对法的概念界定为"尺寸也,绳墨也,规矩也,衡石也,斗斛也,角量也,谓之法"(《管子·七法》)。"法者,天下之仪也。所以决疑而明是非也,百姓所具命也。"中国古代思想家不仅阐述了天平的象征,而且把公平、公正视为理想社会的追求和国家治理的目标。《礼记》云:"大道之行也,天下为公。"后来到了大唐年间,《贞观政要·公平》中称:"法,国之权衡也,时之准绳也。权衡所以定轻重,准绳所以正曲直。""理国要道,在于公平正直。"性格刚直、为"贞观之治"做出重大贡献的魏征也说,凭着自我感觉甚至喜怒哀乐来判断是非,就是"舍准绳以正曲直,弃权衡而定轻重"(《贞观政要·公平》)。清代的何启认为,"公与平者,即国之基址也"。这就把公平视为国家治理的基础。

法的精神是正义。罗马人说,法乃公平正义之术。乌尔比安在《法学阶梯》中说,正义是分配每个人以其应得的永恒意志。后人将其总结为"各得其所"。天平就是一种分配正义,使人得到其应得到的东西。在这一点上,正义女神形象的寓意与中国古典的法律和正义观念具有惊人的相似之处。中国古代的"法"的概念就体现了正义的含义,古人说"法平如水",也表达了法具有正义的含义。天平沿袭了我们中华民族追求正义的传统,天平代表的是不偏不倚,代表的是法官居中公正裁判。如果天平向一方倾斜,就代表司法裁判的不公正、不正义。今天,天平已经成了法院的一种象征,世界各地法院都普遍地将天平作为自己的logo。这样一种做法实际上也体现了法院对公平正义的一种追求。天平之所以成为法院的象征,是因为天平形象地体现了司法所秉持的程序正义,如果将天平的两端视为双方当事人,则法官如同司秤一样要居中裁判,保持独立、中立的地位,不偏不倚。法院就是维护社会正义的最后一道防线。

那么,正义女神为什么要手持宝剑呢?对此有各种不同的说法。有人说,正义女神手持宝剑是要驱逐邪恶;有人说,宝剑表明正义女神代表了法律的威严和威慑力;还有人认为,正义女神手持宝剑表明正义是要靠强制力来维持的,法律就是正义和力量的结合,是刚与柔、疏与密、宽与严的均衡配置。这些说法都不无道理。毫无疑问,宝剑本身就代表了一种强制力,更具体地说,就是一种国家强制力。正义女神要维护正义,就必须凭借国家强制力去驱逐邪恶。

正义是建立在力量之上的。虽然人们心中都可能有是非判断标准,老百姓心中也都可能有朴素的正义观,而且这种正义观与法律所要实现的正义基本是一致的。但是古往今来,人类社会的历史表明,正义并不会当然实现,它都是在与邪恶的交战中实现的,甚至某些时期,邪恶的力量会压倒正义。要真正实现正义,必须要有强有力的力量做保障,必须要靠国家强制力驱逐邪恶。仔细看正义女神的形象，虽然各地的正义女神的形象稍有不同，但她都是右手持宝剑，左手持天平。这就意味着，要用力量祛除邪恶，才能维护正义。没有力量，何谈正义？那么，要寻求正义，在现代社会，不能完全通过私力实现，如果完全放纵私力救济，就可能出现丛林法则，正义也不可能真正实现。所以，在现代社会，只有司法才是解决纠纷的主要渠道。司法不彰，正义是很难维护的。

正义女神手持天平与宝剑还表明，国家强制力的运用也应当受到天平的制约。与国家强制力相比，单个个人的力量是十分弱小的，如果不对国家强制力的运用进行限制，私权很容易受到国家强制力的不当戕害。如果只有天平而无宝剑，则只是有名无实的正义，但如果只有宝剑而无天平，则只是意味着暴力，并不能真正实现公平正义。因此，正义女神在手持宝剑的同时，也手持天平，本身也意味着需要结合天平与宝剑的力量来实现正义。在用宝剑祛除邪恶前，对于其是否为邪恶等，也需要借助天平加以判断。

天平和宝剑二者是密切结合，缺一不可的。在我国，无论官方还是民间，天平和利剑一向被视为公平、正义的代表，天平用以平衡不同主体的利益，象征着裁量的公平；利剑用以驱除邪恶，象征着法律的力量。正义女神一只手拿着天平，另一只手握着长剑，也表明了法律的正义是以强制力为保障的。德国学者鲁道夫·冯·耶林对此有一段精辟的解释："正义之神一手提着天平，用它衡量法；另一只手握着剑，用它维护法。剑如果不带着天平，就是赤裸裸的暴力；天平如果不带着剑，就意味着软弱无力。两者是相辅相成的，只有在正义之神操剑的力量和掌秤的技巧并驾齐驱的时候，一种完美的法治状态才能占统治地位。"

这就是说，正义女神用天平衡量是非，用宝剑砍去邪恶，从而维护社会公平。如果说天平代表着法的公平正义，那么宝剑则代表着法的力量，象征着对各种破坏法律和秩序行为的制裁，公平需要靠强制力来实现，这也是法律有效实施的必备条件。正如耶林所言，没有强制性的法律是"一把不燃烧的火，一缕不发亮的光"。

正义女神手持天平与宝剑也使我联想到了司法的本质，即司法究竟是"刀把子"还是"秤杆子"？它仅仅只是专政的工具和手段还是维护社会正义的最后一道防线？多年来，学界一直对此颇有争议，各种说法都不无道理，中国古代的法律只是注重矫正正义，以刑为本，但始终缺乏分配正义。所以，传统上只是注重法律"刀把子"的功能，而没有注重其"秤杆子"的功能。改革开放以前，我们一直认为，司法机关就是专政的工具，这种看法忽略了司法维护社会正义的功能，显然是不妥当的。在理解司法的功能时，应当将二者结合起来理解，即一方面，司法应当以追求公平正义为目的，应当成为社会正义的最后一道防线，离开了公平正义，法律将失去其应有的价值，它将成为冷冰冰的规则，其生命力将完全依靠国家强制力维持，其在短期内虽然可以发挥较大作用，但这可能使法律与民众的关系长期处于紧张状态，法律秩序的生命力也难以长久。但另一方面，司法所追求的公平正义不能离开国家强制力的保障。缺乏国家强制力的保障，法律也不可能真正实施，正义也不可能真正实现。

人格尊严优先于意思自治

几年前，广东省某法院曾对一起抚养权纠纷案件作出一审判决，判决当事人双方签订的"借腹生子协议"无效。在该案中，当事人之间签订了一份代孕合同，约定原告为被告代孕生子，被告向原告支付生活费等费用。协议签订后，被告依约支付了相应款项。后原告产下一男婴，被被告抱走。原告因产后对儿子思念不已，便向法院起诉索要孩子的抚养权。法院审理后认为，原、被告签订的上述"借腹生子"协议违反了法律规定和公序良俗原则，当属无效。但关于孩子的抚养权问题，综合分析比较原、被告的抚养能力与抚养条件，被告明显优于原告，故判决孩子由被告携带抚养至年满18周岁时止，之后随父、随母由其自行选择。①

上述代孕案件实际上反映了人格尊严与意思自治两种价值的冲突。在代孕纠纷中，关于如何协调二者之间的冲突，有观点认为，按照私法自治原则，应当优先尊重当事人的意思自治，因为对代孕母亲而言，代孕合同主要涉及其身体权的行使和保护，法律应当尊重代孕母亲对其身体权的行使和

---

① 邓新建：《借腹生子引发抚养权纠纷 法官称代孕协议无效》，载《法制日报》2010年8月11日。

处分。既然代孕合同是当事人意思表示一致的产物,而且此种合同也没有损害他人的合法权益,那就应当肯定代孕合同的效力。确实,如果优先尊重当事人的私法自治,则必须要执行当事人之间的代孕合同,但如果优先保护个人的人格尊严,则不应当承认代孕合同的效力。我认为,虽然我国现行法律没有专门对代孕合同的效力作出规定,但法院援引《合同法》第 52 条关于公序良俗的规定否定代孕合同效力的做法是正确的,代孕合同在性质上应当属于无效合同,主要理由在于:一方面,代孕合同本质上是将代孕方的子宫作为"物"来出租使用,这实际上是贬损了代孕母的人格,有损其人格尊严。另一方面,代孕合同实际上是将孩子当作商品交易的对象,也有损孩子的人格尊严。从以上两方面来看,代孕合同实际上违反了公序良俗和社会公德,与合同法的基本原则相违背,应属无效合同。

在该代孕案件中,法院以违反公序良俗为由否定代孕合同的效力,实际上是优先保护个人的人格尊严,这也反映了现代民法强化人文关怀的重要发展趋势。比利时著名法哲学家 C. 佩雷尔曼曾讲述过这样一个故事:某市政府颁发过"禁止车辆进入公园"的文告,但有一次,公园内有一位游人突发心脏病,公园门卫随即喊来一辆急救车进入公园抢救病人。这位门卫的行为是否违规?佩雷尔曼认为,他非但不违规,而且值得褒奖。[①] 理由很简单,那就是西方人历来传诵的"人命大于法律"的民谚。生命是一个人价值和权利的总体,法律的最高使命就是保护人的生命。由于代孕合同有违人格尊严保护的理念,各国也大多否定代孕合同的效力。例如,在法国,1991 年最高法院根据"人体不能随意支

[①] 参见吕世伦主编:《现代西方法学流派》(下),中国大百科全书出版社 2000 年版,第 725—726 页。

配"原则,颁布了禁止代孕的条例,并在 1994 年通过了生命伦理法律,全面禁止了代孕行为。《法国民法典》第 16-5 条规定:"任何赋予人体、人体之各部分以及人体所生之物以财产价值的协议,均无效。"第 16-7 条规定:"为他人之利益生育或怀孕的任何协定,均无效。"我国法律虽然没有对此做出明确规定,但原卫生部在 2001 年发布生效的《人类辅助生殖技术管理办法》中曾明确做出过规定,"医疗机构和医务人员不得实施任何形式的代孕技术"。当然,该办法仅是一个行政规章,不能用来作为判断合同效力的根据,而且该条也没有对代孕合同的效力做出规定。所以,法院一般都是援引《合同法》第 52 条,认定代孕合同因违反公序良俗而无效。

随着市场经济的发展,个人意思自治的空间逐步扩大,除前述代孕纠纷外,人格尊严与私法自治之间的冲突也在逐渐增多。在生命健康和人格尊严的价值与意思自治发生冲突时,总的趋势是优先保护个人的人格尊严和生命健康权,主要表现在:

第一,许多国家法律禁止处分生命健康权,包括安乐死的问题。

第二,禁止处分人体,包括其器官和组织。康德时代还没有肾移植等医疗技术,但牙移植技术已经发展起来并出现了富人向穷人购买牙齿并移植的现象。康德认为,"人没有出卖自己肢体的权利,即便是自己的牙齿。"[①] 因为,这样是不把自己当成主体,而是当成一种以获利为目的的工具,有损人格尊严。这一观点对现代民法也产生了一定的影响。近几年出现了代孕母案件、器官移植、器官捐赠等案件,这些行为

[①] See Immanuel Kant, "Duties Toward the Body in Respect of Sexual Impulse" (1784—1785), translated by Louis Infied, in Kant, *Lectures on Ethics*, Mass.: Hackett Publishing, 1981, p. 165.

在许多国家都是法律所禁止的。此外一些国家法律规定，非法转让人体器官的协议无效，非法出卖血液的协议无效。

第三，禁止从事有损于人格尊严的处分行为。目前有很多国家都规定禁止生殖性克隆，而治疗性克隆由于是基于治疗的需要，则普遍是被允许的。克隆提出了人能否自愿被克隆等问题，涉及个人能否对自己的人身权利进行处分。依照传统的意思自治，上述行为是允许的，如果允许从事这些行为，就会导致与对人的保护和生命伦理之间的矛盾冲突。

第四，禁止达成免除人身伤害责任的条款。免除人身伤害责任的合同条款受法律禁止，违背公序良俗转让人身权益的协议无效。例如，甲乙双方在擂台比武之前签订生死状，其中规定，双方比武，生死勿论。此类条款因违反了《合同法》第53条的规定而无效。

第五，允许无合同关系的人在例外情况下援引合同上的权利，突破了合同的相对性原则。早在20世纪70年代，在法国曾有判决认为，房屋出租合同不能剥夺承租人为其亲友提供住宿的权利，有关合同必须尊重承租人的家庭生活权利。① 显然，这一制度的目的在于保护同居者的生存利益。在这方面，我国《合同法》第235条规定的保护对象更宽泛，不限于配偶或者同居者，包括与承租人生前共同居住的人。

第六，在劳动合同关系中禁止以契约形式损害人格尊严和人格权。生命健康权优先于意思自治的趋势已经延伸到了劳动合同领域，范思沃斯曾经认为，合同法的十大发展之一就是劳动合同中对劳动者保护的强度和适用范围的扩张。② 例如，合同规定工作期间不能生育的条款，禁

---

① Cass. civ. 3ème, 6 mars 1996, RTD. civ. 1996, p. 897, obs. J. Mestre et 1024, obs. J.-P. Marguénaud.

② See E. Allan Farnsworth, "Developments in Contract Law During the 1980's: The Top Ten", 41 *Case W. Res.* 203, p. 222.

止劳工辞职、出国的条款都是无效的。从这些发展趋势来看,价值位阶的存在也有助于把握民法的总体发展趋势。

人格尊严之所以优先于私法自治,主要是因为21世纪是走向权利的世纪,是弘扬人格尊严和价值的世纪。进入21世纪以来,人权运动在世界范围内蓬勃发展,尊重与保护人权已经成为国际社会的共识,并成为当代法律关注的重点,对人的尊重和保护被提高到前所未有的高度。现代网络通信技术、计算机技术、生物工程技术等高科技的迅猛发展给人类带来了巨大的福祉,但同时也改变了传统生产和生活的方式,增加了民事主体权利受侵害的风险。例如,许多高科技的发明对个人隐私权的保护带来了巨大的威胁。又如,生物技术的发展、试管婴儿的出现改变了传统上对生命的理解,人工器官制造技术、干细胞研究、克隆技术和组织工程学的发展为人类最终解决器官来源问题铺平了道路,但与此同时,上述科学技术也对生命、身体、健康等人格权提出了新的挑战。在我国,在人民群众的基本温饱问题解决之后,人们的人格尊严保护的要求也日益强烈。法律不仅要保障人民的生存权,还应当维护个人的人格尊严,不仅要保障人们吃饱穿暖、丰衣足食,还要活得有尊严。

这一趋势也表明,民法典除了要贯彻私法自治理念,将安全、自由、平等等基本价值贯彻在法典的内容之中,还要强化人文关怀。在现代民法上,意思自治越来越受到限制,尤其是在其与生命健康权冲突时更是如此。因此,21世纪的民法不仅仅是交易法,其将更多地关注人本身。民法首先是人法,它要服务于交易关系,尊重人的主体资格,保护个人的自由意思,特别是私法自治原则保障个人对其私人生活、民事交往的自我支配、自我安排、自主决定,从而尊重个体的首创精神,激励个人的创新与活力。私法自治不仅是交易领域中的自治,而且包含生活领域的自治。通过私法自治充分尊重个体对自己生活方式的选择。同时，民法秉指人文关怀理念，尊重人作为主体的地位和尊严，强化对弱势群体的保护。如果说私法自治体现的是一种对人的行为自由和创造力的保障，那么，人文关怀强调的就是一种对人的价值、人格自由的尊重与保护。

人文关怀的精神也是社会主义本质特征的体现，是促进个人全面发展的需要。我们优秀的传统文化中就体现了这种精神，儒学体现的是一种仁者爱人的精神，其实就是一种感同身受的人文关怀精神。孟德斯鸠有一句名言，概括了为什么民法要以人文关怀作为它的核心价值理念，他说："在民法慈母般的眼里，每个个人就是整个的国家。"今天，在制定民法典的过程中，我们应当把对人的关爱放到一个重要的位置，这才能体现21世纪民法的特征。只有体现尊重人、保护人的时代精神，我们的民法典才能更加彰显时代性，反映时代特征。

从无锡冷冻胚胎谈起

前段时间,江苏无锡发生了一起冷冻胚胎继承纠纷案。在该案中,夫妻生前受精的精子和卵子,结合形成了胚胎,已经放到了一个医院进行保管,后夫妻双方因车祸死亡,双方的父母就冷冻胚胎的权利发生争议,各自都主张享有对胚胎的监管和处置权。最后,二审法院判决由双方老人对该"存放于南京鼓楼医院的4枚冷冻胚胎""共同监管和处置"。

人体胚胎是一个医学上的词汇,它主要是指受精后的生殖细胞,属于胎儿的前阶段。胚胎不同于胎儿,在医学上,只有在胚胎发育到具有初步的人形后,才能称为胎儿,在此之前的阶段即属于胚胎。胚胎又分为体内胚胎和体外胚胎。前者是在母体内发育的胚胎,其可由自然方式受孕,也可通过人工授精实现;而后者则是在母体外发育的胚胎,其一般不是通过自然方式受孕。试管婴儿技术发展以后,美国威斯康辛大学的詹姆斯·汤姆森教授(James Thomson)从人类早期胚胎的内层细胞团中分离培养出第一例人胚胎干细胞系,从而给人类带来了福音。1978年,第一个试管婴儿在英国诞生,人工生殖技术迅速发展,生命科学的发展也日新月异。如今,人体胚胎技术已经日渐成熟。代孕生育方式的出现,导致亲属法上的"生母恒定原则(matersemper certa est-

Regel)"发生了动摇,相关的纠纷也开始产生。无锡冷冻胚胎案提出了几个重大的民法新课题和新挑战,值得我们认真思考。

一是什么是人?人从什么时候开始形成?民法是人法,首先要确立人从什么时候出生。传统民法认为,人始于出生,各国民法都是这么规定的,但是因为胚胎可以直接在受精之后形成人,形成生命体,从而需要重新定义出生的概念。1986年美国路易斯安那州颁布《人类胚胎法》,该法第121条将人体胚胎界定为具有法律授予权利、由一个或多个人体细胞与基因物质构成的试管授精的人类卵子,并于子宫内发育成为胎儿。依据该条规定,受精的胚胎即使是极小的细胞团,也是人类的生命,具有法律主体地位。这实际上改变了人从出生开始的规则,认为受精的胚胎一旦形成,就可以形成生命体,因此推定可以形成为人,在这个时候就可以受民法的保护,这就把出生的概念改变了。

冷冻胚胎是否可以作为人来保护?德国学者尼佩代提出"限制权利能力"说,认为尚未出生的孩子在活着出生的条件下,被视为法律主体,即被赋予受限制的权利能力。德国学者施密特也认为,形成中的人从受胎之日起就具有权利能力,这种权利能力被限定于某一范围之内。但事实上,胚胎本身还不是胎儿,不能完全将其视为法律上的人,毕竟胚胎尚未形成为人形,其将来能否发育成人并不确定。更何况,如果将体外早期人类胚胎视为人,任何人将无权丢弃、销毁胚胎,也不能将胚胎捐做科学研究之用,否则都可能侵害他人的生命权。但是又不能将冷冻胚胎等同于物,毕竟其将来可能发育成人。因此,笔者认为,人体胚胎本身应当作为一种介乎主体和客体之间的一种现象,需要法律专门作出调整。

二是人体胚胎能否成为继承的对象?在本案中,原告提出,冷冻胚胎应作为被继承人遗产由其继承。但管理胚胎的医院表示,精子、卵子等可以作为物来继承，但冷冻胚胎不同于精子和卵子，不能继承。诚然，自然人的器官、血液、骨髓、组织、精子、卵子等，只要不违背公共秩序与善良风俗，都可以作为物，并可以成为继承的遗产。但冷冻胚胎并不是单纯的物，不同于精子或者卵子，其将来可以发育成人，将其作为法律上的物，并且允许继承，可能存在一定的问题。在本案中，法院的判决并没有提及冷冻胚胎的继承问题，而只是判决由双方老人对该"存放于南京鼓楼医院的4枚冷冻胚胎""共同监管和处置"。这个问题其实法院无法回答，继承只是财产的继承，但对冷冻胚胎来说，其虽然不是人，但其将来可能发育成人，与其他物不同，其承载了一定的伦理因素。在法律上，人不能成为继承的对象。所以，法院回避这一问题也是必要的。如果可以继承，还涉及一系列复杂的问题，例如，是按照继承的顺序来继承，还是重新设置一个继承的顺序等等，都需要探讨。

三是这4枚冷冻胚胎都可以形成为人，那么必然在法律上遇到一个难题，即这4枚胚胎哪一枚能够形成为人由谁来决定。这个问题就很复杂了。法院判决由双方当事人共同监管，这就给当事人留下了延续血缘、传承后代的机会。但是监管和处置权是否就等于决定权？也就是说，假设对冷冻胚胎的保管权能够转移给其祖父母，未来谁有权决定是否将其发育成人？这在很大程度上是伦理和价值取向的问题，不同人群的看法很可能存在比较大的差异。例如，传宗接代观念比较浓厚的人通常会主张祖父母有权决定是否将其发育成人，但也有人从婴幼儿的健康成长角度认为，年纪大的祖父母很可能没有保持该未来生命健康成长和受教育的条件。

四是代孕是否合法？南京鼓楼医院在诉讼中提出，根据原卫生部的相关规定，胚胎不能买卖、赠送和禁止实施代孕，这一观点无疑是正确的,但并未否定权利人对胚胎享有的相关权利。在这个案例中,虽然争议的是去世子女遗留的冷冻胚胎监管和处置权问题,但也从一个侧面提出了代孕是否合法的问题。假如不是冷冻胚胎,而是采用代孕的方式形成的胚胎,此种行为是否合法?或者不是冷冻胚胎,而是冷冻的精子,是否允许通过代孕的方式形成胚胎?这确实是传统法律制度未曾规定的问题。在《精神卫生法》修改过程中,曾对代孕的合法性问题产生过激烈争议。我个人认为,有偿代孕可能将代孕母作为生育的机器,这实际上是对其身体做商业上的利用,有违人格尊严、挑战了传统的生育道德和生育伦理,贬低了代孕母的人格尊严,同时也将孩子作为交易的标的,也有违现代民法人文关怀的理念。正如英国《沃诺克报告》评论指出的,妇女若以收取酬金为目的,出让其子宫为他人生育孩子,将极易被视为生育机器,往往处于被支配的地位,不利于自身利益的保护。

我们已经生活在高科技时代,现代网络通信技术、计算机技术、生物工程技术等高科技的迅猛发展给人类带来了巨大的福祉,但同时也改变了传统生产和生活的方式,增加了民事主体权利受侵害的风险。生物技术的发展、试管婴儿的出现改变了传统上对生命的理解,人工器官制造技术、干细胞研究、克隆技术和组织工程学的发展为人类最终解决器官来源问题铺平了道路;与此同时,上述科学技术也对生命、身体、健康等人格权提出了新的挑战。未来人工智能会对我们的生产、生活方式产生重大影响和变化。生命科学、医学的发展,都对人类提出了新的挑战。新技术的产生会对传统伦理产生一定的冲击,同时,对民法的价值理念也会产生一定的影响。我国正在制定的民法典如何反映高科技时代的时代特征,如何有效应对冷冻胚胎等因现代医学、生物学技术带来的现实挑战,值得我们进一步研究。

再谈规矩意识的法律塑造

据报道，几名中国游客因为在澳大利亚的一个公园随地便溺而被警察逮捕。这一报道在国内引起较大反响。事情的大致经过是：2016年10月29日下午，温州一家旅行社组织的旅游团中两名男性游客在澳大利亚悉尼皇家植物园随地便溺，当地巡警发现后予以逮捕。澳大利亚新南威尔士州警署10月31日回复媒体称确有此事。涉事旅行社浙江国旅温州分公司相关负责人则表示，此事还在处理中，涉事两名中国游客已经被遣送回国。① 国内之所以对这一事件反响热烈，主要有两个方面的原因：一是不少网民认为，外国人也有在长城上乱刻字、随意闯红灯、飙车撞伤行人等许多不守规矩的行为。我们都没有对其绳之以法。而国外对随地大小便居然如此重罚，这让国人开了眼界。二是也有不少人认为这两名游客不遵守国外行为准则，有损国人形象和颜面。

这个事例说明了守规矩的重要性，尽管外国人在中国也确实有许多不守规矩的行为，而且外国人在外国也不乏随地便溺的情况，但这不能成为我们在国外就应当随地大小便的

---

① 参见赵蕾：《悉尼公园随地便溺　中国游客反抗被捕》，载《新京报》2016年11月3日。

理由。如果不是因为特殊紧急情况，此种行为确实是应予谴责的。

应当看到，在社会生活中，人们的规矩意识还是十分淡薄的。所谓规矩意识，是人们发自内心的、以遵守规则为准绳的意识。规则意识淡薄的现象表现在很多方面，日常生活中可以说是随处可见。红灯随便闯、超速飙车经常有、机动车随便停、三轮车横冲直撞、垃圾随处丢、景点随意刻画，等等。虽然不少人在口头上振振有词，对这些现象大肆批评，但真正地执行起来，又可能根本没有将其当回事。我经常到颐和园去散步，看到颐和园昆明湖边上树立着"禁止下湖游泳""禁止钓鱼"等招牌，但在招牌的旁边，经常发现有游泳者、钓鱼者，甚至还有人裸泳。一边是白纸黑字上的禁止令，另一边则是堂而皇之的不管不顾。来来往往的公园管理人员也无人过问，熟视无睹。这一情景是整个社会中不守规矩现象的缩影，也折射出了整个社会的规矩意识淡漠的程度。

有一种说法认为，不守规矩是中国人的个性使然。但也有不少人认为，中国人是最讲规矩的，中国之前有着良好的守规矩传统。古人很早就说过：无规矩不成方圆。而法家也常常将法律比作是准绳。管仲曾说："法律政令者，吏民规矩绳墨也"（《管子·七臣七主》）。在规矩方面，中国古代可以说是"法繁于秋荼，而网密于凝脂"。传统的儒家文化实际上就是训导人们恪守礼节，就是教导人们要遵守规矩。所谓礼，其实就是规范人们行为的道德准则，也是一种习惯法。中国素有礼仪之邦之称，就是因为，遵规守矩是中华民族的优秀传统，甚至可以成为引以为豪的民族精神。但在今天，特别是受到快速发展的市场经济的消极影响，拜金主义盛行，腐败加剧，社会价值扭曲，传统的道德观念淡化，社会成员的规则意识欠缺，公民的伦理意识、责任意识匮乏。诸如

"撑死胆大的，饿死胆小的"这样的社会观念还比较常见。另外，由于法制不健全，整个社会存在着违法成本低、守法成本高的问题，一些不遵守规则的人没有被及时追究责任，导致此类行为产生"劣币驱逐良币"的效果，这进一步加剧了规矩意识的淡漠。事实上，中国人出国之后，特别是到一些法制严明的国家，绝大多数人都很守规矩，并且大量中国旅游者到了国外会有意识地提醒自己和旅行同伴，要求遵守当地规矩。在国外旅游或者生活的中国人中，诸如在澳大利亚随地便溺的现象其实是极少数的。我在国外也生活过几年，几乎没有听说过这样的事件。

问题在于，为什么在国内规矩意识不强的国民出了国就能够守规矩，而一旦回国，就故态萌发了呢？甚至一些外国人，在他们本国非常守规矩，但一旦到了中国，也插队、随地吐痰、闯红灯。媒体也报道了外国人在长城上乱刻字、飙车撞人等恶劣事件。这更促使我们认识到所谓人性使然的说法显然是站不住脚的。关键不在于人性，而在于人所生活的环境差异，特别是文化和制度差异。同样一个人之所以在不同的环境中表现出不同的人性品格，在很大程度上与这个人在不同地域所感受到的文化熏陶和面临的制度约束有关系。

中国目前面临的恪守规矩的制度和文化缺失，既有道德培养上面的问题，也有法治建设上面的问题，但后者应当是主因。虽然规矩不都是法，但法都是规矩，也是最基本、最重要的规矩。"法令行则国治，法令弛则国乱。"法律是社会生活的调节器，法律是社会公正的守护神，是社会秩序的维护者，法律规则体现底线道德的基本要求，也是人们基本的行为规则。法律就是治国理政最大的规矩。守法不仅是法律义务，也是重要的道德义务，违法本身也是不道德的。不守规矩现象之所以与法治建设水平有关，不是因为我国缺乏明确的法律规则，而在很大程度上是因为，法律规则作为纸面上的法，有时尚未转化为行动中的法律，更没有成为社会大众内化于心的规矩意识。特别是，由于受到几千年封建特权思想残余的影响，有的领导干部以言代法、以权压法，甚至徇私枉法，赤裸裸地置明文的法律规则于不顾。再加上，中国社会具有浓厚的人情社会特点，有人一旦违法就习惯性地跑路子、找关系，希望逃避法律责任，摆脱违法后果。这些原因都导致了全社会的规矩意识淡漠。

不守规矩的行为直接危害了社会秩序，造成明规则不被遵守，潜规则盛行。而社会一旦没有规矩，就会黑白不分、是非不清，更会导致社会风气的恶化，戾气上升，世风日下。例如，一些人公权私用，官商勾结，行贿受贿，违法乱纪，在败坏官场风气的同时，也践踏了法律秩序，更破坏了人们对规则的合理预期。事实上，不守规矩的行为不仅会危害社会秩序，更会危害行为人自身的利益。媒体经常披露，某人违反交规造成严重交通事故，或机动三轮车横穿马路、擅闯红灯等酿成悲剧，或不遵守操作规则造成重大安全事故等，都说明了这一问题。前不久，媒体曝出宁波雅戈尔动物园某游客无视警告，翻墙逃票，误入老虎散养区，结果命丧虎口，令人惋惜。此类悲剧的一再发生也表明，不遵守规矩最终损害的还是我们自身的利益。所以，树立规矩意识，首先要健全法治，强化法律的约束力。

其实，在过去多年的法治建设过程中，我们在一些方面还是取得了比较好的经验的，值得总结和推广。酒驾的治理就是一个典型的例子。曾几何时，酒风盛行，酒驾几乎无人过问，因酒驾而导致的交通事故时有发生，有时甚至酿成重大事故。但自酒驾入刑之后，全国公安机关严查酒驾，不仅提高了执法的随机性和频率，而且一旦抓住就当场测试并录入系统,丝毫不给说情者提供任何机会。一旦被确定为酒驾,特别是醉驾,就面临判刑入狱、丢职丢帽等一系列严重后果。几年的严格执法下来,可以说彻底地刹住了酒驾的歪风,并迅速形成了一种酒后不驾的社会习惯。今天,即便喝了酒还想开着自己的车回家,一般只会叫个代驾,而少有人敢冒酒驾的风险。这一领域的执法经验不仅再次驳斥了人性使然论,而且很好地说明了通过加强法治来培育公民规矩意识的必要性和可行性。这些经验完全可以在其他漠视规矩的领域加以复制。至少可以说,我们能够通过如下三个方面的努力,全面培育公民的规矩意识:

一是要明确违法的后果。之前,酒驾之所以常禁不止,在很大程度上就是因为,酒驾并没有产生严重的法律后果,顶多罚款或者拘留几天,之后跟什么事都没有发生过一样。而刑事制裁措施的采用,则明显让酒驾人看到了违法的后果。目前,在许多领域,虽然法律立了规矩,但经常出现有规矩没有后果,大量诸如"禁止游泳"的规则只是一种宣示和倡导,没有明确的法律后果,甚至成了一句空洞的口号。从法律上看,规矩应当与责任相一致,即要真正树立规矩意识,就应当明确违反规矩的法律后果。禁止性规定设定了义务,但义务能够履行,关键看违反该义务是否有责任,以及承担什么样的责任。比如说,在国外,在"禁止……"的招牌下一般都有一句话,即"违反者将罚款最高至……""违反者最高可拘留……日"等等。与此相比较,我们的招牌上并没有此类告示,没有写明违反该禁止标识的后果,而只是一种宣示性的口号。韩非子说,"民固骄于爱,听于威矣"(《韩非子·五蠹》)。此种观点有一定的道理,如果违反规矩的后果不清楚,人们的行为缺乏合理的预期,也无法衡量违法成本有多高,久而久之,将无人遵守这些规则。

二是要保障责任强度的有效性。法律在设立规矩时，不仅需要明确后果，还需要保证后果的强度，以形成有效的威慑。如果违规后果并不严重，甚至时有时无，就解决不了违法成本低、执法成本高的问题，仍然难以有效抑制违规的行为，做到令行禁止。例如，在一些西方国家，地铁站并没有检票口，乘客购票后自由上下车。无论是否买票，都可以上车。但一旦逃票被查到，有的国家规定计入不良的信用记录，影响就业和贷款等活动，而另一些国家或者地区则直接将其按犯罪论处，逃一次票就可能锒铛入狱。尽管我个人不赞成逃票就按犯罪处理，毕竟，人有可能因为一时疏忽而忘了购票，且事后也很难证明当时的心态，但对有多次逃票记录的人来说，确实应当予以重罚。这样的违法后果不仅保障了对逃票人的威慑力，确保有票乘车，而且还节省了因检票进站而需要付出的设备和人力成本。反观我们的一些规定，虽然确定了违法的后果，但后果的强度远远达不到抑制违规行为的实际效果。例如，就禁止游泳的规矩而言，如果为违规游泳者设定的后果是"罚款二十元"，可以想象的是，即便被严格执行，也起不到禁止的效果。因为，对一些经常在这里游泳的人而言，二十元无异于从免费游泳场走进了收费游泳池而已。同样的道理，有的地方规定，随地吐痰罚款十元，在今天，十元钱对城市人来说无足轻重。实际上，这样的规则可有可无，甚至有损法律的严肃性和权威性。

三是要确保执法频率的充分性。规矩重在执行，且必须要保证足够的执法频率，否则规矩就形同虚设。耶林说，没有强制性的法律就是"一把不燃烧的火，一缕不发亮的光"。这些规则树在那里就好像稻草人一样，吓唬不了什么人。我在国外经常看到"禁止……"的牌子，虽然不一定随时能够见到执法人员,但人们也不知道什么时候就会有执法者出现,进行抽查巡逻。一旦发现了违反者,就会重罚,这样就会形成一种潜在的威慑力。反观我们的做法,虽然立下了不少规矩,但规矩立下之后就被束之高阁,甚至无人问津。即便偶尔有那么一两次运动式执法,但一旦风头过去,问题依旧。有的人甚至摸索到了执法的规律。例如,在违规占道执法活动中,一旦发现城管来了,就暂时避避风头。城管一走,重新开张。再如,在违反交通信号指示灯驾驶活动中,有的人甚至摸清了监控视频设备的活跃程度,知道哪些监控设备处于休眠状态,视而不见。我好几次看到颐和园边上,保安见到钓鱼者也不过问,所以在"禁止钓鱼"牌子的边上,钓鱼的人就越来越多。这样的话,规矩意识就很难树立起来。

四是要明确执法主体和职责。在实践中,经常出现"九龙治水"的问题,执法的主体不明确,责任不到位,出现了不作为的问题也无法问责。例如,禁止在公园游泳钓鱼,但究竟由谁来管?执法者要出示什么证件、佩带什么标识等,也不清晰。所以一些人对这些规则熟视无睹,人们照样下湖游泳、钓鱼。再比如,违章停车的问题,越来越严重。但执法权到底应当是归城管还是交警,或者基层政府或者街道办事处?目前并不是特别清晰。出现了违章的现象也不知道找谁来管,不知道向谁投诉。如果出现严重后果要问责,更不知道向哪个主体课加责任。

其实,无论是守规矩还是不守规矩,在很大程度上都有同伴效应的问题,或者说相互感染的问题。在执法不严的时候,一个人看到别的人都闯着红灯过去了,自己也很可能下意识地跟着走。一些人是下意识地随大流,而另一些人则是抱着"法不责众"的心态违规的。这就形成了"凑够一拨人就可以走,和红绿灯无关"的"中国式过马路"现象。还有人抱着守规矩吃亏、不守规矩就占便宜的心态。例如买票，如果有人不守规矩插队，而有人守规矩排队，守规矩的人可能永远买不到票。长此以往，任其发展，就可能回到丛林规则时代，就没有什么秩序可言了。但相反，如果形成一种良好的守规矩的环境，人们也可能会形成另一种从众心理。多数人都坚持等红灯，即便有个别想闯红灯的人，也很可能会选择等待。推而广之，这也很好地解释了为什么中国人出国之后更能守规矩的现象。

在规矩意识面临系统性问题的时期，法治是进行有效治理的主要措施。但值得注意的是，规矩意识的培养不能单一地依靠法治建设，同样需要注重道德教育、德润人心。既要他律，又要自律。虽然道德教化效果缓慢，难以在短时间内起到明显的效果，但仍然不失为一种补充方式，而且从长远来看，能够起到将规矩内化于心的效果。其实，通过强化法治建设来培养规矩意识，本身也是在培育和塑造一种守规矩的大众道德观念。

几名中国游客在国外因随地便溺而被警察逮捕的事例再次提醒我们，全社会亟待强化规矩意识。而要强化规矩意识，则要让法治先行，德育配套，要从完善规矩、严格执行、主体明确等多个维度着手。

遛狗中的规矩意识

我在美国的时候,看到很多人大清早出来遛狗,随身携带垃圾袋,有的手上还戴着手套。遇到狗拉屎,就将狗粪捡起来,并扔到垃圾桶里。有时垃圾桶比较远或者不能放狗粪,主人大都会把狗粪包起来,带到合适的垃圾抛弃处。我曾经和一位老太太聊起此事,问她这种习惯是怎么养成的。她的回答很简单:这是法律要求大家做的。然后,她继续解释道:如果不捡起来,大家怎么走路呢?

这位美国老太太在看待这个问题时,首先想到的是"是否合法"的问题,而不是"是否干净"的问题。在一些其他场合,美国普通民众在探讨一些生活琐事时,多数人首先提到的也是"法律的要求",然后再给出实质性的解释理由。这种现象让我感觉,法律在美国社会中无处不在,法治观念已经深入人心。

反观我国,都市中养狗的人越来越多,遛狗现象也随处可见。主人在遛狗时把狗仔收拾打扮得一个比一个漂亮,有的宠物狗还穿上了衣服和鞋子,宠物商店、宠物美容院和宠物医院也逐渐成为一个重要的产业。但与之形成强烈对比的是,人们在遛狗时并不遵守规矩,并不遵守社会公德,这也成为广大市民抱怨的问题。我早起在公园散步,一些公园门口有明显标识"禁止遛狗",但不少人熟视无睹,仍然带着狗进入公园,有时甚至三五成群、扎堆出现,有时还会出现宠物狗之间相互撕咬的现象,严重影响了人们早起散步的心情。有的家长喜欢带着孩子早起锻炼,时常从旁边不经意窜出几只狗,直奔小朋友,把小朋友吓得哇哇大叫,若是被这些狗咬上一口,麻烦就大了,就得立即到医院打狂犬疫苗。有些孩子的父母对此更是怨声载道。但公园遛狗更大的问题在于,狗粪没人捡。遛狗的人很少主动把狗粪掩埋起来,带着塑料袋捡拾起来的更是罕见。一到夏天,无论是公园的一些角落,还是小区内部的一些道路,路上随处可见狗粪,甚至臭气熏天。行人一不小心踩上狗粪,除了抱怨几句,只能自认倒霉。我听不少遛狗的人讲,狗在家关了一天,出门就是为了拉屎拉尿。至于捡拾和处理粪便,很多人都没有听说过,或者理所当然地认为是公园或小区保洁人员的事情。

  狗是人类亲密的伙伴,养狗能给人带来很多乐趣,我相信一般人都不会反对养狗。但是,都市生活毕竟空间狭小,公共生活空间更是有限,公共场所需要保洁,但基于控制公共支出等原因,不可能要求保洁人员从早到晚随处巡游,这样既会使保洁成本高得难以承受,又会使相关的保洁成本从养狗人身上转嫁到其他市民身上,这显然是不合理的。除去经济成本考虑,粪便到处遗留,不仅会排放臭气污染空气,狗粪中甚至还携带有细菌,招惹苍蝇后传播,而且还会因为渗透路边而污染道路。即便后来保洁人员予以清理,也影响了场所的环境卫生,影响公众的观感。

  前述遛狗乱象只是我们当前社会中不讲规矩现象的一个缩影,也折射出了人们规矩意识的淡薄。为解决这一问题,强化道德教化,注重品德修养,提倡道德自律是十分必要的。但单纯道德教化的作用是十分有限的，因为道德观本身是抽象的，不仅常常难以准确告诉人们到底应该做什么、怎么做，而且因为缺乏强制力而容易被规避。在很大程度上，道德约束力发生在熟人之间时，可能是有效的。例如，如果熟人之间都认为不捡狗屎是有违道德的，那么，人们因为担心有相关的负面评价而会主动捡拾。但在陌生人之间，道德约束力很难发挥作用。而且道德观念的形成需要一定的过程，在其形成前，将很难有效制止相关的行为。以遛狗为例，经常有一些小孩出来遛狗，如果没有从家庭和学校受到足够明确的道德教育的话，他们可能确实不知道狗粪是需要捡起来的。更何况，在快速的城市化进程中，很多人还没有来得及形成、认识和习惯一套适合都市生活的道德观念，这将很难真正有效遏制相关行为，不利于快速培养人们的规矩意识。

重塑规矩意识不仅要靠道德，而且更应当依靠法律。法律规则具有普遍适用性，而且通过权利、义务机制，法律规则能够有效激励和约束人们的行为，从而更有利于规矩意识的形成。有人认为，杀鸡焉用牛刀，法律不管琐事。类似于遛狗这样的鸡毛蒜皮的小事，是否真的有必要通过法律解决？实际上，多年来的现实生活体验告诉我们，虽然我们大力弘扬社会道德，花了大量力气去搞宣传、做教育，但现实的效果却很不尽如人意。事实上，许多所谓"琐事"中反映出的问题是不会自我纠正的，而必须依靠法律规则的引导和规范。之所以需要通过法律规则树立人们的规矩意识，主要是因为如下原因：

第一，法律规则的内容较为清晰，能够为人们提供较为明确的行为规则。道德观念的内容较为模糊，无法为人们提供明确的行为标准。正如费孝通先生在《乡土中国》中所观察的那样，"在社会变迁的过程中，人并不能靠经验作指导"，而道德观念作为一种经验的累积，只能抽象地提醒人们哪些事符合道德,哪些事不符合道德,不像法律规则那样,能够明确规定,哪些事应当做,哪些事不应当做。法律规则能够为人们提供明确的行为指引,并且使人们知晓违反法律规则的不利后果,从而逐步培养人们的规矩意识。

第二,法律规则可以解决规矩的时效性要求。道德观念在很大程度上是对朴素经验的日积月累,需要经历一个缓慢的时间才能形成。但在快速变化的社会,仅靠道德观还来不及满足我们对规矩的现实需求。大致来看,前述不守规矩的问题,大多是在我国快速的城市化进程中出现的。在从农业社会向工业社会和都市生活快速转型的过程中,大楼可以快速建起,道路可以迅速修通,但人们的思维观念和行为习惯却很难同步转型。例如,在农村生活中,生活空间大、人口相对稀少,"捡狗粪"也只是为了捡肥料的勤劳之举,几乎不会有人将其作为一种义务来对待。而在城市里,以前因为养狗的人并不多,人口规模也没有现在这么大,捡不捡狗粪也不是什么大不了的问题,更没有成为一种规矩和习惯。但在快速的城市化进程中,随着人们物质生活水平的提高,人们对社会生活环境的预期也日益提高。在这种背景下,要通过道德教化来逐渐改变人们的观念和习惯需要很长时间,而这又难以满足快速城市化进程的需要。而通过立法推出一套行为规则,能够帮助人们缩短形成新观念和习惯的时间,尽快提高都市生活水平。因此,与道德相比,通过法律规则培养人们的规矩意识,也更有效率。

第三,通过立法可以保障规范的有效性。法律由国家强制力保障实施,这也是法律与道德规范的不同之处。前面谈到,即便"捡狗粪"被视为道德规范,但如果有人仍不遵守,很可能因为在陌生人世界里无人监督和谴责而不了了之,起不到行为规范的作用。而法律则不同,可以通过强制力的执法机构,对违法者形成直接的监督和约束力量,从而尽快培养人们的规矩意识。

　　再回到本文一开始提到的美国妇女对捡狗粪的看法,"这是法律要求大家做的"。这表明,用法律调整,不仅有助于培养人们的法律意识,认识违法的负面后果,而且日积月累,逐渐将守法意识本身转变成一种道德观念,从而成为主动的内心约束和行为习惯。不捡狗粪的行为不仅面临法律上的负面评价和制裁,而且还会遭到普遍的道德谴责。毕竟,社会大众已经习惯性地将这种行为视为一种难以接受的不道德行为。

企业走出去要树立合规意识

每年都有不少企业到中国人民大学法学院遴选招聘毕业生，我和不少用人单位也有一些交流，在交流过程中我总会问：你们为什么要招聘法律人才？招聘他们去做什么工作呢？有的企业招聘人员说，我们企业走出去了，在国外有不少投资，招些法律人才可以帮助我们有效规避当地的法律。我听了这种观点，从内心深处难以认同。在我看来，企业走出去首先要树立的不是规避法律的意识，而应该是合规意识。

客观地讲，规避法律并不当然等同于违法行为，因为立法者的认识是有限的，法律不可能完全是非黑即白的规范机制，在特定领域或情形会存在非黑非白的灰色地带，对于处在这个地带的事项，法律究竟是肯定还是否定，不能清晰地辨知，企业等主体在这一灰色地带行为时，可能实施一些规避法律的行为，但很难一概认定是违法行为。例如，因为税收法律制度跟不上新类型交易的发展，导致有些交易行为是否应纳税，就处于法律的灰色地带，有一些律师对此有精深研究，通过合理安排相关交易行为，使它们落入不应纳税或纳税较低的领域，因此深受企业的青睐。这种规避税收法律的行为并没有违背法律划定的刚性红线，不能说是违法行为，它又符合人类普遍具有的避害趋利的心理，人们往往说这种行为是"合理避税"，实际上是肯定了这些行为。

这么说，不是说规避法律是好事，而是说只有在特定法律的特定灰色地带，规避法律不等于违法。但如何确定法律的灰色地带并非易事，对于一些法律规则相对模糊领域，其是否属于法律灰色地带，可能存在较大争议，在此情形下，行为人如果规避法律，就有可能踩到法律的红线，所谓的规避法律就会变成违法行为。而且每个国家或地区的实际情况不同，同一领域的法律也因此会有相当大的差异，可能在我国是法律灰色地带但在别的国家或地区却是清晰地带，若对域外的法律规则了解不全面，或者理解不透彻，仍拿着国内的法律规范和法律知识推己及人，结果就可能触碰异域法律的红线。所以，企业要走出去，首先想到的不应当是如何规避法律，而应当想到如何树立合规意识，实施合规行为。

进入21世纪以来，随着经济实力的提升，我国企业加大了走出去的力度，我国已从全球最大的资本输入国转化为第二大资本输出国。在此过程中，有些企业只关注走出去可能面临的市场风险，而未充分顾及相关的法律风险，以至于在走出去后面临重重困难，甚至当了"冤大头"，这方面的惨痛教训为数不少。比如，一些企业购买国外的矿山，却不了解当地有关的环保和生态保护的法律，结果买到矿山后，因为开采行为违反环保和生态保护的法律而无法开采。又如，有的企业到国外投资建厂后，因为不懂当地的劳工法律和政策，与工会、员工发生劳资争议，导致工厂停工，严重影响了企业的正常经营和发展。不仅如此，在出现这些纠纷以后，不少企业往往会把国内遇事找人托人的习惯搬到国外，不积极通过法律途径解决纠纷，而是认为即使触犯了法律，也可以找人摆平。但殊不知，这种方式在国内一些地方可能管用，但在国外则未必管用，特别是在一些法治健全的国家或地区，这种做法基本是不管用的。花钱找人不仅没有摆平纠纷，反而招致更大的麻烦。因此，企业在走出去时首先应当树立合规意识。

树立合规意识，要求走出去的企业要建立一支高素质的法律人才队伍。许多企业很注重管理人才队伍建设，但并不重视法律人才，从今后的发展趋势来看，法律人才应当是最重要的管理人才。尤其是在企业走出去后，企业首先面对的可能是大量的法律问题，例如，企业应当全面了解投资所在地的法律，以及相关的国际公约和惯例。再如，国外企业签订合同时都要请法律顾问字斟句酌、反复推敲，因为他们奉行的是"好话千遍不如契约一张"的原则。而我们的一些企业往往只讲合作，不抠合同，结果经常为几个字的表述错误付出沉重代价。所以，企业走出去首先就必须要有注重加强法律人才队伍建设的意识，不仅要注重招聘和培养自己的法律人才队伍，也有必要考虑加强"外脑"建设，聘请有关的外国法律专家。

树立合规意识，要求企业有遵守投资所在地法律的意识。按照属地原则，企业走出去后，应当遵守投资所在国的法律制度，这不仅是企业应尽的义务，也是其应负有的社会责任。只有守法，企业才能健康、持续、稳定地发展。而且企业要真正节省成本，也必须在符合法律规定的情形下去节省成本，如果一开始就考虑规避法律，企业的发展方向就会发生偏差，不仅难以持续健康发展，而且可能会为此付出更大的代价。近些年，有的企业在国外办银行，因为不懂得当地有关反洗钱法的规定和相关的监管要求，经常受到调查甚至遭到重罚。

树立合规意识，要求企业必须注重自己的企业形象。企业走出后,其自身以及其员工的一言一行、一举一动不仅代表着企业的市场信誉,还代表着中国企业的形象,甚至代表中国的国家形象。一旦企业不遵纪守法,不仅会损及自身形象,而且还间接地损害了其他中国企业乃至中国的对外形象。这一点并非夸大其词,正如我们所知,有的国内企业走出去后,因不注重劳工保护、乱砍滥伐珍贵树木等行为,被西方一些媒体恶意放大,在一定程度上损害了我国企业形象,甚至损害了国家形象。

树立合规意识,要求有关部门对企业进行必要的引导和监管,不能说企业走出去后就与国家无关了。在全球化的经济背景下,国家对企业走出去后的行为进行必要引导和监管,有不可或缺的价值。比如,我们目前对于本国公司对外国官员的行贿行为,还没有明确的法律规定,这并不利于企业在外的健康发展,而美国1977年就制定了《反海外腐败法》(Foreign Corrupt Practices Act),禁止美国公司向外国政府公职人员行贿,并对在美国上市公司的财会制度做出了相关规定,这种经验就非常值得我们借鉴。

树立资源社会性的理念

在美国经常发生这样的事,房主如果几个月没有整修自己庭院内的杂草,其左邻右舍和相关机构的人士就会找上门来,要房主及时剪修杂草,清理庭院。如果房主仍然不剪修杂草,有关机关可能会对房主进行处罚。很多中国人刚到美国时对此很不习惯,有人认为,是否剪修自己院子里的杂草,是自己分内的事,房屋产权是自己的,他人何必要干涉呢?

其实,这涉及资源和环境的社会性问题。毫无疑问,美国人的产权观念非常强烈,他们一直接受"风可进、雨可进,国王不可进"的私产神圣不可侵犯的理念,但在上述事例中,美国人并没有对他人干涉其产权的行为提出异议,这也反映出美国人所具有的另外一种理念——资源社会性的理念,即在私人财产成为资源和环境一部分的时候,这些财产就不完全是个人的了,它们已经具有了一定的公共性因素。

资源的社会性也是由资源本身的属性决定的。1970年,联合国有关机构在一份文件中指出:"人在其自然环境中发现的各种成分,只要它能以任何方式为人类提供福利,都属于自然资源。"1972年,联合国环境署曾经对自然资源下过这样一个定义:自然资源是指在一定时间和一定条件下,能产生经济效益,以提高人类当前和未来福利的自然因素和条件。自然资源是人类生存和发展的物质基础和社会财富的源泉,是可持续发展的重要基础之一。从这个定义可以看出,自然资源并不完全应当归属于某个产权人,而应当属于整个人类的,是和人类的福祉、幸福联系在一起的,自然资源本身具有如下特点:

一是稀缺性。自然资源是自然物,首先有自然方面的属性。但任何资源都是相对于需求而言的,由于人类对自然资源的需求是无限的,而自然资源毕竟是有限的,不可能无限供给,因此,自然资源相对于人类的无限需求而言,在数量上是不足的。这就决定了自然资源的基本属性之一就是稀缺性。尤其是在现代社会,人均消耗资源的总量在不断提高,人口也在急剧增加,当人们对环境资源的利用接近或超越环境承载力的极限时,环境资源的稀缺性就会日益凸显。尽管随着科学技术水平的提高,一些替代资源的出现,在一定程度上缓解了资源稀缺危机,但替代资源的数量和种类毕竟也是有限的,而且成本很高,并不能从根本上改变资源稀缺性的特点。

二是公共性。自然资源是人类共同共有的财富,具有公共物品的性质。自然资源还关系到人类世代的福祉,关系到我们子孙后代的生存和发展的根本利益。因此,尽管我们在取得和使用资源时,将付出一定的对价,但并不能说,资源完全是享有使用权者的个人财产,可以挥霍无度、自由处分,随意浪费,而不顾及生态环境的保护,否则就构成对资源的透支,影响子孙后代对自然资源的利用。资源公共性要解决的一个重要问题就在于,如何解决资源利用过程中公共利益损害的问题,即在自然资源利用过程中所产生的损害和负担应当由谁负担的问题。从我国的实践来看,一些权利人在取得相关自然资源的利用权之后,随意开采、利用，而不顾及生态环境的保护，此种情形下，资源利用过程中的外部成本实际上是由社会负担的，这既不利于保护生态环境，也不利于督促权利人妥当行使权利。一种可行的解决方式就是，将外部性转为内部化（internalize the externalities），即通过制度安排将经济主体经济活动所产生的社会成本，转为私人成本。例如，在草原采煤，不应当让社会负担相关的外部成本，应当课以权利人修复环境的义务，绝不能留下一个个土坑，采多少，应当回填多少、修复性种植复垦多少，这就实现了外部性的内部化。

三是生态性。著名资源经济学家阿兰·兰德尔认为："自然资源的开发利用涉及许多复杂的物理系统和生物系统。"自然资源是生态系统的重要组成部分，在保障自然资源经济价值的同时，也应强调自然资源的生态价值的保护。自然资源的生态性其实包含两个方面的含义，一方面，自然资源本身是生态环境的组成部分，自然资源的滥用、枯竭会造成生态系统的破坏或环境的污染。动物、植物、微生物资源作为生态系统组成部分，对生态安全的作用自不待言，而无生命的矿产资源看似并不关系到生态系统的安全，但事实上，矿产资源也是生态环境的重要组成部分，如果在采煤过程中造成地表塌陷，既破坏了周边其他村民的果树、农作物的财产权，又危害了局域生态系统，而矿山地质结构的破坏还可能影响到生态系统的稳定性。另一方面，自然资源的利用也会对其周边的生态环境的自我修复和恢复产生不利影响。例如，有的地方挖煤采矿，导致草场连片地消失，留下许多矿坑，这种掠夺式、毁灭生态的开采方式，也会对周边的整个环境造成重大破坏，既影响了周边居民的正常生活，更延长了被破坏生态系统的恢复过程，需要更长的自然恢复时间。

荷兰曾经有这么一个案件，有一个私有的农庄，农庄里有一条河流，孕育了农庄的生态环境，包括有参天的古树，但是河流上游的化工厂排放污水造成水污染，导致农庄的土壤和地下水被污染，最终导致古树死亡。事后，农场主请求法院判决加害人化工厂赔偿其财产损失。根据传统民法的理解，其获得的以市场计价法所计量的这部分古树的价值，农场主应当有权自由支配，但是法院考虑到这些树本身是一个小型生态系统的核心组成部分，作为纽带，它负载了蚂蚁、蝴蝶等昆虫，苔藓甚至微生物群落，这个小型生态系统为周边的动植物和人类提供着生态服务，因为缺少这些古树，这些生态服务将无法提供，所以，判决受害人有义务用所获得的赔偿去补种具有相应生态功能的树，以修复和维持生态系统的服务功能。这个例子就告诉我们，哪怕自然资源被侵害，获得赔偿以后，它仍然具有公共性和生态性。

回到前面所说的剪修庭院杂草的例子。修剪杂草看似小事，但也体现了自然资源的上述特征：一方面，它涉及资源的社会性问题。虽然庭院的杂草是属于个人产权的部分，但当它长得过高，就会影响环境的美观，影响整个社区的美观，妨碍整个社区的规划，甚至引来病虫害，此种不利后果不应当由社会负担，因此，即便其属于个人产权的范围，个人也负担及时剪修、保护环境的义务。另一方面，它涉及资源的生态性问题。虽然庭院草坪是一种人工环境要素，但其也已成为特定局域生态系统的组成部分，如果不注重维护，让杂草丛生，也会影响局域生态环境。

强调资源的社会性，首先就是要高度重视资源的稀缺性、公共性和生态性。一是要认识到自然资源的稀缺性。我国虽然地域幅员辽阔，但近几十年高能耗、高水耗、高污染的粗放式发展模式，对资源的提前超强透支,已经大量地消耗了子孙后代的资源,现有自然资源已经到了极度紧张的状态,尤其是人均资源已经到了极度紧张、匮乏的程度。滥砍、滥伐等掠夺式的攫取资源的方式,已经导致某些物种濒临灭绝或者已经灭绝,其危害后果就是,对生态系统的破坏已经到了难以恢复的地步。

二是要重视自然资源利用的公共性。为了公共的利益,为了子孙后代的利益,我们应当将爱护生态环境置于比爱护自己财产更为重要的地位。我们要为子孙后代着想,对森林资源的过度砍伐、自然资源的耗竭等行为,必须通过法律予以遏制。例如,虽然个人享有对矿产进行开采的权利,甚至取得了整个矿区的开采权,但是在开采矿产时,应在开采后及时回填、回灌,还应当种植林木,采取各种措施,防止水土流失,及时恢复生态环境,不得造成地面生态环境的破坏,使得土壤能够继续涵养水土,生长草木。

三是要认识到自然资源的生态性。自然资源是生态环境的重要组成部分,自然资源的利用也会对周边环境产生影响,因此,即使某些资源已被私人合法占有和利用,但其同时也是生态环境的组成部分。不能够滥采、滥垦、乱挖,任意挥霍自然资源,这不仅会破坏环境资源,实际上也损害了公众对环境的利益,构成法律上所说的权利滥用。在罗马法上,所有权几乎不受任何限制,《法国民法典》也确认了无限制私有权原则,但后来各国都修正了这一原则,强调所有权的受限制性。资源是大自然赐予的宝贵财富,而且资源具有有限性,许多资源也具有不可再生性,特别是在现代社会,资源的有限性和稀缺性与人类日益增长的资源需求之间的冲突更为明显,更需要强调节约资源、保护环境,对个人财产权利作出限制,更需要强调提高资源的利用效率。

强调资源的社会性,就是要实现资源的节约使用和集约使用。节约就是减少资源使用的量,集约就是提高资源的利用效率。正是因为资源具有稀缺性,才需要节约,而不能无度地、毫无节制地浪费自然资源。集约就是强调资源的公共性,因为只有规模化的资源使用,才能提高其使用效率,实现经济的可持续发展。例如,对资源的循环利用,变废为宝,这实际上就是节约利用资源的重要体现。再如,注重利用太阳能、风能、潮汐能、生物质能等可再生能源,尽量避免或减少石油、煤等不可再生资源的使用量,也是节约能源的一种具体措施。建设节约型社会应当从节约资源做起。其主要目的就是为了培养人们节约资源的意识,提倡节约。

既然资源具有社会性,我们在日常生活中就要注重节约、反对浪费。在"八项规定"出台以前,各种浪费达到了惊人的程度。例如,"三公"开支惊人,仅吃喝一项的消费,每年的浪费都要以千亿来计算。满桌的饭菜吃不了两口,全都扔掉,而没有想到剩菜、剩饭既浪费了食材、资源,同时又增加了无谓的社会能耗,因为食材的运输、清洗、加工等,都需要使用能源和水。我们更没有想到,还有多少山区的孩子,仍然缺衣少食,冬季因没有能源而挨冻。强调资源的社会性,其实道理是很简单的,就是要爱惜每一粒粮食,珍惜每一度电,节省每一滴水。我记得年幼时,小学课本中有"谁知盘中餐,粒粒皆辛苦"的诗文,当时,父母亲总是教导我们要珍惜粮食,"一粥一饭,当思来之不易"。长大后,更是深感这些诗文所体现内容的深刻。现在,尽管这些粮食是我们劳动创造出来的财富,属于我们个人所有,但粮食本身作为一种资源,应该予以珍惜。特别是在我们国家,人多地少,粮食资源仍存在供不应求的潜在危机。

资源的社会性理念应当入法。随着资源危机的加剧，一些国家将珍惜资源写进立法中。例如，法国国会于 2016 年 5 月 21 日通过一部新法，禁止大型超市浪费食物，特别是禁止销毁未售出的食品。法国立法规定，超市扔掉仍可食用的食物是非法的，违反这一规定，将面临高达 8.2 万美元的罚款。有的国家法律规定，个人的房屋不得长期闲置；个人在宾馆住宿时，也不得随意浪费水、电，否则将招致罚款等等。这些立法经验值得我们借鉴。我们正在制定的民法典应当是一部保护环境和生态资源、促进资源有效利用的民法典。21 世纪是一个面临严重生态危机的时代，生态环境被严重破坏，人类生存与发展的环境不断受到严峻挑战。全球变暖、酸雨、水资源危机、海洋污染等已经对人类的生存构成了直接的威胁，并引起了全世界的广泛关注。如何有效率地利用资源并防止生态环境的破坏，已成为直接调整、规范物的归属和利用的民法典的重要使命。由于人口增长，发展速度加快，现代社会的资源和环境对于发展的承受能力已临近极限。因此，在世界范围内，传统的所有权绝对主义观念也受到限制，并在相当程度上融入了"预防原则"和"可持续发展原则"的要求。而在我国资源严重紧缺、生态严重恶化的情况下，更应当重视资源的有效利用。为此，有必要结合保护生态环境的具体需要，对财产权的客体、权能、属性、用益物权、相邻关系以及征收等制度进行重新审视，强化物尽其用的义务，在保护民事主体财产权利的同时，也要结合我国实际情况，为不动产的权利人设置必要的维护环境、保护生态的义务。

资源的社会性不仅是一种法定义务，也是一种道德义务，是我们对子孙后代的道德义务，是我们每个单个个体对我们的生存环境、对养育我们的大地所应当负有的道德义务。《易经》说："地势坤，君子以厚德载物",董仲舒认为,要"泛爱群生"。对不可食资源,也要加以蓄养爱护,因为这是上天对人类的体恤、赐福。大地普载万物,滋养生灵,"厚德载物"是大地的美德,我们也要秉承地道,爱护地球母亲,保护环境,绝不能无节制地浪费自然资源。

努力打造国际仲裁中心①

最高人民法院院长周强在"2016年中国仲裁高峰论坛"上呼吁,要将中国仲裁机构打造成为全球广泛认可、具有重要影响力的国际仲裁中心。众所周知,近年来仲裁在我国快速发展,已成为市场主体定分止争的有效方式,而随着经济全球化和我国进一步扩大开放,中国企业参与跨国经济贸易活动日益频繁,国际商事争议必然会越来越多。如何运用仲裁机制公平、合理、高效地解决国际商事争议,促进国际商事交往的正常发展,无疑成为当前国际社会共同关注的话题。

中国国际商事仲裁始于20世纪50年代,迄今已走过了整整一个甲子的春秋。经过60年的发展,中国已经成为国际商事仲裁的中心之一,中国国际经济贸易仲裁委员会(以下简称"贸仲委")每年受理国际商事争议案件400件以上,2015年已接近500件,与国际商会国际仲裁院(ICC)、斯德哥尔摩商会仲裁院(SCC)等被并称为世界"著名的国际性仲裁机构"。中国国际商事仲裁的国际化发展,具体体现在以下几个方面:

---

① 本文为2016年9月28日在"2016年中国仲裁高峰论坛"上的发言。

一是仲裁立法紧跟国际仲裁的发展。1994 年,我国颁布了《仲裁法》,而且还专章规定了"涉外仲裁的特别规定"。《仲裁法》实施以来,我国国际商事仲裁事业发展迅速。至今,我国内地已有仲裁委员会244 家,它们都可以根据当事人的协议受理国际商事仲裁案件。但是,应该看到,现行《仲裁法》的规定已远不能适应当前国际商事仲裁实践的需要。一些仲裁机构在其仲裁规则里已开始对《仲裁法》进行查缺补漏,最高人民法院也发布了相应的多个司法解释,在一定程度上弥补了现行立法的不足。

二是国际商事仲裁范围逐渐扩展。近年来,各国通过立法和仲裁实践扩大了国际商事仲裁范围,越来越多的国际商事争议采取仲裁方式解决。在我国,以贸仲委为例,不仅其受理案件的范围不受当事人行业和国籍的限制,而且其受理的案件类型也在不断增多,涉及货物买卖、合资合作、建筑承包工程、房地产开发、金融交易、股权转让、知识产权等各类争议,近年来相继出现的资产并购、特许经营、融资租赁、造船争议等也相应增加。贸仲委还推出了独具特色的粮食行业争议、工程建设争议、金融争议服务、域名争议解决服务等,从而进一步发挥了在争议解决方面的作用。

三是仲裁规则和仲裁员日益国际化。中国 240 多家仲裁机构都制定有自己的仲裁规则,最大限度地尊重当事人意思自治,并努力与国际仲裁规则接轨。以贸仲委为例,贸仲委第一套仲裁规则制定于 1956 年,之后进行了八次修订。每次修订涉及的都是制度性问题,比如增加仲裁员披露制度、合并仲裁、紧急仲裁员等,从而使仲裁规则更加符合国际惯例。此外,不少外籍仲裁员成为中国仲裁机构的仲裁员,仅贸仲委的仲裁员名册中就有外籍仲裁员 300 多名,来自 40 多个国家或地区,促使仲裁员日益国际化。

四是国际商事仲裁的监督制度逐渐完善。法院对仲裁进行司法审查，对于保障国际商事仲裁程序正当、裁决公正以及维护仲裁裁决效力都具有积极意义，它已成为世界各国的普遍实践。最高人民法院通过司法解释，建立了"上报制度"，严格监督我国法院对国际商事仲裁活动的司法审查，为国际商事仲裁的发展赢得了宽松的法治环境。

五是国际商事仲裁裁决执行不断强化。最高人民法院于1987年就下发了《关于执行我国加入的〈承认及执行外国仲裁裁决公约〉的通知》。近年来，最高人民法院陆续制定并实施了30多项关于仲裁包括国际商事仲裁的司法解释性文件，为外国仲裁裁决在中国的承认和执行提供了有力的司法保障。

但是，我们应当看到，虽然我国国际商事仲裁在解决国际商事争议方面占有重要地位，仲裁规则的国际化程度日益提高，但面对国际上主要商事仲裁机构的激烈竞争，我国相关仲裁机构仍有不小差距，尤其是发展极不平衡。我国还没有成为国际商事仲裁的中心，选择在我国进行商事仲裁的外国法人也很少，我国国际商事仲裁在全球范围内的知名度还有待提高，这和我国全球第二大经济体的地位还不相称。

近年来中国企业"走出去"的步伐不断加快，但是所面临的经营风险、法律风险、社会风险和政治风险也在不断加大。由于目前中国的国际商事仲裁机构尚没有在国外设立办事机构，一旦中国企业在国外发生经贸争议，当事人往往选择由外国的仲裁机构解决。而我国企业对国外的法律、经贸规则不熟悉，很多本可胜诉的案件最终惨败，也反映出中国国际商事仲裁实力的不足，在仲裁服务方面未能跟上"走出去"和"一带一路"倡议的实施步伐。在企业走出去后，如果任意选择外国仲裁机构仲裁，将使我国企业在对外交往中处于不利境地，对国家产业发展造成威胁。因此，需要推进中国仲裁的国际化。仲裁的国际化有利于改善我国投资环境，促进对外经贸合作发展，促进我国经济更好地融入全球经济。伴随我国"一带一路"倡议的实施，对于如何进一步推进我国国际商事仲裁的国际化，我想可以从以下几个方面着力。

第一，坚持深化改革，全面推进国际商事仲裁事业发展。较之国内仲裁，国际商事仲裁规模更大、格局更高，直接将中国涉外仲裁机构置于全球竞争中。要适应仲裁国际化的发展需要，必须坚持深化改革，在改革中破除积弊、激发创新活力，不断开创中国国际商事仲裁的新局面。一方面，要在理念上进行一些变革。我国虽然是仲裁大国，但还没有真正成为世界仲裁的中心，我们应当以此作为我们奋斗的目标。不断创新仲裁理念和制度机制，加强同国际仲裁界交流与合作，尽快将我国打造成为国际仲裁中心。另一方面，要在机构上进行必要的改革。尤其是仲裁机构应当在体制上进行一些改革，尊重仲裁的规律，减少行政化和行政干预，使其真正成为民间机构，同时，在治理结构上也应当更加符合仲裁事业的发展规律。为推进国际化，有必要给仲裁机构"松绑"，使仲裁机构更加市场化，通过公平竞争谋生存、谋发展，而不能完全依赖政府的扶持。此外，要努力实现仲裁规则的国际化。现在仲裁规则有一种诉讼化的倾向，即过多地以诉讼为蓝本，在程序上也过多地复制了诉讼程序，这实际上是不妥当的。仲裁与诉讼不同，不能完全沿用诉讼规则。仲裁的规则也要努力和国际接轨，密切重视国际仲裁规则的发展趋向。例如，现在出现了第三方支持、友好仲裁等新规则，我们应当密切关注，在条件成熟时予以采纳。

第二，积极推进仲裁员的国际化。能不能建成世界仲裁中心，队伍的国际化是关键。因此，需要着力建设一支具有国际影响力的高素质仲裁员队伍。一方面，中国仲裁员要积极走出去，广泛参与一些国际仲裁案件的审理。近几年来，中国的仲裁员被指定参与国际仲裁案件的寥寥无几，这也决定了我国企业在国际仲裁机构进行仲裁的获胜率不高。仲裁员不仅要参与国际仲裁事务，而且还应当积极参与国际仲裁规则的制定，掌握国际仲裁规则的话语权。目前有关国际商事仲裁规则、国际经贸规则制定的话语权还主要掌握在欧美国家手中。中国应增强国际商事仲裁实力，积极参与和影响国际商事仲裁、国际经贸公约、规则的修订和起草，瞄准国际上著名的仲裁机构，努力赶超，真正使我国成为具有国际公信力的世界仲裁大国。另一方面，应当积极发挥我们已经聘请的外籍仲裁员的作用，以努力促进仲裁员的国际化。

第三，要充分发挥仲裁、调解以及诉讼等多种纠纷解决机制的作用。各种纠纷解决机制都有其独特的作用，理应相互配合、相互协同，但在实践中，主要是诉讼机制在发挥作用，其他机制作用有限。如果不能使仲裁成为多元纠纷解决机制中的重要力量，则打造国际仲裁中心的目标将很难实现。作为解决国际经济贸易争议的国际商事仲裁，在新形势下，应当立足中国国情，运用法治思维和法治方式确保国际商事仲裁在程序上严格遵守法律和规则，在实体裁断上以事实为依据、以法律为准绳，在执行上获得强有力的司法保障，从而推进国际商事仲裁事业的有序发展。

第四，不断提高国际商事仲裁公信力。仲裁没有公信力，也就没有吸引力，因而我国根本无法成为国际仲裁中心。要提高中国国际商事仲裁公信力，最根本亦是最为重要的方式是提升中国国际商事仲裁的服务品质，公正裁决。为此也需要创新管理体制机制、提升仲裁员水平和素质，在中国国际商事仲裁发展机构、平台和人员上做好文章。完善中国国际商事仲裁制度，为中国企业"走出去"和"一带一路"建设提供全方位、全过程的仲裁法律服务，同时也为推动建立法治化、国际化、便利化的营商环境，健全有利于合作共赢并同国际经济贸易投资规则相适应的体制机制做出贡献。

民有私约如律令

党的十八届四中全会提出,推进法治社会建设,需要倡导契约精神,弘扬公序良俗。强化契约精神,有利于强化人们诚实守信、崇法尚德的观念,为法治社会建设奠定良好的社会基础。

契约自由是近代私法的三大基本原则之一,其基本要求就是严守合同(Pacta sunt servanda)、信守允诺(Solus consensus obligat)。严守合同在西方有悠久的传统。早在罗马法时代,债即被形象地称为"法锁",其本意是强调合同必须严守。欧洲中世纪的教会法也规定,个人一旦作出允诺,便应当履行。根据教会法,谎言、伪证和虚假的誓言都是"言语上的罪过",不遵守其话语和承诺者应当受到惩罚,违背誓言的行为构成一种不法状态,应当受到法律的制裁。[①] 古典自然法学家也将严守合同作为自然法的基本规则。例如,格劳秀斯(1583—1645)曾经指出:"依自然法,凡允诺做

---

① 公元1234年,教皇格里高利九世发布敕令,其中一条敕令写道:"和平必得维持,愿协议必得遵守(pax servetur, pacta custodiantur)",这一原则后来逐渐在世俗的法庭中得到适用。

某事者，如果能做则应当去做。"① 另一位自然法学家普芬道夫（1622—1694）也认为，"每个人都应该信守其承诺"是自然法最为重要的原则之一。西方人认为，圣经就是人与上帝的契约。因此，西方人有守契约的传统，所谓"好话千遍不如契约一张"。

虽然严守合同在西方具有深厚的历史传统，但并不能据此将其作为西方的专利，我国同样有这样的传统。我国出土的汉墓发现了刻在砖石上的"买地券"，其中一些表述就反映了严守合同的精神，如《杨绍买地砖》载有"民有私约如律令"，《潘延寿买地砖券》写有"有私约者当律令"。② "民有私约如律令"不仅包含了严守合同、履行允诺的内涵，还将民间私契在当事人之间的效力与官府律令的效力等同起来，反映了契约神圣性的观念。我国古代著名的蒙学课本《增广贤文》也说"官有公法，民有私约"，这与"民有私约如律令"如出一辙，均将当事人之间私约的效力等同于国家的法律。与西方严守合同的传统相比，"民有私约如律令"表明我国古代的严守合同的观念出现和形成的时间更早，其理念和内涵也更为深厚，是契约精神的象征。

其实，看看我国古代对合同的表达及其含义，就知道"民有私约如律令"所反映的契约精神是如何深入人心的。我国古代把现代意义的合同称为契约，《说文》说："契，大约也"。当事人订立一个"约"，表示他们愿意受其约束。"契"和"约"的基本涵义就是"合意""约束"。古代最典型的两种契约形式是"质剂"和"傅别"，二者都表达

---

① Hugo Grotius, *De Jure Belli ac Pacis*, Translated by W. Kelsey, Oxford: Clarendon Press, 1925, pp. 12—13.

② 张晋藩：《论中国古代民法研究中的几个问题》，载《政法论坛》1985年第5期。

了相同的含义。① 也就是说,当事人做成契约,写一行字,从中间分开,各执一半,合起来就称为"合同"。契约的"合意"和"拘束"意义反映了诚实守信的观念,它与"言必信,行必果""君子一言,驷马难追"一样,一直是我们做人、做事的基本准则。而在商界,同样如此。比如,单从构字法来说,"储"由"信"和"者"会意而成,这就是说只有诚实守信之人,才最善于积聚财富,在此意义上,严守合同、诚实守信是"万利之本"。

"民有私约如律令"所反映的契约精神之所以深入人心,重要的原因在于传统文化推崇诚信为本,"民有私约如律令"就是儒家诚信观念的集中体现。孔子认为,诚信是个人安身立命的基础,缺少了"诚信"品德的支撑,个人将寸步难行,"人而无信,不知其可也"(《论语·为政》)。孟子在此基础上提出了"五伦说","父子有亲,君臣有义,夫妇有别,长幼有序,朋友有信"(《孟子·滕文公上》),"诚者,天之道也;诚之者,人之道也"(《孟子·离娄上》)。显然,孟子不仅把诚信当作是人们普遍遵守的道德准则和理念,还将其当作天道,当成"天人合一"的产物,这实际上已经与西方的自然法思想不谋而合。西汉董仲舒在总结孔孟思想的基础上,将"信"与"仁、义、礼、智"并列为"五常",使其成为具有普遍意义的最基本的社会道德规范之一。朱熹也进一步明确提出了以"诚"为本的"天人合一论"。他说:"唯天下至诚,为能经纶天下之大经,立天下之大本,知天地之化育"(《中庸》

---

① "质剂"是中国最古老的买卖契约,该词最初见于《周礼·天官·小宰》,即"听买卖以质剂"。所谓"质剂",就是"两书一札同别之者,谓前后作二券,中央破之,两家各得其一"(贾公彦《疏》),它们合在一起,称为"合同"。古代契约还有另外一种形式,称为"傅别"。据《周礼·天官·小宰》记载,"听称责以傅别。""傅别"是古代最早的借贷契约。"傅别"是指在竹木简上书写双方协议内容,然后在简中间剖开,双方各执一半,要"合券"才能读通,而"合券"实际上就是合同。

第三十二章"诚意");"天地之道,可一言而尽,不过曰诚而已"(《四书集注·中庸章句》);"信者,言之有实也"(《论语集注》);"诚者自然,信是用力,诚是理,信是心,诚是天道,信是入道,诚是以命言,信是以性言,诚是以道言,信是以德言"(《性理大全·诚篇》)。

尽管"民有私约如律令"的理念在汉代已经十分流行,但可惜的是,它并未被整理细化成法律规则,因此也没有形成一套关于私约的详细规则。而在同时期的罗马法,经过法学家的整理,私权已经形成系统化的规则,能更有效地调整社会生活。经中世纪罗马法复兴后,深刻影响了西方法治。但在我国,古代法制重刑轻民、以刑为本,究其原因,当然与我国古代商品经济不发达有关,因为私法是商品经济发展的集中体现,而在商品经济不发达的古代社会,不可能形成发达的私法规则。此外,这还与国家层面民、刑不分的立法模式有关,我国古代特别强调通过刑事手段解决私人纠纷,也压制了相应法律规则的形成和完备。正因为缺少纸面上的系统化的法律规则,一些外国人认为,中国古代没有民法,甚至完全缺乏法律传统。著名人类学家葛兰言在1934年就宣称,"从任何角度来看,中国人的秩序观念中皆不包含法律概念"。因为在西方学者看来,民法是法律的核心,民法的付之阙如就意味着中国缺乏真正的法律体系。[①] 尽管这种见解不无偏颇,但它提醒我们,在我国社会主义市场经济条件下,为了彰显契约精神,我们应通过制定民法典来全面系统地完善合同法规则。

必须强调的是,尽管历史上我们没有系统化的成文的合同法规范,但尊重契约,并尊重其效力的契约精神却历时千年,经久不衰,一直保

---

① See Perry Keller, "Sources of Order in Chinese Law", 42 *Am. J. Comp. L.* 711 (1994).

持着旺盛的生命力。如果把"律例"、民法典等成文法看成形式上的法律,那么,诸如契约精神这样的传统文化观念和习惯就属于民间法,是实质上的法律。"民有私约如律令",表明在民间交易中,当事人遵守的是他们之间的契约,而不是国家的法律,这两者关系密切。若没有后者的支持,前者也不能得到很好的实施,历史上的例子早已证明了这一点。比如,一些英国人刚到美洲大陆时,他们对当时美国西部的加利福尼亚的法律深感失望,因为这些法律是墨西哥人制定的,它们虽然也称为民法,但并不利于合同的制定和履行,所以这些英裔美国人就只能精心制定合同,通过合同来规范交易关系,从而选择了另一种民法的发展之路,形成了另外一种商业文化。针对这种现象,戴维·兰格姆说:"文化包含着法律。"[1] 这也意味着,考察一国是否有民法,重点不在于看是否有写在纸面上的法律,而在于民法私法自治的理念是否存在,是否为人们所接受。而契约精神就是私法自治,它在我国古代始终是存在的,这正是认定我国古代存在实质民法的原因。

既然"民有私约如律令"体现了契约精神,是中国数千年来优秀的私法文化传统,也是维护市场秩序、营造良好的营商环境的关键,因此,我们必须大力弘扬这种私法文化,大力提倡诚实守信的观念和精神。具体说来,无论是商事交易,还是日常交往,均要大力倡导契约精神,做人做事就要遵守诺言,古时商鞅立木为信、季布一诺千金,堪称典范。今天,践行诺言、遵守承诺也应当成为做人做事的基本规则,正所谓"先行其言而后从之"(《为政》),"名之必可言也,言之必可行

---

[1] David J. Langum, *Law and Community on the Mexican California Frontier: Anglo-American Expatriates and the Clash of Legal Traditions, 1821—1846*, University of Oklahoma Press, 1987, p. 186.

也"(《子路》)。在此意义上,弘扬"民有私约如律令",把遵守诺言、遵守契约作为个人修身养性的准则,不仅牵涉个人的修养问题,也有助于在市场经济社会中再塑诚信观念,促进社会经济的发展。特别是在大数据时代,社会的交易结构日益复杂,交易呈现出规模化、大宗化特点,社会信用的发生和维系机制呈现出系统性特点,单个人的失信行为有可能引发系统性信用风险。在这样的背景下,强调契约精神就显得更加重要。

树立"民有私约如律令"的契约观,也就是要树立契约神圣的观念。就历史因素而言,与信守承诺、诚实守信的观念相对应,机会主义思想在我国也有深刻的历史传统。"看菜吃饭,见山唱歌""识时务者为俊杰""活人不能让尿憋死""打一枪换一个地方""见机行事""良禽择木而栖""贤臣择主而事"等,虽然有随机应变的积极意义,但也有不信守契约、不信守诺言之嫌,属于机会主义思想的形象表达。2016年诺贝尔经济学奖获得者哈特和霍姆斯特罗姆提出了契约对现代社会的运行十分重要,在我们可能互不信任、相互违约时,契约能帮助我们合作和相互信任,契约能够规范我们未来的行动,在契约各方之间合理分担未来的风险。这也从一个侧面反映了严守契约的重要性。

树立"民有私约如律令"的契约观,要求建立明确的诚信判断标准。"私约"只要是在合法范围,就应当成为我们的行为规则,是否遵守"私约"应当成为判断一个人是否诚信的重要标准。19世纪,美国传教士阿瑟·史密斯曾经游历中国,认为中国人缺乏诚信观念。虽然诚信为"五常"的内容,但其缺乏具体判断标准,如什么情况下该守信,什么情况下不守信,没有明确的规则。中国商人之间的活动往往就是"成功的互相欺骗",许多生意都是和"假秤、假尺、假钱、假货"联系在一起的。① 史密斯的说法有一定道理，他认为，儒家学说倡导的"信"虽然重要，但其缺乏具体的判断标准，理解起来往往也会因人而异，所以，要真正树立契约观，就应当明确诚信的判断标准，从而有效规范人们的行为。

还要看到，在现实生活中，不讲信用和诚信的现象屡见不鲜。据统计，截至2015年底，全国法院全年审结的民商事案件有800多万件，其中约400多万件是合同纠纷。在这些合同纠纷中，当事人故意违约引发的纠纷又占了很大的比例。究其原因，不难看出，我国在建立发展市场经济的过程中，传统的诚信观念受到挑战，在市场经济浪潮的影响下，拜金主义、金钱至上观念盛行，出现了急功近利、道德沦丧、见利忘义、投机造假、掺杂使假、缺斤少两、使用有毒有害原料生产食品、工作中偷奸耍滑、投机取巧，为追求利润而视合同如废纸等不良现象。在这种现实面前，提倡"民有私约如律令"的契约观，就是要求在商业活动中，奉行"民有私约如律令"的商业道德，要做到文明经商、礼貌待客、遵纪守法、货真价实、买卖公平、诚实无欺。其实，言必信、行必果及诚实守信是我国传统道德的重要组成部分，在我国商业习惯中，也历来将诚实守信、童叟无欺作为重要的商业道德，我们要继承这些优秀道德和良好习惯。当然，在商业交往、经济活动中，提倡"民有私约如律令"的契约观，离不开法律的支持和保障，主要是要依靠法律规则保障市场交易主体恪守诚实守信的理念，通过保障当事人的合法权益来促进诚实守信观念的贯彻。

不仅商事活动领域存在诚信缺失的现象，普通的私人交往也有类似

---

① 参见〔美〕阿瑟·史密斯：《中国人的性情》，晓敏译，中国法制出版社2014年版，第221页。

情形。一项在上海市民中进行的调研显示，90.2%的人认为，诚实守信会吃亏，这也在一定程度上反映了我们诚信观念的缺乏，反映了人民契约精神的淡薄。① 事实上，法律规则对社会生活的调整力度是有限的，大量的私人活动领域无法通过法律规则调整，而主要受到人们的道德观念和习惯调整。因此，在私人活动中，如何实现"民有私约如律令"，保障人们信守承诺，将是我们法治建设中面临的艰巨任务。

古人所信守的"民有私约如律令"的观念，不仅是一种道德观念，也是一种法治理念，今天仍然是警世恒言，它时刻提醒我们，要树立良好的人生态度，为人要诚，做事要实，言行一致，表里如一，信守诺言，做到"君子一言，驷马难追"，并把它推广和普及到社会中，让整个社会形成一种诚信的风气，形成符合市场经济发展的契约精神。

---

① 参见张学新：《遵守契约，一生受益》，载《生命时报》2015年8月4日。

AA 制聚餐与法不禁止皆可为的精神

2016年国庆节前夕，山西省屯留县24名中学教师在教师节AA制聚餐，共花费1390元（后经查实，实际开支900元）。当地纪委根据"中共中央八项规定"对24名教师给予了纪律处分，并在全县范围内给予通报。最初看到这个消息，我以为是当事人吃了公款，或者是有人故意编造抹黑纪委。后来，有人把县纪委的处分决定公布在网络上，引起了网民的广泛讨论，我才知道确有其事。

我个人认为，县纪委在这件事情上所作出的处分决定极不严肃。众所周知，八项规定针对的对象是领导干部，其中包含了严禁公款宴请的要求。但在这个案件中，聚餐教师既不是领导干部，也没有公款吃喝，甚至不存在大吃大喝、铺张浪费的现象（人均消费不足50元）。更何况，聚会发生在教师节放假时段，并没有影响到正常的教学活动。以违反八项规定的名义对这些教师作出处分，确实使人感到八竿子打不着，搞错了问题和对象。

从这个案件中，我想到了法律领域广泛认可的"法不禁止皆可为"这一法治精神。"法不禁止皆可为"是指在法律没有明确禁止的情况下，个人即可以按照自己的意志行为，不受他人的非法干涉。中学教师都是普通公民，享有在节假日安排休闲聚会的权利,这也是法律赋予的权利。只要是在放假期间,只要是自己掏钱,当然可以快乐地约个会,吃个饭,喝个酒,和同事一起沟通交流、畅叙友情,增进生活的品质。"民以食为天",老百姓在节假日自费聚餐,这本应是公民享有的基本生活权利。几千年风俗习惯延续至今,古今中外概莫能外,比较法上也找不出一条法律禁止百姓节假日自费聚餐。即便有这样的法律,恐怕也不是良法。但是,公民的权利和自由是可以受到法律限制的。比如说,八项规定作为党中央的决定,属于党规党纪的范畴。八项规定实际上包括了禁止领导干部以公款宴请、铺张浪费等内容,这就对领导干部的生活自由提出了一定的要求,也就对这一部分人的生活自由形成了一定的限制。这种限制是必要的,也是反腐倡廉的需要。但对普通人花自己的钱吃顿饭而言,则不应当受到此种限制,而应当属于公民的自由生活空间。任何组织和个人应当尊重公民享有的自由,不得在党规之外随意限制公民的生活自由。

一般认为,在法律上,"法不禁止皆可为"准确概括了法和自由的关系,即通过反面排除的方式,确定个人行为自由的边界,个人只能在法律规定的范围内享有行为自由,而不得在法律规定的范围外享有行为自由,这就确定了个人行为自由的范围。在西方文化中,法律规范和个人自由是不可分离的孪生兄弟。在古希腊哲学家看来,自由和法治(法律之治)是良好政体的两个相辅相成的方面。亚里士多德认为,自由并不意味着人们可以随心所欲、各行其是,人们行使的自由应以法律为尺度,法律规则既是衡量人们行为的准则,又是判断是非正义的标准,所以他说,"法律不应被看做奴役,法律毋宁是拯救"。① 古罗马法学家西

---

① 〔古希腊〕亚里士多德:《雅典制度》,日知、力野译,商务印书馆1965年版,第276页。

塞罗指出，如果没有法律所强加的限制，每一个人都可以随心所欲，结果必然是因此而造成自由的毁灭。因此他说，"为了自由，我们才做了法律的臣仆。"这种思想对近现代西方的法律传统产生了深远影响，自由首先在宪法领域获得承认。例如，1776 年的《美国独立宣言》明确宣布："不言而喻，所有人生而平等，他们都从他们的造物主那里被赋予了某些不可转让的权利，其中包括生命权、自由权和追求幸福的权利。"自此以后，西方国家的成文宪法都相继规定自由是公民的一项基本权利。

在法治社会，对自由保障的最重要的途径就是确立"法不禁止皆可为"规则，按照这一规则，个人所享有的自由都是法律保障下的自由，否则就不是真正的自由。法定的自由维护了人与人之间的和谐，自由其实是一种群己关系，法律下的自由就明确界定了此种群己关系。个人生活在一定社会环境中，为了人类生活共同体的延续，自由也不是随心所欲，无所界限的。自由应当以不损害他人的利益为界限，一个人的自由应当以不损害甚至促进社会共同体的繁荣和发展为目的。因此，个人的自由不是绝对的，必须受到一定的约束。在一个法治社会，自由是法律范围内的自由，不存在所谓的绝对自由的可能，没有所谓的无拘无束的自由。自由止于权利。也就是说，任何人的自由必须受到他人权利的制约。我们从事任何行为都不能妨害他人的权利和利益。例如，夜半唱歌是个人的自由，但不能因此损害他人休息的权利；饲养宠物是个人的自由，但不能因此妨碍他人生活的安宁。在私法领域"法无明文规定视为自由"，但如果法律对个人权利的行使方式有明确的限制，则必须服从法律。

按照"法无禁止皆可为"规则，只要法律没有明确禁止个人实施某项行为,个人即享有相应的行为自由,这实际上采取了"非禁即入"的方式,肯定了个人享有广泛的行为自由空间。因此,对个人行为自由的限制应当以法律明确规定为限。由于法律上的"空白地带"并不是法律明确禁止个人进入的领域,个人都有权进入,行政机关不得随意对个人进行处罚,这也有利于排除行政机关对个人行为自由的不当干预。从这一意义上说,"法无禁止即可为"也确立了私权和公权的关系。即一方面,只要法律没有明文禁止,个人即享有相应的行为自由,公权力机关不得非法干预个人的行为;另一方面,该规则广泛确认了个人的行为自由空间,有利于防止公权力的不当扩张。尤其是,可以使个人知道哪些事情可以做而哪些事情不能做,可以最大限度地保障个人合理的行为预期。对于法律未明确禁止个人行为的事项,任何机关和个人不得随意否定该行为的效力,这就极大地保障了个人行为的可预期性。

当然,按照"法不禁止皆可为"规则,只有法律才能"禁止"个人实施某项行为。但是,这并不意味着法律可以随意限制个人的行为自由。用一句流行语来说,就是"法律不能任性"。法律对个人自由的限制,必须要有正当合理的依据,不得违背宪法所确定的基本精神和公民的基本权利。随意限制公民自由的法律并不是良法。在作出关系公民自由的限制的问题上,立法者必须要坚持法律的谦抑性规则。例如,之前曾有立法讨论是否要禁止代孕。这就是说,法律是否要设定限制代孕自由的规则。在这个问题上,立法者采取了相当谨慎的态度,允许各界讨论并参与其中。这也说明,我国立法对设置自由限制的高度重视和谨慎。

在执行法律时,更应当遵循这一规则。执法者不能突破法律设定的界限,随意创造规则,额外限制公民的行为自由。回到山西省屯留县24

名中学教师 AA 聚餐的案例，有关纪委在执法时首先需要准确把握中央八项规定的基本精神，根据这些精神去解释相关内容。这不仅是纪检工作人员的业务素质问题，而且也体现了纪检人员的基本法律素养问题，不能动辄给人扣上违反八项规定的帽子。试想一下，中学教师也是普通市民，有自掏腰包聚会吃饭的权利。既不害己也不害人，既不影响正常工作也不涉及社会公共利益，没有给予限制的任何正当理由。今天，这是我国宪法和法律赋予公民的基本权利。随意限制这些基本的生活自由，不仅不符合宪法法律规定以及八项规定，也很可能引发"寒蝉效应"，让普通教师和其他公民的正常生活充满不确定性风险，动辄面临不利后果，这就从根本上违背了八项规定的宗旨。所以，AA 聚餐的案例也说明，在今天反复强调和培养"法无禁止皆可为"的理念尤为重要。

需要指出的是，除了法律的禁止性规定以外，自由也应当与义务相结合。我们生活在社会共同体中，必须遵守一定的共同的行为理念，为了维护社会共同体的和谐有序，法律规定个人应当履行对他人、对社会的义务，这些义务也同样构成了对自由的限制。中国的文化传统重视集体主义，重视个人对他人、对社会的义务，这种理念在今天仍然具有重要意义。19 世纪法国法社会学家杜尔克姆曾提出了社会有机体学说，认为社会是一个整体，每个人都是这个整体不可分割的部分，为了社会的整体利益，个人自由应当受到一定的限制。在民主和法治社会，对于自由的限制，实际上是对他人自由的保障。所以，我们应当培养良好的公民理念，遵守法律也是为了更好地维护自己的自由。法治的终极目的是保障公民的自由，自由不仅是社会主义核心价值观的内容，而且也应当是现代法治的核心理念。

值得高兴的是，根据后续报道，在山西省屯留县 24 名中学教师在教师节 AA 制聚餐被通报的事件中，山西省长治市纪委及时对屯留县纪委有关调查处理工作进行了审核，最终做出了撤销屯留县纪委常委会关于对屯留部分教师聚餐饮酒问题的处理决定，该事件也圆满地画上了一个句号，这也体现了我们党一贯坚持的有错必纠的精神。

法治具有目的性

第四编
司法制度

法治社会应少些"李雪莲"①

电影《我不是潘金莲》上映后,引来广泛热议。剧情中涉及了一些法律问题,作为一名法律人,看完这部直击社会敏感问题、触碰干群矛盾的电影后,我感慨良多,也触发了一些法律思考。

一位农村妇女从真假离婚之争到"潘金莲"的名声之争,长达十多年的上访之路,涉及从当地法院院长、县长到市长等各级官员……电影为观众刻画了一幅颇有写实感的基层百态图。不过,站在法律角度,尤其在全面依法治国的大背景下,如何建立起法律信仰、维护司法公信力,是关键的问题。

通过法律程序解决纠纷的观念,有待深入人心。电影中,李雪莲对法院的离婚判决不满意,本来可以通过上诉的方式提出权利诉求,就像片中所说的,"法官贪赃枉法找检察院,不服判决可以到市中院、省高院上诉",但她选择了拦住县长等人来喊冤。这是影片呈现的个例,在一定程度上也说明了部分民众缺乏法律程序观念。

从历史惯性看,几千年来的中国人多是期待"青天大老

---

① 原载《人民日报》2016 年 12 月 1 日。

爷",并不重视通过法律程序解决纠纷。相较而言,建设法治国家,就要使群众"有冤可诉""有冤可申"。因此,要改革和完善司法救济机制,为个人通过法律途径表达权利诉求创造条件。在一个真正的法治社会,司法程序应该像公共品一样人人可及,当发生纠纷后都能接近司法并获得救济。人人信法、全民守法的社会,也必须会引导公民自觉守法、遇事找法、解决问题用法、化解矛盾靠法,发生纠纷后遵循法定的程序来解决。

同时,司法应该在纠纷解决机制中发挥应有的作用。社会转型期,利益主体日益多元,出现各种矛盾纠纷在所难免,如何化解纠纷考验着矛盾解决机制的有效性,而上访则成了其中的"老大难"问题。影片中的李雪莲越过法定程序,直接逐级信访,事情也像雪球一样越滚越大,成为无人敢触碰的问题,也反映出化解纠纷的机制不健全。从这个意义上说,建立起以司法为中心的多元纠纷解决机制,对有效化解社会矛盾十分必要。司法通过诉讼程序把各种纠纷予以吸收和综合,把各种矛盾转化为技术性问题,有助于缓解和解决冲突。这部电影再次提醒我们,要高度重视司法在纠纷解决中的作用,引导民众培养"信法别信访"的心理。

更重要的,是要捍卫司法的权威性和公信力。司法的权威性和公信力体现为对司法裁判效力的尊重,表现在法院和法官地位的崇高。试想,如影片中呈现的,法庭庭长、法院院长唯唯诺诺,甚至被要求"找不到李雪莲,你们就辞职回家",虽有艺术上的夸张,但也有现实中的影子,即司法公信力的不彰。

真正维护司法的权威性和公信力,必须努力实现司法正义,使人民群众在每一个案件中感受到公平正义。只要是合理合法的诉求,通过法律程序就应得到合理合法的结果。与此同时，要通过司法改革，破除影响司法公正的体制机制障碍。在各种纠纷化解机制中，司法既是最后一道防线，也应是最重要的机制。

有人把李雪莲与电影"秋菊打官司"中的秋菊进行比较，认为二者都是倔强、顽强的中国妇女，都是在为维护自己的权利而抗争。但其实，她们两人之间很难相提并论，因为秋菊是依循法律途径来主张权利，这就决定了她最终依法获得了一个满意说法。而李雪莲则不同，她本身不是针对纠纷主张权利，也不是依循法定程序提出诉求，她虽然去了法院，但她并不是按照诉讼程序起诉，因而也不可能最终获得一个满意的结果。因此，我们今天应当鼓励秋菊打官司的精神，而不应当鼓励李雪莲上访告状的维权方法。

文艺作品源于现实、成于创作，又赋予了社会意义。实际上，少一些"李雪莲"、多一些公正性，是包括法律人在内的全社会的共同期盼，也需要全社会一起画好学法、知法、信法、守法、用法、护法的同心圆。

裁判文书上网意义重大①

自 2014 年 1 月起，最高人民法院开始实施裁判文书上网的举措，两年多来，已公布裁判文书超过 2000 万份，中国裁判文书网访问量已突破 20 亿人次，在国内外产生了重大影响。迄今为止，裁判文书上网总数已居全球网站的首位。全面推进裁判文书上网，是一项史无前例的重大工程，是全面推行司法公开的重要举措，其意义十分重大。

首先，它是以公开促公正、提高司法公信力的重要举措。司法越充满神秘主义色彩，越会拉开人民与司法的距离，加剧人们对司法的不信任。俗话说，"打开天窗说亮话"。司法越公开、越透明，就越能够得到人民的信任。历史经验表明，阳光才是最佳的"防腐剂"，司法越公开，就越能够防止暗箱操作，防止司法腐败。现在流行一句话："案子一进门，两头都找人。"如果司法不公开，也会为"人情案""关系案"大开方便之门，所以，裁判文书上网，有助于以公开促公正。

其次，裁判文书上网有助于全面提升司法审判人员的法律素养。全面推动裁判文书上网必然要求提高裁判文书的质

---

① 本文为 2016 年 8 月 30 日在最高人民法院举办的"人民法院裁判文书公开工作座谈会"上的发言。

量，尤其是提高其裁判说理的力度，以理服人。这就会形成一种倒逼机制，促使法官必须依法裁判，认真提高裁判文书质量，使每一份上网的裁判文书能够经得起评价，使人民群众从每一个司法裁判中体会到公平正义。应当看到，目前已经公开的裁判文书仍存在一些问题。但这并不说明裁判文书的质量下降了，其实过去这种现象是大量存在的，甚至更为严重。只不过，我们现在敢于公开，这本身就表明我们有信心、有决心解决这些问题。这种公开的手段，对法官既是一种压力，也是一种动力，激励法官不断提升自身业务水平，全面提升司法能力，促进法官的职业化建设。

再次，有助于真正形成一种社会监督，保障司法廉洁公正。一方面，文书上网充分保障了人民群众对司法活动的知情权、参与权和监督权，有利于实现司法民主。另一方面，对司法的监督提供了有效的着力点。过去我们强调司法监督，但这种监督很难落到实处，通过文书上网的方式，让社会公众对已经上网的文书进行评价和评判，自然就能够发挥对司法的监督作用。

最后，形成了一种有效的普法宣传作用。法治本身具有实践性、亲历性，依法公正裁判的案件，本身就是活生生的法治教育教材。裁判文书上网本身就是弘扬法治精神、弘扬社会主义核心价值观的过程，法治的良好实践是最有效的普法方式，可以使人民群众受到良好的法治教育，养成遵法、守法的习惯。

今后，我们应该进一步改进文书上网工作，使裁判文书做到全面、及时上网，并尽可能为公众查询裁判文书提供方便。更为重要的是，要利用好已经上网的文书，更好地为我国法治建设服务。换言之，在互联网、大数据时代，已经上网的文书本身可以形成为大数据，它是一个蕴含着巨大资源的"金矿",我们如何加以采集、挖掘和利用,也是摆在我们面前的重大课题。

首先,要利用裁判文书提升立法质量。我国已经颁布了250部法律,已经颁布的法律究竟在实施中的效果如何,可以从已经上网的裁判文书中得到检验。例如,《物权法》颁行到现在已经十年,这十年来,有的法条规定没有争议,在裁判文书中得到了很好的适用;但也有一些法条本身模糊不清,表述不明,法官在适用中出现了不同的理解;还有许多法律没有规定的法律漏洞依然存在。通过对裁判文书进行数据分析,实际上可以对立法适用的成效作出一个评估,从中发现那些需要改进和完善的问题。再如,据有的学者研究,现在250部法律中,大概只有50部法律进入了司法适用,法官在司法中进行了引用,那么,剩下的近200部法律为什么不能进入司法,其中一些法律是否有必要进入司法,这些问题有待于我们进一步进行分析。

其次,利用已经上网的裁判文书进一步提升司法审判质量,保障司法公正。从已经上网的大量文书可以看出,目前,司法裁判文书的质量是参差不齐的,相当一部分裁判文书还需要进一步提升裁判质量。主要体现在两个方面:一是裁判说理不强,不能真正做到以理服人。不少裁判文书基本上是在援引法条之后就作出判决,但为什么要援引这一法条,这一法条是什么含义,与案件是什么联系,法官并没有进行充分的说理论证。二是同案不同判、同法不同解的问题依然存在。我国虽然不是判例法国家,法官适用法律不需要遵守先例,但类似案件应当类似处理,这是保障社会主义法制统一性的基本要求。各地的判决标准不一样,有时,同一个法院对类似案件判决不一的现象也存在,这就要求法官在今后的裁判中,应当浏览已经公布的裁判文书,尽可能地与先前的判决标准保持大体一致,避免出现同案不同判的现象。

最后,利用已经上网的裁判文书改进法学研究方法。裁判文书上网搭建了法律共同体互相交流的平台,提供了理论联系实践的重要渠道。过去,由于裁判文书没有上网,法律研究工作者无法援引案例研究司法实践中存在的问题,这也使一些学者不得不大量援引国外的案例阐释中国的实践问题,这实际上导致理论和实践的脱节。在裁判文书上网之后,我们应当主要从已经公布的裁判文书中总结司法实践经验,发现实践中的新情况、新问题,提供解决问题的思路和建议。

总之,裁判文书上网是一项对立法、司法和法学研究都能够产生重大影响的举措。中国裁判文书网是全球体量最大、在司法界最有影响力的网站,已经在国内外产生了重大影响,我们希望该网站越办越好。

鞭刑的启示

最近到新加坡访问。据当地的律师朋友介绍，新加坡至今仍然保留着古老的鞭刑，并且还时不时地在强奸等犯罪领域对男性犯罪人适用。甚至一些轻微犯罪也适用鞭刑，如多年前有一位美国年轻人在新加坡涂鸦被判破坏公物，就被判执行十二鞭。当时的美国总统还为此出面说情，最后虽然减了几鞭，但还是被打了四鞭。

据介绍，鞭子是用一种坚硬的藤条制作而成，经过药物浸泡和消毒处理，用于向犯罪人臀部实施体罚。通常来说，一鞭打下去，就会皮开肉绽，一般人顶多只能承受五鞭。在执行鞭刑的时候，必须要有医护人员在场观察和处置。每一鞭下去之后，医务人员就会进行检查，确认受罚者是否能够承受下一鞭体罚。据说，有的时候，如果受罚者的刑罚因为身体不能承受而未能一次执行完毕的，可以待犯罪人治疗恢复之后，继续执行剩余的鞭刑。有的时候，鞭刑还需要公开执行，当众实施。通常来说，执法人员都是孔武有力的壮汉，而且还受过特别的训练。行刑时，壮汉紧握刑鞭，抡圆胳膊，以脚为支点转半个圈，重重出手。有时一鞭下去，受罚者就会屁股开花，疼痛难忍，甚至惨不忍睹。

据说，这种刑罚来自于英国，后来在不少英属殖民地得到推广。但英国早已废除了鞭刑。这在很大程度上与欧洲的人权运动对体罚刑罚的排斥有关。今天,在全球范围内,也很少有国家继续采用此类刑罚方式。新加坡常常被视为现代民主法治国家的一种代表,但迄今仍然保留了这一被普遍放弃的体罚刑,让不少人感到惊讶和费解。但与新加坡法律同行聊起这个问题的时候,他们却大多对此表示接受,并没有因为人权保护之类的观念而否定这种刑罚方式。他们认为,鞭刑真正体现了严刑峻法,让违法者切实体会到违法的严重后果和法律的严肃性。如果犯罪了只是交交罚款就可以了事,可能起不到这种威慑效果。有不少人观察认为,新加坡之所以犯罪率低,社会治安秩序良好,重要的原因之一就是严刑峻法。而鞭刑就是一个典型的例子。

鞭刑这种看似落伍的刑罚,在新加坡却有广泛的接受度和明显的执行效果,的确是一件值得思考的制度安排。应当承认,各个国家的国情不尽相同,国民对不同法律后果的敏感度也不一样。就新加坡的个案而言,据说新加坡前总理李光耀当初十分推崇这种刑罚,他认为,鞭刑是一种行之有效的法律制裁方式,能够真正地对潜在的犯罪行为人起到震慑作用,让他们不敢实施犯罪行为。新加坡因为继续执行鞭刑而时常遭到西方社会的批评,有时甚至被贴上"原始""野蛮"的标签。但新加坡一直能够顶住压力,坚决执行该刑罚方式,不仅说明这种刑罚方式在新加坡实施效果明显,而且也说明这种刑罚制度背后存在相应的观念支持,得到了民众的广泛认可。如果一种刑罚能够同时满足制裁效果要求和民众观念支持,未尝不是一种可以考虑的制度选择方案。

我这样说,并不是倡导在中国引入鞭刑。毕竟,这种方式在中国能够获得多大程度的社会支持,并能够取得多大的制裁效果,我们尚不得而知。我个人并不赞同引入这种刑罚方式。一方面,这种方式确实有辱个人的人格。要让犯罪人身体受罚部位当众裸露，这实际上是对被执行者的一种当众羞辱。对有的人来说，疼痛可能是次要的，但其尊严可能因此遭到极大的损害。另一方面，这种体罚刑可能会造成比较大的身体伤害。随便在网上搜索一下鞭刑的图片，就能看到执法的惨烈场面。如果医疗条件跟不上，医生无法及时细致检查，甚至可能会打出人命。中国古代也有板子打屁股的传统，法律史上对此多有记载。但这种刑罚在近代就已经被废除。如果今天再恢复这种刑罚方式，确实与我们所倡导和日益广泛接受的人权观念相左。

但新加坡鞭刑背后的严刑峻法的理念，仍然值得我们思考和借鉴。首先，鞭刑的设计和执行体现了执法无情的观念。我国古代法制一般都强调"王法无情"，这种观念至今仍然是我国民众朴素法感情的重要内容。慎子曾经解释道："士不得背法而有名，臣不得背法而有功。我喜可抑，我忿可室，我法不可离也；骨肉可刑，亲戚可灭，至法不可阙也"（《慎子·君臣》）。"法不阿贵，绳不挠曲"《韩非子·有度》。是非曲直，一准于法，法为评判是非曲直的准绳，与执法无情对应的是无法无天、漠视法律的行为。执法无情也体现了法律的强制性，不因人情改变。鞭刑这种刑罚方式很特别，无论是亿万富豪还是路边流浪汉，单次所能承受的鞭打数量都是相对接近的，并没有因为财富、人情和地位等各种因素而有什么差异。而且，鞭刑执行的过程很简短，因为是当众实施的，也很透明，一般不会面临在一个长幅度执行期内可能面临的各种变数。尤其是，新加坡严格执行鞭刑，体现了一种严格执法的精神。比如，前述新加坡法官判令某美国年轻人十二鞭以后，美国舆论一片哗然。我当时正在美国访问，一些美国人对此感到愤恨不已，强烈要求政府进行外交干预。据说，时任美国总统克林顿直接要求李光耀关照此事,免除鞭刑。新加坡顶住了很大的外交压力,仍然坚持执行了四鞭,也在一定程度上维护了法律的严肃性。

其次,鞭刑所体现的是一种震慑力,让违法犯罪行为人感到惧怕。正如韩非子所说,"民固骄于爱,听于威矣"(《韩非子·五蠹》),刑罚的主要功能就在于震慑,而震慑效果的产生就在于,现实的和潜在的犯罪人能够感受到刑罚的切肤之痛。要使他们真正畏惧法律底线,害怕触碰法律底线,这样,法律底线才能真正成为带电的高压线。在新加坡,鞭刑的确发挥了很强的震慑力。由此使我想到,我国当前的执法除了不严格执法之外,最缺乏的就是实际执法的震慑力不够。虽然我们有很多刑罚方式和执行手段,但效果却难谓理想。实践中经常面临的情况是,行政执法和司法发生脱节,打了不罚、罚了不打,交钱了事的现象时有发生。还有不少情形,判刑之后,犯罪行为人总能找到各种理由和渠道让刑期打折,可能并不能真正承担应面对的牢狱之灾。单纯从我国现行刑法文本规定的刑罚来说,对犯罪行为人的处罚在总体上还是比较重的,但为什么在实践中的震慑力有限,或者说没有达到预期的效果呢?一个很重要的原因还是在于执行不到位,刑事法律规定的刑罚措施没有真正落到实处。

最后,鞭刑还强调罪刑相当,刑罚准确到位。根据罪行的大小,决定刑罚的轻重。罪重的量刑则重,罪轻的量刑则轻。鞭刑与罚金刑、罚款等方式有一个重大区别,就在于其执行过程不容易被变通和规避。一旦鞭刑数量确定,刑罚的执行和监督就很容易,通常要在一个确定的时间内及时执行完毕。更重要的是,同样的鞭数对同样的犯罪人能够产生大致相同的震慑效果,并不会因为犯罪人财产的多少或地位的高低而发生变化。但在罚金刑、罚款类刑罚下,犯罪人因为责任财产量的差异而对罚金的感受程度存在重大差异；一些犯罪人可能因为财产较多而不怕处罚，或者因为没有责任财产而无钱可罚，感受不到刑罚的后果。另外，罚金、罚款的数额虽然通常有一个上限或者下限，但总会给处罚者留下较大的自由裁量空间，也留下了一些说情变通的空间。特别需要看到的是，对于那些能够通过违法活动获得高额回报的人来说，罚金甚至不足以抵销其违法所得，给违法者的实施效果是处罚不痛不痒。所以，实践中经常出现的执法成本高、违法成本低，就是这些原因所致的。

今天，虽然我们不再提倡鞭刑的处罚方式，但其背后所反映的严刑峻法理念是值得认真思考的。虽然鞭刑因为人权观念的发展而在绝大多数国家被弃用，但其在新加坡现实生活中起到的作用仍然提供了大量启示，特别是促使我们去反思我国现有法律实施机制的有效性问题。鞭刑在新加坡的实践至少再次提醒我们，没有切肤之痛的处罚可能是没有效果的。要让违法者切身感受到法律的力量和违法的不良后果，让法律在社会大众身上形成"存在感"。但执法无情并不意味着法律完全不讲感情，不讲人文关怀。法律的有效实施、法律制度目的的实现既需要法律具有权威性和公信力，又需要让人们普遍感到亲近。法律是我们普遍意志的体现，是我们的切身利益之所系，是我们权利的保护神。维护和执行法律实质上就是保护和实现我们自己的切身利益。

推行立案登记制应明确立案标准

一、推行立案登记制意义重大

党的十八届四中全会决定提出:"改革法院案件受理制度,变立案审查制为立案登记制,对人民法院依法应该受理的案件,做到有案必立、有诉必理,保障当事人诉权。"推行立案登记制,对于纠正实践中出现的有案不立、有诉不理现象,保障广大人民群众的诉权,有效化解社会矛盾具有重要意义。

推行立案登记制有利于保障人民群众的诉权。司法是保障人民权利、实现社会正义的最后一道防线。在我国,行政调处、领导的平衡或干预曾经是解决民间纠纷的重要方式。但随着市场经济的发展,这些形成于旧体制下的争议解决方法已被证明无法适应变化了的社会需要,而必须要充分发挥司法在解决社会矛盾中的重要作用。但我国长期存在"立案难"问题,主要表现在立案条件严格、门槛过高,不仅相关司法解释为立案设置了诉前程序等门槛,有的地方法院甚至额外增设立案条件,许多对立案限制的规定既不公开、也不透明,人为地制造司法壁垒,导致许多当事人告状无门,严重影响了当事人诉权的实现,阻断了当事人通过诉讼获得救济的可能。通过建立立案登记制,就是要达到"有案必立,有诉必理"的法律效果,从而更有效地保障当事人的诉权。

推行立案登记制有利于化解社会矛盾。我国当前正处于社会转型时期,各种社会矛盾频发,社会纠纷大量产生,迫切需要通过司法程序予以化解。但由于"立案难",一些当事人不得不采取信访以及法外方式解决纠纷,反而引发了更多的社会问题,加剧了"信访不信法"的现象,使许多本来可以通过司法程序化解的纠纷不能得到及时化解,导致"大闹大解决,小闹小解决,不闹不解决"等现象的盛行,影响了社会的安定。立案登记制有利于将社会矛盾通过诉讼和审判机制予以吸收和综合,把尖锐的矛盾转化为技术问题,可以有效地化解社会矛盾,维护社会稳定。

推行立案登记制有利于推进法治建设进程。法治的一个重要特征是"司法程序人人可及"。司法是社会正义的最后一道防线,是社会秩序的基本维护方式,公民和法人之间的各种纠纷,不论是民事、经济的,还是刑事、行政的,只有依法院的裁判,才能得以最终解决。但通过司法有效化解社会矛盾,使人民群众切身感受到社会公平正义,就必须降低立案门槛,"有案必立、有诉必理"。

二、 立案登记不等于 "是案就立"

所谓"有案必立、有诉必理",只是指那些符合法律规定的立案条件的案件,起诉到人民法院以后,法院都必须立案。但对于不符合法律规定的起诉条件的案件,法院就没有必要受理。所以,推行立案登记制并不意味着"是案就立"。对此,可能有人认为,设立立案标准等于为立案设置了门槛,很难保障当事人通过诉讼解决纠纷的权利。其实,任何权利都有其限度,不存在没有边界的权利,当事人通过诉讼解决纠纷的权利同样如此。只有符合立案标准,这种权利才能通过法院诉讼得以实现。由此可以说,推行立案登记制改革,首先必须明确立案标准。

明确立案标准,符合司法规律。不少人认为,在立案登记制下,只要当事人有一纸诉状,法院都应当受理和审理。这实际上是对立案登记制的一种误解,立案登记制虽然强调"有案必立、有诉必理",但不是说法院要敞开门受理当事人解决一切纠纷的诉求,法院只应受理符合立案标准的案件。司法虽然通常被称为社会正义的最后一道防线,但它只在必要的限度和领域内介入社会生活,而绝非无所不能、无所不在、无所不管。在任何国家,法院都不是"是案就立"的,相反,对于立案总是有一定条件限定的,只有符合这些条件,相关的纠纷才能纳入法院受理的范围。

明确立案标准,有利于保障双方当事人的合法权益,减少滥诉现象的发生。法院在解决纠纷时,应当妥当平衡双方当事人的合法权益,这就必须明确哪些纠纷可以立案,哪些不可以立案,否则,就很容易使一方当事人滥用诉权,形成恶意诉讼,把另一方当事人拖入不必要的诉讼之中。换言之,为了保护当事人一方的正当诉权,防止对方当事人不因诉讼而受不必要的损害,首先应在立案环节明确立案标准。

明确立案标准,有利于节约司法资源。我们必须清醒地认识到,司法资源是有限的,它作为一种公共产品,不可能无限的供给,这就意味着法院不可能解决所有的社会矛盾和纠纷。例如,某人考研后,学校认为其专业水准不符合录取条件,该考生对此持不同意见,在法院提起诉讼,要求学校录取。此类案件涉及学术评价问题,法院很难作出判断,即使能够作出判断,法院也需要投入巨大的人力、物力,最终也很难作出要求录取该考生的判决。因此，立案登记制要求有案必立、有诉必理不是没有条件限制的，而是只有符合立案标准的纠纷，才能因当事人的起诉，而获得法院的受理。

三、如何明确立案标准

推进立案登记制，应明确立案标准，对此，建议采用正、反两方面结合的方法，即除了正面规定立案的条件，同时采用负面清单管理模式，把不宜受理的具体情形作出非常明确的规定，明确列举不宜受理的条件。为此，应当根据法律规定，并结合我国的实际情况，明确不予受理的情形。为了保障正当诉权和防止滥用诉讼的目的，最高人民法院印发的《关于人民法院推行立案登记制改革的意见》，已经列明了不予立案登记的四项情形，即：（一）违法起诉或者不符合法定起诉条件的；（二）诉讼已经终结的；（三）涉及危害国家主权和领土完整、危害国家安全、破坏国家统一和民族团结、破坏国家宗教政策的；（四）其他不属于人民法院主管的所诉事项。可以看出，这四项情形较为笼统，不够具体。立案登记制实施一年多来，滥诉现象和虚假诉讼严重，与这四项情形的规定较为笼统和不够具体有关。为完善立案登记制，解决滥诉、虚假诉讼等问题，应该加快制定司法解释，制定统一的、明确的立案标准，特别是制定更为详尽的不予立案的负面清单。结合司法实践，笔者认为，至少以下案件不应属于法院受理范围：

一是纯属专业评价问题的纠纷。专业评价已经超出了法官的专业特长，不应属于法院的受案范围。此类纠纷最为典型的是因学术评价问题而引发的争议。例如，某考生是否符合博士或硕士研究生录取条件，某学生硕士或博士答辩是否可以通过，是否应被授予学位，某高校老师是否应该被聘为教授，某项科研成果是否应当获奖等等。此类争议只宜由专家根据相应的专业程序予以评价，如果要求法官超出其专业特长处理此类纠纷，相关的裁判结果也难以获得专业人士的认可，这也会影响司法的公信力与权威性。

第二，明显浪费司法资源的案件。对于明显浪费司法资源的案件，法院也无须受理，这也是国外法院的通行做法。比如，在美国，法院不受理鸡毛蒜皮的纠纷（frivolous matters），司法具有自我限制（self-restraint）和自我谦抑（moderation）的特征。对于我国司法实践中出现的当事人可能为了出点怨气打"一块钱官司"等纠纷，或者提起类似于"赵薇瞪我"等奇葩案件，都属于此类情形，在这些案件中，司法资源的投入、产出明显失衡，会造成司法资源的极大浪费。

第三，可以通过行业协会进行专业评判的纠纷。例如，对律师在法庭上的行为是否违反了职业道德、职业操守等的裁决，应当由行业协会根据行业标准评判，不宜纳入法院的受案范围。

第四，法律明确规定了前置程序的案件。例如，法律专门就劳动纠纷、土地纠纷等设置了一定的前置程序，应当注重发挥前置程序的作用，而不应当一概直接由法院受理。

第五，民事再审、刑事申诉案件，不能一概进入立案登记的范围。因为有关申诉案件的审理，相关法律已经作出了规定，其能否立案，应当依据法律规定判断，而不应当直接纳入立案登记的范围。

第六，涉及本单位员工福利待遇纠纷，属于本单位内部的管理事务，不宜由法院受理。例如，某单位发放年终资金，数额因人而异，某人感到不公平而起诉，此类情形不宜由法院受理。

第七，纯属业主自治范畴的纠纷，如小区内某业主违规停车、任意弃置垃圾、噪音扰民、侵占通道等行为，如果管理规约对此有明确规定，应首先由业主委员会和业主大会处理。

另外，立案标准应当公开透明，让当事人了解法院应受理哪些情形，哪些情形不能受理，否则，良法再好，标准再合法合理，也会因信息不对称而产生不合法、不合理的结果。我国《民事诉讼法》《刑事诉讼法》《行政诉讼法》等都对立案的条件作出了规定，在推行立案登记制时，法院也应当对当事人的申请是否符合法定的立案条件进行必要的审查。

应当看到，推行立案登记制已经产生了良好的效果，对于保障当事人诉权、发挥司法在解决社会矛盾中的主渠道作用起到了积极的作用。当然，由此也带来了案件数量井喷的问题，甚至出现了案件大量积压的现象，给法院带来了较大的工作压力，但不能因此而否定立案登记制改革的积极作用。未来应当明确立案标准，同时应加快推进案件繁简分流，制定科学的案件审理流程，提高案件审判效率，鼓励当事人采取多元化的纠纷解决机制，引导当事人优先选择成本较低、对抗性较弱、有利于修复关系的途径化解纠纷。通过采取上述措施，就能更好地实现立案登记制改革的目的。

正确应对员额制改革中的四类问题

最近,在司法改革过程中,员额制改革已经开始从试点向全国推开了。员额制改革的根本目的是要把优秀司法人才吸引到办案第一线,全面提升办案质量。从大力推进司法队伍的职业化、专业化而言,员额制改革的方向是正确的。从试点情况看,该项改革取得了一定成效,司法人员逐步回归办案本位,优秀司法人才向办案一线流动,一线办案力量明显增强。与改革前相比,实行员额制后,有的法院、检察院员额制法官、检察官人数虽有所减少,但由于实行了法官+法官助理+书记员的团队制,办案团队人数实际上有所增加,办案质量稳步提升。有的法院在案件数量增长40%的情况下,结案数量却增长了60%,这也改变了过去一些人顶着法官、检察官的头衔却不办案、人浮于事的现象。

万事开头难。从试点的情况来看,员额制改革虽然取得了一些成绩,但也暴露出不少亟待解决的问题,也有人据此认为员额制改革不成功,对改革信心不足,此时,有必要对员额制改革试点中存在的问题作分类研究,厘清认识上的误区,对改革举措加以完善:

第一类问题是因改革不到位、相应配套措施未跟上所引发的问题。改革是个循序渐进的过程,改变原有不合理的制度安排，重构新的制度体系，不可能一蹴而就。在员额制改革中，确有一些法官、检察官在进入员额后，因办案量显著增加，且需要对所办案件终身负责，出现错案终身追责，因而感到办案压力较大，而其所需要的职业保障又没有跟上，由此出现了一些法官、检察官辞职的现象。应该看到，员额制改革的大方向是正确的，但各项保障措施确实需要尽快到位，否则可能从整体上影响员额制改革的成效。这就需要尽快落实中央有关员额制改革后法官、检察官工资待遇等职业保障的政策；尽快明确法官助理、书记员的新职责，减轻法官工作负担；加快司法人员分类管理改革，对各类人员职务晋升作出明确规定，使法官助理、书记员即使不入额，也能在各自序列中晋级，为他们事业的发展提供更大的空间。如此才能有效稳定司法工作队伍，特别是稳定年轻的法官、检察官队伍。

第二类问题是因改革措施相互掣肘而导致的问题。司法改革本身是一项系统工程，具有体系性、全面性的特点，牵一发而动全身，应当统筹推进。但由于各项改革措施的推出有先有后，尤其是处于试点阶段的改革，还在摸索中进行，这就导致各项改革措施之间难免出现不协调的现象。最突出的就是立案登记制改革后，法院案件量激增，导致法院"案多人少"矛盾加剧。据了解，立案登记制改革后，许多地方法院受理的民事案件数量增长了40%以上，行政案件数量增长了60%以上，执行案件数量增长了50%以上。但与此同时，实行员额制之后，入额法官数量比此前有办案资格的法官数量大幅度减少，而法官助理、书记员又尚未配齐，人案矛盾十分突出。有观点认为，立案登记制把方便带给了群众，把困难留给了法院。此种看法不无道理。对于这类问题，只能分清轻重缓急，注重统筹协调，使改革举措相互衔接、配套。例如，为逐步解决"案多人少"的矛盾，要加快推进案件繁简分流，建立多元化纠纷解决机制等措施。同时，也要明确立案标准，对本来不应由法院管辖的案件作出明确规定。

第三类问题是因改革"一刀切"、改革措施脱离本单位实际而导致的问题。例如，有的地方案件多、司法人员少，而有的地方案件少、司法人员多，如果都按照39%以内的同一比例确定员额，势必导致人案不平衡。在推进员额制改革中，要准确测量法官、检察官的工作量，以案定员，从实际出发，不能搞一刀切。例如，中级法院与基层法院所需的员额应有所区别。即使在一个法院内部，也要根据案件的类型、工作量来确定员额。例如，立案登记制实施后，大幅度增加的主要是民事案件和行政案件，那么这两部分就需要增加更多人手。另外，对于员额，也要进行动态管理，即员额应当根据案件量的变化而变化，不可一次定额，长期不变，或者简单地搞"一刀切"。

第四类问题是因某些改革措施偏离改革精神而导致的问题。中央对司法改革进行了顶层设计，但改革措施还要依靠司法机关正确把握改革精神，稳步扎实推进改革。但一些地方在法官、检察官入额选拔中，搞论资排辈，主要以资历定员额，这就导致许多年轻的业务骨干入不了额，而只能做助理，不仅待遇不能提升，而且感觉尊严受损，看不到入额的希望，因而不愿意继续在法院、检察院工作。再如，有的地方主要通过书面考试的方式选拔员额制法官、检察官，而忽略了对司法人员实际办案能力和办案业绩的考核。这种方式并不能够把那些办案能力较强，特别是实践经验丰富、业绩突出的司法人员纳入员额中，这在一定程度上也会挫伤其积极性。对于此类问题，应该加强改革督导，坚持正确的选人用人导向，真正使优秀人才进入员额制中，使中央的司法改革意图得到正确落实，坚决防止能办案的人进不了员额，进了员额的人办不了案的现象。

在入额选拔上，还有一类问题比较突出，即院长、庭长入不入额？怎么入额？应该说，实行员额制改革的目的是选拔优秀人才担任法官、检察官，把司法决策权交到真正专业的人手中。在实践中，许多院长、庭长曾经是业务骨干，因为办案业绩突出、综合能力强，被选到领导岗位，他们入额，有助于发挥其业务才能。但院长、庭长入额也必须严格按照程序选拔，同时，院长、庭长在入额后必须亲自办案，而且应当带头办疑难案，形成带动示范效应。有的地方规定，庭长办案数不低于法官平均办案数的70%、副院长办案数不低于庭长平均办案数的50%、院长办案数不能低于副院长平均办案数的30%，这些规定具有一定的合理性。

一切改革都来源于问题倒逼，只有积极解决改革中的问题，才能不断深化改革，使改革产生应有的效果，员额制改革也不例外。面对改革中出现的上述问题，不能退缩，而应当通过加快改革的方式予以解决。

让正义从司法裁判中发声①

自古以来,中国人遇事都强调要有一个"说法",也就是要有一个正当的解释理由。在现代法治社会的组织和生活方式中,司法裁判无疑是社会大众寻求公平正义的核心渠道。随着我国法治建设事业的不断深化和推进,司法裁判在解决社会争议、塑造社会秩序上的基础功能和重要使命日渐彰显,承载了人民群众对社会公平正义的浓厚期待。裁判文书说理是判决结论合法化、正当化的重要载体,更是法律公平正义价值的具体体现。

司法的固有特性决定了法院应该是最讲逻辑、最讲道理的地方

俗话说,"有理走遍天下,无理寸步难行"。司法的固有特性决定了法院应该是最讲逻辑、最讲道理的地方,人民群众之所以将纠纷提交到法院,正是为了寻找说理的地方,求得一个公正的解决方案。司法是现代社会维护社会正义的最后一道防线,司法公正主要体现在司法裁判的说理之中,如果裁判文书不讲道理,就意味着司法不讲道理,老百姓也

---

① 原载《北京日报》2016 年 12 月 9 日。

就没有其他的地方可以说理了。正如法谚所云:"正义是从裁判中发声的。"司法的正义不是抽象的,而是具体的,它正是通过每一份判决书中的理由所彰显出来的。可以说,判决的说理性越强,其公正性就越强,也就越容易被当事人所接受,从而发挥其案结事了和秩序塑造的作用。实践中,一些判决在结果上可能是合理的,能够公平处理当事人之间的纠纷,但因为欠缺说理,导致一方或双方都不相信该判决是公正的,甚至出现无休止的缠讼、上访,并引发了一系列的社会问题,这也从整体上损害了司法的权威性和公信力。

其实,我国自古就有讲求判决说理的传统。古代裁判官并非不少人想象的那样断案专横,相反,自西周开始,历朝历代都不乏说理充分的判词。例如,早在西周晚期就出现了关于刑事案件的完整判词,较为详细地阐述了对犯罪事实的认定、定罪量刑的理由以及对判决执行的要求。从秦朝的比附援引、依律定罪到西汉时期的春秋决狱,从唐宋时期以事实为依据、援引律例制作判词,到清代判词中开始出现专门说理的段落,再到民国时期将判词分为主文、事实、理由三部分,许多朝代的判词都十分注重天理、国法和人情的结合,"感人心者,莫先乎情"。古代判词中经常引文用典,晓之以理,动之以情,明之以法。有的判词用典繁多,几乎一句一典。① 有的判词十分讲究推理,注重逻辑,甚至十分注重判词说理的文采。在新中国成立初期,我国也高度重视司法判决的说理工作。最高人民法院第三任院长谢觉哉就曾强调:"法院是评论

---

① 例如,在"宫门误不下键判"判词中,王维指出:"设险守国,金城九重……当使秦王宫里,不失狐白之救裘,汉后厩中,唯通赭马之迹。是乃不施金键,空下铁关。将谓尧人可封,固木狗盗之侣。王者无外,有轻鱼钥之心。过自慢生,陷兹诖误。而抱关为事,空欲望于侯嬴。或犯门有人,将何御于臧纥?固当无疑,必寘严科。"该判词几乎每一句都引经据典,其同时引用了《汉书》《史记》《新语》《左传》等经典古籍所记载的历史事件,充分论证了城门不上锁的危害性。

道理的地方，犯罪分子怕它，因为它讲道理，没理的逃不过去……人民爱护法院，首先在于法院深通道理探明法律，站得住脚。"但十年"文革"浩劫使得法律和司法在社会组织和生活中的地位大大下降，判决说理就更是无从谈起。可见，注重裁判文书说理是我国的固有传统。

把握裁判说理的重点，有效发挥司法裁判的社会功能

改革开放之后，我国重启法治建设。司法审判重新走入社会组织和生活，并扮演着十分重要的角色。司法审判已经成为我国当代国家治理能力和治理体系建设的一个核心环节。经过几十年的建设，我国司法审判队伍的专业水平有了质的飞跃，大量司法裁判能够做到辨法析理，通过摆事实、讲道理、依法判决，让当事人和社会大众感受到司法的公正和权威。尽管如此，法官队伍专业素质参差不齐、官本位意识思维惯性、工作激励机制不足等现实因素也在一定程度上制约了我国裁判文书说理的总体水平。审判不依程序、证据采信理由不详、事实认定武断、法律解释模糊、事实与法律脱节等现象仍较为常见，这也影响了我国司法裁判的公正性和权威性。

如何强化判决说理质量，以判决说理促进司法公开、公正和公信已经成为我国当前司法改革中的重点工程。笔者认为，裁判说理应当重点针对如下问题进行：一是针对当事人的诉讼请求和抗辩理由说理。裁判文书应当针对当事人争议的焦点展开说理，争议焦点是整个诉讼进行过程中的核心环节，优秀的裁判文书应当是针对焦点、回应焦点，并根据争议焦点进行说理论证的文书。只有把握住了争议焦点，才能做到有的放矢。二是针对当事人提出的证据说理。证据是事实认定的基础，所谓"以事实为根据"，实际上就是以证据为根据，因此判决书中必须对证据采用的理由进行严格的分析。哪一项证据能够采用，哪一项证据不能采用，采用或者不采用某一项证据的理由是什么，根据某项证据能够认定何种案件事实等，都需要在判决书中作出详细说明。三是针对当事人所援引的法条说理。法官应当在裁判文书中详细地阐释所援引法条的含义，阐述该法条的构成要件及其与案件事实存在何种联系，依据该法条将产生什么样的法律效果等，而不能只是简单地列举几个法条，或者撇开具体的法律规则而直接援引法律原则裁判，这样的裁判都不是真正的依法裁判。

具体而言，裁判文书的说理主要应当围绕事理、法理和情理展开。所谓事理，就是"事情的道理"，司法裁判应当"以事实为依据，以法律为准绳"，案件事实对司法裁判具有基础性的意义，直接决定法律的选择和适用。因此，裁判文书既需要记载解释适用法律依据的过程，也需要对法官认定案件事实的过程进行记载。所谓"法理"，是指从法律的价值和精神中演绎而产生的、为人们所普遍认可的有关法律的道理。法理实际上是法律上的道理，符合法律上的道理的事情，通常都是符合事理的，也符合法律的基本价值。裁判说理中讲究法理，就需要运用法的基本价值，包括公平、正义等价值来进行说理。这些价值甚至可以被认为是自然法的内容。我国古代将其称为"天理"，其实就是我们所说的公理。古人说，"天理难容""国法难容"，我们谴责某人做事"伤天害理"，实际上就是说这个人的行为违反了人们最基本的公平正义观念。讲法理要将法律适用过程中的道理说清楚，让当事人明白得出裁判的法理依据，从而达到息讼服判的效果。所谓"情理"，是指裁判要顾及法律之外的道德、民情、民意等因素。整个说理过程不仅要富有逻辑，而且要做到"晓之以理，动之以情"，能够让当事人对判决真正信服。正如宋鱼水法官所指出的，情感是生命的源泉，法律与当事人的结合方能产生情感的火花，让法律不再枯燥，在社会的激流当中充满活力。

从滚动播放"老赖"照片说起

我有一次去外地出差,途经一个车站,车站旁的广告屏上打出了一串"老赖"名单,并且附上了照片、欠债金额、公司名称等。并且为了吸引人们的注意力,该广告屏把这些人的照片等信息循环播放。据说,这种做法并不是个别现象,有的地方法院甚至将这种方式作为执行债务的一项重要经验。

这种方式很大可能是管用的,因为中国人好面子,即使是老赖,如果发现自己的照片在公共场所的大屏幕上被滚动播出,不要说自己,他的家人和朋友也可能因此蒙羞。大多数老赖看到自己的相片被挂在火车站,都会想尽快还债。毫无疑问,这种措施会十分见效。

首先应当看到,老赖的赖账行为确实可憎。有的人不是没钱,而是有钱不还。曾几何时,"要钱的成了孙子,欠钱的成了大爷",这种现象在生活中十分普遍。有的人欠了很多债,却仍然过着花天酒地的奢靡生活,甚至把欠债当作一种赚钱的手段。这种行为不仅损害了债权人的利益,也损害了正常的交易安全和秩序,使法院的判决成了一张白条。有的人欠钱不还,甚至摆出了"要钱没有,要命一条"的架势,严重损害了司法的权威性和公信力。

对付老赖的赖账行为可以有多种办法。目前,最高人民法院建立的老赖"黑名单"就是一种很好的举措。"黑名单"通过记录被执行人的失信信息,让这些老赖在招标投标、行政审批、融资信贷等方面,承担信用不良的后果。在建立这个名单之后,通过关联部门的联动,将老赖的信息与各类信用信息互联共享,构建"一处失信,处处受限"的信用监督、警示和惩戒工作体制机制。比如说,老赖借款受限、出境受限、乘坐飞机受限、任职资格受限、准入资格受限,甚至评优评先等都要受限,这让老赖处处都会感受到一种震慑力,应当能够有效督促老赖还债。

但是,是否可以采用将老赖的照片在公共场所滚动播放的做法,我认为值得讨论。首先,从现行法律来看,并没有对此作出明确规定。《民事诉讼法》还是为这项改革留足了空间。如该法第13条作出了原则性规定,"民事诉讼应当遵循诚实信用原则";第255条作出了具体规定,"被执行人不履行法律文书确定的义务的,人民法院可以对其采取或者通知有关单位协助采取限制出境,在征信系统记录、通过媒体公布不履行义务信息以及法律规定的其他措施"。这些规定虽然提到了可以通过媒体公布不履行义务的信息,但并没有规定可以将不履行义务的主体的照片在公共场所公开。

其次,这种行为确实有损他人的隐私权、肖像权、名誉权。行政法上有所谓的比例原则,即行政权力的行使除应当依法行使外,行政主体还必须选择对行政相对人损害最小的方式进行。现在许多学者主张,行政法上的比例原则也可以适用于民法领域。如果能够采用损害较小的方式实现督促老赖履行债务的目的,就没有必要通过损害较大的方式实现这一目的。在公共场所滚动播放老赖的照片,可能严重损害其名誉权、肖像权，甚至导致债务人本人及其亲属严重的精神痛苦，此种方式虽然可以在短期内起到良好效果，但其带来的负面影响较大，并不符合比例原则的要求。因为在法律上不能以一种侵害他人权利的方式来达到所谓合法的目的。

我认为，这种在公共场所滚动播放他人照片类似于将债务人"游街"的行为，甚至比"游街"还要严重。因为游街示众只是在一个小的区域范围内羞辱他，而在公共场所挂出照片，实际上是在众人面前羞辱他。有人认为，像老赖这样的人，没必要保护他们的名誉。实际上，法律保护人格权，就意味着每一个人都平等地享有人格尊严，不管他是好人，还是坏人，都平等地享有人格尊严，都要受法律保护。绝对不能说他是一个坏人，所以他的尊严就不受保护，这和法律面前人人平等的原则完全是相悖的。即使是坏人的尊严我们也要保护，这才是一个法治国家应当提倡的。更何况，老赖是否都属于坏人，都要列入坏人之列，也存在疑问。如果在公共场所滚动播放其照片，会导致其名誉受损，有的"老赖"本来还可能东山再起，有机会赚钱还债，但一旦在公共场所滚动播放其照片，其今后的生产、经营活动都可能受到严重影响，恐怕再要东山再起就非常困难了。

还要看到，对"老赖"怎么界定，本身也有疑问。有的债务人的确是恶意欠债不还，但有的债务人确实是因为一时资金周转困难而欠债。在这两种情况下，债务人的主观恶性不同，应当予以区别对待。但即便对恶意欠债不还的行为，法律上也有多种方式督促其履行债务，未必都需要采用在公共场所滚动播放其照片的方式。更何况，"老赖"并非只有商人或自然人，实践中，欠债不还的政府部门也屡见不鲜。例如，2013 年，广东省湛江法院生效裁判专项积案清理工作会议就曝出，该市各级党政机关作为被执行人的案件不少,该市法院院长指出,"湛江市各级法院部门在执法过程中,一直强调党政机关为被执行人的案件以自动履行为主,原则上不采取强制执行措施,但部分涉案的党政机关置身事外,使清案效果不尽如人意"。① 总之,加大执行力度,督促债务人及时欠债还钱,这对于保障债权人权益,维护市场经济秩序,维护司法权威是十分必要的,但不宜采取可能侵害债务人权利的做法。

---

① 梁盛、叶辉、李蓝珊:《广东湛江专项清理党政机关执行法院生效裁判积案》,载http://www.chinanews.com/fz/2013/11-07,2013年11月7日访问。

法律人应该有职业荣誉感

最近几年，中国人民大学法学院启动了杰出校友的年度评选活动，每年都会收到许多工作在一线法律实务部门的优秀法官、检察官和律师的材料，从中可看到大量十分感人的事迹。以苗为民同志为例，他从县政法委副书记的岗位上退休后，从事律师业务。在多年的律师业务中，他自愿为周边群众特别是弱势群体提供了大量法律援助服务，包括二百多起免费的法律援助案件。遇上特别困难的当事人，他不仅要自己出差旅费、材料费和通信费，有时还自掏腰包帮助受害人做伤残鉴定。由于热心公益，所以他虽然从事律师执业活动多年，但家里仍然十分清贫。他给法律职业同行树立了一个具有高度职业荣誉感的法律人形象。

事实上，在庞大的职业法律人群体中，像苗为民同志这样的事迹不胜枚举。但确实也要看到，司法不公、司法腐败现象依然存在，法官落马现象屡见报端，贪腐金额也越来越大，这些都对司法的公信力和权威性产生了极大的负面影响。虽然产生贪腐的原因是多方面的，但法官职业荣誉感的缺失是其中很重要的原因。所谓职业荣誉感，是指个人积极履行自己职责的责任感、维护自己职业不受损害的责任感以及自己职业受到他人尊重时所产生的荣誉感。俗话说，干一行,爱一行。一个有职业荣誉感的人,会十分珍视自己的职业岗位,并将岗位目标与自己的人生追求紧密联系起来。对有职业荣誉感的人来说,其行动有着明确的目标和乐趣。他不是把工作仅仅当作谋生工具,而是将职业岗位目标的实现和不断优化视为自身工作的使命,视为实现自己人生价值的途径。

维护法律人的职业荣誉首先要做到公正廉洁。可以说,各行各业的从业者都有必要树立职业荣誉感。但法律人的职业活动是平亭狱讼、判断是非、伸张正义、惩恶扬善、抑浊扬清,带有强烈的"善行"色彩,社会影响力更大,更应当树立职业荣誉感。在民众看来,法官是公平和正义的化身,法官的形象往往就是法律的形象,法官的形象将直接影响民众对法律的认识和信念。英国哲学家培根曾经说过:"一次不公正的审判,其恶果甚至超过十次犯罪。因为犯罪虽是无视法律——好比污染了水流,而不公正的审判则毁坏法律——好比污染了水源。"与此职业特殊性相应,法官在审判中要始终保持独立和公正,做到不偏不倚、不畏权势、不徇私情、不谋私利。试想,如果法官都不能做到心存正义,而是贪赃枉法,则很难期望民众对法治产生信仰。因此,受制于职业特性,法官与常人有所不同。按照亚里士多德的看法,公正是个人的美德,但对法官来说,公正是其基本素质,"理想的法官就是公正的化身"①,缺乏公正意识的法官根本就不是称职的法官。法官树立公正、廉洁的形象,是使社会真正尊重法官的重要原因,也是尊崇法官职业的原因。从这一意义上说,法官切实做到公正廉洁,其实也就维护了自己的职业荣誉。据我了解,在我们的近邻韩国、日本,数十年来几乎没听

---

① 参见〔美〕约翰·小努南:《法官的教育、才智和品质》,吴玉章译,载《法学译丛》1989 年第 2 期。

说过法官因贪腐入狱,其中一个重要原因,就是法官对自己的职业具有高度的荣誉感,同时也具有爱护自己职业荣誉的责任感。

职业荣誉感需要靠每个法律人的言行予以维护和呵护。应当看到,法律人职业荣誉感的形成有赖于法治的建设状况和发展进程,只要全面推进依法治国,目标明确,进展顺利,则毫无疑问,法官的职业荣誉感也会逐渐增长。但另一方面,法治的建设也有赖于我们每一个法律人的努力,因为法律人的工作是国家法治事业的重要推动力。我们每个法律人都为实现法律所追求的公平正义作出自己应有的贡献,实际上也就意味着我们对法治作出了一种贡献,对维护我们的职业荣誉感作出了一份贡献。法治是一项系统工程,需要每个法律人从不同的岗位努力,从而形成一种合力。每个法律人都实践法律的公平正义价值,维护司法的公正,使诉讼当事人从个案中体会到法律的公平正义,就是对法治建设进程的推动,哪怕只是很微小的一步,也应当能产生职业的成就感和荣誉感。这是一种高尚的精神追求,是简单的物质待遇所不能比拟的。树立职业荣誉感不仅有利于提升法律人个人及群体的社会形象和声誉,还有利于提升司法乃至法律公信力。

维护与践行职业荣誉感是法律人的一项基本职业道德。每一个法律人都应该热爱法律工作,珍惜法官荣誉,坚持职业操守,恪守法官良知,牢固树立司法核心价值观,以维护社会公平正义为己任,认真履行法官职责。法律人要坚持自己的职业操守和职业道德。每一职业均有与职业相应的规则和操守,从业者必须遵循职业操守和职业道德,法律人也不例外。由于法律职业事关法治和社会正义的维护和实现,这就决定了法律人应当对自己有更高的要求,法律人的职业操守和职业伦理因此也高于常规,法律人不能把自己等同于一般的老百姓。一般人可以做的事，而法律人有可能就不能做。比如，法官不可广泛地交朋结友、四面酬酢、八面应付，不能三教九流无所不交，更不可与各方面的人士泡在一起吃吃喝喝、打麻将、进出娱乐场所，否则不但严重损害法官的尊严和公正的形象，还难免陷入多种人情编织的网中，会在不同程度上影响法官的公正。科特威尔曾评论道，法官职业往往"被看作是超脱狭隘的自身利益的一切考虑的"①，法官应当在社会交往中保持一定程度的"孤独性"。这实际上也要求法律人要慎独、慎微。《尚书》说："不矜细行，终累大德。"法律人在此方面尤其要注重名声和操守。只有这样，才能增加民众对法律人的尊重，维护法律人的职业荣誉。

　　培育法律人的职业荣誉感，需要完善相关的职业保障机制。荣誉感作为一种社会性情感，是在与社会同伴的交往和评价中产生的，职业荣誉感的养成需要多方面的努力，如需要建立依法保障法官独立行使审判权的机制，落实法官的执业保障制度、身份保障制度、经济保障制度，努力提升法官的社会地位等，这些都是培育法官职业荣誉感的重要方式。国家应该保障法官、检察官的收入与其所承担的社会职责相称，使其无生活上的后顾之忧，能过上一种体面的生活，这样才不会"为五斗米而折腰"。法官的尊荣感需要得到外部的认可，而提高法官的职业待遇则是外部认可的重要体现。在我国目前的经济条件下，应当将法官、检察官从公务员队伍序列中剥离出来，真正按照《法官法》和《检察官法》规定的十二等级加以管理，努力提高他们的待遇，当然，法官自身更应注重自己的职业荣誉。近年来，庭上辱骂法官、庭下殴打法官、家门口围堵法官等事件时有发生。这虽然从表面上反映了社会没有尊重

---

① 〔英〕科特威尔：《法律社会学导论》（第二版），彭小龙译，中国政法大学出版社2015年版，第262页。

法官职业、尊重法律职业的理念，但在深层次上却说明，司法的权威性和公信力不彰，整个社会并没有形成一种充分尊重司法、崇法尚法的氛围。

培育法律人的职业荣誉感，需要国家适度调整法律职业的管理机制。比如，在法律人入职的遴选上，特别注意把好法律职业荣誉感这道关，防止没有法律职业荣誉感的人进入法律职业，以免产生"劣币驱逐良币"的效应。又如，有效改善某些法律部门"管事的人不能干事、干事的人不能管事"的状况，按照法律职业的规律而非行政管理的体制来进行职业管理。如此等等，需要有关部门下大力气进行调研和调整。德沃金说过："法院是法律帝国的首都，法官是帝国的王侯。"①但这种地位在中国尚未树立起来，法律人的职业尊荣也没有形成。客观现实表明，我国法律人职业荣誉感的树立和培育还有很长的路要走。

培育法律人的职业荣誉感，从根本上还是要求法律人要自我尊重、珍惜法律职业。每一个法律人都应该热爱法律工作，珍惜法官荣誉，坚持职业操守，恪守法官良知，牢固树立司法核心价值观，以维护社会公平正义为己任，认真履行法官职责。只有自尊才能赢得他尊。如果法律人自己都不能珍视法律职业，就很难要求社会公众真正尊重法律职业。所以，要凸显其在社会中的应有地位，"让法院更像法院，使法官更像法官"，首先要求法律人自己树立起职业荣誉感，在日常生活中严格要求自己，真正践行法律人的职业荣誉感。职业荣誉感也是洁身自律、抵御各种外部诱惑的重要精神动力。尊重自身职业的人通常能够更好地尊

---

① 〔美〕德沃金：《法律帝国》，李常青译，中国大百科全书出版社1996年版，第361页。

重职业岗位要求和行为准则,能够更好地抗拒那些扭曲正当行为准则的外部压力。

总之,每一个法律人,无论地域差别,无论级别高低,都应该有自己的职业荣誉感。只有这样,法律才能够得到遵守,法治才能得以推进。只有这样,法官"落马"的现象才会有实质性的减少,甚至消失。

韩国大法官遴选的启示

前不久，我的韩国老朋友金哉衡教授邀请我去韩国参加2016年"韩国法学会年会"。金教授此前是首尔大学的民法教授，在学术界享有盛誉，最近被总统建议提名为大法官。在得知这一消息后，我也非常高兴，特向他表示祝贺。在和他的餐叙中，我出于好奇，向他详细了解了韩国大法官遴选的相关情况。交流虽然简短，但却给我留下了十分深刻的印象。特别是韩国大法官的遴选程序及其职业特征，对我国的法官职业制度具有一定的启示意义。

一是韩国大法官的遴选程序十分公开、透明。韩国大法官是韩国最高的司法机构，由首席大法官和13名大法官组成。在13名大法官中，有12名行使审判权；另一名大法官是由首席大法官任命，负责法院的事务管理工作，不参与审判工作。在韩国，法官属于社会精英，拥有很高的社会地位，而大法官更是精英中的精英，可以说在法律界是万中挑一。

按照韩国法律规定，大法官本应由最高法院院长提名，而金教授则是由总统提出建议，然后由最高法院院长提名的。在被总统建议提名之后，金教授瞬间成为社会的热点人物，社会各界普遍都在议论金教授是否适合当大法官，赞扬的、反对的声音都有。在交流中,金教授的一位学生对我说,"网上的许多评论是很不理性的,有的人甚至对金教授多年前发表的论文进行断章取义,其中有网民认为,金教授一直接受精英教育,大学毕业后就担任法官,后担任教授,认为金教授并不了解草根阶层。其实,金教授的家庭出身也是草根阶层。"

在被提名的大法官得到正式任命之前,各方面的社会评价就显得十分重要。这些意见将对大法官的正式任命产生重要影响。如果被提名者的言行稍有问题,就很容易受到网民的质疑。这也就意味着,担任大法官首先需要经得起公众舆论的审查和监督。在金教授自己看来,这样的公共审查和监督是正常的,也是合理的。既然大法官位高权重,则理所当然应当接受民众的监督。

二是大法官的司法职权有一整套社会监督机制。这种社会监督机制可以严格防止大法官与律师和当事人之间的利益勾兑,从而保障大法官职业的廉洁性和公正性。例如,根据2002年韩国修改的《国会法》规定,大法官在获得国会的正式任命之前,必须经过国会举行的人事听证程序,最后由国会投票表决通过。据金教授介绍,通过听证会这一关很不容易。在听证会开始之前,国会要求其提交各种材料,包括其发表的所有学术论文、参加的各种会议所发表的观点,家庭情况、亲属情况,等等。金教授的各种材料整理了一大箱子,送到国会后,由全体议员审阅。

听证会从早晨9点开始,一直开到晚上9点,整整12个小时。听证会完全采取电视直播的方式,全体国民不仅可以观看,还可以在网上留言。举行听证会是大法官任命的必经程序,也是一种监督方式。因此,国民听完听证会后,都可以提出意见,最后由议员投票来决定。金教授自称自己比较幸运，最后议员们顺利地通过了他的任命。据金教授的学生介绍，议员们根据金教授提交的材料，反复对他提问，要求他澄清：一是是不是能够保持中立，和总统究竟是什么关系，是否有什么特殊关系。二是他发表的论文和言论有无不妥当之处。三是个人的品行问题，以及能否保证其家庭成员和亲属不会利用他的大法官地位谋取利益。四是他准备怎样做，才能尽职尽责。如果这些问题回答不好，是很难通过的。在听证会上，一些国会议员要求金教授承诺退休后不得从事律师职业。按照韩国的法律，大法官卸任之后，法律并不禁止其担任律师，但是议员们在法官任命的听证会上提出，要求他保证退休后不再担任律师。这主要是因为，韩国有尊重前任大法官的惯例，一些议员认为，如果退休大法官担任律师，可能会对后任大法官产生不当影响，这不利于维护司法公正。金教授自己也认为这种要求是有道理的，所以在听证会上保证卸任后不会担任律师，也不会在律师事务所做顾问。

三是大法官要保持中立，恪守职业道德。严格禁止大法官私下与律师接触。据金教授介绍，他在担任大法官之后，原来的生活都完全改变了。之前作为教师，能够参加各种聚会、应酬，现在都一律推掉了，因为稍有不慎，媒体就会盯着他。如果他私下和某个律师吃了顿饭，这事一旦被媒体披露，就会惹上很大的麻烦。他说，自任职之后，只参加过一次同学聚会，而且在聚会时都要避免单独和做律师的同学接触。他每天的生活基本上就是从法院到家里，除了看案卷、审理案件，就是写判决书。在他看来，这种生活看起来很单调，但是感觉很充实，也很有职业成就感。

四是大法官享有优厚的社会经济和职业保障。据金教授介绍，在韩国，法官的收入确实是比较优厚的。一般而言，法官的收入要高于一般的公务员。大法官的个人年收入在百万元人民币以上，另外还有比较丰厚的退休金，基本上可以保证退休后无后顾之忧。据介绍，大法官的收入比教授要高一些。当然，首席大法官的收入还要更高一些，基本和总统不相上下。所以，他们都非常珍惜这样一份工作，也很爱护这个职业，在内心把这份工作当作最高的荣誉。

当然，大法官的工作任务也十分繁重。据金教授介绍，大法官每人每年大概要审理200多件案子。每个案子都要仔细了解案情、参加庭审，仔细听取双方的意见，每个细节都要了解得非常清晰，最后的判决书也要反复修改，所以工作很累，经常要加班看案卷，为写判决书而工作到很晚。有时案卷不好带回家，就只好晚上在法院写判决书，周末基本上也都是在工作。多年下来，很多法官确实感到身体吃不消，所以金教授说，做大法官的时间不能太久，不然身体肯定扛不住。这也是韩国规定大法官任职不得超过六年的一个重要原因。韩国的大法官制度和其他国家不同，像美国是终身制的，没有退休年龄限制，但在韩国，为了防止法官的老龄化，法官也有退休的年龄。金教授认为，毕竟人到了一定的岁数之后，思维各个方面都不如年轻人了，作出这种规定也是合理的。按照规定，最高法院院长到了70岁就应当退休，大法官一般是到65岁退休。

五是大法官具有精湛的法律素养和高尚的职业理想。韩国法律界人士普遍认为，法官作为一种职业不仅仅是一种谋生的手段，而且是一种崇高的事业，是极受人尊重和爱戴的职业，代表了一种价值追求。大法官更是广受社会尊重。根据韩国《法院组织法》的规定，担任大法官的条件是非常苛刻的，一般人很难符合条件。最高法院院长和大法官必须具有律师资格，要通过国家的司法考试，这是最基本的条件，而且最重要的是要求有实务工作的经验。如果是学者,一般都需要至少任职20年。当然,学者被挑中担任大法官的概率是非常小的,他必须在自己的专业领域比较突出,享有很高的学术声望,才有可能被选中。

六是大法官极为重视维护其职业荣誉。大法官拥有优秀的法律素养和职业理想,且在现行的法官遴选和约束机制下罕有出现腐败的现象。金教授介绍,在韩国,不要说大法官,就是普通法官也极为重视维护、珍惜职业荣誉。法官违背职业操守甚至腐败的案件极少发生。韩国近几十年来,还没有听过哪个法官因为腐败被判刑,更不用说最高法院的大法官了。所以,在韩国的民众当中,大法官享有崇高的社会声誉,被认为是社会公平正义的维系者。民众也普遍理解法官职业在整个社会中的重要作用,这也反过来让法官感受到更强烈的职业荣誉感和责任感。

在和金大法官谈话后,我确实感慨良多,司法是维护社会正义的最后一道防线,德沃金在《法律帝国》一书中指出,"法院是法律帝国的首都,法官是帝国的王侯",法官位高权重,应当选拔最优秀的法律人担任法官。要保障法官公正廉洁地履行职责,必须要建立科学的法官选任制度,同时要建立法官的职业保障制度,这对于保障司法的独立、廉洁、公正十分必要。我们既要严厉法纪,又要关心司法工作人员的物质条件,使其不受经济利益的诱惑,洁身自好,公正司法,从而形成一种不能贪、不想贪、不敢贪的局面。同时,法官也要有崇高的职业荣誉感,珍惜、爱护自己的职业,培养职业精神,公正司法。

神与法官不可交友

每次见到一些法官"落马"的报道,我就很为这些法官感到惋惜。法官"落马"原因是多方面的,但交友不慎、误入歧途是其中的重要原因之一。

我在美国学习、考察时,经常和一些当地的法官交谈。由于英美法系的法官很多是成功的律师转任的,因此,我常常问他们这样一个问题:"你担任法官后,和以前的律师朋友如何相处?"他们大多回答,即使是再好的律师朋友,受职责所限,也只能疏远。我想,这也是选择做法官所必须付出的代价,即使是同窗好友,亲密无间,也必须保持适当距离,而不能在一起饮酒作乐,更不能互相请托、相互交易。

由此,我想到了英国的一个谚语,"神与法官不可交友"。这并不是说法官要像神那样高高在上,或者完全超凡脱世、与世隔绝,遗世而独立。法官毕竟是人,不是神,他在社会的大舞台上仍然需要扮演自己的角色,但他所扮演的角色决定了他应当像神一样,要少交朋友、慎交朋友。神之所以获得世人顶礼膜拜,是因为他们始终与世人保持一定的距离,从这个意义上说,法官虽然不是神,但法官职业的特殊性也要求法官必须与社会公众保持一定的距离。

首先,一般人可以广交朋友,但法官的职业决定了,他不可广交朋友,八方应酬。法官应当耐得住寂寞、受得了孤独。法官执掌司法裁判权,是社会正义的维护者,也是公平与正义的化身。这种地位决定了,法官不能把自己等同于一般人。法官应当在社会交往中保持一定程度的"孤独性"。与公众保持一定的距离,始终给人一种威严感。

其次,一般人要慎交朋友,法官不仅要慎交朋友,而且要刻意地与律师界、商界等特定领域或职业的朋友保持一定的距离。法官作为纠纷的裁判者,位高权重,始终应该保持独立、中立的地位和权威性,因而,法官不能陷入任何利益的纠葛之中,这是法官必须疏远一些朋友的重要原因。更何况,一旦法官手上的权力被人盯上,就可能成为"围猎"的目标,而现实中"围猎"的手段形形色色,"围猎"者会通过友情的幌子,掩盖权钱交易,让法官觉得这是通常的人情往来,从而使其丧失应有的警惕性,最终挡不住糖衣炮弹的攻击。待深陷其中,才发现上了别人的贼船,已经难以脱身,进而"落马"。

最后,一般人要注重修身,但法官更应当做到"慎独"。"慎"就是指修身,"独"就是指个人的一种修为。"慎独"的本意即是一人独处、无人监督时,也要自觉自律,一丝不苟,绝不做违背良心、违背道德的事。但它也强调法官在八小时之外,一人独处时也要防微杜渐,严于律己,谨慎行为。在忙碌的工作之外,法官也要管住自己,守住道德和法律的底线。因此,对一般人所要求的道德标准,不能简单地套用到法官身上,对法官应当适用更为严格的职业道德标准。

当然,应该看到,中国是一个人情社会,"在家靠父母,出门靠朋友"是我们公认的生活道理。法官在现实生活中也经常会遇到各种类似子女入学难、看病难、子女求职难、亲友求职难等窘迫的难题,为解决这些现实问题，有时只能屈从于一些潜规则，而且为了编织这一关系网，主动耗费一些精力甚至以手中的权力相交换以获得相应回报。这是整个社会存在的问题，法官个体或司法系统是无能为力的，也徒唤奈何。这些问题的解决非一日之功，而需要一个过程，这就需要加大市场化改革力度，提高公共服务的市场化水平，通过深化相关领域机制的改革，逐步改善我国的教育、医疗、就业等相关环节，扩大公共服务的社会覆盖面，使人们能普遍地接近和接受这些公共服务。当然，这也不能成为法官随意交友、办关系案的借口。而且，更不能把这当成法官因贪赃枉法而最终"落马"的借口。

"立名于一世，失之仅顷刻。"法官应当格外珍惜自己的地位和名声，警钟长鸣，严于律己，自觉修身。而修身做人的路径之一，就是少交、慎交朋友，不使"惊堂木"被"孔方兄"所侵蚀。因此，每每想到"神与法官不可交友"这句格言，感到不无启示意义。

法治具有目的性

第五编
法学教育

民法本质上是人法

作为一位民法教师,经常会遇到这样一个问题:究竟什么是民法?这个问题看似简单,因为民法教科书大都从调整对象角度对民法作出了如下定义:民法是调整平等主体之间的人身关系和财产关系的法律。但对非专攻民法的人士来说,这样的回答较为抽象,不太容易理解。我认为,民法可以说是市民社会的百科全书,是市民社会的基本法。从保障私权角度说,民法是保护个人财产与人身权利的法律。简单地说,民法就是人法。

为什么说民法是人法?我先举一个例子:我国不少地方曾发生过高楼抛物致人死亡或重伤的事件,例如,从楼上抛出砖瓦,甚至抛出切菜板、烟灰缸等砸死砸伤行人,但事故发生以后,公安介入调查无果,无法确定直接的行为人。受害人及其家属无奈,只好将事故发生地的所有业主和物业服务公司一并告上法庭,要求予以赔偿。在《侵权责任法》出台以前,有的法院判决要求被告全部赔偿,有的要求被告适当赔偿,也有以找不到行为人为由驳回了受害人的诉讼请求。后来,《侵权责任法》第87条规定"由可能加害的建筑物使用人给予补偿",也就是说要由可能加害的业主或物业公司给予适当的补偿。

该条规定出台之后,曾经遭受不少的质疑。批评者认为,既然无法确定具体加害人,那么,这样的规定就有殃及无辜之嫌。其实,作出这种规定的理由是多方面的,其首先是"民法是人法"这一本质要义的具体体现。我们站在受害人的角度想一想,如果一个无辜的受害人从某个大楼前经过,突遭高楼抛物袭击,被砸死砸伤却找不到人赔偿,遭此横祸却无人负责,这对受害人来说是多么的冷酷、多么的不公平?毕竟,事出有因,抛出物是从大楼中抛出的,而且肯定是某个业主所为,对此损害,物业服务企业总是有一些责任的。由物业服务企业和业主凑一点钱对受害人给予适当补偿,对受害人多多少少也是适当的安慰,总比完全不理不睬要多一丝温情。所以,这一规则体现的就是对受害人的关爱。在更广泛的意义上来说,体现的是对人的关爱。

如果我们理解了民法的人法本质,那么,就能更好地理解民法上的各种制度设计和变革了。民法崇尚私法自治,尊重个人私人生活的自由和选择,私法自治实际上就是对私生活的尊重,任何人未经法律的规定和授权,不得随意干预他人的私人生活。民法崇尚"法不禁止即自由",只要不是法律所禁止的事项,个人都可以自由进入。任何人行使自己的权利,都不得以侵害他人的权利和自由为代价。每一个人在法定的范围内享有充分的自由,但也应对自己的行为及其后果承担责任;每一个人应该对自己的过错行为负责,而不应对他人的过错负责,这也充分体现了对个人人格的尊重。总之,上述人文精神的体现也恰好反映了市场经济的要求,并且是对封建的身份关系、等级特权以及对漠视人格、私权的行为的否定,体现了对人性的关爱和尊重。

从民法保障的权利来看,民法主要保障财产权和人身权,这两者其实都是为人服务的。民法关心人、关爱人、尊重人,重要体现就是对个人权利的确认和保障。民法确认了公民与法人所享有的人格权,通过对人格权的保护而对主体的人格予以充分尊重;同时,民法赋予主体广泛的财产权利,如债权、物权、知识产权、继承权等,并为这些权利提供了保护。财产是为了实现基本的民生,保障人们基本的衣食住行。同时,产权保护也是社会财富创造的基础和前提,产权保护越完善,越能激发个人创造社会财富的积极性,也越能促进经济社会发展。当前,新的科技革命为我们带来了难得的发展机遇,如果产权保护出现障碍,产权人的创业、创新积极性将受到遏制,科技也难以转化为现实生产力。人身权的客体直接指向个人本身,对个人人身权的保护本质上是为了维护个人的人格尊严和人身安全。因此,从民法保障的权利来看,不论是财产权,还是人身权,其都是为了保障个人的全面发展,实现人们对美好生活的向往。从民法的规则设计来看,有观点认为,民法主要调整交易关系,但事实上,民法关于民事权利、民事义务的规则设计都是以人为中心的,这也构成了民法规则的基本内核。权利赋予主体为一定行为的自由,义务要求主体必须为或不为一定行为,而责任则是主体违反义务的法律后果。因此,民法规则也是以调整人的行为为中心和主线的,而并不是完全围绕交易关系而展开的。

从民法的发展趋势来看,21世纪是走向权利的世纪,是弘扬人格尊严和价值的世纪。进入21世纪以来,人权运动在世界范围内蓬勃发展,尊重与保护人权已经成为国际社会的共识,并成为当代法律关注的重点,对人的尊重和保护被提高到前所未有的高度。在我国,在人们的物质生活条件得到极大提高的情况下,对人的尊严和自由的维护也应提到一个新的高度。因此,我国民法也应当充分反映这样的时代精神,充分体现人文关怀,这既是社会主义本质特征的体现,也是促进个人全面发展的需要。一方面，民法应当充分注重保护人格完整和人格尊严，充分保护个人的名誉、肖像、隐私等人格权。科学技术的迅速发展，特别是生物技术的发展，使得人体组织和器官的移植甚至克隆都成为可能，代孕等技术也已经出现；互联网和大数据的发展，对个人隐私和个人信息等人格权的保护提出了严峻的挑战。在这样的背景下，民法有必要对这些新的挑战作出有效应对。另一方面，在个人的人格和财产利益遭受侵害时，应当能够通过侵权法等法律机制获得救济和抚慰。这也就意味着，现代民法的重心开始从以前"强调对不法行为的制裁"转化为"强调对不幸受害人的救济"。也就是说，从以制裁过错行为为中心转向以对受害人的有效救济为中心。前述高楼抛物案件反映的也就是这样一种发展趋势。

民法本质上是人法，这也应当成为整个民事立法的基本理念。孟德斯鸠有一句名言，也概括了为什么民法要以人文关怀作为它的核心价值理念，他说："在民法慈母般的眼里，每个个人就是整个的国家。"今天，制定民法典就是要弘扬人格平等和人格尊严的价值理念。在我国，民法典本身作为全面反映理性精神的法律形式，编纂民法典的重要意义在于传播平等、自由、人权等价值。民法典对个人权利的全面确认和保护，本身也有利于培养人们的权利意识和平等观念，这也有利于奠定依法治国的社会基础。我国是一个具有五千年光辉灿烂文明史的国家，但同时也是一个有两千多年封建历史且封建主义传统、思想意识根深蒂固的国家。正如邓小平同志所指出的，"旧中国留给我们的，封建专制传统比较大，民主法制传统很少"①。因此，不仅一般民众，而且许多领导干部也深受封建等级特权思想的影响，人们的权利意识和平等观念十

---

① 《邓小平文选》（第 2 卷），人民出版社 1994 年版，第 332 页。

分淡薄,且等级观念、特权观念、长官意识、官本位思想等,都极为盛行。这些观念都是和市场经济格格不入的,对于市场经济的发展也是极为不利的。因而借助民法典的制定,培育和发展公民的权利意识和平等观念,是十分必要的。所以要真正建立法治国家,必须要反对任何形式的封建特权,提倡人格的独立、人格的平等,充分尊重公民的各项人格权,保护民事主体的财产权。中国民法典的制定正是以实现这些目标为宗旨的。通过在民法典中广泛地吸收人类的先进法律文明成果,并结合中国的实践予以制度化,可以消除各种封建特权观念,根除封建的陈规陋习,建立一种具有中国特色的法治文明。

民法的人法属性,也应当成为整个私法的基本要义。现代民法的重要价值理念是人文关怀,要求法律及其治理充分体现以人为本、对人的关爱和保护。"国法无情",只是强调法律的严格实施,但法律的实施并不是冷冰冰的法条的机械适用,而是为了有效化解各类复杂的社会现实冲突和矛盾,为人的生存和发展提供一个和谐有序的社会环境。在司法实践中,法官一方面要有正义之心,严格执行法律。但另一方面,法官也需要有仁爱之心,在理解和适用法律的时候需要强化人文关怀,关爱和保护弱者,理解民间疾苦,关爱弱势群体。在涉及未成年人权益保护时要秉持未成年人利益最大化的原则,在处理家事纠纷时要讲亲情。毕竟,家庭是个人心灵的港湾,家庭是情感交织的领域。家事关系具有很强的伦理性,所以,在处理家事纠纷时也应秉持民法的人文精神。

正是因为民法是人法,所以,法学教育首先是人文素养的培养,这种素养包括了人文精神、人文情怀,包括对学生健全人格的塑造。古人说,"富才厚德,人文化成",实际上也是强调用人文精神引导人、培养人。法学教育首先应当重视人文教育和素质教育,因为法学本质上就是关于人的学问。多年来，我们的法学教育重视知识的传授，却忽略了人文精神的培育。实践中出现的暴力执法、野蛮执法及其他不规范执法等行为与此不无关系。其实，法学首先应该是人文教育，塑造学生健全的人格，开发学生的心智和潜能，养成对人的关爱，培育其人文情怀，将法律思维和人文精神结合起来，这样才能培养出德才兼备、高素质的法律人才。

青年当树人文精神[①]

初冬时节,中国人民大学的校园里,菊花盛开,梅花吐香,为寒冬带来一丝暖意。临近学期末,正是学生考试、答辩、应聘的繁忙时刻。每当看到明德广场上年轻学子们步履匆匆的背影,我都在想,在这所以人文社会科学为主的大学里,接受了4年、6年甚至更长的教育,他们获得的最重要的东西应该是什么?

不久前,几位即将毕业的学生找我谈心,我又讲到了16年前的一则新闻。2000年12月16日,北京市西城区人民法院开庭时,法警把患病在身、戴着手铐、行动不便的女被告人背上位于三楼的法庭。法警脸上流的是汗,被告人脸上沾的是泪。在场旁听的记者和市民也深受感动。对涉嫌犯罪的人给予人文关怀,使严肃的法律有了温度,使庄严的司法更受尊重。

这件事虽然已经过去16年,但我常常借用它来勉励法学院的毕业生,"国法无情"只是强调法律的严格实施,但法律的实施并不是冷冰冰的法条的机械适用,现实中的冲突和矛盾往往具有复杂的背景和社会根源,法律人要想妥当解

[①] 原载《人民日报》2016年12月20日。

决好这些冲突和矛盾，除了要有精深的法学知识和精湛的法律技术，还应当具有关爱大众、关爱弱者、尊重他人、崇尚正义的人文情怀。

真正的法学教育一定是既教专业知识，又呼唤人文精神。古人讲"富才厚德，人文化成"，培养人才，没有人文精神做根基，则难成大材。如果缺少人文关怀，一个人的法律专业知识越好，其社会危害性可能越大，因为他可能会运用所学的法律知识，为谋取一己之私而践踏法律秩序、损害社会公平正义。

我毕生研究民法，在我看来，民法的终极价值就是对人的关怀，民法的最高目标就是服务于人格的尊严和人格的发展。我们国家正在制定民法总则，并进而编纂民法典。在目前的草案中，便处处彰显着人文情怀，如父母对子女有抚养义务，子女对年老体衰的父母有赡养义务，失能老人应纳入监护范围，对残疾人、妇女、消费者等弱势群体给予特别保护……

法安天下，德润人心。从历史来看，中国古代经历了法家严刑峻法和儒家道德教化的比较选择，得出了二者不可偏废的结论。当前，在新的历史条件下，全面依法治国，必须和以德治国相结合，让法治和德治在国家治理中相互补充、相互促进、相得益彰，建立"人道的法治秩序"，让整个社会出入相友、守望相助、和谐有序。

其实，不仅是法学专业要强调人文情怀，一切专业毕业生都要具备人文情怀。如果科学家只懂科技，不懂人文，如何用好科学技术这把双刃剑？如何趋利避害，让科技造福人类而不是危害人类？如果医生只懂医学，不懂人文，如何做到医者仁心，用手术刀去解除病人的痛苦而不是增加病人的痛苦？现实生活中，医生、教师、警察等职业被少数人的行为玷污，进而引起社会对这些职业的质疑，多多少少都与从业者缺乏人文情怀有关。我们现在提倡"工匠精神",其实,"工匠精神"里蕴含着非常丰富的人文情怀。各行各业的从业者,只有心中有大众,胸怀天下人,把尊重人、包容人、关爱人的精神融入自己的职业中,才能使自己所从事的事业有生命力,不断追求卓越,并赢得人们的尊重。

"大学之道,在明明德,在亲民,在止于至善。"一般认为,其中的"亲民"是指日新又新,即应当使自己无时无刻不在行善之途上前进。但我认为,其也包含顺民、爱民、保民之意,用今天的话说,就是关爱大众的人文情怀。现代教育也应秉持"亲民"理念,将"民之所好好之,民之所恶恶之"的人文情怀寓于一切专业领域,让"增进人类的福祉"成为学生毕生追求的使命。

构建中国民法学理论体系

党的十八届四中全会指出,要加强法学基础理论研究,形成完善的中国特色社会主义法学理论体系。就民法学而言,我们要构建具有中国特色的民法学理论体系。民法学理论体系,是在研究民法及其发展规律的过程中,针对民法学中的主要问题,按照一定方法和逻辑顺序所构建的理论体系。民法学理论体系除了服务于法学研究和法学教育之外,还具有促进民法法典化、促进人文社会科学思想理念的更新、促进学术的繁荣和发展等功能。不同国家因其历史传统、经济文化和社会制度的不同,民法学理论体系也不同。中国特色民法学理论体系就是对中国民事立法、民事司法有解释力的理论体系,在内容上以传统民法基本制度为参照,并结合中国的民事立法和司法实践形成自己的理论体系。

众所周知,自清末变法以来,西学东渐,古老的中国法制实现了转型。在这个过程中,我国民法全面借鉴、甚至照搬了大陆法系国家特别是德国的民法,许多民法术语也来自欧陆国家。改革开放以来,随着社会经济实践的发展和法治建设进程的推进,中国民法学研究取得了长足的发展,一方面注重使用抽象的技术性概念,追求制度的逻辑性和体系性,初步形成了具有自身特色的总则、物权、合同等理论体系；另一方面结合大量针对中国现实问题的新近专题研究成果，建构了反映中国国情和服务中国实践的民法学理论体系。与此同时，比较法的研究以及对审判实践经验的总结都取得了很大进步。在此背景下，我们应当努力构建自己的民法学理论体系，回应社会的现实需要，增强我国在国际民法学界的话语权，借以提升我国文化软实力和学术影响力。

人生天地间贵在自立，国家和民族贵在自强。我们的民法，也应当在世界民法之林中有自己的重要地位。作为民法学工作者，我们所做的一切，都应是为着这个目标而努力。没有自己的理论体系，也就没有理论创新和理论发展，就意味着我们的民法学还不能自立，在此情形下，我们还怎么谈走出国门、走向世界呢？没有自己的民法学理论体系，也就无法和别人交流，民法学研究只能在外国学者所设定的理论笼子中跳舞。当然，这并非意味着我们要标新立异、自设概念、自拉自唱、自说自话，对于反映人类社会发展规律和法治文明成果的概念和理念，我们仍然要借鉴、继承和发扬。

没有自己的民法学理论体系，就意味着我们无法有效回应转型时代所面临的新情况、新问题、新挑战。一个改革的时代，正是产生伟大法典的时代，也是产生民法思想的时代，这是因为在改革的时代，社会生活在持续变迁，作为调整社会生活的民事法律规则也应当不断调整和变化。而且各国的基本国情不同，无法简单地复制国外的民法制度。尤其是我们所要建设的社会主义市场经济，是人类历史上从未有过的伟大实践，我们也必然会面临许多新情况、新问题，这些问题的解决无先例可遵循，国外的民事法律制度也不能为我们提供符合我们国情的解决方案，这就要求我们积极构建自己的民法学理论体系，有效回应社会转型时代的各种新问题、新挑战。

中国特色的民法学理论体系应当立足于中国实践，内生于中国文化传统，回应中国社会现实需求，展示民族时代风貌。在世界文化多元化背景下，这样一个中国民法学理论体系也应当是一种具有自身特色、受世人广泛关注、高度评价和普遍尊重的法律文化样态，能够为促进世界民法文化的繁荣与发展作出我们中国人自己的贡献，具体表现在：

第一，本土性。中国特色的民法学应当从中国的实践出发，在结构和内容上应充分回应中国市场经济建设过程中出现的诸种现实问题，其研究对象包括作为市场经济基本规则和市民生活"百科全书"的民法和商法。也就是说，中国民法学理论体系的构建应当以中国问题为中心，应当给予我国民法中的法人制度、土地所有权和使用权制度、农村土地承包经营权改革、国有资产制度等具有中国特色、体现中国问题的领域更多的关注。例如，物权法中有关所有权的体系，不同于传统民法中的所有权体系，而是依照主体的不同将其区分为国家所有权、集体所有权和个人所有权。再如，在公有制基础上实行市场经济，是人类历史上从未有过的伟大实践，物权法理论既要维护公有制，又要依据市场经济的基本规律探索土地等资源进入市场、实现资源优化配置的规律。中国特色的民法学应当具有中国元素，不能盲目地照搬国外的学说和理论体系。

第二，实践性。从立法论的层面来看，中国民法学应当关注中国问题，提出良好的法律解决方案，为立法和司法提供高质量的建议。从解释论的层面来看，中国民法学应当以我国民事法律法规、司法解释为解释对象，通过法律解释方法的妥当运用，搭建法律与现实之间的桥梁，提出能够指导个案裁判的理论建议。总体上，我们的民法学研究应当来源并服务于中国改革开放的伟大实践，对社会生活中产生的现实问题提出创造性的解决方案，以此为民主法治建设作出贡献。有真问题，才可能有真学问。在全面深化改革的时代，社会生活快速变化，作为调整社会生活的民事法律规则也应当不断调整和变化，民法学也应不断研究新情况、解决新问题。民法学要成为一门治国安邦、经世济民、服务社会的学问，就必须以中国的现实问题为依归。

第三，包容性。中国特色的民法学应当具有对世界优秀民法文化的开放和包容态度。构建以研究我国现实问题为重心的民法学理论体系并不等于对异域法律文化的排斥。相反，在全球化背景下，中国民法学体系应当是一个包容世界民法文化精髓的体系，以反映人类社会法律发展的一般规律。对人类法律文明的优秀成果，应像鲁迅先生所说的，"我们要运用脑髓，放出眼光，自己来拿"①。民法学的研究应当有广阔的视野和开阔的胸襟，广泛借鉴两大法系的先进经验，服务于我国民事立法和司法的需要。为此，我们需要高度重视比较法的研究和外国法的研究，高度重视国际上民商法学的发展趋势。当然，比较法不仅仅是对外国制度和学说的肤浅介绍，而是要根据制度和学说形成的历史背景加以准确解读，然后结合中国的立法和学说，并且要对二者进行比较分析。因为"只有在探讨作为具体研究对象的问题的过程中进行特殊的比较考察时，才能称之为真正的比较法"②。如果仅仅谈外国法，而不结合中国实际，那就只是对外国法的介绍，而不是真正的比较法。比较法也不仅仅是比较德国法或者法国法，比较法的视野应当是宽广的，我们不仅要关注大陆法系，而且要关注英美法系；不仅要关注发达国家，而且要

---

① 鲁迅：《且介亭杂文》，印刷工业出版社2001年版，第32页。
② 参见〔德〕茨威格特、克茨：《比较法总论》，潘汉典等译，贵州人民出版社1992年版，第10页。

关注发展中国家。最重要的是要从中国实际出发，外国的制度、理论，都只能是我们借鉴的素材。我们研究理论问题，有必要追根溯源，但是我们的研究绝不能完全从古希腊、古罗马出发，唯罗马法是从，奉德国法为圭臬。比较法的研究与强调本土化并不矛盾，因为离开了本土化的比较法是没有根基的，当然，一味地强调本土性而拒绝借鉴任何域外的先进经验，闭门造车，也是愚昧的、不可取的。

第四，时代性。一方面，中国特色的民法学应当不断地与时俱进，随着我国市场经济的发展而不断发展，并与改革开放相伴而行，不断反映和确认改革开放的成果，为国家的法治改革献言献策。另一方面，民法学也应当反映时代精神、体现时代特征。具体来说，应当不断反映互联网时代、高科技时代、大数据时代的特点，反映经济全球化的发展趋势。例如，网络技术的发展，创造出了多项前所未有的权利类型，人格利益也具有多元性，网络虚拟财产权、个人信息权、信息财产权等都急需在民法中得到确认和保护；电子商务的快速发展使得电子合同的适用范围日益广泛，其订立、确认、履行等规则也需要在深入研究的基础上为立法提供方案。

第五，科学性。民法学是否真正成为一门科学，很大程度上取决于其方法的科学性。过去我们的研究方法比较偏重法律本身的解释，过多依赖逻辑解释方法，这就导致在发现问题和解决问题方面存在某些缺陷。发现问题是解决问题的前提，唯有发现真实存在的问题，才能发展出真正有用的学问。为此，我们应当提倡在未来的民商法学研究中加强实证研究，广泛地运用社会科学研究方法，如鼓励多开展实地调查，致力于揭示法律在社会现实中运行的实际图景和社会效果、社会主体对法律作为行为规范的认知、主体之间利益冲突的社会根源，以及对这些利益冲突和纠纷的解决机制及社会正义的实现途径。我们应当注重方法上的创新，实现方法上的多元化，尤其应当注重借鉴经济学、社会学、哲学、历史学、心理学甚至统计学等其他社会科学的研究方法。

民法学理论体系是开放的、发展的、与时俱进的，它随着社会的发展、历史的演进而不断发展与创新，民法学既从习惯中吸取营养，又从浩如烟海的司法判例中吸收发展的素材。尤其是在全球化时代，必然要求民法规则走向趋同，导致民法学不断整合两大法系新的研究成果和经验，这些都促成了民法学研究的现代化。我国民法学不仅是一门解释民事立法的学科，而且它还要研究民事法律规范的内在规律，总结民事法律规范在适用中的经验，为民事立法提供理论依据，为司法实践提供理论参考，为社会生活提供具体的指引。

此外，我们民法学理论的研究方法也需要不断创新。除比较法等研究方法外，法经济学、法社会学、法教义学、社会调查、数据分析等研究方法，都应当成为我们民法学研究的重要武器，从而进一步增强民法学理论的科学性。互联网信息技术的发展为我们从中国的司法实践中凝聚中国智慧、总结中国经验提供了有效的技术支撑，特别是更加便利我们通过司法大数据的方式对司法裁判文书进行总结、提炼，即通过深度分析司法数据进行深度分析总结，为我们的实证研究提供便利。我们也应当打破民法学研究的"部门法学""饭碗法学"的樊篱，促进交叉学科的研究。通过研究方法的不断创新，进而不断促进民法学理论的创新。

应当重视领域法的研究[①]

近些年来，法学教育和研究中出现了一些新的领域，如体育法、艺术法、航空法、药品法、食品卫生法、网络法等领域。为了将这些领域与传统的民法、刑法等法律相区别，有美国学者将其称为"field of law"，国内翻译为"领域法"，也被称为"行业法"。领域法的研究确实应该引起我们的高度关注。

我在哈佛大学进修访问的时候，曾与法学院的一些教授讨论过领域法的问题，他们认为，领域法是未来法学发展的方向。美国各大法学院都非常重视领域法的研究，并开设了相应的课程，如体育法、艺术法、航空法、药品法、食品卫生法等，并出版了一系列相关的教材。在欧洲，出现了"去法典化"（decodification）现象，其中重要的原因在于，一些特殊领域的特别法大量产生，在一定程度上消解了法典的功能。因而有学者认为，民法典的功能已经被单行法所替代。这一观点虽然没有形成为共识，但领域法的重要性还是得到了越来越多的学者的认同。

领域法的兴起是现代社会发展的必然要求。自罗马法以

[①] 本文为在2016年7月29日教育部法学教育指导委员会会议上的发言。

来，公法、私法的分类就已经定型，但现代社会生活纷繁复杂，许多社会问题不是单纯的某个部门法的问题，而是牵涉到多个相关法律领域，具有一定的综合性。某一领域发生的问题可能同时涉及公法与私法，尤其是某种违法行为，不仅会产生民事责任，而且还会产生行政法、刑法的后果，也需要行政法、刑法的调整，一种违法行为可能需要同时承担民事、行政甚至刑事法律责任。因此，许多社会问题需要多个法律部门的综合调整，而传统的部门法则依据不同的法律部门来调整社会关系，彼此之间缺乏必要的协同和配合。这就促使了领域法的产生。现代社会现象越来越多元化，不再是某个纯粹的部门法现象，而是跨部门、跨学科的问题，很难将其完全归入某个部门法中。例如，环境法不仅涉及环境侵权责任问题，而且涉及环境政策、环境评估、环境管理等其他法律领域的问题，甚至涉及国际环境合作。可见环境法不仅仅涉及民法的问题，而且涉及行政法、刑法、国际法的问题。领域法的发展是现代法律发展的重要现象。从法律的发展趋势来看，一些新兴的法律，如劳动法、环境法、互联网法等法学新兴学科和交叉学科，就属于典型的"领域法"。这些法律领域都是多个部门法综合调整的结果。

领域法的兴起与现代社会科技的发展也有密切的关联。现代科技的发展一日千里、日新月异，深刻改变了人们的生产和生活方式，一些新的生产、生活模式不断涌现，这就需要各个部门法之间的综合调整，这也促进了领域法的兴起。例如，在互联网信息时代，个人信息和隐私的保护尤其重要，大数据技术的发展也对个人信息和隐私保护提出了新的挑战，这就不仅需要在民法上全面确认对隐私的保护，而且需要在公法领域内有效规范公权、防止政府对个人隐私的侵害，此外，还要注重对网络环境下隐私权进行特殊保护，这些问题已经突破了传统民法的范围,必须要借助于公私法的有效配合,才能形成对个人隐私和个人信息的有效保护,这也导致隐私法、个人信息法具有了领域法的特点。再如,人工智能作为一门新兴学科发展迅速,与基因工程、纳米科学并称为"21世纪的三大尖端技术",同时将带来一场新的技术革命。人工智能涉及个人隐私、知识产权保护、侵权责任等一系列问题,同时也涉及公法上如何规范、管理人工智能产业发展等问题,这既不是单纯的民法现象,也不是纯粹的公法现象,因此,人工智能的发展就催生了一门新的学科,即法律信息学。从今后的发展趋势来看,随着现代科学技术的发展,一些新型的社会问题将会不断涌现,与此相应,相关部门法之间以及各个领域法之间的交融与配合程度将会进一步加深。

领域法的兴起也与新业态的发展紧密相关。随着现代科学技术的发展,大量新兴业态不断涌现,这也需要法律的综合调整,而领域法的兴起正是这种社会现实需求的重要反映。与传统法律部门的学科划分不同,领域法主要是以问题为导向的,其基本上是就某一个行业和领域的规范而展开研究。领域法的兴起与经济产业的变动存在密切关联,在一个产业尚未出现或者产业规模较小、交易结构简单的时候,我们就不需要专门制定相关的法律,通过既有的法律调整这一社会现象已经能够满足社会现实需求。但随着新兴产业的出现,相伴随的生产、生活和交易方式都可能发生革命性的变化,这就需要多个法律部门的综合调整。例如,对传统出租车行业而言,主要包括出租车公司、出租车司机和乘客三方当事人,法律关系相对简单,即出租车司机是公司的雇员,主要运输合同关系就是在出租车公司和乘客之间。但在网约车出现之后,不仅有平台企业,而且还有汽车租赁公司、劳务派遣公司等复杂的交易主体以及相应的法律关系,其还可能涉及网络约车产业的监管问题等,这就需要综合运用多个法律部门予以调整，而且各个部门法规则在协同运用的过程中还需要充分考虑新兴领域的技术性特点，以便因地制宜，从而在维护行业中各方当事人特别是消费者利益的同时，促进行业发展。

十八届四中全会指出，要加强重点领域立法。而这里说的重点领域，其实就是指的是领域法中所涉及的一些重要行业。那么领域法的研究重要性究竟在哪里？

一是从立法层面来看，未来的立法不仅要注重对某类法律关系的系统性调整，同时也需要注重对某类社会现象的综合性调整。例如，对互联网、个人信息保护、大数据、人工智能、航空航天领域等许多新兴领域，不一定都要采用法典化的方式，立法也并不一定要追求法典式的概念精密、逻辑完整、体系严密，而应当对一个领域发生的相关现象进行综合调整。综合法律调整机制最大的好处就在于，其可以同时借助各种部门法的方式、手段来调整某个具体的社会问题，这有利于充分发挥法律调整的综合效力，同时通过领域法对综合法律调整作出规定，这不仅有利于民众了解相关法律规定，也有利于相关执法部门的执法。西方国家之所以会出现"去法典化""解法典化"等现象，就是因为在法典之外，一大批法律兴起，导致法典的功能受到影响，这也要求我们更加注重对领域法的研究。领域法学大多是一些特别法，其调整的领域具有特殊性，许多规则可能来源于部门法，对相关事项的调整甚至可以直接适用部门法的规定；但又因调整事项具有特殊性，许多规则便可能具有部门法规则所不具备的特点。例如，就食品安全法而言，在因食品质量问题造成他人损害的情形下，该法可能还设置了一些特有的惩罚性赔偿规则。在领域法的规则与部门法的规则不一致时，如果二者处于同一位阶，则领域法的规则属于特别法，应当优先适用。

二是从执法层面看，执法部门要注意各个领域的自身特点，在执法中注重各种法律责任的相互衔接。如何采取多重责任来解决一个问题，是执法的一大难题，也是领域法应当解决的问题。由于领域法综合运用了多个部门法的法律规则，需要各个部门法方法的协同运用，展示部门法综合调整的结果，因此，它极富有生命力。以网络法为例，有人认为，网络法主要是网络管理法，属于行政法的范畴。我认为，这种理解是片面的，网络环境的治理需要强化对人格权、知识产权的保护，需要充分发挥民法的私法自治原则，实行网络自治，需要借助于合同法律制度调整网络服务提供者与网络用户之间的关系。此外，利用互联网严重侵害他人权利或者危害公共安全的，行为人还可能受到刑法的制裁。所以，互联网领域的执法需要采用综合治理的方法，需要政府监管、行业自治、网络服务提供者的自律等多方面的协力配合，需要借助于政府的管理与受害人提起诉讼、司法保护等的协力配合。单纯借助某一方面的力量，都无法达到良好的治理效果。

三是从法学教育层面看，领域法的兴起给我们的法学教育发展提供了契机。有一些研究领域法的学者，如北大的刘剑文教授等人，一直呼吁要在高校开设相关领域法的课程，我个人深表赞同。现在完全按照部门法分类的教学方法难以有效适应现代法学教育发展的需要，部门法学较多地主张法教义学的研究方法，领域法学则秉持问题中心主义的研究方法。传统的法学部门是对法学领域的纵向切割，根据法律关系的性质差异，把每一个领域的问题加以区分，如区分为基于监管关系的经济法问题、基于行政管理的行政法律关系、基于交易关系的交易法律问题。这既有知识传统的原因，也有认识和研究便利的考虑，便利于我们从不同的角度开展更专业化的认识和调整。但这种教学模式并不是问题导向的，未能反映社会新兴领域的新问题、新现象。我一直主张，高校要发展特色学科、特色专业，注重发挥自己的特色，领域法的兴起则给我们的法学教育提供了新的发展契机。例如，航天航空学校可以研究航空法、财经类学校可以设置金融法课程、医学类学校可以设置医药法课程等，这就可以防止出现"千校一面""千院一面"的现象。

四是从法学研究层面来看，领域法学的兴起拓展了法学研究的领域、丰富了法学研究的方法。领域法学与部门法学虽然有相同的理论前提，但二者的研究思路各有侧重。领域法不能代替部门法研究，领域法以部门法为基础，它基本的知识和理论仍然是来自于部门法。无论如何发展，领域法都无法替代部门法学，其所运用的仍然是部门法学的基本原理和方法，其基本的理论仍然需要从部门法中汲取营养。但领域法学具有部门法学所不具有的一些新的特点。一方面，领域法学注重问题导向，这也会进一步拓宽部门法的研究范围，丰富对问题的认识和解决方案的针对性和实效性。尤其是运用多学科的交叉和协同，解决具体问题的方法，这是部门法学无法替代的。另一方面，相对于部门法学，领域法学的内容和体系更为开放，其划分标准更为灵活。领域法在调整某一新兴社会问题时，注重综合借鉴经济学、社会学、哲学、历史学、心理学甚至统计学等其他社会科学的研究方法，只有通过这样的实证考察，我们才能够摆脱"僵化的法条"束缚，逐渐形成"活跃的法学"文化。从这一意义上说，与部门法对法学领域的纵向切割不同，领域法学是对法学领域的横向切割。此外，部门法学针对的是某一部门调整的法律关系进行探讨的规律，更重视法律的稳定性、体系性与可预测性，注重实现整个法律体系的统一。而领域法主要不是从法律关系出发来研究具体问题，其以解决具体问题为导向，其更加关注现实与规则互构、共融的动态关系,因此,领域法学更强调跳出"纸面上的法",更加注重对特殊领域的动态调整,其变动性较强。

从今后发展趋势来看,尤其是随着新业态的出现,领域法学会不断发展,因而代表了法学发展的新趋势,应当引起学界的高度关注和重视。

法学教育的使命

法学教育的历史源远流长，古罗马时期，五大法学家就通过教育的方式传播其法学理论。世界上最早的大学——意大利博洛尼亚大学最初开设的三门专业之一就包括法学。在我国历史上，据考证，早在战国时期就已经出现了私塾性质的法学教育。但是，直到清末民初，我国才出现了现代意义上的法学教育。1895年，中国第一所新式大学即天津中西学堂设立，开设的科目中就包括法学。一般认为，这是近代中国法学教育的开端。新中国成立以后，我国法学教育虽然有所发展，但也经历了一个曲折的发展过程，改革开放以来，我国的法学教育步入了快速发展的时期，现有法律院系640多所，每年招收上万名法科学生。与此同时，我国的法学学科也日臻齐备，师资队伍不断壮大，法学人才大量涌现，已经成为我国法治建设的重要力量。

然而，在全面推进依法治国战略的背景下，法学教育究竟应当承担什么样的使命，这仍然值得我们思考。我认为，法学教育的使命，从根本上说，就是培养合格的法律人才，其应当同时具备人文素养、专业能力、职业伦理、实践能力等多方面的素质。

一、 法学教育要培养具有人文精神的法律人

当今世界各国法学教育模式可以分为两类：一是以英美为代表的专门培养法律职业的职业教育模式；二是以德国、法国为代表的培养法律专业为主、兼顾法律职业培养的专业教育模式。围绕这两种模式的利弊，也曾经发生过争论，我国究竟应当主要借鉴哪种模式，目前仍未形成共识。我认为，我国的法学教育不一定要专门借鉴哪一种模式，而应当兼容并蓄，综合借鉴两种模式。今天，我们虽然重视职业训练，但也绝对不能忽视素质教育的重要性，在素质教育中，首要的就是人文素养的教育。

法学教育首先是人文素养的培养，真正的法学教育一定是既教专业知识，又培养人文精神。以儒学为代表的中国传统优秀文化就主张以德化万民，以人文化成天下，通过仁、义、礼、智、信等观念的塑造，从而实现个人的全面发展。这种优秀的传统文化对我们今天的法学教育仍然具有重要的指导意义，我们的法学教育也应当重视培养学生的人文精神。这种素质的培养其实就是要塑造法科学生健全的品格，熏陶出健全的人格，注重培育学生的价值取向、世界观。古人说，"富才厚德，人文化成"，就是要用人文精神引导人、培养人。国外高等教育奉行的一个基本理念，就是教导学生要做正确的事、正确地做事（do right things, do things right），这其实就是教导学生要怎么做人的问题。近几年来，实践中出现的一些野蛮执法、野蛮拆迁、暴力执法，一些执法者也是法科毕业，这就说明，在注重法律专业技术性培养的同时，对学生的基本人文素养和人文情怀的培养不够。有的毕业于法学院的法律人甚至贪赃枉法、颠倒黑白、翻手为云覆手为雨，这也说明其价值取向出现了问题，

如果这方面出了问题,背诵记忆多少个法律条文都没有用。

法学教育应当重视学生的人文素养培育,与我们的法学教育模式是密切相关的。其实,美国所实行的职业教育并不是不讲素质教育,学生在进入法学院之前,都需要接受四年的本科教育,这实际上就是在接受素质教育。进入法学院之后,也并非完全没有素质教育。美国法学院开设的职业伦理等许多课程,其实都是在进行素质教育。我国的法学教育与美国不同,学生在进入法学院之前并没有接受大学的素质教育,特别是法科学生在接触法学时,其世界观、人生观尚未确定,需要在大学阶段养成。这就要求我们的法学教育更应当重视学生的素质培养,因此,与美国的法学职业教育相比,我国法学教育的双重使命更为明显。

法学教育应当重视人文素养培育,也是人文素养塑造的特殊性所决定的。应当看到,在互联网时代,学生接受法学知识的途径是多方面的,除了老师在课堂上的讲学之外,学生可以通过互联网这一"第二课堂"的方式学习法学知识,在某些方面,学生所掌握的法学知识可能比老师课堂讲授的内容还要多、还要深入。但素质教育无法通过网络检索等方式完成,而只能通过老师的言传身教逐步培育。"学高为师,德高为范",对法学教育而言,"师"和"范"均处于重要的地位,我们在传授学生法学知识的同时,也应当注重对学生人文素养的培育。

法学教育应当重视人文素养培育,也与法律职业的特点有关。法律职业是要将法律运用到社会生活中,要具体解决各种纠纷和争议,在这个过程中,都需要和人打交道。一方面,从事法律职业者应当有关爱弱者的人文精神,这样才能真正地用好法律,实现法律制度的目的。另一方面,有了这种人文精神,法律人才能洞悉世事、了解人情,判断是非曲直,辨明事实真假,公正解决相关的纠纷。还要看到,"感人心者,莫先乎情",法律人在解决纠纷中要以理服人,以情动人,达到胜败皆服的境界。不具有人文精神,仅从专业上说服人可能还是不够的,还需要从道德、伦理等方面说服人。所以,决定个人职业生涯走多远,素质和能力更为重要,职业伦理和人文精神是第一位的,知识是第二位的。法学家在日常工作中所需要的这些技能,早就被耶林誉为"法律艺术"(juristische kunst)。但要真正具备这样一种技能,必须要通过人文教育塑造学生健全的人格,开发学生的心智和潜能,养成对人的关爱,培育其人文情怀,将法律思维和人文精神结合起来。

我们的法学教育应当重视人文素养培育,也是法学的学科特点所决定的。法学本质上是人学,法学以社会现象为其研究对象,而社会现象本质上是人的活动。离开了人去研究社会,不仅没有意义,而且根本不可能。一切社会问题都可以还原为个人问题。所以,法学教育首先是人文素养的培养,这种素质包括了人文精神、人文情怀以及健全的人格塑造。多年来,我们的法学教育重视知识的传授,但忽略了人文精神的培育。学生从进入法学院开始,接受的主要是职业教育,其实,法学首先应该是人文教育,塑造学生健全的人格,开发学生的心智和潜能,养成对人的关爱,培育其人文情怀,将法律思维和人文精神结合起来。比如说,一个学习民法的人,但如果不懂得人文关怀精神,他是不可能把握民法规则背后的价值理念的;在适用民法规则时,没有这样一种人文关怀精神,其可能只是机械地适用条文,而不能把法律对人的关爱精神体现出来,不能真正起到"法润人心"的作用。

人文教育是一个不断熏陶的过程,是一个春风化雨、润物无声的过程,对一名法学教师而言,培育学生的人文精神比法学专业知识的传授更为复杂,更为艰巨,它需要靠老师的言传身教,也需要靠学生人文素养的积淀。正如明朝吕坤所言，读书人最怕的是学习古代的圣贤之道，而做起事来依然我行我素，"这等读书，虽闭户十年，破卷五车，成甚么用？"① 法学教育同样如此。

二、法学教育要培养具备法律信仰和职业操守的法律人

西汉时期的《淮南子》一书曾对小康社会进行了描述，"百官正而无私，上下调而无尤；法令明而不暗，辅佐公而不阿；田者不侵畔，渔者不争隈；道不拾遗，市不豫贾。"② 这表明，社会要和谐，官员的公正无私应当起到一种表率作用。对今天的法律人而言，同样如此，在建设法治国家的过程中，法律人的公正无私同样关键，因为人民群众能否从每一个具体的个案中体会到行政执法和司法的公正，感受到法律的公平正义，很大程度上取决于法律人的行为。正如培根所言，"一次不公的司法判决比多次不公的其他举动为祸尤烈。不法行为弄脏的是水流，而不公的判决则将水源污染了。"我理解，之所以说"危害尤烈"，是因为知法犯法从根本上损害了人们对法治的期待和对司法的信任，并对司法公信力造成重大危害。因此，法学教育要培养的学生必须具有良好的职业操守、心存正义、公正无私。我们不能要求每个人都成为包青天，但每个法律人都应当具备执法如山、铁面无私的道德操守。

法律职业中的法官、检察官、律师，他们为社会提供的不是一般的服务，而是以自己的工作在维护一个正义的法律制度运行，是将法律所包含的公平和正义体现在每一个具体事件之中，是要维护社会最后一道防线，这道防线维护不了，则社会正义就无法真正实现。因此，他们不

---

① 吕坤：《呻吟语》，中州古籍出版社2008年版，第96—97页。
② 《淮南子·览冥训》。

能是仅仅有法律知识的人，不能是仅有一技之长的人，他们更是有法律信仰、有职业伦理、有良好的心智条件和良好法律理论、心怀公平正义的、人格品质高尚的职业人。一千多年前，中国古代官修典籍《唐六典》就对法律职业家提出了伦理上的要求：一曰明慎以谳疑狱，二曰哀矜以雪冤狱，三曰公平以鞠庶狱。从司法实践来看，一些冤假错案其实本可以避免，但有的司法工作人员贪赃枉法，或无法摆脱人情纠缠，或为了个人的一己之私而罔顾事实、罔顾法律，置公平正义于不顾，以致造成冤假错案。甚至个别品行败坏的司法工作人员利用所学的专业知识，造假案、捏造证据，诬陷他人，这些其实都是缺乏法律信仰和职业操守的表现。这种素质其实比背诵多少个法条更重要。没有这种素质的人，掌握的法律知识愈多，则为害愈烈。所以，我一直认为，法学院应当开设职业伦理课程，我们的思想政治课教育对法学教育重点应该讲授职业伦理和道德。这门课程并不是简单地进行几次讲座，而应当是言传身教，邀请优秀的法官、检察官、律师给学生讲授这门课程，使学生真正感受到什么是法律人的法律信仰和职业操守。总之，培养法科学生信仰法律和实践法治理想是每一个法学教师责无旁贷的任务和使命。

三、 法学教育要培养具有实践能力、能够学以致用的法律人

法学院的学生毕业后无论是做法官、检察官、公务员，还是当律师或从事其他法律工作，所面对的都是鲜活的社会关系，要处理的问题无不涉及经济、政治和文化生活的各个方面，职业的特点决定了法律家要有更扎实的文化素质，更扎实的人文学科知识和社会科学理论，更强的思维能力和表达能力，更宽厚的社会公德和职业道德，更健康的心理状态。如何把课本上的知识转化为判断问题、解决问题的能力呢？20世纪

60年代开始,美国法学教育改革就是以训练学生实践能力为宗旨,强化实践性教学,构建实践型的教育模式。法学教育的形态主要包括两种:一是培养学生法律人的思维方式(think like a lawyer),主要表现为苏格拉底式的法学教育方式。二是在20世纪70年代兴起的诊所教育,其实质在于给学生提供办理真实案件的制度环境,培养学生法律人的行为方式(do/act like a lawyer)。因此,各大院校先后开设了诊所式法律课程、法庭辩论课等课程。

大陆法国家和英美法国家比较,英美法更注重实践能力培养,大陆法更注重理论能力培养。从实践来看,英美国家基本主导了经济全球化过程中的法律服务市场,国际上一流的律师事务所大多是英美的律师开设的,这在一定层面也说明了实践能力培养的重要性。法学本质上是实践科学,知识体系再娴熟,但如果不知道如何运用,则不能真正做到学以致用。如我们谈合同法,如果理论谈得头头是道,但不知道如何帮当事人设计合同,维护其利益,在发生纠纷后,又不知道如何解决纠纷,就没有达到学以致用的目标。我们需要不断创新,尤其是课程体系的创新,在这方面美国的一些经验值得借鉴。美国已经有实践型的教师(practional professor),还设有专门的争点问题(problem solving)、法律写作(legal writing)、法律推理(legal reasoning)课程,我们目前还缺乏这些课程,此外,美国的法学院还十分注重与法院、律师事务所保持紧密的联系,可见其法学教育的模式是以培养法律职业的技能为主要出发点的。

面临这些挑战,我国法学教育总体上存在重知识、轻能力的倾向,存在一定的不适应症。目前我国法学教育,总体上存在"三强三弱",具体表现在法律理论知识教学相对较强,法律应用培训弱;师资的科研能力相对较强,实践教学能力弱;法律解释传授能力强,法律实践经验讲授能力弱。在这样的人才培养机制下,学生对法律基础理论包括外国法知识了解较多,对法律实务了解较少,更缺乏解决法律实际问题的训练,当其从事法律服务工作后,难免要经历一个很长的不适应期。我们要培养的学生不仅要能够像律师那样思考,而且还要有独立的思辨能力、审辨能力、判断能力,对同一事实、争议,能够从不同角度提出解决方案。

法律科学是应用性很强的社会科学,法律人的重要工作就是要面对各类社会矛盾和纠纷,能够处理好这些纠纷,而法律技能应该是法律人必备的专业素质。法律技能包含着极为丰富的内容,要求学生具有逻辑严密、功底扎实的文字表达能力,雄辩的口才和较强的口头表达能力,准确陈述法律事实、寻找甄别法律证据、适用法律的实际应用能力,与他人进行有效沟通的能力,因此准确、精练的表达是法律职业者必须具备的职业技能素质。

四、 法学教育要培养具有国际视野的法律人

随着我国日益深入地参与国际经济贸易,参与国际法律秩序的建设,自然而然地对法律人才的培养提出了新的要求。未来社会,国与国之间的竞争很大程度上体现为法律制度的竞争。而法律人才的竞争也是必然会出现的。我们必须要培养具有国际视野的,能够在东西两个文化的平台上自由行走的专业人才,以回应中国经济全球化角色的法律人才需求。中国作为一个崛起的大国,在国际规则的起草和制定中的话语权依然缺失,例如相关国际组织中缺少中国人的参与,甚至还远远不如韩国等亚洲国家。2015年我作为中国专家应邀赴联合国国际贸易发展会议

(贸发会)就《联合国国际货物销售公约》(CISG)的全球实施效果和改革方案发表看法,在交流中,联合国的官员说,贸发会的法律机构特别希望能够招录来自中国大陆的年轻的法律同行参与到 CISG 的改革活动中去,但经多方了解,符合相关工作要求的中国大陆法律人士十分有限,后来他们只好放弃了。这也说明,培养具有国际视野和国际交往能力的法律人才对于我国参与国际经济交往具有重要意义。

在全球化时代,随着中国经济实力的增长,并日益深入到经济全球化进程中,法律人必然也需要为相应的社会经济活动提供智力支持和制度保障。一个前提性的问题就是,法律人应当了解不同地域的文化。我们国家正在推行"一带一路"倡议,沿线有 60 多个国家,大多是新兴经济体,而我们对这些国家的政治法律制度了解有限,尤其是了解这些国家法律的人才稀缺,这样也给我们"一带一路"倡议的推进带来一定困难。所以当务之急是要加强对国际化视野法律人才的培养,以尽快适应我国的现实需要。

如何培养具有国际视野的法科学生,在这方面,一些高校也探索了一些很好的经验,值得我们交流借鉴。例如,中国人民大学法学院这几年在法学教育国际化进程上,迈出了坚实的一步,也取得了良好的效果,如与哈佛大学法学院开设远程视频课程,聘请外籍教师长期授课,组织学生赴哈佛等学校参加短期或者长期的访学或者留学项目,派遣学生到联合国组织、欧洲人权法院等机构实习,邀请国际著名的法学家定期讲授课程等等。这些方法都有助于培养学生的国际视野。我相信,再过若干年,我们能够派出更多的学生去国际机构,参与和融入相应的国际机构中,增强中国在国际规则制定中的话语权。这方面的目标与其他法学教育等目标不同,不容易在短期内见到效果,需要各方共同努力,制订长远规划、逐步实施。

　　当今世界国与国之间的竞争，很大程度上是法治的竞争，而法治的竞争很大程度上体现为法律人才的竞争。我们作为法律教育职业者，深感职责既重大又光荣。建设法治中国，完善国家治理体系的宏伟目标，也对法律人才提出了新的要求，法学教育本身也需要不断创新和改革，以适应新的挑战。正如哈佛大学法学院院长米诺教授在 2014 年国际律师联合会年会上所言：预见未来的最好方式，就是创造未来。实现法治的中国梦，需要法学教育家、法科学生亲手去创造。

法学教材的功能

法学教育是高等教育的重要组成部分，是建设社会主义法治国家、构建社会主义和谐社会的重要基础，并居于先导性的战略地位。在我国社会转型的新阶段，法学教育不仅要为建设高素质的法律职业共同体服务，而且要面向全社会培养大批治理国家、管理社会、发展经济的高层次法律人才。近年来，法学教育取得了长足的进步，法科学生数量增长很快，教育质量稳步提高，培养层次日渐完善，目前已经形成了涵盖本科生、第二学士学位生、法学硕士研究生、法律硕士研究生、法学博士研究生的完整的法学人才培养体系，接受法科教育已经成为莘莘学子的优先选择之一。随着中国法治事业的迅速发展，我们有理由相信，中国法学教育的事业大有可为，中国法学教育的前途一片光明。

教育的基本功能在于育人，在于塑造德才兼备的高素质人才。法学教育的宗旨并非培养只会机械适用法律的"工匠"，而是承载着培养追求正义、知法懂法、忠于法律、廉洁自律的法律人的任务。要完成法学教育的使命，首先必须认真抓好教材建设。教材是教育教学的基本依据，是解决培养什么人、怎么培养人这一根本问题的重要载体。我始终认为，教材是实现教育功能的重要工具和媒介，法学教材不仅仅是法学知识传承的载体，而且是规范教学内容、提高教学质量的关键，对法学教育的发展有着不可估量的作用。

第一，法学教材具有传承法学知识的功能。知识要代代相传，思想和文化要不断地传承，就是要以教材为载体，实现思想和知识的传承。互联网使我们进入了知识爆炸的时代，大数据也为我们收集、分析信息数据提供了工具。但实际上，我们从互联网上所获取的知识都是碎片化的，无法实现知识的体系性传承，要真正学到体系化的知识，只能从教材中获取。所以，无论科技如何发展，技术如何进步，任何信息传播手段都替代不了教材在知识传承、传播中作用。法学教材能够体系性地总结既有的学术共识，避免其他传播手段知识传播碎片化的不利后果，实现法学知识的体系性传承。

第二，法学教材是传授法学基本知识的工具。初学法律，既要有好的老师，又要有好的教材。正如冯友兰先生所言："学哲学的目的，是使人作为人能够成为人，而不是成为某种人。其他的学习（不是学哲学）是使人能够成为某种人，即有一定职业的人。"一套好的教材，能够高屋建瓴地展示法律的体系，能够准确简明地阐释法律的逻辑，能够深入浅出地叙述法律的精要，能够生动贴切地表达深奥的法理。所以，法学教材是学生学习法律的向导，是学生步入法律殿堂的阶梯。如果在入门之初教材就有偏颇之处，就可能误人子弟，学生日后还要花费大量时间与精力来修正已经形成的错误观念。

第三，法学教材是法治文化传播的载体。教材普法是最为重要的一种普法方式，好的教材本身就是法治文化的载体。教材也是传播法律价值理念的载体。"法律乃公平正义之术"，好的法学教材不仅要传授法学知识，更要传播法律的精神和法治的理念，例如对公平、正义的追求，尊重权利的观念。本科生、研究生阶段的青年学子，正处在人生观、价值观形成的阶段，一套优秀的法学教材，对于他们价值观的塑造和健全人格的培养具有重要意义。

第四，法学教材具有构建法学体系的功能。它担负着构建中国特色社会主义法学体系的任务。我们要形成中国特色社会主义的法学理论体系，首先要形成自身独特的话语体系。例如，在公有制基础上实行市场经济，是人类历史上从未有过的实践，因此，在此基础上形成物权法中的建设用地使用权、土地承包经营权等概念，这就是我们自身的话语。通过形成我们自身的话语体系，来构建中国特色社会主义的法学理论体系。为此，教材的内容必须要以中国特色社会主义法治理论为指导，反映我国的国情和改革开放的伟大实践，并对现实问题提出创造性的解决方案。

第五，法学教材具有知识和理论创新的功能。法学教材应当立足于中国的现实，勇于创新，不断适应我国经济社会发展和法治建设进程发展的需要，在内容上不断更新，在质量上要持续提升，而不能在外国学者所构建的理论笼子中跳舞。法学教材在内容上应当立足我国的基本国情，注重解决我国的现实问题，这就需要法学教材在既有的理论基础上，勇于创新，解决我国的实际问题。法学教材也要注意引导学生增强法治意识、创新精神和实践能力，从而提升学生的整体研究实力和学术视野。

第六，法学教材具有促进法律职业共同体形成的功能。亚里士多德说过，法律执业者处于法治的核心地带。没有这个群体对于法律的效忠，法治是很难运作的。[①] 法律人在认识法律现象和运用法律规则过程

---

① Brian Z. Tamanaha, *On the Rule of Law*, Cambridge University Press, 2004, p.59.

中所采用的手段和行为方式,是一种以认识论为基础的可以反复为法律人所操作的技巧。"正是这种专门的知识体系和独特的思维方法,使得法律职业共同体成为一个自治的共同体,一个分享共同的知识、信念和意义的想象共同体。"① 作为法学的基础,法学方法是每一个法律人入门的必修功课,其熟练掌握有助于培养法律人共同的学术思维和话语,排除法律人间的对话和交流的障碍,避免出现自我封闭、各说各话的现象。② 法学教材是形成职业共同体的主要条件。建设社会主义法治国家,有赖于法律职业共同体的生成。一套好的法学教材,向法律研习者传授共同的知识,这对于培养一个接受共同的价值理念、共同的法律思维、共同的话语体系的法律职业共同体,具有重要的作用。

　　法学教材是所有法律研习者的良师益友。它要以学生为根本,以学术为基础,培养学生的独立思考和实践能力。一个好的教师或可弥补教材的欠缺和不足,但对那些没有老师指导的自学者而言,教材就是老师,其重要作用是显而易见的。

　　应当看到,在我们的评价体系中,教材并没有获得应有的重视,对学术成果的形式优先考虑的往往是专著而非教材。在不少人的观念中,教材与创新、与学术精品甚至与学术无缘。其实,要真正写出一部好的教材,其难度之大、工作之艰辛、影响之深远,绝不亚于一部优秀的专著,它甚至可以成为在几百年甚至更长的时间内发挥作用的传世之作。以查士丁尼的《法学阶梯》为例,所谓法学阶梯,即法学入门之义,就是一部教材。但它概括了罗马法的精髓,千百年来,一直是人们研习罗马法最基本的著作。日本著名学者我妻荣说过,大学教授有两大任务:

---

① 强世功:《法律职业共同体宣言》,载《中外法学》2001年第3期。
② 王轶:《民法原理与民法学方法》,法律出版社2009年版,第5页以下。

一是写出自己熟悉的专业及学术领域的讲义乃至教科书;二是选择自己最有兴趣、最看重的题目,集中精力进行终生的研究。实际上,这两者是相辅相成的。写出一部好教材,必须要对相关领域形成一个完整的知识体系,还要能以深入浅出的语言将问题讲清楚、讲明白。没有编写教材的基本功,实际上也很难写出优秀的专著。当然,也只有对每一个专题都有一定研究,才能形成对这个学术领域的完整把握。

虽然近几年来我国法学教育发展迅速,成绩显著,但是法学教育也面临许多挑战。各个学校的师资队伍和教学质量参差不齐,这就更需要推出更多的结构严谨、内容全面、角度各有侧重、能够适应不同需求的法学教材,为提高法学教学和人才培养质量、保障法学教育健康发展提供前提条件。

中国特色哲学社会科学繁荣之路①

习近平总书记在哲学社会科学工作座谈会上的重要讲话，高瞻远瞩，内涵丰富，思想深刻，为我们指明了一条繁荣中国特色哲学社会科学的道路。

哲学社会科学是人类认识世界、改造世界的重要工具，是推动历史发展和社会进步的重要力量。繁荣中国哲学社会科学，首先要坚持马克思主义的指导，这是当代中国哲学社会科学区别于其他哲学社会科学的根本标志。按照习近平总书记的讲话，加快构建中国特色哲学社会科学，要处理好如下关系：

一是本土性与国际性的关系。这就是要立足中国、借鉴国外。一方面，中国特色哲学社会科学，应当从中国实践出发，以研究中国现实问题为中心。立足于建设中国特色社会主义的伟大实践，解决和回应现实中存在和提出的问题。实践提出的问题，是学术创新和理论发展的源泉。学术创新和理论创新都应努力寻求解决问题的办法，使哲学社会科学要真正成为治国安邦、经世济民的学问。另一方面，中国特色哲学社会科学必须要借鉴吸收人类创造的文明成果，不能闭

---

① 原载《学习时报》2016年6月12日。

门造车，盲目排斥异域文化。尤其是在全球化背景下，我们应当采取拿来主义态度，通过借鉴先进文化和文明成果，丰富我们自身的学科体系、学术体系。但是，借鉴并不是照搬照抄，也不是亦步亦趋。

二是历史与当代的关系。这就是要挖掘历史，把握当代。中国特色哲学社会科学必须具有中国的底色，要植根在中国传统文化的基础上，善于从中华优秀的传统文化资源中寻求营养，获取资源。我们要放眼未来，就不能忘记根本。只有从博大精深的中国传统文化中，才能吸收到丰硕的学术营养，并构建我们具有自身特质的学科体系、学术体系与话语体系。同时，中国哲学社会科学要有时代性，要与时俱进。社会在不断发展，理论也要随着不断创新，不断丰富和发展。尤其是我国正处于空前广泛深刻的社会变革时期，理论研究更要总结实践的经验成果，并根据实践检验理论，有独创性的成果都必须从时代出发，发出时代之声。

三是关怀人类与面向未来的关系。所谓关怀人类，就是要有人文精神，要有对普罗大众的关爱精神。古人云："观乎人文，以化成天下"。而人文化成，就是要以人文精神引导人们向好的方向发展。当今人文社会学科划分越来越细，但各门学科具有相同点，即都要以人为本，关注人的命运和人的自由发展。在全球化时代，中国已经和世界融为一体，同一个地球，同一份天地，哲学社会科学也要关注人类发展和人类前途，既要为中国谋，也要为世界谋、为天下谋，不仅要有家国情怀，还要有未来关切。我们的学术必须展望未来。我们的学术研究要具有前瞻性，必须要把握社会发展的趋势，了解人类社会发展的规律，才能够立时代之潮流，通古今之变化，发时代之新声。

中国特色社会主义是前无古人的伟大实践，这就必将给我们理论创造、学术繁荣提供强大动力和广阔空间。哲学社会科学的发展水平是一个国家综合国力的重要体现,也是其软实力的体现。我们必须坚持双百方针,鼓励大胆探索,开展充分说理的学术争鸣。在习近平总书记重要讲话的推动和引领下,我们必将迎来一个哲学社会科学蓬勃发展的新时期。

法治具有目的性

第六编
人生感悟

仰望那遥远的星空[①]

仰望那遥远的星空——浩瀚、美丽、璀璨，像是悬浮在茫茫苍穹中的星海，又似散布在湛蓝天幕上一颗颗耀眼的明珠，让人痴迷！

那遥远的星空仿佛有一种神秘的力量，不断激发人类发现和探索宇宙神奇的欲望。哲学家仰望这片星空，思索人类过去和未来的哲理；科学家仰望这片星空，发现宇宙无尽的奥秘；文学家仰望这片星空，书写来自天外的故事；地理学家仰望星空，从日月星辰的运转中探索地质变化的真谛；占卜者也仰望星空，他们或许是试图从星座中窥探人生的秘密。其实，宇宙远比我们想象的要神秘复杂得多，许多宇宙现象也许是我们连做梦都无法想象的。也许因为如此，它才如此充满魅力，吸引着无数探求科学真理者去思考、去求索……

灿烂星空还是每一个晴朗夜晚的最美风景，无论何时何地，只要抬头仰望，都会被那星空的璀璨吸引，让人无限神往。我小时候也总爱仰望浩瀚的星空，尤其是在故乡的明月夜。记忆中故乡的月亮像一块弯弯的、晶莹剔透的白玉，镶

[①] 原载《学习时报》2016 年 12 月 5 日。

嵌在漫无边际的夜空，皎洁的月光与群星交相辉映，繁星点点，若隐若现，似乎在向我们传达某种"天机"。偶尔有颗流星划破天空，亮极一时，随后又湮没在浩渺的星辰大海。北斗七星的有序排列，组成了明亮的、美丽的图案。古人相信天人感应，据《晋书·天文志》记载，"七政星明，其国昌，辅星明，则臣强。"可见，古人善于从星空的变化中推断人世间发生的大事。

小时候在盛夏的夜晚，我很爱听老人们讲牛郎织女、王母娘娘等各种神话传说。说书人说，天上的每一颗星星都是地上的人的化身，天上有多少星星，地上就有多少人。每当流星坠落，就可能是人间一位将星陨落。听到这些，小时的我总会仰望那高远的星空，心想天上的星星是不是也像人一样个个不同，是不是也会吵嘴、打架啊，人们所向往的天堂在哪里？是不是就坐落在这闪闪发光的群星中？……我一直保持着儿时对浩瀚星空的这种憧憬，即便在成年后，偶尔也会仰望星空，陷入沉思和遐想之中。

仰望星空，顿感星际之浩渺，宇宙之无穷。仰望星空，深感人类的渺小、生命的短暂和珍贵，人的生命就像是流星一样，一闪而过，在这个世界上仿佛不曾留下痕迹。记得在我的导师佟柔教授生病期间，有一次深夜，我陪伴他在医院散步，那一天，满天星斗熠熠生辉，一轮明月照如白昼，恩师望着星空，沉思良久，缓缓对我说："你看看满天的群星，多么壮观！再看看我们人类，是多么渺小啊！"恩师已离开我们很多年了，但这句话仍在我耳边萦绕。星空无垠，人的心胸也当如此开阔辽远。当我们仰望头上的那片星空时，其实也并非真的是头顶上的那片星空，而是闪耀在内心的一片星空，心纳星空，有容乃大。在天地之间，人世烦恼与纷争则更仿若云烟，雨下得再大也会晴朗起来。人世间无穷尽的烦恼、喧嚣似乎都可以置于脑后。纳于天地之间，那些生活中的细小尘埃则再也不能遮蔽人的眼睛，轻轻地拂去那些尘埃，可以让人看得更清晰、更高远、更博大。想一想，人的一生确实就像那稍纵即逝的流星，但一个人一生只要能做一些有益于社会和人民的事情，即便其事迹并不轰轰烈烈，也会像那闪耀一刻的彗星，在那恒久绚烂的星空中显得弥足珍贵。古往今来，那些仁人志士、先贤哲人，有如天上的繁星，永远闪耀，点缀着浩瀚的人间星空。正是因为人生之短暂才觉其珍贵，确如先贤所说，"我愿生如闪电之耀亮，我愿死如彗星之迅忽"。

仰望星空，顿感一种博大、深远、莫测的自然力量，让人感到敬畏与震撼。仰望星空，"塞乎天地之间，尽是浩然"。是什么力量使亿万星星运行如此井然？是何种力量使日月星辰排列如此有序？康德曾在《实践理性批判》中说："两样东西，人们越是经常持久对之凝神思索，它们就越是使内心充满常新而日增的惊奇和敬畏：我头上的星空和我心中的道德律。"后来李泽厚在《浮生论学》中引用了这段话，并将其重新翻译为"位我上者，灿烂星空；道德律令，在我心中"。这句话读起来颇有韵味，朗朗上口。康德将人的内心的道德律令与头上的星空等同，星空于人是崇高的，道德律令则可以是人最崇高的精神准则，也可以是人最基本的行为约束。人心中的道德律对于人而言，也如星空一般令人敬畏。古人倡导天人合一、德配天地，也倡导慎独，"俯仰无愧于天地"，人在做天在看，实际上就体现了对苍天和道德律的敬畏。这种敬畏要求我们进行严格的道德自律，于幽隐细微处严格要求自己，"不欺暗室，不愧屋漏"。如果没有这样的敬畏感，那人就将无所畏惧，无所不为，终至形同禽兽。

仰望星空，激发我们无限的遐想和幻想。有幻想才能有梦想，有梦想才能创奇迹。梦有多远，心有多高，人生的舞台就有多大，人生的翅膀就能飞得更远。古往今来，人类许多的神话传说都源于仰望星空时的幻想。我国古代将星座称为"星官"，三国时期吴国太史令陈卓统一了全天星官，编成了具有283个星官、1464颗恒星的星表，史称"陈卓定纪"，成为后人观察星象的基础，可惜原图早已失散，未能流传至今。在欧洲，从"地心说"到"日心说""万有引力"等等学说的发展，展示了人类认识世界、探索宇宙、探求理性和规律的不懈努力的过程，这一过程也见证了我们对人类赖以生存的这颗蓝色星球和无边宇宙的探索，而这都源于我们时时刻刻的思考和创新精神——仰望星空的精神。人类一直在不懈地探索着宇宙，慢慢地揭开宇宙神秘的面纱。嫦娥奔月的美丽传说激发了我国一代代的航天人不断探索，"神十一"飞天、"东风21导弹"发射，一个个今日中国的航天故事，述说着"敢向蟾宫折桂枝"的传奇。曾经未知的月球也将很快留下我们的脚印，曾经空旷辽远的太空也将有我们的空间站，有着超级"天眼"之称的500米口径球面射电望远镜已经开始接收来自宇宙深处的电磁波。也许不久的将来，人类大规模移民火星的梦想也将逐渐变成现实，人类探测到外星人的行踪，甚至与外星人交流，也可能不再是神话和幻想。我们虽只是这宇宙沧海中的一粟，但人类的探索精神是永不停歇的，人类的智慧也是无穷的。宇宙之大，规律无穷，但是人类在不懈前行，不懈地仰望、注视和追寻那遥远的星空，并一步步揭开宇宙和自然的奥秘。我们仰望星空，不仅需要一颗好奇的心，也要怀着一颗热情的心去探索和发现星空的未知与奥秘。一个民族也好，一个国家也罢，都要有一些关注天空、探索星空的人，他们是时代的领路人，他们用自己的奇思妙想去给这个世界创造希望，开怀容纳这广阔天地。

仰望星空，激发人们产生高远的理想。我仰望星空时，常常幻想，茫茫宇宙本来是漆黑一片，是星星月亮驱散了黑暗；在暮暮夜色中，是北斗星帮助人们明辨方向；而在黎明前的黑暗时刻，启明星则给孤独的人以希望和梦想。没有理想，人生就会处处感到迷茫，生命也将失去前进的方向。天地有正气，人当志存高远。只有怀揣远大的理想，我们才能走得更远，飞得更高。满天的繁星把希望的光辉撒向人间，把大地变成奇妙的世界。有人说，"我们的征途是星辰大海"。如果它的意思是指，我们要征服宇宙，探索未知，我们要远航大海，走向深蓝，这无疑会为我们树立远大的理想。古希腊文化的开启者苏格拉底、柏拉图等人，遥望星空，冥想大海，从无限深邃的星空与海洋的联系中提出了深奥的哲学思想，把人类引向智慧的殿堂。今天，我们说走向星辰大海，这不是一种臆想，而要从脚下的路一步步走向太空和远洋，更不能指望一飞冲天、一蹴而就。有了事业的追求，我们才能规划人生，充满放飞理想的激情和成就事业的渴望。但放飞理想不等于空想，而必须脚踏实地，一步一个脚印地迈向理想的目标。无论是现在还是过去，不管是作为反面的教导还是正面的鞭策，仰望星空总是自然而然地和"脚踏实地"联系起来的。如果路在脚下，那么就要脚踏实地地走好每一步，这正仿佛人类探索宇宙的历程，每一步踏踏实实地积累，才能逐步推开神秘的、浩瀚的宇宙的大门。

仰望星空，给人以振奋的力量。古人仰望星空，时常心生自怜和感伤。李太白曾发出了"人生得意须尽欢，莫使金樽空对月"的感慨；杜牧只看到了"天阶夜色凉如水，卧看牵牛织女星"的悲凉；而苏东坡在看到江月美景时，更多感叹的是人生苦短："寄蜉蝣于天地，渺沧海之一粟。哀吾生之须臾，羡长江之无穷。挟飞仙以遨游，抱明月而长终……"我们在欣赏星空之美时，虽然也会感受到星空之大和生命之微，但绝不能仅仅停留于此，像古人那样只郁于个人得失、情感宣泄，而应当更多地想到如何珍惜光阴，担当责任、活得充实，力求在有限的光阴里创造生命的奇迹。物之美没有时间长短，没有小大之限，人之乐也没有小大之分。我们所伫立的这片星空浩渺无垠，但每一个有理想、有追求的人，都能够找到属于自己的那片光亮闪耀。每当我遥望星空时，虽也会自觉个体之渺小，但无形中总会被一种来自宇宙的博大深远的力量感染、吸引。仰望星空，是美的欣赏，而非须臾之叹。仰望星空，在感受星空璀璨之美、壮观之美的同时，更应有"可上九天揽月"的豪情。正如苏子所言："盖将自其变者而观之，则天地曾不能以一瞬；自其不变者而观之，则物与我皆无尽也，而又何羡乎！"

美若星空，壮若星空！仰望星空是那么美妙的体验，现在生活在都市，高楼林立之下，岁月倥偬之中，虽然常常看不到儿时盛夏夜晚的星空，但每当在闲暇时尤其是在故乡见到美丽的星空，我仍会像儿时那样为之兴奋、为之产生无限的遐想，并从浩瀚的星空中找寻到继续前行的力量。

弘扬坚忍不拔的民族品格[1]

崔永元拍摄的《我的抗战》是一部真实的历史纪录片，这部片子通过采访幸存的老兵，讲述了卢沟桥事变的爆发、四行仓库八百壮士、翻越野人山、东北抗日联军在白山黑水间的抗战故事、延安大生产运动等，生动地再现了抗战历史。看了《我的抗战》，再看纪录片《一寸山河一寸血》，愈发让我沉浸于震人心魄、感天动地的抗日英烈事迹，久久不能自已。

回顾这段抗战历史，就是在读一部壮烈的史诗，其中让人难忘的是难以尽述的抗战英雄，是可歌可泣的英勇故事，是气壮山河的战事传奇。

历史不会忘记1937年7月7日，正是在这一天，日军拉开了全面侵华的序幕。当时的日本拥有强大的工业实力和军事实力，而中国贫瘠落后，两相对比，当时的中国似乎不堪一击。日本人叫嚣着"三个月灭亡中国"，日本陆军大臣杉山元更是口出狂言："一个月内解决中国事变。"欧美强国也普遍对中国抗战持悲观态度，认为中国必亡，很快就会沦为日本殖民地。

---

[1] 本文写于中国人民抗日战争暨世界反法西斯战争胜利70周年纪念日。

然而，日本和欧美强国都低估了中华民族坚忍不拔的品格，低估了中华民族不畏强盗的勇敢血性，低估了中华民族保家卫国的决心和斗志。中国军队向来犯日寇打响反击的第一枪，实际上是打响了世界反法西斯战争的第一枪。从1931年"九一八"事变到1945年日本法西斯战败投降，经过14年的浴血奋战，面对强敌，地不分南北、人不分老幼，全民族形成空前的团结，万众一心，最终迎来抗日战争的伟大胜利。那些曾经不可一世的日本法西斯，那些曾经在中国土地上凶残无比的侵略者，最终在中国军民面前缴械投降。中国抗战既捍卫了中国领土的完整，使中华民族摆脱了被奴役的命运，同时也使中国成为世界反法西斯战争的主战场之一，牵制了强大的日军，有力地支持了世界反法西斯战争的胜利。

中国抗战的胜利，是民族精神的胜利。这种精神在抗日战争时期得到伟大的升华，成为中华民族抗战的重要指导思想和精神支柱。毛泽东的《论持久战》就充分彰显了这种坚忍不拔的民族精神。在整个抗战过程中，全体国民从军阀割据混战时期的一盘散沙，转变为坚定抗战的万众一心、众志成城。在民族大义面前，全体中华儿女展现出精诚团结、百折不挠、舍家为国的坚定信念。

抗战是一部悲壮的、惨烈的史诗。面对强悍而凶残的日本侵略者，我们付出了惨重的代价，承受了巨大的损失。抗战14年，中国军人伤亡共380余万人。每一次战役都是血雨腥风，都是白骨累累。中国军人靠着自己的血肉之躯，抵挡外敌入侵；靠着步枪大刀，抵御飞机大炮。

在回放的历史镜头中，我们清晰地看见中国军人一次次踏过尸堆插起不屈的旗帜，一次次用自己的血肉铸成了抵御外敌的钢铁长城。持续三个月的惊心动魄的淞沪会战，全中国上下凝聚成一个共识，就是为了抵抗日本的侵略，中国"纵使战到一兵一枪，亦绝不终止抗战"。在回放的历史镜头中，我们清晰地看到平型关大捷、中条山之战、长沙会战、百团大战等战役，无不是在演绎着"一寸山河一寸血"的壮烈场景。我们还清晰地记得远征军翻越野人山、狼牙山五壮士宁死不屈、血战台儿庄时中国军人以血肉之躯抵御敌军坦克大炮的惊天地、泣鬼神的英雄事迹。他们都已经并将永远载入史册。

抗战是一部以弱胜强的史诗。《一寸山河一寸血》对抗战爆发前的中日军力进行了对比：当时，中国陆军220万人，日本448万人；中国海军舰艇吨位6万多，最好的舰艇也次于日本的重巡洋舰，日本海军为190万吨，包括航空母舰4艘、战列舰9艘、重巡洋舰12艘，实力仅次于英美；中国空军作战飞机仅有305架，且因缺乏零件等原因，实际可用的只有223架，日本空军（分属于陆军和海军）作战飞机则有2700架。另有史料表明，1937年，中国的军事工厂只能生产步兵轻武器和小口径的火炮，大口径火炮、坦克、汽车等均不能生产。可以说，我军基本上是以劣势的陆军装备，来抵抗敌军海陆空联合作战的优势。

在军力如此悬殊的情况下，中国军人仍然敢于和强悍的敌人拼刺刀，就像《亮剑》中所说的，血溅七步，不是你死，就是我亡。究其根本，全在于中华民族在强敌面前坚忍不拔的精神。正如我们所见，在东北，抗联战士虽然被大雪围困、饥寒交迫，但毫不屈服、坚持抗战。抗联总司令杨靖宇牺牲后，日本法西斯解剖了他的尸体，胃里只有草根和棉絮，他不屈的气概震撼了所有在场的日本人。日军头目岸谷隆一郎战败自杀时曾在遗嘱里说，中国拥有像杨靖宇这样的铁血军人，一定不会亡。在延安，虽然封锁重重，条件异常艰苦，但共产党人实行大生产运动，自己动手，生产自救。这些都是坚忍不拔精神的真实写照。

抗战是一部团结抗敌的史诗。近代的日本自明治维新之后，国力强盛，而晚清的中国积弱深重、虚弱无比，此后的民国因军阀割据混战，更是给外界留下中华民族一盘散沙的印象。沙俄、日本屡次侵犯我国国土边疆，且频频得手，与我国国力衰弱，且内政混乱有直接关系。但是自抗战爆发之后，在民族大义面前，全体中华儿女精诚团结、万众一心、众志成城，各党派、各民族、各阶级、各阶层、各团体同仇敌忾，共赴国难。无论是正面战场还是敌后战场，都给予入侵者沉重的打击。在抗日根据地，日本侵略者实施残酷的"三光"政策，犯下了人神共愤的罪孽，但根据地军民团结奋战，实行地雷战、地道战，发动人民战争，坚壁清野，形成了全民抗战的伟大力量。可以说，人民战争在抗战中显示出了无穷无尽、不可战胜的力量。

抗战是一部民族精神得到升华与彰显的史诗。抗战初期，正面战场节节败退，我们承受了一次又一次的失败。但是，中国人民并未绝望，而是一次又一次从失败中站起，奋勇与入侵者搏杀，在血雨腥风中插上我们的旗帜，直到迎来最后的胜利。英国牛津大学教授瑞纳·米特（Rana Mitter）在其2014年出版的著作《被遗忘的盟友》一书的序言中指出："中国的抗战是在毫无胜算之下，坚忍不拔、不顾一切、奋战到底的英勇故事。证明外国记者和外交官一再唱衰中国，认为中国必将灭亡的预言完全错了。"我认为，这一观点概括了中国抗日战争的基本特点，同时也高度凝练了中华民族在抗战中所体现的坚忍不拔的精神。的确，抗战14年，全体国民从军阀割据混战时期的一盘散沙，到坚定抗战的万众一心，实现了精神上的升华。正是在坚忍不拔的民族精神引领下，中华民族才能以弱胜强。

概括而言，中华民族之所以取得抗战的胜利，主要靠的不是工业实力,也不是军事实力,在很大程度上是依靠全民团结的斗志,是依靠坚忍不拔的精神。从此意义上,可以说,中国抗战的胜利就是中华民族坚忍不拔精神的胜利!

坚忍不拔的民族精神,是几千年来英雄的中华儿女在奋斗历程中形成的,是中华民族虽历经外族入侵、历经磨难而承续不断、绵延至今的原因所在。在五千多年的历史发展中,中华民族形成了以爱国主义为核心的团结统一、爱好和平、勤劳勇敢、自强不息的伟大民族精神。这种民族精神,包括了诸如"天行健,君子以自强不息""富贵不能淫,贫贱不能移,威武不能屈""天下兴亡,匹夫有责"等民族优良传统,这些都是古往今来千千万万中国人奋发向上、百折不挠的精神支柱,是中华民族生生不息、薪火相传、不断发展壮大的精神动力。正是依靠这种民族精神,几千年来,中华民族始终保持着强大的生命力、创造力和凝聚力,创造了灿烂的中华文明。

坚忍不拔的民族精神,是一种永不放弃、永不言败、永不屈服的精神,是一种不断超越、勇攀高峰、不断进取的精神,是一种能够历经磨难、浴火重生的精神,是一种勇往直前、在困难和挫折面前毫不悲观、毫不气馁的精神,是一种志存高远、不贪图享受、不安于小成、为远大的理想和目标执著追求的精神。这正是我们民族最为宝贵的精神和魂魄,是永远值得弘扬的民族品格!这种精神是中华民族精神的脊梁,是我们国家和民族屹立于世界民族之林的精神动力!

坚忍不拔的民族精神,是实现中华民族伟大复兴目标的重要保障。一个民族没有振奋的精神和高尚的品格,不可能立于世界民族之林。在今天,我们已经安然度过了近七十年的和平时期,战争似乎已经远去。但是,抗战中所形成和彰显的坚忍不拔的民族精神,直到今天仍然闪耀着光芒,这种精神永不过时。正是依靠这种民族精神,中国人民战胜了各种艰难险阻,取得了改革开放和现代化建设的辉煌成就。

当前,我们仍然处于发展中国家的阶段,在科技加速发展、互联网带来日新月异变化的时代,中华民族要想尽快实现国富民强、长治久安的梦想,就必须继续弘扬坚忍不拔的民族精神,埋头苦干、奋发图强,在科技、经济、文化、政治等各个领域发展创新,增强国家的综合国力和核心竞争力,这样才能在当代世界的竞争中立于不败之地。要看到,随着改革开放三十余年的发展,我国的国力极大增强,现在已经成为世界第二大经济体,人民富裕起来,社会上也开始弥漫着享受的气氛,有的年轻人开始依赖家庭背景和比拼父辈的财富。应该说,这种现象与坚忍不拔的民族精神是背道而驰的,是不利于青年一代奋斗成长成才的。在当前时期,我们一定要牢记,无论国家有多强大、人民有多富裕,坚忍不拔的民族精神永远都是我们的法宝和财富,永远不能放弃。

中华民族的抗日战争,在历史的长河中留下了汹涌澎湃的浪花,永远在我们胸中激荡,永远在我们心中传颂。而铭记这段历史,不光要缅怀英雄先烈,更要继续弘扬坚忍不拔的民族精神。我们要让这种精神发扬光大、世代相传!

淡泊以明志

"淡泊以明志"这句话最早出自西汉时期刘安的《淮南子·主术训》:"是故非澹薄无以明德,非宁静无以致远,非宽大无以兼覆。"但一般认为,它出自三国时期诸葛亮在《诫子书》中所说的两句话——"非淡泊无以明志,非宁静无以致远"。两句至理名言,千古流传。

所谓"淡泊",即看淡名利,不受物欲诱惑,淡然处世;所谓明志,即具有远大的理想、坚定的抱负。淡泊以明志这句话把淡泊与明志结合起来,其本意在于,只有淡泊各种名利,过一种简朴的生活,才能树立高远的理想,真正明确自己的坚定的信念。美国学者梭罗曾经指出,"一个人只要满足了基本生活所需,不再戚戚于声名,不再汲汲于富贵,便可以更从容、更充实地享受人生。"这也表达出了淡泊与明志的本意。

淡泊二字,看起来非常容易,但在处处充满竞争、物欲横流的现代社会,生活就像一个万花筒,五颜六色,充斥着各种诱惑。要真正做到淡泊并不是一件很容易的事情。古往今来,不乏文人墨客贤达之士以"隐士"自居,或隐于山中,或隐于闹市,甚至不知秦汉,无论魏晋,虽也可能独善其身,获得生活的宁静,但却把"明志"二字埋藏于故纸堆中，既不能兼济天下，更谈不上理想抱负。也有一些志向高远之人，胸有鸿鹄之志，但却缺少了一份淡泊，纵情于声色犬马，沉溺于人生快感，"不矜细行，终累大德"，终究一事无成。媒体经常披露的一些落马高官便是这类人的真实写照。这些人不可谓没有志向，也可以说曾经非常"明志"，但没有真正理解和践行"淡泊"二字，最终造成了人生的败局。

今天，我们再来看"淡泊以明志"这句话，其实际上蕴含了深刻的人生哲理，是一种具有博大精深的"出世"与"入世"的人生辩证法，是一种充满智慧的指引和信条。当下繁华世界，人不能失去方向、随波逐流，失去目标和方向的人生是没有意义的，因此，"明志"是人生充满意义的前提，是人为什么而努力、为什么而奋斗的不竭动力，也是人之所以要"入世"所追求的目的。我们在前进的路上，要积极入世，实现人生的价值，但要正确处理"入世"与"出世"的关系，时刻保持头脑的清醒，不能忘记初心，忘记我们的理想和信念，更不能沉溺于各种诱惑之中，迷失自我，最终把自己的人生推向深渊。这应该就是"淡泊"二字真正的精神，在一定程度上也可说是出世的表现。成大事者一定是拥有强大的内心把控力和自制力，心静如水，胸襟开阔，物我两忘。只有淡泊各种诱惑，才能真正坚守自己的理想、信念，并为之不断努力。

我认为，淡泊以明志中"淡泊"应当包含以下几个方面的含义：

一是淡泊名利。《史记·货殖列传》有云："天下熙熙，皆为利来；天下攘攘，皆为利往。"在我国古代，高官厚爵往往和名利联系在一起，人们努力的目标和动力似乎都是为了谋求名利。乾隆下江南的一个小故事也反映了这种观点。乾隆皇帝当年在金山寺登高，看到江中有许多船只，便随口问纪晓岚："江中共有多少只船？"纪晓岚答道："臣只见两条船，一条为名，一条为利。"这也反映了人们的一种普遍观念，即人生的所有努力都是为了获得名和利。应当承认，适度的追求名利是必要的，毕竟人类对物质财富与精神财富的追求是社会发展的动力，但若极度地追求名利，甚至不择手段，则极有可能丧失自我，沦为名利的奴隶。不少身居高位者沦为阶下囚，正是因为攫取名利近乎疯狂。白居易说："利是身灾。"他曾经在研究老子之后，写了一首名为《老子》的七律诗，在诗中，他说道，"吉凶祸福有来由，但要深知不要忧；只见火光烧润屋，不闻风浪覆虚舟。名为公器无多取，利是身灾合少求；虽异匏瓜难不食，大都食足早宜休。"意思就是说，如果人仅仅以追逐名利为目的，可能会带来人生的灾祸。

二是淡泊物欲。孟子说，养心莫善于寡欲，人无私欲，才能明理通达。要真正做到"贫穷而志广，富贵而体恭"。"淡泊"强调要追求一种简朴、朴素的生活，而不是一味追求奢华和享受。从古至今，仁人志士所倡导的也是这样一种生活，即君子日食三餐，夜宿一隅，静以修身，俭以养德。荀子说，"君子役物，小人役于物"，就是要警惕物欲的腐蚀。老子就曾说"恬淡为上，胜而不美"，他强调"致虚极"，就是说做人做事要素位而行，安守本分。后世一直推崇这种"心神恬适"的意境，只有生活简单，才能减少欲望，减少奢侈。北宋司马光曾留下了"平生衣取蔽寒，食取充腹"的名言，他一生就是以此严格要求自己的。有人曾经说过，"人活到极致，一定是素与简"，"内心越是丰盈，生活越是素简"，其中映照的正是简朴的生活方式，充满了淡泊的道理。

三是淡泊诱惑。《黄帝内经》中有一句至理名言："恬淡虚无，真气从之。"老子在《道德经》第十九章中提出，"见素抱朴，少私寡欲",其意思就是要保持平凡,坚持朴实,减少私念,克制欲望。"古来圣贤多朴实",这里所说的朴实不仅仅是追求生活的朴素,而且追求心灵的恬淡,能够抵御外界的各种诱惑。只有保持心境的淡泊,才能志存高远,只有淡泊,才能不被万物所牵挂,才能在物欲横流的社会中保持心灵的安静和对自己志向的坚守。从已被打的"老虎""苍蝇"来看,追求物欲,放纵自己,是其落水下马的重要原因。我与一些日本法官交谈时,他们曾对我夸耀说,日本自1868年明治维新以来,还没有一个法官因贪腐被捕入狱。但明治维新后很长时间,日本的法官待遇并不高,为什么能够保持廉洁呢?这与他们具有良好的职业道德、能够抵御各种诱惑有关。

四是淡然处世。淡泊名利绝不是像老子所说的那样与世无争、不敢为天下先,不能因为淡泊名利而放弃拼搏和奋斗,不能因为恬淡无为而看破红尘、毫无作为,而要始终保持对名利的淡泊之心,树立对生活的上进之意,该奋斗的奋斗,该拼搏的拼搏,只不过不是为了虚名、贪欲而争斗。人应当让自己的生命充实,泰然处世。遇到困难和挫折时,淡然面对,上不怨天,下不怨人,反求诸己,多从自己身上找原因。取得成就时也不沾沾自喜,而是超然物外,不因功成名就、富贵荣华而自累其心。走上坡路时不可"春风得意马蹄疾",走下坡路时也不可怨天尤人、自甘颓废。

古往今来,凡有大志向之人,都是淡泊明志之人。诸葛亮就是淡泊明志的典范,他虽有经天纬地之才,可安天下之智,心系苍生之情,但却甘为布衣,躬耕南阳。陶渊明有了"采菊东篱下,悠然见南山"、拒绝官场诱惑的淡泊,才能开创"种豆南山下,草盛豆苗稀""不言春作苦,常恐负所怀"的田园诗派。范仲淹在《岳阳楼记》中说:"不以物喜,不以己悲。居庙堂之高,则忧其民;处江湖之远,则忧其君。是进亦忧,退亦忧。然则何时而乐耶?其必先天下之忧而忧,后天下之乐而乐欤!"范仲淹实际上是淡泊明志的榜样,他一生沿海筑堤、执教兴学、击败西夏、戍边西北、巩固边防,为治国安邦作出了重大的贡献,但始终淡泊名利,这实际上是对淡泊明志最好的写照。现代社会,这样的例子也不胜枚举,只有"我姓钱,但我不爱钱"的淡泊,钱学森才有了"两弹一星"功勋奖章获得者和唯一的"国家杰出贡献科学家"称号的实至名归。只有"心如巨石,风吹不动"的淡泊明志精神,莫言才能获得诺贝尔文学奖。如此等等,都无一例外证明只有淡泊明志的人,才能取得巨大成功。相反,不能坚守淡泊的人,一般很难成功,即使成功,也只是昙花一现。

淡泊以明志对我们法律人也有重要的启示。淡泊以明志或许是我们应该坚守的生活态度。法官作为纠纷的裁判者,最为接近名利场,也最容易为名利所累,因此,法官本身不应当追求奢华的生活方式,而应以清廉、简朴为美德。按照科特威尔的看法,法官这种职业往往"被看作是超脱狭隘的自身利益的一切考虑的"。[1] 法官应当在社会交往中保持一定程度的"孤独性"。美国学者约翰·小努南曾比较了普通法国家历史上几位最伟大的法官,即布莱克顿、科克、培根、马歇尔、霍姆斯、卡多佐、布兰代斯等,他发现这些人都具有一个共同特点,即他们不仅以公正无私而著称,而且以简朴的生活方式而著称。[2] 据此,小努南认为,法官应当追求简朴的生活方式。我认为,法官应有经济保障、良好

---

[1] 〔英〕科特威尔:《法律社会学导论》(第二版),彭小龙译,中国政法大学出版社2015年版,第262页。

[2] 〔美〕约翰·小努南:《法官的教育、才智和品质》,吴玉章译,载《法学译丛》1989年第2期。

的待遇，但更要加强自身的修养，始终公正廉洁，而不追求奢华、贪欲和各种物质享受，否则极易被金钱和物质所引诱，导致"惊堂木"被"孔方兄"所侵蚀。时下，一些法官最终走向被告人的事例时有发生，这也反映了法官淡泊名利的重要性。

淡泊是一种淡然的生活态度，蕴含了丰富的生活哲理。淡泊并不是碌碌无为的代名词，不是逃避社会的借口，更不是说要放弃志向、明哲保身。淡泊以明志，意味着淡泊名利和物欲、抵御各种诱惑，唯有淡泊才能养心静心，心襟开阔，心胸博大，装得进家国天下，真正做对国家、对民族有用的人。

君子慎独

目前我国的反腐风暴越刮越烈，落马高官层出不穷。我仔细阅读了一些落马官员的忏悔录和悔过书，其中谈论最多、感慨最多的就是无隙不钻的诱惑。正是由于难以抵挡诱惑，这些官员最终被诱惑俘虏，成为阶下囚。

"立名于一世，失之仅顷刻。"每每读到这些落马高官的事例，我都会从内心产生这样的感慨。对于高官落马的事例，我们不能只当成故事来看，作为法律人，我们还要反思产生这些"老虎""苍蝇"的原因，并考虑如何根除其产生的根基。

从历史上看，贪污腐败问题在我国历朝历代都没有很好的解决，只不过某一清明时期，腐败问题可能会得到部分遏制，在政治昏暗时期，腐败问题就更为猖獗。有的西方学者甚至认为，贪腐甚至成了中国的一种文化，这种说法有些极端，但贪腐确实是中国历史上长期存在的一种现象，不管是法家还是儒家，都没有从制度层面解决好这一问题，也就是没有找到贪腐得以发生的体制机制原因。这样一来，无论如何从严治贪防腐，都不能从根子上解决问题，比如，朱元璋曾经采取了极为残酷的酷刑，将贪官剥皮示众，但腐败行为并没有真正收敛。

回头再看现实，我想，"老虎""苍蝇"之所以产生，应与现实中存在的体制机制问题有关。客观地讲，官员权力过分集中，权力没有被关进制度笼子中，以至于官商勾结，官商不分，极易导致腐败的产生。再从整个社会层面来看，收入分配机制不到位，再加上制约和监督机制不到位，导致一些官员看到别人一夜暴富，或贪腐致富，因此心态失衡，认为我为什么不能够捞几个？这正如邓小平同志讲过的，制度不好，好人都会变成坏人。因此，要从根本上杜绝贪腐，就必须健全法治，发扬民主，健全选人用人机制，尤其是建立权力制衡机制；还要保证国家公务员，尤其是身居高位的人能够有很好的经济保障，能够过上体面的生活。一旦贪腐被发现，经济上也要付出沉重的代价。

除了体制机制问题，贪腐的现象也与人的贪腐之心有关，也即这些"老虎""苍蝇"缺少自律观念。"人为财死，鸟为食亡"，反映了国人对钱财的追求，而"老虎""苍蝇"无限扩大了对钱财的追求，典型反映了哲学家罗素（Bertrand Russell）在《中国问题》（The Problem of China）一书中讲到的中国人性格首要缺点，即"贪"。如果一个人贪念过强，自律不足，制度再好，也不足以防止他铤而走险，故而，要完全扼杀贪腐，必须注重官员的自律。

在自律方面，我认为，最重要的是应该养成儒学倡导的"慎独"观念。"慎独"是儒家学说的经典理念，也是儒学中修身养性的重要内容，它最先见于《礼记·中庸》："道也者不可须臾离也，可离非道也。是故君子戒慎乎其所不睹，恐惧乎其所不闻。莫见乎隐，莫显乎微，故君子慎其独也。"何谓"慎独"？从字面上理解，就是指要谨慎独处，但其实慎独的含义并不限于此，它更多的是强调个人一以贯之的自律和修身，强调要靠自我约束、自我要求而实现自律，从而即使独自居处，也能防微杜渐，严于律己，谨慎行为，无恶于身。按照刘少奇同志的解释，"慎独"就是"一个人独自工作时，也不干坏事。""慎独"表现为一种自觉的行为，是个人内心的一种追求，而不是靠外界的强迫，它是一种终身的修为，贯穿于人生的始终。慎独还表现为要从小事着手，"不可须臾离"。在细微处严格要求自己，正如程蒙端所言："幽隐细微，必慎其几，是曰慎独"（《性理字训·学力》）。

　　为何要"慎独"？无它，"慎独"首先是修身之本，是儒家"入德之方"，是坚持自我修身的标准。按照梁漱溟的看法，儒学是"唯在启发各人的自觉而已"，"孔门之学就是要此心常在常明，以至愈来愈明的那种学问功夫。"[①] 儒学倡导自省，"人内以自省，宜有惩于心，外以观其事，宜有验于国"（董仲舒《春秋繁露》）。君子只有坚持慎独，"由仁义行"，不断修炼，才能够实现孟子所说的"人人皆可尧舜"。后世学者曾将"慎独"作为孔孟修身的精要，明末刘宗周说，"自昔孔孟相传心法，一则曰'慎独'，再则曰'慎独'"（《人谱类记》）。明朝吕坤曾言，"不在独中慎起，此是洗面功夫"。中国历史上一些践行慎独者，成为千古流传的佳话，其对自己严格反躬自省也成为人们行为的榜样。比如，曾国藩在去世前，总结自己一生的处世经验，写了著名的"日课四条"，即：慎独、主敬、求仁、习劳。在这四条中，慎独是根本。

　　慎独是始终如一地严格自律的品质。在"幽隐细微"处严格要求自己，甚至像出家人修行那样终日修身。慎独要求三省吾身，时刻反省。见贤思齐，见不贤而自省。要求隐恶扬善，勿以恶小而为之，勿以善小而不为。要求在个人独处时，要始终保持自己内心的警觉和反省。要求

---

① 参见《梁漱溟全集》（第7卷），山东人民出版社1993年版，第334页。

远离低级趣味,保持一种高尚的境界和情操。"屋漏之地,可服鬼神"(《呻吟语》)。要求做人做事都要讲规矩,手握戒尺,心有规则,行有规范,决不能不拘小节。要求与人为善,和而不流,始终保持个人的气节,"仰不愧于天,俯不怍于人"(《孟子·尽心上》)。要求不讲求功利,以提高自身的修为为根本目标。要求"惧善念之停息也,惧私欲之乘间也,惧自欺之萌蘖也,惧一事苟而其徐皆苟也,惧闲居忽而大庭亦忽也"(《呻吟语》)。要求从小事做起,尽小者大,积微者著。当今社会,物欲横流,诱惑无处不在,正如一些官员在自己忏悔录中所表达的,他们之所以落马,很重要的原因就是在这些诱惑面前,放弃了严格要求自己,关键时刻未能把持住自己。换言之,正是因为在理想、信念丧失的情况下,又没有西方人的上帝监督观念,如果不能做到"慎独",自己监督自己,道德的滑坡是必然的。

慎独要求个人要做到表里如一,在人生的舞台上始终以真面目显示,不能人前一个样,人后一个样,要做到"不欺暗室,不愧屋漏",俯仰无愧天地,正如明末著名思想家李二曲所说,坚持"慎独",不能"以为鬼神不我觉也。岂知莫见乎隐,莫显乎微"。这就是说,纸是包不住火的,没有什么东西比隐晦的东西更容易显现,没有什么东西比隐藏的东西更容易暴露,而"慎独"就是要求,无论是在人前还是在人后,个人都要始终追求善行,修身养性,严于律己。在这方面,东汉"杨震四知"的故事广为人知。这故事说的是他赴任荆州刺史,途中经过昌邑,他曾举荐的王密时任昌邑令,夜间带了十斤金来赠送。杨震问:"故人知君,君不知故人,何也?"意思是我了解你,你并不了解我,这是干什么?王密说:"暮夜无知者。"杨震说:"天知,地知,我知,你知,何谓无知?"并说,"自古以来,君子慎独。"不能以无人知道而做违背良心的事情,一席话说得王密羞愧难当,赶忙起来谢罪,收起金子走了。杨震巧妙地拒绝了王密的重金,也表现出他君子慎独的操守。历史上的清官都可能发生过杨震的故事,这种气节应当真正来自于杨震所说的"慎独"观念。现代社会,有的人戴着面具生活,人前严格要求自己,人后纵情声色,贪恋享受,声色场所,花天酒地,沉迷于肉体上的快感。还有的身边有几个情人、小三,要实现和维持这些奢华的欲望,需要大量的金钱,仅仅靠官员的正当收入,显然无法支付这庞大的开支,因此,就有了收受贿赂、疯狂敛财的行径,这已经成了基本的规律。

慎独要求有一种敬畏之心。这种敬畏是对规矩的敬畏,是对天理的敬畏,是对内心道德要求的敬畏,所谓"俯仰无愧天地""不畏人知畏己知"。有了敬畏心,才能真正严格要求自己,做到《中庸》所要求的:"戒慎乎其所不睹,恐惧乎其所不闻。"看看一些贪腐的落马高官,就知道他们无底线思维,无畏惧心理,理想、信念丧失,满脑子都是人生在世、及时行乐的思想。还有一些人认为自己大权在手,身居高位,任何人也奈何不得,心中没有任何顾忌,没有什么红线不敢碰。可以说,一旦失去对法律、对规矩的敬畏之心,就很容易违法乱规。故而,必须要有敬畏法律、敬畏常规之心,只有这样,才有自律的动力。

慎独也是一种人生的目标。慎独不仅为人们提供了修身的方法,而且为人们提供了修身的目标。短短两个字,为每个人树立了努力的方向。"慎独"就是一种终生的修行,是不断的自我救赎,是人性每日的反省,是灵魂的不断净化。此种修身贯穿人生始终,从无知,到懵懂、迷茫,乃至心智成熟、看淡名利,养心静气,积极入世而又不为名利所累。慎独并不是对肉体的压抑,而应当是精神的修炼,对贪欲的克制,对情感、欲念的控制。慎独难,关键在于它没有外在的、有形的约束,甚至是在没有人知道而对自己提出严格要求。古往今来,真正能做到慎独的人,其实并不多,这需要有坚强的意志、始终如一的毅力。但在今天提倡慎独、践行慎独,修身养性、意义非凡。

守拙是一种美德

"守拙"曾经是我们祖先所崇尚的一种美德,老子主张:"大道若屈,大巧若拙,大辩若讷。"古人认为,"大愚者,智之其反也。外智而内愚,实愚也;外愚而内智,大智也。外智者,工于计巧,惯于矫饰,常好张扬,事事计较,精明干练,吃不得半点亏。内智者,外为糊涂"。善于守拙者,"故能成器长",才有肩鸿任钜的力量。

但在汉语中,"拙"常具有贬义的含义,古时,一些失意的文人常自嘲为"拙者",以示看淡功名利禄。现代社会里,人们普遍忌讳这个"拙"字,总是把"拙"跟"笨拙""不灵光""笨头笨脑"等含义联系在一起,如果有人被说成"拙者",一定大为光火。现实中总有一种思想是唯恐自身吃亏受损,处事希望取巧,带着些自以为是的小聪明。比如,生活中贪小便宜锱铢必较,分毫不让;在路上开车要处处抢道、抢灯,抢不上便认为吃亏;处事中总想走捷径,不愿踏实做事;学术上不肯沉下心积累,总想一蹴而就。"守拙"在某种程度上被现代人所遗忘。面对虚浮、取巧的社会风气,我们恰恰需要重提这种在中国古已有之的美德——"守拙"。

一个"拙"字蕴含了非常多的做人做事的道理,真正能把这个字理解透彻，又能够做到实处的人并不多。曾国藩应该算得上一个"守拙"的典范，他不仅对"守拙"的精神理解得透彻，而且身体力行，始终把这个"拙"字贯穿在他的管理、军事等思想中，也因此曾国藩被后世称为"立言、立功、立德"三不朽的典范。

我曾经拜读曾国藩的数本著作，感觉到他是"儒生济世"的代表，深感钦佩。尤其是，曾国藩一生推崇"守拙"，并把其作为自己的处事准则。他的书房里挂有一个条幅，就是"守拙"二字。他说，"取巧只是小聪明，只会得利于一时；拙诚才是大智慧，方可奠基于长远"，这正是以至拙应对天下至巧。曾国藩在镇压太平军的军事行动中采取"守拙"的策略，稳扎稳打，从不冒进。剿灭太平天国后，曾国藩攻陷南京城立下盖世之功，当时湘军已经是势如破竹，天下唾手可得，曾有人建议他挥师北上"黄袍加身"，但他审时度势，依旧选择忠心耿耿地做清朝的大忠臣，主动解散湘军，对慈禧太后俯首称臣，他做的一切体现着一种浓厚的"守拙"精神，最终保住了个人的名节和家族的平安。

当然在今天，我们并不是一味提倡曾国藩的"守拙"方式，毕竟他人在官场身不由己，有时候难免入戏太深，要演给皇帝和满朝文武大臣们看，所以他很多做事的方式、方法值得商榷。但作为"守拙"的典范，贯穿曾国藩一生的这种"守拙"精神，仍然值得我们深思。

在今天，为什么说守拙是一种值得提倡的美德呢？

首先，守拙是要守住自己的底色，守住一种质朴之心。这是一种返璞归真的情怀，与中庸之道相比，守拙更强调恰如其分，注重的是一种自然本色，让生命回归到最舒适的状态，做好本分的事情，在人生舞台上扮演好自己的角色。拙和朴是经常联系在一起的，"抱朴守拙"出自《菜根谭》。"抱朴"一词，源出《老子》的"见素抱朴，少私寡欲"，意思是保守本真、怀抱纯朴、减少物欲。对于一个涉世尚浅的人来说，他沾染不良的习惯也较少，江湖气息影响不多；一个人的世事阅历一旦加深，那城府也随着加深，难免会受不良习气的影响。然而君子处事守拙不取巧，在浊世中依旧保持着纯真朴实的本性，这也就是人们常说的"出淤泥而不染"。

其次，守拙意味着为人、做事要忠诚、踏实，所谓"天道忌贰"正是此意。孟子说，"诚者天之道也，思诚者人之道也"（《孟子·离娄上》）。中国优秀传统文化历来提倡诚，做事要诚，为人要忠，这是我们优良的传统品德。齐国晏婴曾经任三朝宰相，辅佐三任国君，而且都很受器重和信任，有别人问晏婴"何以如此？"晏婴说，"一心可以事三君，三心不可以事一君。"这就是一种忠诚，守拙就是要守住这个"诚"字。但也应当看到，古人的思想中也有机会主义的成分，如"良禽择木而栖""良臣择主而事""人挪死，树挪活""活人不被尿憋死"等，也对现代人的观念有一定影响。现实中有人这山望着那山高，眼高手低，反复跳槽，这也很难做成大事，甚至很难成事。所以，提倡守拙，就是要提倡忠诚、本分、踏实的品德。

再次，守拙是一种低调行事的处世方式。大智若愚。周文王"三分天下有其二，以服事殷"，孔子将其赞为"至德"。周文王手握重兵，仍能不挑战火，归从殷朝，这与他低调内敛的为人处世方式密不可分。"守拙"之道反对一味高调、哗众取宠或者为满足个人欲望而恣意妄为。"鹰立如睡，虎行似病"，以强示弱，才华不逞。但不高调不等于不进取，守拙并非过于谦虚，其主张的也是一种进取之道，只是不张扬、不浮夸，不冒进，脚踏实地，臻至成功。传说孔子爱水，不少书中都记载"孔子遇水必观"，因为水能包容万物，随器赋形，这是一种以弱胜强、以柔克刚的处世之道，弃刚守柔，以退为进。善于守拙就意味着以谦为心，不出风头，不工于心计、工于技巧，应当避免投机取巧、四面出击、招惹是非。守拙不是刻意隐藏，更不是笑里藏刀、阴阳两面，见人说人话，见鬼说鬼话，而是一种藏而不露的智慧。宝玉在璞不掩其光，宝剑入鞘不减其锋。守拙就是一种不高调张扬、不剑拔弩张、不咄咄逼人的品行，这其实是一种大智慧。

最后，守拙就是要提倡惟精唯一的扎实的工作态度。诸葛亮说，"学贵精诚专一，则万事可成"。做人做事都要做到精诚专一，"宁可拙朴，不玩技巧"，不应当把自己的聪明用在取巧、算计上，如果总想走捷径，而不脚踏实地，将很难取得成功。今天我们所说的"工匠精神"，其实也体现这种扎实守拙的精神。"唯大拙能破大巧"，它其实就是主张一步一个脚印，不求一夜成名，不投机取巧，不追求捷径，踏实地迈向目标。中国人的聪明是世人公认的，然而就科技创新领域而言，成就大事业的却屈指可数，究其原因恐怕就是缺少了一种精诚专一的守拙精神。有人聪明没有用对地方，过于工于心计，精于算计，斤斤计较，只进不出，不占便宜就是吃亏；有人遇事总是想投机取巧，心浮气躁，好高骛远，"宁为鸡头，不为凤尾"，最后聪明反被聪明误。明朝吕坤在《呻吟语》一书中认为，能够保持天性的人都不是智巧的人，"才智巧，则其天漓矣"，一旦攻于智巧，那么人心就容易离开天性，因此，人先天的善良之心就会被改变。只有愚者的善良不会被改变，所以若想了解本真之道要向愚者请教，寻求没有二心的忠臣也要在愚者中挑选。对于这些保持质朴之心的人，虽以"愚者"之名称之，但他们何尝没有智慧呢？愚者的智慧就是勤奋专一的智慧，这里所说的"愚者"，就是那些善于守拙的人。

"守拙"二字对于当下社会喧哗浮躁的风气来说无异于一剂良药。守拙意味着要保持质朴之心、谦逊之心。守拙也不意味着凡事不争，随波逐流，无所作为，而是强调不忘初心、用心专一、精益求精、埋头做事、踏实前行。提倡守拙，就是要培养踏实做事的精神，并把这种精神贯穿到自己的人生当中，事不取巧，认真做好每一件事。"守拙"于自身是成就一番未来事业的必需条件，于社会则是一种不可舍弃的传统美德。

天行健人自强

"天行健,君子以自强不息",这句广为人知的话出自《周易》。据考证,这句话是孔子在解释《易经》时所说的①,他在研究《周易》时,强调"观其德义",崇尚天人合一,当他看到天上的日月星辰健行不已,不知疲倦,就认为苍天可以作为君子自我完善的榜样,君子应该效法苍天,自强不息。

《周易》所谓的"天行健",是利用《乾》卦的符号特征对天的刚健品格所做的概括。② 唐代著名学者孔颖达在《周易正义》(卷一)中解释"天行健"时,指出"天有纯刚,故有健用……偏说天者,万物壮健,皆有衰息,惟天运动日过一度,盖运转混没,未曾休息,故言天行健。"这表明天地的运行转动永远是健在地前进,绝不停歇,也表明天地养育了万物,哺育人类,潮起潮落,生生不息,周而复始。由此可知,古人察觉到天地在运转,且有不断运动的规律,所谓"天道左转,地道右旋"(《易经·说卦》),"天不言而四时行,地不语而百物生"(李白《上安州裴长史

---

① 详情请参见杨庆中:《周易经传研究》,商务印书馆2005年版。
② 参见杨庆中:《周易与人生》,中国人民大学出版社2010年版,第15页。

书》)。这意味着,天地运行转动,生机勃勃,刚健有力,属于古人心中的天地之道。

古代先哲,从老子到孔子,都倡导要效法天道,以天地之道而行为,如老子就说:"人法天。"《周易》更强调"崇效天,卑法地"。《易经》中说:"观乎天文,以察时变,观乎人文,以化成天下。"这种效法天道的理念也体现了一定的人文精神,"君子以自强不息"就是这种人文精神的重要体现。对"君子以自强不息",有各种不同的解读,但我认为"君子以自强不息"可细化为以下几层意思:

一曰自立。自立本意是指依靠自己的能力取得成功。《礼记·儒行》指出,"力行以待取,其自立有如此者。"人活在天地间,贵在自立,自立意味着应当通过自己的努力,实现自己的远大理想和抱负,意味着要靠自己的勤奋努力工作成就一番事业。古人讲"勤苦自立",其实就是这个意思。自立还意味着,人应当不忘初心,坚守自己的理想、信念,不为外力所动,尤其是在面对困难和挫折时,个人应当具备"富贵不能淫,贫贱不能移,威武不能屈"(《孟子·滕文公下》)的坚韧品质,应当具有"自强不息""不坠青云之志"的拼搏精神。同时,个人也应当注意细行,注重自己的品德修养。正如古人所说,"观古今文人,类不护细行,鲜能以名节自立"(曹丕:《与吴质书》)。

二曰自强。张岱年先生在《中国文化的基本精神》中指出,"自强即是努力向上,积极进取。"他认为,要做到刚健自强,就必须要有独立意志、独立人格,以及为坚持原则可以牺牲个人生命的思想。杨庆中教授也认为,自强就是自我肯定、自我勉励、积极向上和矢志不渝。其实,无论怎样的解读,都强调个人应当像天地运转一样,不断努力。孔子的一生就是自强不息的榜样,他曾经遭遇不少磨难,但都能以坦荡的心胸去面对，一生求道，矢志不渝，从不气馁，"朝闻道，夕死可矣"，"道不行，乘桴浮于海"。要像"天行健"一样，君子处世应当刚健有为，刚毅坚卓，发愤图强，永不停息。正所谓"知者不惑，仁者不忧，勇者不惧"。其实，人生的路上会不断遇到各种失败和挫折，应当始终保持"不以物喜、不以己悲"的心态，只有勇于面对失败，胜故可喜，败亦欣然，并敢于从跌打中爬起来，坚持不懈，才能够实现自己的人生理想和目标。

三曰勤勉。效法天道，就要勤勉努力。所谓"天道酬勤"，就是说上天总是会给那些勤劳付出的人回报的，这也就是常说的"一分耕耘，一分收获"。《周易》有云："君子终日乾乾，夕惕若厉，无咎。"这就是说，君子应当终日不休，自强不息，戒惧警省，常思己过，才能够免除灾祸，而不会有咎害。但是相反，如果迷恋贪溺，不思进取，就难以取得进步，甚至会有灾祸。古人说："民生在勤，勤则不匮"（《左传·宣公十二年》），勤劳是中华民族的传统美德，五千年来，尤其是近代以来，中华民族经历了无数的坎坷与磨难，但我们的民族依然能够生生不息，充满活力，这与我们勤勉、自强、吃苦耐劳、实干苦干的民族品性密不可分。《易经》上说，"君子进德修业，忠信，所以进德也。"正所谓业精于勤，而荒于嬉，"勤以修身，俭以养德"，"庶几夙夜，以永终誉"（《诗经》）。中国几千年传诵着"头悬梁、锥刺股""凿壁偷光""闻鸡起舞"的故事，其实都是在传诵着勤奋、勤劳的故事，勤奋是成功的唯一路径。我们要不懈努力，最大限度地完善充实自己，勤勉劳动，踏实工作，只有这样，我们才能抓住可能的发展机遇。俗话说，机遇总是给那些随时有所准备的人，而有所准备的人正是勤劳的人、苦干的人。

四曰创新。"天行健"本身也包含了创新的意思，因为苍天日月星辰一直刚健前行，本身就体现了不断创新、不断进步的意思。与刚健自强相关联的，是"日新精神"，这也是上天之德，所以，《易经》中说："日新之谓盛德。"《易经》中的所谓"易"，其含义就是变化，易经其实就是变化之术，推天道以明人事。孔子说，"苟日新，日日新，又日新"（《大学》）。孔子也确实身体力行，他一生追求大道，每日切磋，到了"日滔滔以自新，忘老之及己"的地步。既然天道生生不息，生机勃勃，那么，君子也要不断创新，昂扬向上，不可因循守旧。生活本身就是由改变和转变所构成的一系列的过程，人类正是在不断的转变中提高内在的修养，改变外在的行为举止，并改变社会和环境，从而开创美好的未来。

五曰刚正。《易经》的"坤卦"形容大地为"直"、为"方"、为"大"，指出大地永远顺道而行，直道而行，包容一切，不改其德。与此相应，君子为人应刚强正直，品格端正，一身正气。这就是孟子所说的浩然之气，"其为气也，至大至刚，以直养而无害，则塞于天地之间"（《孟子·公孙丑上》）。同时，还要像可容纳万物的广阔天地一样，君子也要有包容的精神和品格。

与"天行健，君子以自强不息"相对，孔子还说"地势坤，君子以厚德载物"，它们联立起来，表明孔子在看到天上的日月星辰健行不已时，也看到了大地的厚重，"天无私覆，地无私载"，它承载了万事万物，有五岳之重，江河之长，但宽厚道德，从无怨言，不偏不倚，容纳万物。"天之行广而无私，其施厚而不德，其明久而不衰，故圣王法之"（《墨子·法仪》）。与此相应，君子也要有这种大地的品格，厚重自己的德行。《管子·形势解》说："天公平而无私，故美恶莫不覆；地公平而无私,故小大莫不载。"如果说,自强不息是对自己的激励和鞭策,那么,厚德载物则是对他人的包容和宽容。自强不息与厚德载物虽然是源自自然的本性和法则,但对个人的自我修养也有一定的借鉴意义。古人曾说,"德配天地""德侔天地",这表明了人们应当学习天地的美德,遵循宇宙和生命的法则,按照宇宙的发展规律,效法天地之道,不断修养自己的德行,完善自己的人格,从而不断完善自我、发展自我。

"天行健,君子以自强不息"是我们做人做事的基本准则,激励我们进德修业、永不停歇,勉励我们不畏艰难、奋发有为、奋斗不止,告诫我们要勤于学习、勤于实践、勤于创新。"君子以自强不息"已在历代传承中演变为我们中华民族的优秀传统和品格,内化成中华民族的伟大力量,彰显了华夏儿女百折不挠、自强不息的民族气概,这也是五千年华夏文明得以延续和发展的重要因素。

做事与做官[1]

一提到法学,人们第一反应就会想到法官、检察官,将法学与做官天然地联系在一起。许多大学的法学院在介绍学院概况时,都会介绍自己任职于某国家机关的一些杰出校友。中国人民大学法学院是新中国创办的第一所正规高等法学教育机构,几十年来,人大法学院的毕业生秉持"立学为民、治学报国"的宗旨,在法律行业做出了卓越的成绩,许多毕业生已经成为法院、检察院的中坚甚至是领导力量,他们当中也产生了一批著名的大法官、大检察官,这是法学院校友史上的宝贵财富,也是人大法学院的荣耀。这些校友为国家法治建设殚精竭虑,做出了重要贡献,为在校学生和青年校友树立了很好的榜样。

的确,法学被人们称为"显学",法律人也应积极入世,积极投身法治建设进程,为国家和人民服务。法律是治国之重器,司法队伍是维护法律尊严与公平正义的人才保障。随着我国法治建设事业的蓬勃发展,国家机关对法律人才的需求也在不断扩大。法学院培养的毕业生有着专业的法律知识与良好的法治素养,他们中的大多数注定要投身到国

---

[1] 本文为在 2015 年中国人民大学法学院毕业生座谈会上的讲话,文字有删改。

家法治建设的事业当中,并可能走上重要的工作岗位。因此,一所法学院拥有数量可观的高官校友,也从一个侧面反映了法学院的教育水平和人才培养质量。但我并不赞同只把高官校友数量作为衡量办学是否成功的参考标准。尤其是在整个法学院教育质量评价体系中,可以把高官校友数量作为一项指标,但不能赋予太高的权重。判断一所法学院办学是否成功,关键是看其所培养的毕业生是否真正在做事,是否在做对社会有益的事,做官的确能够为社会做贡献,但绝不能将做官视为做事的唯一方式。清华大学校友、著名学者资中筠曾在《感时忧世》一书中寄语清华大学要多培养一些大儒,而并非仅限于大官。此种说法有一定的道理。

　　自古以来,做官被读书人视为做事的最为重要的途径,"学而优则仕"也是无数读书人的毕生理想和追求。这种观念最早可以追溯到孔子,他主张读书人应当积极出仕,在他看来,读书人出仕如农人下地耕作一般是理所当然的事。"君子谋道不谋食,耕也,馁在其中矣;学也,禄在其中矣,君子忧道不忧贫"(《论语·卫灵公十五》),意为知识分子谋取财富的途径应是从政做官,因为君子只有做官才能实现自己的理想。孔子一生四处奔波,游说各国,希望谋得官职来实现自己的政治抱负。孔子感慨,"苟有用我者,期月而已可也,三年二有成",他认为读书人该"当仁,不让于师"。面对诸侯混战、礼崩乐坏的时代,孔子真心追求出仕,希望担负起治国平天下的责任。《孟子·滕文公下》记述"孔子三月无君,则皇皇如也,出疆必载质",意为孔子如果三个月没有官做,就惶惶不可终日,要带着礼品拜见君王求官。孔子的这种读书做官论对现在的知识分子仍有巨大的影响,千百年来,许多知识分子所秉持的家国天下观,其中就有出仕的含义。至今,不少读书人仍将追求仕途作为读书的目标，期望通过读书获得高官厚禄，并将其作为实现人生理想，甚至光宗耀祖的途径。

读书做官论的确有一定的道理，因为官位越高，就越能展示自己的才华，也越能将自己的能力和想法付诸实践。因此，对于已经和即将步入公务员队伍的同学们，我总是鼓励他们努力上进，毕竟地位越高，被赋予的权力越重，才越有可能为国家建设与人民福祉做出更大的贡献。然而，做官只是实现个人理想抱负的重要途径，但并不能将做官作为我们法学教育的唯一目标。蔡元培先生在训诫学生时强调："大学者，研究高深学问者也。所以诸君须抱定宗旨，为求学而来，入法科者，非为做官；入商科者，非为致富。宗旨既定，自趋正轨。"[①] 我们的法学院是要培养能够真正做事的人，法学人才应当是我们法治事业的接班人，是具有良好的职业道德和修养、掌握扎实的专业知识、能够娴熟运用法律解决实际问题、具有国际视野的优秀法律人才。从具体的层面来说，应当是脚踏实地，敢于吃苦，勇于奋斗，在平凡的工作岗位上，追求卓越，创造一流的人。概括来说，就是要培养一些真正能"做事"的人。唯有这样的人做官，才能是"好官"。因此，就做事与做官的关系而言，我个人主张，唯求做事，少问官阶。人活在世上，一定要有事业心，要做成几件事。做官只是一种做事的途径，而不是目的，如果仅以做官本身为目的，忽略做事，在价值追求上可能会发生偏差，那么做官就可能成为为个人及其家庭、家族牟利的工具。我想，"唯求做事"中的"做事"应包含以下内容：

一是要做有利于人民的事。做事必须要有坚实的理想信念，没有为

---

① 蔡元培：《就任北京大学校长之演说》，载《蔡孑民先生言行录》，台湾文海出版社优先公司1973年影印版。

人民做实事的理想信念引导，脱离人民、不办实事的情况就容易发生。古往今来，出现不少造福一方、青史留名、百姓敬仰的好官、清官，但也不乏祸国殃民、为害一方、百姓痛恨的贪官酷吏。所以，只有为百姓做事、为人民谋利，才是正确的为官之道。如果仅仅只是为了当官，而不是为了做事，则官衔越高，其危害性可能越大。我们党的根本宗旨就是"全心全意为人民服务"。习近平说，"人民对美好生活的向往就是我们的奋斗目标"。这就是说，官员是人民的公仆，官员的权力来自于人民，运用人民赋予的权力来为人民谋福祉、做实事是官员履职的题中应有之义。现实生活中确实有些官员高高在上，脱离群众；有些独断专行，对民情民意视而不见；有些人为官不为，尸位素餐，不做实事，甚至滥用职权、贪赃枉法，一心谋取个人私利；这都从根本上违背了做官的宗旨。尽管有的人可能凭借着自己努力，获得了较高的社会地位，而有的人可能终生默默无闻，不为世人知晓，但不论如何，我们每个人都应当有"位卑未敢忘忧国"的报国情怀，"以天下为己任"是深深的道德责任感和历史使命感。回首一生，只要做过几件对得起国家、对得起社会、对得起人民的事，也就算做了大事，也就不负平生。

二是要做好分内事。并非每个人都可以做大事，对绝大多数人而言，重要的是做好分内之事，即应当做好自己日常生活中的每一件事。《礼记·中庸》有云："君子素其位而行，不愿乎其外。"意思就是说，个人应当做好自己应该做的事情。清人金兰生亦在《格言联璧》中说，"尽吾本分在素位中"，表达的也是同样的意思。柏拉图在《理想国》中提到："每个人做好自己应该做的事，就是最大的道德。"一个人如果连本职工作都做不好，吊儿郎当，偷奸耍滑，无所事事，则很难获得他人和社会的认可，也很难做好其他的事，更难以做成大事。所以，只有以踏实的态度全身心地投入工作、事业,不虚、不私、不妄,才能得到实效。对法律人而言,在法治理想的指引下,我们要乐于从基层做起,从小处着手,从基础工作做起,经得起日常繁琐工作的考验,忍受得住平凡工作的单调和枯燥,在平凡工作中不断实现法治理想,践行法治精神。人大法学院的杰出校友苗为民、宋鱼水等人,在这方面做出了表率,他们坚守信念、扎根基层、倾情奉献、献身法治,矢志不渝地为祖国和人民贡献自己的才智和力量。许多人大法学院的校友虽然没有傲人的官阶,但却在自己的岗位上辛劳地工作,默默地为中国法治事业做贡献。我们应当向他们学习,脚踏实地地做事,本本分分地做人,认真做好自己的分内之事。

三是要做善事。倡导善行是中华传统文化的重要内容。《周易·坤·文言》有曰:"积善之家,必有余庆。"《荀子·劝学》主张"积善成德"。曾子云:"人而好善,福虽未至,祸其远矣"。《后汉书·东平宪王苍传》认为,"为善最乐"。意思都是提倡人们多做好事,勿以善小而不为,勿以恶小而为之。这就是说,做善事就要从小处着手,以善为乐、关爱弱者、关心他人。如果每个人都能够为身边的人做一些善事,自觉地关心身边的朋友、同事乃至素不相识的人,能够为他人着想,在他人有难时慷慨地伸出援手,处处体现爱心,社会就会更加和谐、更加温馨、更加美好。

四是要做实事。我们做事不能夸夸其谈、只说不做,不能只练唱功、不练做功。英语也有俗语"To be a doer, not just a talker"(不能只说不练)。习近平同志在《我是黄土地的儿子》中深情地写道:"作为一个人民公仆,陕北高原是我的根,因为这里培养出了我不变的信念:要为人民做实事!"读书人容易自命清高、夸夸其谈,脱离实践和群众,最终沦为纸上谈兵之辈。所以人们有时候讥讽那些迂腐无能的读书人是"百无一用是书生"。殊不知,"万丈高楼平地起""不积跬步无以至千里"。只有踏踏实实在岗位上做事,苦干实干,才能让自己的才学智慧找到用武之地。近些年来,一些新时代的典型人物也诠释着领导干部踏实做事的本色。做实事还要求我们要注重诚信行事,言行一致。孔子认为事业最终落实的标准应当是"信以成之"(《论语·卫灵公》)。《吕氏春秋·离俗览·贵信》认为,"言非信则百事不满成也"。一个人不一定要做成什么大事,但一定要做几件实事,这样也不枉一生。

五是要做难事。成功的道路上可能有许多意想不到的艰难险阻,取得成功并不是一劳永逸的事,这就需要我们有坚忍不拔的毅力,需要有吃苦耐劳的决心,需要有团结奋斗的精神,需要有永不放弃、永不言败的斗志,需要有不断超越、勇攀高峰、毫不气馁的气概。人生的理想和目标的实现往往要经历许许多多困难的磨炼与考验,无论遇到什么样的困难,都要坚忍不拔,克服艰难险阻,"千磨万击还坚劲,任尔东西南北风"。当然,面对困难,仅有无畏的精神是不够的,还要通过勤学苦练来掌握扎实的知识与技能。韩愈在《进学解》中指出,"业精于勤荒于嬉",只有通过不断地学习新知识、新技能,才能为解决困难提供路径与方法。面对难题,还要运用智慧,大胆创新,集思广益,群策群力,不断探索解决难题的新方法。

作为一名法学教育工作者,我衷心地希望我们的学生能够秉持家国情怀,树立远大理想,但也应该摆正做官与做事的关系,做官只是为做事搭建平台,提供做事的条件,而不能把它当做谋取私利的工具。无论是否做官,都要有为民众做好事、做实事、做善事的追求。我们要有事业心,这里所说的事业心就是要有做事的信念。做事不在大小,而在于是否做好事，是否做对人民、对社会有益的事。人大法学院的同学们应当志存高远，立志为国家法治建设做贡献，而不是单纯地追求高官厚禄。我在做法学院院长期间，多次在毕业典礼上说过这样的话："在未来的岁月，无论我们富贵与贫贱，也无论我们职务高与低，只要积极地为国家和社会的进步做出了自己的贡献，母校都将为我们感到骄傲和自豪。"这既是我对做事与做官关系的一点理解，也是我作为一名普通老师对法学教育目标的一点体会。

我的读书札记[①]

一、我的一点读书经历

年少时，我曾读过高尔基的《童年》。高尔基对读书的渴望给我留下了十分深刻的印象，我对"我要读书"那句名言至今记忆犹新。这大抵是因为，我们这代人的童年有着苦涩的读书经历。其实，"我要读书"是我们这一代人当时的共同渴望。在"文革"时期，为"破四旧、立四新"，好多书都因被定性为"封资修"而被销毁了，以至于让一代人经历了一段几乎无书可读的人生历程。

当时，我就读的中学图书馆曾收藏了不少好书。可是，红卫兵、造反派要把这些书集中到操场销毁。所幸的是，一位有心人在头一天晚上闯进图书馆，挑走了好几担书。这人事后说，"与其被你们烧了，还不如我自己把它们留下来。"还好，当时造反派看管得不怎么严，否则这个人要因为这些书惹上大麻烦。我后来很想找到这个人，向他借几本书看看。遗憾的是，后来一直没有打听到他的下落。

高中毕业后，我去农村插队，想读书但还是找不到书。

[①] 原载《中国社会科学报》2015年11月5日。

记得那时镇上有一家很小的书铺,在劳动之余偶尔去逛逛。不过,那里的书架上除了《毛泽东选集》和《鲁迅选集》外,几乎空空如也。后来听说,有的村民家里可能有几本书,便想办法去借阅。好不容易在一户人家找到一本《七侠五义》,主人还是偷偷借给我看的,条件是我看完后要给他讲讲书里面的故事。我至今仍清楚地记得,那本书是竖体版、宣纸印刷的,看起来很费劲。拿到书以后,我如获至宝,看了好多天,几乎可以把其中的故事情节倒背如流。

1977年恢复高考,但我已经好多年没有接触过中学课本了。为了备考,我从之前的中学老师家里借了几本语文、数学书。临时抱佛脚,后来还真的考上了大学。现在回头想想,那时候有书读真的是一件非常奢侈的事情。

进了大学以后,天天泡在图书馆,感到有书可读多么的幸福!我虽然学的是法律,但那时法学几乎是一片荒芜的园地,几乎没有什么教科书可读。想学民法,却几乎找不到什么可以看的民法书。没有办法,也就成天读一读图书馆仅有的文学和史学等方面的通识性书籍。临近大学毕业了,我突然想读研究生。也不知道为什么,当时教民法的老师建议我报考民法。可是,当时却找不到一本民法书。后来遇见教我们国际私法的张仲伯老师,他刚刚收到了佟柔老师寄给他的一本油印小册子,叫《民法概论》,是佟老师主撰的。张老师20世纪50年代曾在中国人民大学学习,师从佟老师。他听说我想报考民法研究生,就说必须要认真学习这本书。但张老师说,他上课也要用,只同意借给我三天。拿到这本书之后,我如获至宝,连夜抄写。挑灯夜战三天之后,我终于将整本小册子约十万字从头至尾抄了下来。就是这本小册子引导我进入民法领域,使我对民法产生了浓厚的兴趣。我当时就决定报考人民大学的民法研究生，后来也如愿以偿了。

1981年到人民大学读研究生以后，一下子感觉到，可读的书多起来了。那时，除了上课，最常去的地方就是学校的库本阅览室。那里珍藏了不少旧书，其中很多都没有装裱，有的书上积满了厚厚的灰尘，有些书甚至拿起来都掉渣。有时候为找一本书，弄得满鼻子都是灰。尽管如此，我在这里找到了许多过去从未见到的书，尤其是图书馆管理员允许我在里面随便翻阅，感到十分惬意。我经常在图书馆一坐数小时，有时甚至达到忘我的境界。在库本阅览室，我还经常见到方立天教授等大师。那时候，方老师穿一双布鞋，拎一个水壶，经常在图书馆一坐一天，无论寒暑节假，都在那里查阅各种资料。据图书馆的工作人员对我讲，方教授大年三十都在这里看书。后来方教授成为享誉海内外的著名佛学家、宗教学家，与他长期埋头治学、"板凳坐得十年冷"密不可分。有一年在方老师病重时，我到他家里去看望他，曾谈起在库本阅览室一起看书的往事，他仍然记忆犹新，并会心地一笑。

20世纪90年代末期，人大法学院要搬进贤进楼，时任院长曾宪义教授问我，国外法学院都有自己的图书馆，我们自己能不能也办一个？我当时自告奋勇，提出不要院里掏一分钱，办一个像样的法学院图书馆。但等我到资料室一看才发现，还剩下3000册没人要的旧书，准备当垃圾处理了，这让我们怎么办图书馆呢？后来，我找了十几家出版社，一家一家地动员他们捐一些刚出版的新书；再后来又找十多位校友募捐。出乎意料的是，我们竟然在2个月内募集到了十多万册新书，在贤进楼五层找了几间大房子摆上，竟然像模像样。从此，法学院算是有了自己的图书馆，深受教师和学生们的喜爱。我自己也一直把法学院图书馆当作自己的家，经常穿越在办公室和图书馆之间。与那时相比，今天的图书馆已经有了极大的发展。或许，到退休以后，我就做个图书管理员，整日与书籍作伴，想来也是一件十分惬意的事情。

今天，我们已经进入到信息社会，处于知识爆炸的时代，图书极度匮乏的状况已经不复存在了。我们现在面临的不再是无书可读的苦恼，而常常是书籍太多但无暇读书、不知读哪本书的苦恼。尽管如此，高尔基的那句"我要读书"的名言仍然有重要的现实意义。

二、我的一点读书体会

今天书多了，随手可得，我们不用发愁去哪里读书。但在书海时代，我们又面临怎么读好书的烦恼。常常有学生问我，应该怎么读书，读书有哪些技巧。也许，每个人都有自己的阅读习惯和阅读偏好。我在这里也谈几点自己的读书体会，与大家交流。

（一）多读书

唐代诗人韩愈曾说，"书山有路勤为径，学海无涯苦作舟。"每当新生入校，许多老师都要送上这两句话，以鼓励学生多读书，刻苦学习。古往今来，成功的人大多都是勤于读书、善于读书之人。我国古代"头悬梁、锥刺股""凿壁偷光"的故事激励了无数学子刻苦向学、埋头读书。

我要读书，是因为书籍是知识的结晶，人类的绝大部分知识都是通过书籍记载的，现在心口相传的知识几乎已经不存在了。读书实际上是和先贤、前贤的对话。每读一本好书，我们实际上都是在聆听先贤的教诲，领略他们的智慧。所以，读书就是一种修身，读书能够帮助我们修身养性，充实我们的智慧。在某种意义上来说，很多书读起来是在养心。正如培根所言:"读书使人充实,精神上的各种缺陷都可以通过求知来改善。"每读一本书,就像是在掘取一缕清泉,掘得越深,泉水越清,心肺浸润,养心明目。

我要读书,是因为读书能够开启人的智慧,打开人们想象的翅膀,开阔人的眼界和视野。杜甫说,"读书破万卷,下笔如有神。"知识文化是通过书籍传承的,读书使我们突破了时空的限制,正是通过读书,才能够知道我们的过去,并预测我们的未来。在面临人身困惑和彷徨的时候,读书往往能给我们更大的信心、更多的智慧、更大的启迪,使我们能够做出更理性的决策。

我要读书,是因为书籍是我们的良师益友。一个人如果以书籍为伴,其实也就找到了最好的伴侣。古人读书,"饥读之以当肉,寒读之以当裘,孤寂读之以当朋友,幽忧读之以当金石琴瑟。"其实讲的就是要以书籍为良师益友,有了书籍作伴,真正从书籍中体会到慎独的境界,就不会感到孤独、寂寞和无助,而会感到精神充实,性情平和,情趣高尚。莎士比亚说:"生活里没有书籍,就好像没有阳光。"

唐代著名书法家颜真卿有一首《劝学》诗:"三更灯火五更鸡,正是男儿读书时。黑发不知勤学早,白首方悔读书迟。"我们应当珍惜时光,抓紧时间读书。网上曾经流传着很多关于哈佛大学图书馆内张贴的格言,例如,"此刻打盹,你将做梦;此刻学习,你将圆梦。"(This moment will nap, you will have a dream; But this moment study, you will interpret a dream.)这些格言生动形象,读起来让人深受启迪,备感激励。哈佛有大大小小的图书馆数十个,这些名言散落在何处,一时半会儿还真难都找到。我在哈佛学习和访问期间,还真去了几个图书馆查阅,却没有找到。后来网上说,这是网民自己杜撰的,哈佛图书馆其实没有这些标语。但是无论如何,即便是杜撰,其目的也都是劝导人们要好好读书。而且可以肯定的是,进到哈佛的图书馆,访客的读书兴致大都会油然而生。

在今天,很多人认为,在快节奏的生活方式下,我们可以通过看电视、读微信、上网等方式来接触方方面面的知识,阅读的必要性几乎不复存在了,至少不如过去重要了。的确,在网络数据时代,很多关于日常生活的简要知识都能够从网上轻易获取,且不需要思考就能够了解甚至熟记。但无论互联网如何发达,微信的内容如何丰富,都永远代替不了读书。即使实现书籍的电子化,纸质的书籍也不会消亡。毕竟,那些体系化的知识需要我们反复的体验、咀嚼和消化,不仅需要给大脑留出足够的信息接收、思考和处理时间,而且还需要一个纸质载体来保留信息本身和阅读感受。一般来说,系统阅读的过程也是一个知识再生产和再加工的过程。当我们阅读一本好书的时候,我们可能要在书上做不少标记,甚至写下我们的心路历程和感受,也会打上问号,引发未来的思考。这就是阅读中的思考和消化过程。要完成这样的过程,没有书是不行的。更何况,电子化方式呈现的信息量具有单一性,我们很难在同一个屏幕上看到多本书的内容。但当我们思考一个问题的时候,身边可以同时参阅几十本甚至上百本书。

多读书必须挤出点滴时间。在现代社会,如果我们有足够的时间深读、精读我们喜爱的书,将是一种享受。但是,我们往往为工作和生计所迫,难以悠闲地去享受读书的快乐。繁忙的工作节奏、紧张的生活,往往使我们难以抽出时间去精读。在此情况下,必须利用点滴时间,就像鲁迅所言,将人家喝咖啡的时间都花在读书上。欧阳修的"计字日诵"读书法就是根据自己的读书经历归纳而成的。他曾经精选了《孝经》《论语》《诗经》等十部书,每天背诵150字,并以此作为自己读书的经验和诀窍。当然,这种方法在现代社会未必可行。因为当时的书籍字数有限、内容精炼。比如,一部《论语》全书只有11705个字,《诗经》39234字,《孝经》全书带标点符号7000多个字,这些文字加起来还不到今天一本薄书的字数。现在要采用背诵的方式去读书,显然是行不通的。但欧阳修提出的"三上"读书法(马上、枕上、厕上),即挤出点滴时间读书,给我们提供了非常有益的借鉴。

(二) 读好书

现代社会是一个知识和信息大爆炸的时代,市场上的图书琳琅满目,应有尽有。走进书店就好像是进入了书的海洋。有选择并不必然是一件好事。如何在书海中淘金便是当代读者面临的一大难题。"开卷有益""读书破万卷,下笔如有神",在古代确实有一定的道理,但在今天,书籍的种类已经数以亿计,要求人们对每一种书都做到"开卷有益",不仅不可能,而且没有必要。诗人臧克家说:"读过一本好书,像交了一个益友。"道理反过来说也一样,读一本不好的书,不仅会浪费时间,甚至会对人带来毒害。这对青少年来说尤其如此。特别是在现代社会,书籍的种类就像汪洋大海,泥沙俱下,如果不加选择,盲目阅读,不仅仅浪费时间和精力,更可能误入歧途。

至于什么是好书,可能仁者见仁、智者见智。但我认为,好书并不是完全没有评价标准的。相反,现实的生活经验告诉我们,很多书被视为经典,并且被广泛推荐和传阅。这些书就很可能是好书。我觉得,凡是有益于个人的身心发展、有利于弥补个人知识缺陷的书,能够给人以思想启发和智慧的书都是好书。通常来说,我们之所以对一本书爱不释手并大加推荐,不仅仅是因为这本书给我们提供了之前不知道的知识,而且,更重要的是,其中的新知识给人以思想上的启发,能够改进我们的知识结构、思考方式乃至世界观。

读好书应该多读原典、经典,这些书本身就是经过大浪淘沙,经过几代人考察并经过历史检验的,被证明是书籍中的精华。对这些书,应该多花时间,一遍不行多读几遍,甚至数十遍,每读一遍都会有新的收获。原典、经典的范围应该更广一些,不限于本专业。人类的很多知识都是可以融会贯通的,政治、经济、法律、哲学和宗教学,说到底讨论的都是"我们是谁""我们之间如何相处"等这样的基本问题。只不过不同门类的侧重点不一样而已。在大量根本问题上,如果我们仔细阅读和品位这些原典,经常会有触类旁通之效果。

除了世代传唱的原典、经典外,同行和老师的推荐是发现好书的另一个重要途径。毕竟,那些同行和老师推荐的书都是已经被挑选过的,已经通过了他们的初次甚至多次评价。这不仅会节省读者的好书筛选成本,而且还能够根据同行和老师的概要介绍快速接近作品的思想内容。

(三)善读书

事半功倍、事倍功半,都是我们再熟悉不过的生活道理。这对读书同样适用。除了好读书、读好书之外,我们还要善读书,充分利用有限的时间尽量获取更大的知识给养。

一是要有计划、有目的地阅读。读书通常有两种方式,一种是功利性地读,即针对专业书籍,也就是读本专业的书。另一种是非功利性地读,即休闲式的阅读,其主要目的是开阔眼界,提高自身的学术修养。两种读书方法都是需要的,不可偏废。

在打基础的阶段，读书应当有一个很好的计划和规划。例如，攻读某个专业的博士生，首先应当了解哪些是必读书目，将这些必读书目在特定的时间内阅读消化掉，同时还应当关注本领域最新的学术研究成果和发展动态。苏轼曾经说过："少年为学者，每一书，皆作数过尽之。书富如入海，百货皆有之，人之精力，不能兼收并取，但得其所欲求者尔。故愿学者，每次作一意求之。"所谓有目的性，就是说，我们的知识是广博深奥的，所谓"学海无涯"，古今中外，像达·芬奇那样每个领域都很精通的人，在现代社会是极为罕见的。我们精力有限，很难精通各个领域的知识。所以，了解天文地理等基本的知识是必要的，但不可能样样精通，不可能将所有的知识穷尽，而只能根据我们的规划和需要，看我们需要弥补哪方面的知识缺陷，需要掌握哪方面的知识技能，并按照自己的规划阅读相关领域的书籍，这是必要的。也就是说，缺什么，补什么，需要什么，读什么。

二是要系统地读。读书也要按照知识的体系性阅读，由浅入深，由近及远，由表及里，循序渐进。古人说，读《春秋》必借助于《左传》，因为《左传》是鲁史的原文。只有先读《左传》，才能更好地理解《春秋》。对于学习法律的人来说，这一点尤为重要。应该从法理学等法的基本知识入手，阅读民法、刑法等基本法律部门的书籍，进而阅读公司法、知识产权法等专业性更强的书籍。

三是要带着问题读。带着问题读是有目的性、有针对性地读，同时也是在思考中阅读，因此是最有效率的读书方式。"为学之道，必本于思。""不深思则不能造于道，不深思而得者，其得易失。"陶渊明曾说："好读书，不求甚解，每有会意，便欣然忘食。"他所说的"会意"，其实就是带着问题读书，不仅能够解渴，而且更能够使我们掌握的知识更为深刻，更能够学以致用。在没有问题指导的情况下，泛泛阅读，所看过的知识就像是流星一样，一闪而过，不能够在大脑中留下记忆。郑板桥还比较注意"问"，他认为"学问二字，须要拆开看。学是学，问是问，今人有学而无问，虽读书万卷，只是一条钝汉尔"。其实提问本身就是带着问题来阅读。比如我们在读一本书时，发现作者某一个问题没有讲清楚，我们就可以以此为线索，找到另外的书，最终找到问题的答案，这样每次阅读就印象更为深刻，收获更为巨大。

四是要有比较地读。读书也要找几本类似的书相互比较，才能知道哪一种观点更为中肯。研究法律的人极为注重比较法，同时，研究法律问题，也应当有比较的眼光和视角，这就要求读对同一问题有不同论述的书，因为每本书可能只是作者对某一问题的阐述，也许是一孔之见。正如鲁迅先生在《致颜黎民》中所言："只看一个人的著作，结果是不大好的：你就得不到多方面的优点。必须如蜜蜂一样，采过许多花，这才能酿出蜜来。倘若叮在一处，所得就非常有限，枯燥了。"因此，要了解事物的全貌，全面认识某一问题并掌握解决方案，就应当读不同作者的书，了解不同的人对同一问题的不同看法。人类的知识，无论是自然科学还是人文社会科学，最基础和最高层次领域往往是相通的，只不过看问题的视角、研究的方法等存在差异而已。据说，司汤达在写作《帕尔马修道院》的时候，每天都要读一读《法国民法典》，以从中寻找语感。所以，不能狭隘地仅仅以专业来划定自己读书的范围，要融会贯通地来读书。

五是要有效率地读。梁启超读书常按照"鸟瞰""解剖""会通"的顺序读三遍；冯友兰则把"精其选""知其意"和"明其理"奉为读书经验，对一本书反复阅读。其实就读书的效率而言，每个人可能有自已不同的做法，我个人更主张，读书不是盲目地阅读各类书，重点书要重点看，其他书翻翻看，经常不断地读，每次都会有新的收获，读得就很轻松，很难一次掌握一本书的全部内容。正如培根所说："有些书只要读读他们的一部分就够了，有些书可以全读，但是不必过于细心地读；还有不多的几部书则应当全读，勤读，而且用心地读。"现在的图书，就某一专题而言，可能良莠不齐，有多种书目，这就需要我们有选择地读，为此可以借鉴一些专家推荐，或者一些已经读过的人的推荐，有选择性地读。即使对有选择地读的书，我们急需要用的书，我们需要认真精读，融会贯通，暂时不用的，或者不准备用的书，可以浅读，不求甚解地读。

（四）读懂书

读懂书的前提是读什么样的书，好的书一定要读懂，如果只是一知半解，可能会误解作者的思想，不仅无益，反而有害。有的人读书坚持不求甚解，只是说只需要领略大意，而不需要逐字逐句加以领会。真正有用的书还是要精读。苏轼《送安惇秀才失解西归》里说"旧书不厌百回读，熟读深思子自知"。清代书画家郑板桥的"求精求当"读书法中也讲到要"求精"。一个人每天读完了大量的书，读完后什么都忘记了，那还是没有读懂。要读懂书有两种：一是要懂得书的大概的意思，这种读懂是浅读。在一个知识爆炸的社会，我们没有时间把每一本书都去深读，而且也没有必要，大量的书对我们而言都只是消遣。二是要深读，也就是要将书的内容融会贯通。我觉得真正要读懂书，需要在思考中阅读。但凡没有思考地去读书，书在大脑中也没有留下深刻印象。读书要有选择，选好书，读精品；但不是说其他的书完全不读，在时间允许的情况下，可以广泛涉猎，可以浅读，进而养成自己的判断力。为了保持效率，例如对古诗文，我们可以选择有注释、有译文的去读，而不需要花很多时间去揣摩、去考证某一个古文汉字的意思，这样有助于提高读书的效率。

读懂书就是要读进书中去，读懂吃透，掌握书中的内容实质。读书也可以掌握书中所传授的一种方法，而未必一定要了解书的全部内容。要把握书籍的精髓和方法，领会作者的思想，而不是要完全记忆书的内容。

会读书更重要的是要求我们把书本知识和现实生活结合起来，要关注我国改革开放、社会主义现代化建设、大众民生和国际风云变幻等现实世界、现实生活中的重大问题。歌德说，"理论往往是灰色的，而生命之树常青。"只有善于感知时代的脉搏、现实生活的脉搏，才能学到真正有现实生命力的理论。会读书还要求有问题眼光和批判眼光。

（五）用好书

学以致用，"凡贵通者，贵其能用之也。"读书本身不是目的，无论读多少书，最终的落脚点还是在于用好书上。当然，有的人仅仅把读书当做消遣，但即便如此，也会在不知不觉中影响个人认知和情趣。这也是一种使用，更何况绝大多数人都要从读书中获得知识，获取技能，提高素质和能力。读书的目的还是要会用，所以古人讲"学以致用"，讲的就是这个道理。

用好书必须做到读得进、出得来，读得进就是要真正读懂书，但关键是要出得来，出不来就是尽信书，把书本中的知识当作教条，自己也成了本本主义或教条主义的"书虫"，既没有独立思考，也没有任何创新。所以，要以科学的世界观、方法论去勤于思考，将来才会有创意地学习，才会有创意地工作。"尽信书不如无书"，诸葛亮读书只"观其大略"，泛读大概，撷取精华，读书要知入知出。

鲁迅在《读书杂谈》中说："但专读书也有弊病，所以必须和现实社会接触，使所读的书活起来。"俗话说，"读万卷书不如行万里路"，这并不是说，读书不重要，而是像鲁迅先生所说的，读书应当与社会实践相结合，不能读死书，否则就成了书奴、书呆子。"纸上得来终觉浅，绝知此事要躬行。"

如今我们正处在一个日新月异的信息时代，这也对法律职业的专业性带来了一定程度的挑战，我们只有坚持读书、不断学习，将新知识融会贯通，才能于行业中屹立不倒、出类拔萃，才能紧跟时代步伐，永立潮头。

语来江色暮　独自下寒烟
——忆佟柔老师①

在佟柔老师诞辰85周年之际，不少校友积极捐赠，在中国人民大学法学院为佟老师树立了一尊半身雕像，置于法学院六层的国际学术报告厅旁边。雕像底座上刻了十分简要的介绍：佟柔（1921年6月20日—1990年9月16日），新中国民法事业的奠基人。

我多次想写一篇纪念佟柔老师的回忆录，一直未能完成，此次应《学习时报》的邀请，了却这一心愿。

民法引路人

我作为"文革"后第一批考入大学的学生，于1978年初开始接触法律。与现在相比，我当时能够在图书馆读到的书少得可怜。当时的民法学可以说是一片荒芜的园地，很多人根本不知民法为何物。我们在课堂上所学的民法，实际上不过是一些有关婚姻、财产继承、损害赔偿的政策规定。1981年初，我在准备报考研究生时，仍然找不到一本民法书。后来，教我们国际私法的张仲伯教授收到了佟柔老师寄给他的一本油印小册子，大约10万字，书名为《民法概论》，

---

① 原载《学习时报》2017年1月13日。

是佟老师主编的。我拿到这本书后，如获至宝，挑灯夜战三天，终于将这本的小册子从头至尾抄了下来。这本小册子使我对民法产生了浓厚的兴趣，并一步一步引导我进入民法的殿堂。可以说，它是我民法入门的教科书。

1981年，我如愿以偿地考入中国人民大学法律系，开始在佟柔老师的指导下学习和研究民法。记得第一次跟佟老师见面是在他校内林园四楼的家里。简单寒暄之后，他就跟我谈起了他最近关于"民法是商品经济法"的研究成果。他说他最近一段时间对古今中外的有关历史、经济等现象进行了考察，并且重新研究了马克思的《资本论》及其他经典著作。他认为，商品经济是人类经济发展史上不可逾越的阶段，也是中国未来经济发展的必然趋势。但他同时也注意到，当时有人将民法仅视为公民法或者保护公民权利的法，不能作用于经济领域。他认为，这完全是对民法的曲解。他说，学习民法首先应当明白，民法就是基本的经济法，更准确地讲，民法就是规范商品经济的法。

第二次见佟老师是在一个晚上，当时是讨论我的选课和阅读书目问题。他首先推荐给我的是《资本论》，记得他当时说："要想学好民法，首先得学好《资本论》。"佟老师指出，马克思在《资本论》第一卷中关于"交换过程"的论述其实包括了民法的三项制度，即主体制度、所有权制度以及债与合同制度，这三项制度共同构建了民法的基本体系。因此，要深入把握民法学的内在规律，首先必须学好《资本论》。此外，他还要求我一定要学好罗马法，并且要参考胡长清等学术前辈的著述。但当时市面上根本就见不着这些人的书，后来他就让我在他的书架上搜罗。我记得当时从他的书架上找到了陈朝璧的《罗马法原理》等著作。

后来，我又到人大图书馆的库本阅览室搜寻，偶然间在一个角落里发现了朝阳大学并入人民大学时留下的一些旧书（上面盖着"朝阳大学"的图章），其中有李宜琛、梅仲协、戴修瓒和胡长清等老先生关于民法总论、物权法和债法的一些书籍。这些书大多没有装裱，有的积满了厚厚的灰尘，有些甚至拿起来都掉渣。我记得当时为了取出这些书，弄得浑身上下都是灰尘。拿到这些书之后，我整天都泡在库本阅览室作笔记。几周下来，我记了好几本笔记，在对民法有很多新认识的同时，也产生了不少疑问。我后来带着这些问题去向佟老师请教，他非常高兴，还与我讲起了早年在东北大学法律系学习期间以及新中国成立后和苏联专家共事期间的一些往事。佟老师当时向我详细讲解了"诉讼时效"与"消灭时效"这一组概念的来龙去脉，他认为，"诉讼时效"这个概念来自于苏联，这个提法本身也是合理的。随后，他又向我推荐了几位苏联学者著述的中译本，我记得其中一本就是诺维斯基关于《诉讼时效》的著述。

那个时候，由于没有固定的教室，佟老师经常到我们宿舍教学。我们当时住在学二楼五层（靠近人大东门）。每次爬上楼，佟老师都气喘吁吁。他经常一讲就三个小时，一口气也不停歇，佟老师的讲课风格很开放和自由，他鼓励我们提问和讨论，学生可以随时打断他。我那时年轻气盛，有好几个问题都不太赞成佟老师的观点，在佟老师讲课的过程中也引起了比较大的争论。佟老师下课后对我讲，很高兴看到我在课上提出不同的意见，并让我晚上抽空去他家继续讨论。

这样的学习和讨论持续了一年多，后来，我明显感觉自己对民法的认识有了质的变化，并在佟老师的鼓励和指导下开始做一些独立的研究。我最早的一篇论文是关于"侵权行为归责原则"的，于1982年发表在武汉大学的《法学评论》上，我当时是研究生二年级。在研究生期间，我还陆续在《中国社会科学》《法学研究》等刊物上发表了一些论文。也就是从那个时候开始，我逐渐明确了自己的学术爱好和职业理想。正是在和佟老师一次次的讨论和交流中，我领略到了民法的博大精深，是佟老师带我走进了民法研究的园地。

浓厚的家国情怀

佟老师的青少年时期是在辽宁北镇度过的。九一八事变之后，东三省沦陷，他被迫离开家乡四处避难，颠沛流离。抗战胜利后，他考入东北大学法律系学习。佟老师经常跟我谈起他和家人在日本入侵后的遭遇，他的几位兄长都参加了抗战，其中一位哥哥在抗战中牺牲了。每当谈起这些往事的时候，我都能从他的语气、表情中深切体会到国破家亡、饱经战乱的沧桑感。他说，同很多人一样，他非常痛恨日本侵略者，他是亲身感受到了国破家亡的苦难。他经常给我们讲，个人的命运和国家、民族的命运是休戚相关的，国家积贫积弱，遭受外敌侵略就不可避免，亡国奴是无家可言的，只有国家富强，老百姓才可能有好日子过。他经常告诫我们，无论在哪里，都要热爱祖国，报效国家，但爱国不能是一句空洞的口号，对读书人来说，踏实工作、治学育人就是报效国家的最好方式。

新中国成立后，佟老师多次参加了民法典的起草工作，但都无果而终。1978年人大复校以后，佟老师在每次学术讨论会和专家咨询会上都大力呼吁要制定民法典。他反复阐述这样的观点：国家要富强，必须得搞商品经济；而要发展商品经济，就得要有一部民法典。1986年，鉴于制定民法典的条件尚不成熟，立法机关就决定先行制定《民法通则》，邀请佟老师作为主要起草人参与立法活动。他当时异常兴奋，说道，人的一生中很少有这样好的机会报效国家，有此努力和经历，此生无憾。在后来的近半年多时间里，他为此殚精竭虑，有时会把我们叫过去，讨论到深夜。《民法通则》顺利通过以后，他兴奋得热泪盈眶，他对我说，中国总算有了自己的民法。

佟老师住院期间，我和他家人一起轮流陪住。在佟老师去世前一天，师母说佟老师病情还比较稳定，暂时不用过去陪护了。但那天下午，我突然感到心神不宁，焦躁不安，我想起有一段时间没去佟老师那里了，应当看看佟老师最近的情况怎么样了。我坐车去通州的医院，辗转将近两个半小时，到了以后才发现佟老师的病情已经恶化了。但见到我之后，佟老师很高兴，还坐了起来，和我断断续续谈了将近一小时。佟老师在谈话中着重提出，中国未来一定要大力发展商品经济，也一定需要民法。他还谈到，要坚信法治是中国的必由之路，民法的健全是法治建设的最重要内容。他勉励我不论今后遇到多大困难，都要坚定地在民法学的研究道路上走下去，不管有多大诱惑，都不要放弃治学育人的岗位。我当时看佟老师聊得还比较精神，就没有多想，以为佟老师只是像往常一样和我讨论问题，但没想到他已经是在交代后事了。后来我就坐车回来，没有留下来陪护他。但没想到，佟老师第二天就走了，我至今仍为此感到十分愧疚和懊悔。

严谨治学的榜样

佟老师给我们树立了严谨治学的榜样。第一次和他见面时，他就叮嘱我，要老老实实做人，踏踏实实做事，不来半点虚假。在治学方面，佟老师从来都是不唯书，不唯上，只唯实，要求一切都要从中国实际出发。他在学术上勇于追求真理，坚持自己认为是正确的观点，从不趋炎附势、随波逐流。在改革开放初期,计划经济还占据主导地位,商品经济的概念尚未被广泛接受,当时大家还在讨论姓社姓资的问题。佟老师在1978年就提出,我国民法的调整对象是社会主义商品经济关系,应当在商品经济关系的基础上构建我们的民法体系。在当时思想还远未解放的社会背景下,佟老师能够提出这样的理论,实在难能可贵。

佟老师治学勤奋。他坚持每天早晨四点多起床,开始看书、备课和写作,一直到早晨七点多钟,用完早餐之后就开始上课或者开会。我曾经多次建议他,早晨空气好,适合出来走一走。他跟我说,早晨是最安静的时候,也是最容易产生灵感的时候,这个时候出去走,太可惜了,要争分夺秒地读书和写作。我经常陪佟老师外出开会和讲学,他从不浪费点滴时间,在车站和火车上一直坚持阅读、写作和记笔记。佟老师经常教诲我,在治学方面要有"板凳需坐十年冷"的精神,踏实严谨治学。

20世纪80年代中期,在佟柔教授的指导下,我就国家所有权和国有企业财产权问题展开了研究。在研究过程中,我和佟老师的观点又出现了比较大的分歧。佟老师主张,国有企业只是享有经营权,国有企业的财产应当属于国家所有,而我则主张,国有企业应当通过公司制改造而对其财产享有所有权,只不过因其是国有企业,其所有权应当受到限制。在这个问题上,我们也发生过争论。佟老师从来都是认真倾听我的意见,并鼓励我深入研究。在佟老师的鼓励下,我就这一问题在《中国社会科学》《法学研究》等杂志上发表过一系列论文。后来,佟老师要我以国家所有权为博士论文选题,并要求我在此基础上认真地研究物权法理论。在我博士论文答辩会上,他又提出,虽然我关于国有企业财产权的观点与他并不一致,但他很尊重我的不同观点。正是受佟老师的影响，这些年我在治学和研究过程中始终秉持包容的精神，尊重他人的不同意见，即使是我指导的学生对我的观点提出质疑，我也感到很高兴。

为人师表的责任

"师者，所以传道、授业、解惑也。"在对待学生方面，佟老师第一个特点就是像慈父一样关心和关爱学生，在他身上体现了对学生无私的奉献和关怀。佟老师对学生的第二个特点就是谆谆教诲、诲人不倦。20世纪80年代，学校用房紧张，佟老师的起居室就是他的办公室。他经常在家里接待从全国各地专程过来讨教的学生，他对每一个学生都是耐心听讲，仔细讲解，毫无倦意。由于前来拜访探讨学术的人太多，他家的沙发都被坐坏了，里面的弹簧都露出来了。佟老师也习惯了这样的生活，如果家里好久不来人，他反而会感到不习惯。佟老师一生最反对的就是"知识私有"。他经常告诫我，过去一些武馆的师傅总怕把真功夫教给徒弟，但当老师的千万不能这样，自己手上有什么资料，一定要与学生分享。

佟老师的第三个特点就是提携学生、甘当人梯。佟老师自己并不爱好著书立说，尽管他的读书笔记写了好几大本，但他并不轻易出版。他经常说，著书立说不是最大的财富，人才才是最大的财富，他说，"我培养的每一个学生就是我写的一本本活书"。我评副教授以后，恰好佟老师被评为博导，佟老师鼓励我报考他的博士。我当时有点迟疑，我认为，既然已经评了副教授，似乎没有必要读博士。他立即批评我，说"不能当了副教授，就不想继续学习了"。他说，攻读民法学博士学位，对以后的学术生涯会有很大帮助。我后来按照佟老师的要求，精心准备，顺利地考上了他的博士生，并因此有幸成为新中国第一位民法学博士。

佟老师的第四个特点是忠于教师的职责。他说，老师的职责就是要讲好每一堂课。每一次上课前，他都要将其备课本修改一遍。如果去校外讲课，他一般先了解听众的水平高低，然后因人施教，尽量让听众都听懂听好。我记得，我自己第一次给学生上课是给1981级本科生上课。上课前，他不仅向我耐心讲解了有关的教学法，而且还把他的备课笔记借给我，让我参考，后来又让我把备课的大纲给他看一看。我看到，他的备课笔记写得工工整整，一些需要着重讲解的地方还附了特殊标记。我在上课的时候，他也来旁听，但怕我紧张，他就偷偷地坐在最后一个角落。我讲完以后，他会私下给我一些意见和点评。他听了两次之后就不再来了。他跟我说，"我觉得你现在已经基本上路了，讲得不错"。

我的博士论文答辩时间确定以后，佟老师生病住院，当时刚做完手术。医生建议他在医院卧床静养，不要外出参加活动，但他跟我说："我一定要参加你的论文答辩，因为你是我带的第一个民法博士。既然我带了，就应该从头带到尾，否则，我会感到遗憾的。"最后，征得医生同意后，我们派了一辆车把佟老师接到学校，在他家里举行了一个答辩开始的仪式。我答辩通过以后，他非常高兴，才让我们把他送回医院。

佟老师的第五个特点是一生胸襟豁达，从不计较个人的名利得失。他在人大法律系成立之初就是教员，在法学院资格最老。但复校后评职称时，他晋升教授较晚，不少学生为此感到不满。但佟老师都一笑了之，没有把职称当成大事。他说，有知识不在于职称，关键在于自己是否真有水平，是否能够做一名称职的教师，能否给别人带来思想和知识上的启发。在佟老师住院期间，我有一次陪他在医院散步，他对我说，你看宇宙浩渺，每当我抬头仰望星空，就感到一个人是多么的渺小。人走了之后，也不外乎化作宇宙中的一粒尘埃，何必为人世间的功名利禄而过于烦恼。佟老师的宝贵教诲至今仍回荡在我的耳边，鼓励我在为人和治学方面一定要有开阔的胸襟和包容的精神，始终鞭策我不断前进。

梅贻琦先生曾经将师生之间的关系比喻为大鱼和小鱼之间的关系，在佟老师身上，我深刻地体会到如何做一名学生爱戴、人民满意的老师，如何树立严谨治学的态度和实事求是的学风，他为我树立了治学、为人、为师的榜样。

一个人一生最值得怀念的，一是故乡，二是母校；一个人最需要感恩的，一是母亲，二是母校。我感恩母校、感恩人大，首先是感恩我的导师佟柔老师，从佟老师身上，我真正体会到，高尚的师德就是对学生最生动、最具体、最深远的教育。

读书人的家国情怀[①]

自1937年陕北公学成立以来,中国人民大学走过了80年的光辉历程。80年来,人民大学一直秉承实事求是的优良传统,特别注重培养学生厚重的品格,希望他们成为"国民表率,社会栋梁"。人大80周年校庆将"永远奋进在时代前列"作为主题,我很赞成这种提法,因为它既是"实事求是"的校训精神的凝练,同时也精准表达了青年一代应有的家国情怀。从人大二十多万毕业生的工作成就以及社会各界的反响来看,他们实现了母校的期许,他们身上所彰显的浓厚的家国情怀,已经成为一代代人大学子共同的精神名片。

自古以来,家国情怀已然潜移默化于教书育人和读书明理之中,无数读书人都曾把此作为人生的一种理想追求。所谓"立学为民,治学报国",读书人无论人生境遇如何,都秉承这种理想追求,其所有的人生价值和生命意义,都深深植根于家国天下之中。所以,家国情怀既是一种人生使命,一种责任担当,也是一种精神支撑。今天,重申读书人的家国情怀,可使我们树立正确的价值观和人生的理想。

[①] 原载《财经法学》2016年第2期。

家国情怀是一种担当情怀。张载有著名的"横渠四句",他讲到,"为天地立心,为生民立命,为往圣继绝学,为万世开太平。"它深刻表达了读书人应有的担当和责任,也是对读书人担当情怀的具体反映。千百年来,读书人按照"爱国如饥渴"的标准来担当,表现出读书人积极入世、实现社会价值的取向。

梁漱溟先生曾问:"吾曹不出如苍生何?"有人说这句话的意思是,梁先生如果不出山,天下百姓该怎么办。其实,梁先生这句话的真实含义是,在面临危难的世事,为了天下苍生的命运,读书人应该挺身而出,承担应有的责任。当时,梁先生在自长沙回北京途中,看到军阀交战、民不聊生,遂写就《吾曹不出如苍生何》长文,以抒发内心之苦闷,希冀拯救民众于水火,并说"此心如饮苦药",遂"投袂而起,誓为天下生灵拔济此厄"。每每读到这两句话,我们都会真切体会到读书人责无旁贷的担当情怀。

家国情怀是爱国情怀,是齐家治国情怀,是人文情怀。有了家国情怀,读书人的心中如有一盏明灯,会逆势不怨、顺势不骄、劣势不馁,会"得之我幸愈加珍惜,失之不怨愈加努力";有了家国情怀,读书人会积极入世,"先天下之忧而忧",会"居庙堂之高则忧其民,处江湖之远则忧其君",会舍生取义、杀身成仁;有了家国情怀,读书人会心系天下苍生,为天下苍生负责,会心念大我,并为大我而舍弃功名利禄、光宗耀祖等小我;有了家国情怀,读书人会关爱家庭、普罗大众,将社会弱者视为扶助的重点;有了家国情怀,读书人会常怀感激之心、执著之心、宽容之心、责任之心,会更好地服务于家、奉献于国;有了家国情怀,读书人会把"家"和"国"作为最真挚的情感寄托,把"家和万事兴""国治天下平"作为最质朴的追求目标。

今天，随着高等教育的发展，读过大学的人已经越来越多，大学入学率高达百分之七十以上。可以说，现今读书人的范围和人数高度扩张，已经不再像以往是一个人数较少的阶层。在这种情况下，说人人都是读书人，一点儿都不过分。今天提倡读书人的家国情怀，显然具有更普遍的意义。而且，现今社会，由于市场经济的发展，拜金主义、享乐主义、极端个人主义盛行，传统的家庭责任感、社会责任感受到很大的冲击。一些读书人过度关注自身利益，缺乏必要的社会担当。因此，今天提倡家国情怀，就是提倡读书人应把获取的有益知识和经验运用和服务于国家与社会，提倡读书人对家庭、社会和国家应有高度的担当意识和责任。这种担当情怀大致包括以下几个方面：

家庭和谐的担当。家庭是情感的港湾，是个人事业发展的起点和基石，人们在社会上所经历的成功与失败，最终还是要与家庭成员共同分享和分担。家庭是社会和谐稳定的基础，家庭秩序是国家秩序的前提和保障。家庭有序，国家才能稳固，家庭和睦，国家才能兴旺发达。故而，儒家所要求的国家秩序，实质上就是家庭秩序的扩大反映，爱家和爱国由此有了高度的一致性。虽然这种认识产生于中国古代宗法社会，但其现实意义至今不容忽视。"家是最小国，国是千万家"，"家"和"国"难以割舍分离。可以说，孝顺长辈、关心孩童，不单单只是每个家庭成员需要尽到的责任和义务，还是需要我们承受的担当。正因为家庭如此重要，家庭成员之间的关系，远远超出了法律所规定的权利和义务关系。故而，读书人对家庭的承担，除了按照法律的规定履行抚养子女、赡养老人等义务，还要培养有完善人格的子女，培育和睦的家庭氛围，等等。家和万事兴，只有努力促进家庭和睦，才能为社会、国家、民族做出更大的贡献。

社会进步的担当。 马克思对人的社会本质有一种喻证,提到"人天生是社会动物"。这说明,日常生活中,我们每时每刻都需要与社会进行交往,要有所担当。有人认为,家国情怀只是一种抽象的理念,不包括具体的践行方法,读书人长期浸淫其中,不知从小事去做起,不愿了解现实,最终沦为纸上谈兵之辈。的确,在现实中,有些读书人空有报国之志,但无报国之术,志大才疏,眼高手低。要真正实现生命的价值和人生的理想,读书人应当走出"象牙塔",俯下身去了解现实,把自己所学、所知与现实需要紧密结合,做出力所能及的贡献;要积极向上、发奋图强、矢志不渝;要始终保持"不以物喜、不以己悲"的心态,只有勇于面对失败,胜固可喜,败亦欣然,并敢于从跌倒中爬起来,坚持不懈,才能够实现自己的人生理想和目标。读书人不仅应把其知识和技术传承世人,让更多的人从中受益,从而能协力推进国家发展、社会进步和文化传承,同时还要承担更多的社会责任,要努力成为知识创造者、科技创新者、精神创新者,以推动社会的创新与发展。

国家民族的担当。 "一片丹心图报国,两行清泪为忠家。"千百年来,许许多多的读书人正是以自己的亲身经历书写"爱国"二字。从司马迁的"常思奋不顾身,而殉国家之急"到诸葛亮的"鞠躬尽瘁,死而后已",从林则徐的"苟利国家生死以,岂因祸福趋避之"到梁漱溟的"吾曹不出如苍生何",从鲁迅的"我以我血荐轩辕"到周恩来的"为中华崛起而读书",无不是爱国情怀的具象表达。人民大学的吴玉章老校长曾说,"能够献身于自己祖国的事业,为实现理想而斗争,这是最光荣不过的事情了。"今天能报效国家、民族的途径已不局限于此,可为的选择相当宽泛。不过,社会中有一种流行观念认为,只有做大官、赚大钱,才能做大事,才能真正报效国家、报效民族。这种观念并不恰当，毕竟万丈高楼平地起，"不积跬步无以至千里"，无论工作岗位有多平凡，只要这些工作对国家、社会和民族有益，就是在为国兴利，也不负平生。只要为国家、民族的事业尽职尽责，做到了我们应当做的事情，就是一种责任和担当，这也是家国情怀的体现。所以，提倡对国家和民族的担当，不是说读书人一定要做成大事，而是要通过自身的努力做些有益于国家之事，有益于民族之事。

人类发展的担当。家国情怀也是要不断与时俱进的，它应该有更宽阔、更包容、更博大的意蕴，我们绝不能将家国情怀等同于狭隘的民族主义，由此来一味排斥外来文明和文化。其实，近代中国就是一味闭关锁国，盲目自大，以至于落后挨打的。在今天全球化的时代，中国已经和世界融为一体，"同一个地球，同一片天地"。中国倡导建设人类命运共同体，和其他国家携手共同应对人类共同面对的危机和挑战，如气候问题等等，因此，我们提倡家国情怀，也应当考虑这一时代背景。在这个层面，读书人的担当情怀就有了升华，它关注人类共同的命运和发展前途，既要为中国谋，也要为世界谋，为天下谋。这个意义上的家国情怀，就不只是对家庭、国家的担当，还表现为对人类未来命运的关切。只有做到这一点，才能真正实现"为天地立心，为生民立命，为往圣继绝学，为万世开太平"。一言以蔽之，家国情怀也要求读书人时刻关切人类未来的命运，要维护、关怀人的尊严和价值。

毛泽东在给人民大学的前身陕北公学题词时说，"中国不会亡，因为有陕公"，这实际是鼓励人大的师生要有家国情怀，这种情怀正是人大学子源源不断的精神源泉，也时刻激励着人大学子要自觉担负国家和民族重任。其实，这种情怀何止是人大学子应有的情怀，它是每一个有知识、有文化的读书人都应有的情怀。当然，家国情怀不单单是古代读书人的专利，现代读书人也应当有这样一种情怀与担当。读书人需要家国情怀，社会也需要这种家国情怀，因而它在今天仍然具有旺盛的生命力。当然，不是所有的读书人都会自觉形成家国情怀，特别是对年轻人而言，要让它深入每个读书人的内心，也需要培育，需要家庭、学校和社会通过有效途径向他们教化家国情怀的意义，让他们尽早形成这种理念，尽早确立自身对家庭和社会、对国家和民族的责任与担当。我想，只要每个读书人、每个人都牢筑家国情怀并身体力行，中国将更加繁荣富强，社会将更加昌盛和谐！

故乡夏天的月光[①]

我的故乡,是江汉平原上的一个古镇,在那儿我度过了我的少年时代。故乡的夏天很闷热,有的时候热得让人喘不过气来。每到晚饭后,镇上家家户户都会把竹床搬到家门口,一大家子人围坐在竹床上,摇着蒲扇,谈笑风生,在慢慢降临的夜幕中,看着那一轮明月从不远处的河畔渐渐升起。

从家门口看过去,月亮高悬在柳树的树梢儿上,散发出的柔和的光辉给柳树裹上了一层淡淡的银妆。没有风,只有此起彼伏的蝉鸣和蛙声交相呼应,错落有致,听来就像在合奏一首乐曲。月亮越升越高,如水的月光倾洒在我家门前不远的池塘里,亮亮的,好像有灯光从远处投射过来一样。劳作了一天的人们从田地里回来时,都会到池塘边洗洗,那时池水清澈,口渴的人甚至都能直接捧起一捧水,几口清凉的池水下肚,整个人都会感到十分的惬意。

有时候,我们几个孩子也跑到池塘边上,一个猛子扎下去,一口气游出去很远,如果猛子扎得深些就能游到河底,在那里甚至能摸到河蚌。等到池里的藕梢长出来,看见水面

[①] 原载《学习时报》2016 年 4 月 19 日,原题为"月光下的乡愁"。

上露出荷花的花蕾，我们就顺着荷梗往下摸，把藕梢连同荷梗拔起来，把最嫩的藕梢掐断，咬一口藕梢，甜甜的，脆脆的。如果附近的几个小孩听见池塘里有响声，就会纷纷跑过来跳进池塘，大家一起打起水仗。

夏夜的月光下，我们用一根小竹竿拴上线，敲弯一个别针作鱼钩，再拴上一颗饭粒，往池塘里一扔，然后马上扯起来，常常能扯上一条小刁鱼来。我们小镇上曾有一个捕鱼高手，常能见他背着一把小鱼叉，在镇上各个池塘的旁边转悠，听见池塘的水声，他就一叉子利落地甩出去，再拽住叉子后面拴着的绳儿拉上来，竟然能够扎上一条一斤多的鱼。

除了孩子们之间的玩耍，我们偶尔也跟着大人到镇上的一家茶馆去听评书。皎洁的月光照在茶馆的院子里，灯都不用点一盏，院子里就亮晃晃的。说书人喝两口茶，润润嗓子，就能从《三国》讲到《水浒》。大人们要交几分钱才能有座位，小孩子就站在一边，没有座位也就不用交钱了。后来，"文革"开始了，造反派宣布茶馆是"封资修"的"黑据点"，不准再讲评书，再后来干脆就用一把锁把院子锁住了。

我家的后面是一座古城墙，当年曾是沔阳州的护城墙，抗战期间遭到日本人的轰炸，已经破烂不堪，到处是断壁残垣。在夏天，我们最爱在城墙上玩耍，等到月亮升起来的时候，我们时常跑到城墙上去捉蛐蛐。在月光的映照下，借着城墙四周飘逸的萤火虫，居然还能抓住几只蛐蛐。回家的路上，我们穿过一个古城门的门洞，洞里栖息着许多蝙蝠，轻轻咳嗽一声就能惊动蝙蝠，它们发出凄厉的怪叫，听起来让人毛骨悚然。"文革"开始后，镇上的革委会决定要炸毁城墙，铲除"四旧"遗迹，用炸药炸了两天才把城墙炸塌了。后来城墙就消失了，我们再也见不到它的踪迹，想起来总是十分失落。

我们镇上还有一条青石板路,据说已经有一千多年的历史了。每块青石板的长宽都有一米多,千年间人们来来往往已经把青石板磨得光光的,有的泛出玉石的光泽,晚上在月光的映照下泛出光来,一晃一晃的,仿佛是皎洁的月色把青石板路变成了一条银色的小溪,蜿蜒着从小镇中穿过。因为阳光的炙烤,白天光着脚走在石板上有些烫脚,但晚上凉下来,走在上面,用脚滑来滑去,感觉很惬意。可惜,后来为了破"四旧",这些青石板被挖出来砸碎了,并在原处铺上了碎石,现在则变成了沥青路。路虽然平坦,但它不如我心中的那条青石板路那样富有诗意,也不能通往我的乡愁。

那时候,镇上的日子过得平和而悠闲,路不拾遗,夜不闭户,但大家的家境并不富裕,甚至填饱肚子都困难。因为缺粮食,晚上饿了的时候我们就在月光下把红薯梗外面的皮剥掉,将里面的嫩杆掐成小段,丢到锅里和着米煮粥吃,味道也很香甜。夏日的夜晚,男女老少都喜欢在户外的竹床上休息,在月光下老人们给我们讲小镇过去的故事。讲的是陈友谅与朱元璋争夺天下的故事,这也时常让我们对自己的小镇有了历史自豪感。就在我们经常玩耍的池塘附近,有一个石头做的马槽,传说就是陈友谅的洗马池,很可惜,后来这个马槽也不见了。

夏天的夜里偶尔有暴雨来临,但来得快去得也快,一场雨后,天空被冲洗得更干净,月亮也显得更加皎洁了。那时候我仰望着满天的星斗,看见北斗七星那么耀眼,便常常在幻想:牛郎织女什么时候能相会?婀娜的嫦娥是不是在广寒宫翩翩起舞了?

如今在都市里生活久了,故乡的景色只能停留在记忆中了。有时候遇到雾霾天,我就会想起家乡夏天的月亮,就像一面悬挂在天空中的镜子,那么圆润,那么明亮,那么透彻,勾起了我浓浓的乡思。

故乡,我美丽的莲花池[①]

我的故乡是江汉平原上的一个小镇,小镇南边尽头有一个美丽的莲花池,总面积近两千亩,中间被一座堤坝隔成两半。据镇上口耳相传的说法,曾经有一位神仙经过这个地方,随手撒下一把莲花种子,所以这个地方的莲花开得比其他地方的都要更大更鲜艳。每逢夏日,水面清圆,万朵莲花竞相开放,有的大若伞面,有的小如金莲,有的刚直向天,有的委婉交缠,红绿黄相互点缀,鲜艳夺目,正是一派"接天莲叶无穷碧,映日荷花别样红"的好景致。

莲花池中间的堤坝上曾经有一座小楼,叫做"八卦楼"。传说是沔阳州的"龙脉"所在,元末时期领导了农民起义的陈友谅就是从这个沔城镇发迹的,朱元璋称帝后下令把"龙脉"斩断,命人把"八卦楼"的地基用大木楔死死钉住,并把周边的一处地方挖开,让湖水外泄,自那之后曾近万亩的莲花池逐渐萎缩,曾方圆数百里最为繁华的小镇也开始走向衰败。如今云烟飞渡,当初的"八卦楼"已无处寻见,只留下了"钉死八卦楼、挖断段零口"的传说。

我从小在莲花池边长大,刚出生的时候正是三年自然灾

[①] 原载《学习时报》2016 年 9 月 7 日。

害时期,常常找不到足够的粮食,一家人时常靠莲花池的莲藕充饥。我母亲说,当时把莲藕和着野菜,再放一把米,煮成一锅粥,就是一家人全部的口粮。可以说,正是莲花池养育了我。

每年到了春意渐深的时节,莲花池从冬天的沉寂中苏醒过来,慢慢地热闹起来。莲梗从淤泥中一点一点地钻出来,绿色梗上的莲花开始含苞,逐渐生出细细的苞蕾。从莲花池边走过,每天都会看到苞蕾缓缓绽开,给人带来春的喜悦。池塘中小鱼开始产卵,蝌蚪也在池水中游动起来,池畔的杨柳染上春日的新绿,柔嫩的枝条垂向池面,莲花池四处充满了生机和活力。到了五月就是划龙舟的季节,到那时莲花池边上会搭起来一个宽大的擂台,方圆几十里地的村民赶来凑个热闹,有的抬着竞赛的船只,有的拉着锣鼓,有的吹着唢呐,兴高采烈地开始一年一度的龙舟竞赛,比赛场地彩旗飘扬,锣鼓喧天,好不热闹。小时候我们还不能参赛,只能跟在大人身后,大声喊着加油,从早喊到晚,一天下来都不觉得累。"文革"开始后,造反派给龙舟比赛扣上了"封资修"的帽子,镇上就再也没有举办过龙舟比赛,直到我上大学离开小镇,也再没有见过这么热闹的场景了。回想起来,总会有些淡淡的失落感。

夏天到来的时候,满池的莲花开始尽情地绽放,灼灼荷花,亭亭出水而立,每当风过时便送来一阵阵荷香。此时莲藕也开始有了雏形,嫩嫩白白的莲藕像是娃娃胖乎乎的小手,惹人怜爱和欢喜。莲蓬也逐渐长成,莲子咬起来脆脆的。记忆中夏天的时候偶尔会发水,水位暴涨之后,池水外泄淹没了周边的农田,莲花池里面的鱼虾都跳进了农田里,农民就用一种被称为"花罩"的渔具,在田里就能捕捉到一盆一盆的鱼虾。我们放学后时常到池里"打鼓球"(游泳),那时候池水清澈见底,喝一口甜甜的。我们在池边打水仗、做游戏,直到太阳西下,才恋恋不舍地各自回家。莲花池里还常有小船在池中间漂着,我们有时就爬到船上去,坐在船头看两边的荷花盛开,蜻蜓立在荷花上,小鱼在荷花底下嬉戏。

秋意渐浓时节,莲花池是另一派景象。虽然荷花慢慢凋落了,但荷叶仍在,有的渐渐变黄,有的还碧绿水灵,黄绿交汇,仿佛在池水上展开了一轴色彩浓丽的油画。池边的芦苇也已经开始枯黄,远远望上去,与周边的黄色的麦田交相辉映,形成了一幅收获的美景。进入深秋后,荷叶就完全变黄了,莲蓬也由脆慢慢变硬,采集莲蓬之后就会获得很硬的莲米。深秋时节容易下霜,一场霜之后,荷叶就好像披上了一件银色的外衣。天气逐渐变冷了之后,鱼儿开始不喜在池水表面游动,渐渐都游到水底去了,这个时候就很少见到有人在池边用鱼叉叉鱼了。但是也有人仍能钓上鱼来,我记得那个季节有一种黑鱼,钻到湖中间的淤泥里,有人就用一根长长的线系上鱼钩,鱼钩上套着一只小青蛙,甩出几十米,经常能钓到几斤重的大黑鱼。

到了冬天,荷叶都凋谢了,莲花池开始变得寂静起来,有时候偶尔下一场雪,雪花薄薄地覆盖了整个池面,仿佛给莲花池盖上了一层雪白的毯子。平日里池塘从来不轻易结冰,但池水已经接近干涸,荷花、荷叶都变黄枯萎,北风一吹,枯黄的荷花对影凋零,漂浮在池水上,给人一种萧瑟之感。不过冬天莲藕已经长成,正是采藕的季节,大人们开始忙碌起来。如何采摘莲藕也是一门学问,采藕的人会仔细观察荷梗,他们要从荷梗里面找到莲藕,把枯黄的荷梗轻轻拔起来,观察荷梗顶端处,如果有一种白色的细丝,就说明已经有藕了,可以采摘。我经常看到挖藕的人在寒风凛冽的冬天,赤着脚,上身穿一件破旧的棉袄,用麻绳绑住,下身都陷在淤泥中,挖藕人要先把淤泥挖开,挖淤泥时,要尽量把淤泥甩远一点，收拾出一个较大的空间，形成一个挖藕的"窝子"，再用硬一点的淤泥在周边砌成一堵小墙，把其他淤泥隔离开来，防止淤泥向内挤压，把挖藕人埋在中间。见到莲藕后，顺着这一根莲藕往前挖，经常能挖出一窝一窝的莲藕，每当完整地扯出一串莲藕时，挖藕人就会喜笑颜开，仿佛所有的辛苦劳作、苦累饿冻都抛到了脑后，心中充满了收获的喜悦。

1977年末，我收到了大学录取通知书，那时春天已经来临。在离开小镇的前一天晚上，我又来到了美丽的莲花池边，荷花冒出了尖角，皎洁的月光铺洒在池面，斑斑驳驳的就像一幅静谧的画面，看着此情此景，我原本因即将离家而不安的心也逐渐宁静下来。时至今日，这幅画面仍清晰地刻印在我脑海中，特别是在一天的喧嚣过后，我独处时常常会想起它。在我心中，莲早已成为了净而清的意象。"出淤泥而不染，濯清涟而不妖，中通外直，不蔓不枝，香远益清，亭亭净植，可远观而不可亵玩焉"，对于我心目中的莲，大概再也找不出比这更适合的赞美了。每一枝莲花都亭亭临风而立，虽身处淤泥之中，但却难得地保持着自身的清净，不为外物所动，就像我们处在这个复杂多变的世界，在一切的喧嚣、炫目之中守住自己的清静，所以每次凝视一朵莲花，我都能找到明朗清澈的心境。

由于工作繁忙，我很少回家，回去也是行色匆匆，且几乎都在春节，故而见到莲花池的次数很少，且看到的莲花池都是萧瑟的。不过，万朵莲花竞相盛开的景象深深刻在我的脑海里，并时常出现在我的梦境中，好像我从来就没有离开过这美丽的莲花池一般。

后　记

　　本书是我继《人民的福祉是最高的法律》《法治：良法与善治》之后的第三部随感集。在本书写作过程中，得到了北京大学法学院常鹏翱教授、许德风教授、北京理工大学法学院孟强副教授、中央民族大学法学院王叶刚博士、中南大学法学院许中缘教授、中国人民大学熊丙万博士、谢天武等同志的大力帮助，在此一并致以谢意。

图书在版编目(CIP)数据

法治具有目的性/王利明著. —北京:北京大学出版社,2017.6
ISBN 978-7-301-28364-6

Ⅰ.①法… Ⅱ.①王… Ⅲ.①社会主义法制—研究—中国 Ⅳ.①D920.0

中国版本图书馆 CIP 数据核字(2017)第 120989 号

书　　名	法治具有目的性 FAZHI JUYOU MUDIXING
著作责任者	王利明　著
责任编辑	白丽丽
标准书号	ISBN 978-7-301-28364-6
出版发行	北京大学出版社
地　　址	北京市海淀区成府路 205 号　100871
网　　址	http://www.pup.cn
电子信箱	law@pup.pku.edu.cn
新浪微博	@北京大学出版社　@北大出版社法律图书
电　　话	邮购部 62752015　发行部 62750672　编辑部 62752027
印刷者	北京中科印刷有限公司
经销者	新华书店
	965 毫米×1300 毫米　16 开本　30 印张　357 千字 2017 年 6 月第 1 版　2022 年 7 月第 2 次印刷
定　　价	68.00 元

未经许可,不得以任何方式复制或抄袭本书之部分或全部内容。
版权所有,侵权必究
举报电话: 010-62752024　电子信箱: fd@pup.pku.edu.cn
图书如有印装质量问题,请与出版部联系,电话: 010-62756370